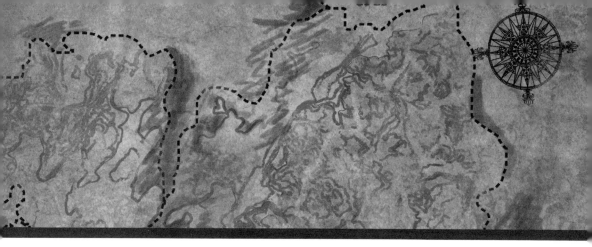

计划-市场
经济体制论

潘之凯 著

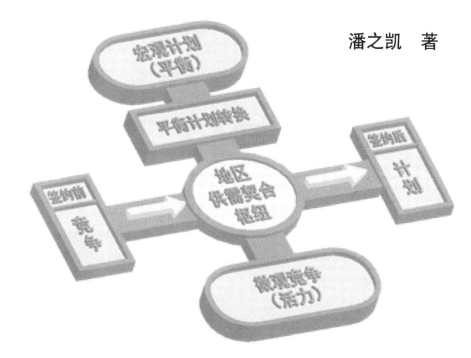

知识产权出版社
全国百佳图书出版单位

图书在版编目（CIP）数据

计划-市场经济体制论 / 潘之凯著. —北京：知识产权出版社，2019.4

ISBN 978-7-5130-6156-8

Ⅰ.①计… Ⅱ.①潘… Ⅲ.①计划经济体制—研究 ②市场经济体制—研究

Ⅳ.①F123.1 ②F014.3

中国版本图书馆 CIP 数据核字（2019）第 044962 号

责任编辑：国晓健　　　　　　　　　责任校对：王　岩

封面设计：臧　磊　　　　　　　　　责任印制：孙婷婷

计划-市场经济体制论

潘之凯　著

出版发行：**知识产权出版社**有限责任公司		网　　　址：http://www.ipph.cn	
社　　址：北京市海淀区气象路 50 号院		邮　　编：100081	
责编电话：010-82000860 转 8385		责 编 邮 箱：guoxiaojian@cnipr.com	
发行电话：010-82000860 转 8101/8102		发 行 传 真：010-82000893/82005070/82000270	
印　　刷：三河市国英印务有限公司		经　　销：各大网上书店、新华书店及相关专业书店	
开　　本：720mm×1000mm　1/16		印　　张：31.75	
版　　次：2019 年 4 月第 1 版		印　　次：2019 年 4 月第 1 次印刷	
字　　数：480 千字		定　　价：128.00 元	

ISBN 978-7-5130-6156-8

名词解释

1. 计划－市场经济体制

计划－市场经济体制是一种有计划功能的市场经济体制。该体制由供需契合枢纽（简称地区"枢纽"）全面管控生产和消费之间的交换环节。政府通过供需枢纽实现两个维度上的计划和市场竞争的统一：在横向时间维度上，以供需契合枢纽组织的需求方（消费）和供给方（生产）签约为界，签约前，消费者充分自由地选择消费需求，生产者之间充分自由地竞争，满足经济体制自由竞争的需要；签约后，在供需契合枢纽的监管下，消费者按约诚信消费，生产者按约计划生产，满足经济体制计划性的需要。在纵向管理维度上，宏观层面消费、生产、就业、环境承载、资源可持续供给的平衡计划，通过转换为调控工具参数在地区"枢纽"环节导入"供—需契约"中，从而将宏观平衡计划落实到每一个有竞争的经济活动中，实现宏观计划平衡和微观竞争活力的统一。

计划－市场经济体制是一种既保留计划经济体制计划优势和市场经济体制竞争活力优势，同时又摒弃计划经济体制主观性和市场经济体制盲目性的经济体制。

2. 地区供需契合枢纽

该枢纽也简称为地区"枢纽"。它是计划－市场经济体制中的一个关键性架构设计单元。地区供需契合枢纽是政府的一个经济机构，按省、地（市）、县的地域分级设置，不设全国"枢纽"，以便明确界定中央和地方的事权界限，并避免权力过度集中。它以政府权威管理生产和消费之间的交换，以消费地（或注册地）为管辖域。地区"枢纽"是地区政府以程序管控生产和消费间交换的关键性经济管理机构，在计划－市场经济体制中起着关键性作用。

3. 未来发展趋势预测与战略规划中心

这是计划－市场经济体制突出设计的三个全国性中心之一。负责未来发展趋势预测和发展规律研究。该中心在计划－市场经济体制中，不能简单认为是一个独立机构，而要认为是一种必要职能设计，可以涵盖各类分专业的未来研究和规划机构。

4. 全国信息中心

这是计划－市场经济体制专门强化的三个全国性中心之一。负责信息采集、信息管理、信息披露和信息共享利用。该中心在计划－市场经济体制中，是依据新体制下，政府管控交换环节"流"的机制优势被强化的职能机构。

5. 规划和交换规则制定中心

这是计划－市场经济体制专门增设的全国性中心之一。根据国家的未来发展需要，负责制定消费、生产、就业、环境承载、资源可持续供给的平衡计划，负责将宏观平衡计划转换为宏观调控工具的参数发送至各地"枢纽"实施，也负责各地调控参数的审核、制定和发布，是动态管理宏观经济运行的职能机构。

6. 机构消费者和非机构消费者

计划－市场经济体制是由供需契合枢纽管控生产和消费交换的经济体制。由于生产者和消费者之间，既有通过招投标完成的批量交换，也有直接的零星消费品交换，因此，在计划－市场经济体制中，根据交换管控的需要，将消者分为机构消费者和非机构消费者。其中，机构消费者是指同时具备下述条件的消费者：

（1）消费者是一个法人或社团法人；

（2）消费量（金额、数量、持续时间等指标）达到一定标准。

不符合上述条件的消费者定义为非机构消费者。

计划－市场经济体制对不同消费者进行不同形式的管理：对机构消费者

强化交换过程的管控，而对非机构消费者则强化交换过程的预见性管控和交换过程的管控服务。

7. 偶然发生消费支出的计划化

计划 – 市场经济体制一个重要目标是实现宏观层面的全面计划平衡。其中，将宏观可计划内容通过平衡计划进行了平衡，而将微观层面偶然发生的消费支出，则以偶然发生的概率为依据实施普遍的计划预算平衡，进而实现偶然发生消费的计划化管理。

8. 宏观平衡计划向微观竞争活力传递的四层级架构

计划 – 市场经济体制通过宏观计划平衡层、宏观平衡计划参数转换层、宏观计划参数导入竞争契约层和按劳配酬保持竞争活力四层架构，完成宏观平衡计划向微观竞争的传递和落实。

9. 依需尽能，按劳配酬分配机制

这是计划 – 市场经济体制的收入分配机制。它首先把每个劳动者的劳动纳入到宏观计划平衡之中，保证每个劳动者在劳动时能真正"尽能"劳动；其次通过降低货币资本在生产要素中的地位，提高智慧劳动和智慧资产的地位，进而改变生产要素的内涵，以至于生产要素内核的全劳动化，实现全面按劳配酬，最终，这个分配机制将实现跨越所有制限制，完成消除经济剥削的目的。

10. 劳动"平均果"

劳动的目的是要在劳动的目标方向上结出劳动之价值"果"。由于有很多无"果"劳动都是后面结"果"劳动的必须过程，因此，收入分配时所依据的劳动之"果"，是整个劳动过程的劳动"平均果"。

11. 过去劳动

过去劳动是计划 – 市场经济体制中创建的一个重要概念。它包含两个方面的基本内涵：其一，劳动者自身在劳动进程中的过去阶段劳动，是结"果"劳动对于过去无果劳动的再肯定，成为劳动"平均果"的内涵之一。其二，由劳动者过去的劳动所创造的专利等智慧资产，在投入新的劳动后产生了超越新投入劳动的价值增量。由该价值增量之"因"推定的劳动在计划 – 市场经济体制中定义为过去劳动。过去劳动概念的建立，扩展了生产要素中的劳动内核范围，解决了按劳配酬中劳动量化的难题。

12. 产品扩张价格调节因子

该因子是在地区中"枢纽"组织生产者（供方）和消费者（需方）通过竞标签订"供—需契约"时，实际成交价在中标价格基础上的倍率。该因子大于 1 时，实际成交价将高于中标价，反映宏观计划上的扩张需求；该因子小于 1 时，实际成交价将低于中标价，反映宏观计划上的抑制需求。该因子是计划－市场经济体制进行产业扩张和抑制调节的宏观调控工具参数。

13. 单位产品价值环保投入费用

这是将环境保护费用支出纳入计划管理的宏观调控工具参数。是根据产品生产对环境影响细分制定的强制环保措施费用投入标准，也是计划－市场经济体制环境保护投入的制度化保障措施。它既规定了企业单位产品产值必须投入的环保改造费用标准，也保障了宏观环保承载与整体经济发展的计划平衡，还保证企业在环境保护投入上不仅有责任而且也有充足的经费保证。

14. 企业增加值劳动力使用比

这是计划－市场经济体制用来核定单位企业增加值应安排多少劳动力就业的宏观调控工具参数。通过这个参数的落实可以保障全社会劳动力就业与生产、消费之间的计划平衡。

15. 劳动时间比

这是一个依据劳动生产率水平改变每个劳动者工作和休息时间占比的宏观调控工具参数。以每周天数和计划工作天数的比来定义。劳动生产率水平越高，每周的工作时间越可以缩短。劳动时间比由全国中心依据宏观平衡计划调整。

16. 平均社会劳动的支付强度

它定义为一个平均的劳动力支付 1 小时平均社会劳动时间后可获得的消费品总值，是一个宏观计划平衡时使用的参数。

17. 管辖域内企业中标加权因子

这是一个调节地区间发展差距的工具，用于对欠发达地区域内企业的量化保护，是一个由全国中心按地域和产品类别公布的域内企业中标加权值。

18.国际贸易平衡控制因子

这是一个调节国际贸易收支平衡的宏观调控工具参数。在计划 – 市场经济体制国际贸易收支平衡计划的调控下，国家通过国际贸易平衡控制因子这个工具，调节贸易产品的税收，达到扶植或抑制出口的目的。该因子小于 1 或负值时，国家通过减让税收扶植出口，而大于 1 时抑制出口，最终达到国际收支平衡的目的。

19.最低收入差异激励因子

这是计划 – 市场经济体制用于调节收入差距的宏观调节工具参数。其中收入差异激励因子反映 1% 最富裕人群与 1% 最不富裕人群年平均收入的比值。由于收入差距水平与社会需要的激励强度有关，因此，最低差异激励因子是宏观依据历史阶段需要的合理激励强度计划的宏观调控参数。

20.资金配置因子

这是计划 – 市场经济体制通过金融投资进行二次资源配置时的宏观调控工具参数。金融业在对项目投资时，企业的实际贷款利息还会在公示利息基础上乘以资金配置因子，从而实现宏观对投资项目的扬抑调控。当贷款项目属于国家鼓励项目时，资金配置因子小于 1，企业实际支付的贷款利息将会减少。

内容提要

本书是作者针对国际、国内在经济领域出现的复杂问题，出于对深化体制改革、促进经济健康发展贡献力量的初衷，经过长期思考形成的。在对市场经济体制和计划经济体制问题的研究中，本书力求用系统的方法、以求真务实的精神探索经济运行的规律，构思经济体制的革新与完善，提出了与传统市场经济体制和计划经济体制有着重大区别的计划－市场经济体制。

本书提出了一些创新性的理论观点，并设计了计划－市场经济体制的整体架构和运行机制：

第一，计划－市场经济体制是集市场经济体制和计划经济体制的优点，同时摒弃市场经济体制和计划经济体制缺陷的经济体制。它按地区建立政府管控的供需契合枢纽，让生产者和消费者即需求者既能完全自由自主地进行更公平的竞争，又能实现纵向和横向两个维度的计划和竞争的统一。在纵向维度上，通过把宏观平衡计划转化为宏观调控参数，再经过各地供需契合枢纽传导到企业的生产契约中，从而实现宏观计划（平衡）与微观竞争（活力）的统一；在横向维度上，通过各地供需契合枢纽的计划管控，将一个经济活动分为契约签订前的竞争阶段和契约签订后的计划阶段，以可验证可重复的计划－市场经济体制实现竞争性和计划性的统一。

第二，由于计划－市场经济体制的宏观和微观管控点——供需契合枢纽的管控对象主要是交换过程中的信息流、资金流、物流，所以，使政府直接干预的对象真正离开了需要自主决策的生产环节和消费环节。它不仅支持了生产者和消费者自主决策性，而且为政府提供了驾驭经济运行的管控"枢纽"。

第三，计划－市场经济体制提出了"依需尽能，按劳配酬"的分配机制，把国民收入的初次分配纳入国民经济运行系统的宏观平衡计划之中，将宏观平衡需要和微观活力需要在分配机制上统一在一起。

第四，计划－市场经济体制通过契约后阶段的计划性，实现了资本生产要素在分配中的作用降至仅可以获取利息的水平，同时提高智慧资本的地位。计划－市场经济体制还通过智慧劳动内核、关键帮助劳动内核的改造实现全生产要素劳动内核化。它不仅解决了不同所有制形式按劳配酬的难题，还可以避免经济剥削的发生。

第五，计划－市场经济体制充分利用人类自身的本性需要并经过精心体制设计，实现了有计划、有目的、威力远大于"无形的手"且包含"无形的手""无形的眼""无形的脑"的、无所不在的"无形的大圣"——有管理的制约机制，实现了机制经济监管。

第六，计划－市场经济体制的宏观调控、宏观管理将不再主要依靠庞大的政府管理机构来实施，而是靠规则制定、调控因子的调整来实现，管理方式将发生根本性的变化。

第七，计划－市场经济体制可以通过国民用未来劳动来"置换"现实消费，再用自己的消费需求创造自身就近就业的机会，又通过就业收入支付提前消费的欠款，打通了供需阻隔，为快速发展经济找到了新的途径。

第八，计划－市场经济体制将产品的新陈代谢作为国家战略落实到经济体制中。

该书还提出了十个经济体制改革战略理念。

作者在书中不仅原创地提出了经济体制设计理论、计划平衡理论、宏观平衡计划传导理论、制约机制设计理论、分配机制理论、置换机制理论，还提出了价值观升华的新视角；不仅对宏观规划、评价指标体系、行政体制改革、财政体制改革、金融体制改革、对外经贸体制改革、国企改革、教育体制改革、医疗体制改革、养老体制改革提出了有独到之处的方案，还提出了比较系统全面的改革思路，很值得广大读者阅读和参加讨论。

本书适合理论研究工作者、政府工作成员、研究生院和大学师生、企业家和企业工作者阅读参考。

序

—— 一部发人深思的力作

我们的祖国正处在快速和平崛起的兴盛时代。这是一个实现民族伟大复兴的时代，也是一个走向经济发达、科技振兴、文化繁荣、人才辈出的辉煌时代。在这个时代里，我国辽阔的大地上不断变革、日新月异、新事物层出不穷，时时处处都预示着未来更美好。民营企业家潘之凯同志的新作《计划 – 市场经济体制论》一书的公开出版，就是这个时代的产物，显露着时代的色彩和气氛。

一、这是一部创新之作

世界的速度，由创新决定。创新是引领发展的第一动力，创新是贯穿我国经济社会发展方方面面的主线，创新在全社会已蔚然成风。科技创新至关重要，但创新不限于科技领域，理论要创新、制度要创新、文化要创新，体制也要创新。《计划 – 市场经济体制论》就是一部阐述体制创新之作。经济体制是生产关系的外在形式，经济体制的改革和创新，也就是生产关系的调整和优化。生产关系调整到位了，生产力就会得到解放。本书作者经过多年的求索、构思设计出了一种新型的经济体制，即"计划 – 市场经济体制"。这种体制是社会主义市场经济体制的创新版。它摒弃了传统计划经济体制的垄断性、主观性和凝固性；它革除了西方市场经济体制的自发性、盲目性、事后性和不可持续性的顽疾与弊端，而保留和吸纳了传统计划经济体制和市场经济体制中的良性元素，即将计划经济体制的预见性、统一性和节约性以及市场经济体制的自主性、竞争性和效率性融为一体，设计出一种将是当前世界上最新型的经济体制，即"计划 - 市场经济体制"。如果这种经济体制能够经过实践的检验和证实，"中国梦"的圆满实现就将得到新的、强有力的体制支撑。

值得重视的是，本书作者不仅设计出了一种新型的市场经济体制，而且还由计划 - 市场经济体制的构想延伸到对政治经济学基本理论的创新。在书中，他提出了"智慧劳动"和"智慧生产要素"新概念，认为社会主义的按劳分配制度，不仅要按生产劳动者提供的劳动数量与质量进行个人消费品的分配，而且愈来愈凸显的"智慧劳动"和"智慧生产要素"的投入也应该得到不断提升的报酬。再有，传统的政治经济学确认社会产品分配中资本应该获得利润，而本书作者认为资本作为生产要素之一，只应得到利息，而不应得到超过利息的额外收入，从而使剥削现象将得到遏制和大大减缩。这些新理论的深远意义在于它扩大了按劳分配的内涵而缩小了资本的作用和地位，从而为走向未来更新的社会形态探寻出一条新的路径。这是颇值得人们深思的。由此也可以看出，本书作者作为一个在民营企业经营岗位上的共产党员的一种深远思考。

二、这是一部切中时弊之作

改革开放以来，我国经济持续快速发展，即使进入"新常态"以后增速有所减缓，但横向比较仍不失中高速度的发展格局。值得关注的是，在我们取得举世瞩目的巨大成就的同时，在经济社会发展中累积的各种矛盾和问题也日益引起国人的焦虑。

《计划 - 市场经济体制论》正是一部切中时弊的著作。时弊在哪里，《计划 - 市场经济体制论》认为主要是发展失衡。书中列举了六个方面的失衡现象：一是产业供需失衡；二是人力资源失衡；三是贫富失衡；四是地区发展失衡；五是精神生产与物质生产失衡；六是生态环境失衡。本书作者预言，失衡问题不解决，将来我们遇到的困难将比现在更严重。所以《计划 - 市场经济体制论》围绕消除失衡这个严重的时弊，在计划－市场经济体制的设计上努力探索、多所创新。如为了实现产销平衡，就设计出一个"地区供需契合枢纽"的机构。产需双方可以利用"枢纽"这个平台，通过招标、投标、评标、中标、投产各个环节，实现产品供需平衡，避免产能过剩或供不应求。为了实现人力资源的供需平衡，"枢纽"在契合产品供需平衡时，就同时将人力资源的供需平衡包含在其中了。又为了促进地区发展的平衡，"枢纽"在评标时对于不同地区的投标项目设有不同的权重，以支持后进地区的发展。

三、这是一部出自企业家之手的著作

从世俗的观点看，著书立说似乎是专家学者的专利，这也难怪，因为社会是有分工的。不过这部书的作者潘之凯同志并不是专家学者，而是一位工科出身的民营企业家。作者今年已经 70 岁，曾在国有企业和科技部门工作，后来又创建了民营企业。几十年来，他在生产经营第一线奔波，使他既感受到国有企业的优势和弊端，又亲身见证了私营企业的长处和缺陷。他的体制创新构想，并不是从如何经营好自己的企业着想，而是从党和国家的大局和民族振兴的长远利益考虑。他认为，现实经济生活中的问题集中起来症结就在体制上。于是，他便以实现产业发展的供需平衡为基点，从理念更新、机构设置、法律规范、运营流程、风险防范等各个方面来打造一种新型的经济体制，这就是"计划－市场经济体制"，以期能为国家宏观战略目标的实现贡献力量。

作者是一位企业家，又是一位十分关心社会发展的人。所以，他不仅致力于经济体制创新，而且对教育体制改革、医疗体制改革等也都提出了自己的创新性构想。还有，他不仅倾心于宏观层面的体制改革，对微观层面的改革如国有企业改革也都提出了自己的建设性构想。

作者作为一位企业家，他对"计划－市场经济体制"的设计并不限于对学术理论的运用，还十分关注可行性的研究和操作方法的规划。他对一些操作方法的设计很细致、很具体，这也许是由于他长期从事具体经营运作和工程技术工作的缘故，我想更主要的应是他十分关注自己构想的计划－市场经

济体制如何落地生根，产生实效。

作为企业家的著作在表达上必然有自己的一些特点，比如本书把"资本"有时就表述为"钱"；把设计的某种制约机制称作"无形的大圣"；等等，语言十分贴近生活，让人们读起来更具亲近感。

四、这是一部产学研相结合之作

这部《计划－市场经济体制论》一书的形成，是以潘之凯同志 2015 年发表在《战略与风险管理》杂志第 4 期上的《关于建立计划市场经济体制的构想》一文为起点的。为了吸纳各方见解、集思广益，应潘之凯同志的要求，方略智库联系中国社会科学院、中央党校、国家工业和信息化部及北京纳衡仪器仪表有限公司的部分专家学者组成了名为"社会主义市场经济体制改革创新研究"课题组。这个课题组就是以计划－市场经济体制为研究对象的。潘之凯同志向课题组提交了他的《计划－市场经济体制论》的前期部分书稿，并同课题组一起研讨。在课题组开展研讨时，组内来自产学研各方面的专家学者和本书作者紧密结合、互相切磋、取长补短。讨论的成果随时被作者吸收进书稿，作者修订的新书稿又即时成为大家进一步讨论的基础。就这样，进行了一次又一次的磨合，反复讨论，几易其稿，最终才定稿付梓。

为完成一定的科学研究任务组织课题组的形式虽然多种多样，但上述这种组织结构和运行方式还是不多见的。这种科研组织模式和研究模式的最大特点和优点就是在课题研究过程中，专家学者和企业家面对面地对话。研讨的过程也是课题组成员相互学习交流、不断质疑切磋的过程，而课题组成员相互学习交流的收获又及时转化为课题研究的成果。这是一种互动的过程。这种互动来自两个方向，一是来自不同专业领域的课题组成员之间的互动；一是书稿作者和大家的互动。这种多元良性互动的研讨方式，注定了它的研究成果有可能是充实的和有新意的。

五、这是一部探索之作

我之所以把《计划－市场经济体制论》视为探索之作来自两方面的原因：

一是本书全力论述的"计划－市场经济体制"完全是一种新型的体制，是还没有经过实践检验的一种构想，如果付诸实践它可能成功，也可能还需要继续调整和变革；书中一些概念的提出，如对"欲"的阐释等，还有进一步商榷的必要，所以这一论著具有探索性质，还不能视为成熟之作；再是这本书是作者的处女作。由于职业的局限，作者在理论研究功底方面和写作经验方面还都有待增强，加上所写的内容又是一个前人很少研究过的问题，所以必然带有探索的色彩。

这种探索性可能表现在多方面，如立论的理论依据不够成熟；又如，对新经济体制的设计不够完备；再如，著作的体系结构不尽完善；还有，文字表达不够严谨；等等。上述种种在书中也许都有所表现，也许只在某些方面有缺陷。但不管怎样，都需要作者今后继续努力，去不断完善其所著；同时，也希望读到这本书的广大读者，能够指出本书的瑕疵，为它的完善贡献自己的智慧。让我们同心协力，为打造一部能够促进有中国特色社会主义市场经济健康发展的科学论著而不懈努力。

最后，鉴于《计划－市场经济体制论》中提出的"计划－市场经济体制"构想，还是一种探索，不能视为成熟之论，它是否可行，应由实践来检验。所以，在此建议：宏观决策当局可选择一个或若干或大或小的地区，先期试行本书所设计的"计划－市场经济体制"，以求及时发现问题尽快调整改进，促其不断完善，力争一个适合生产力发展要求的完美的计划－市场经济体制早日在中华大地上落地生根、造福人民。

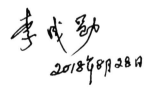

2018年8月28日

于北京芳古红楼

李成勋，男，中国社会科学院经济研究所研究员、博士生导师、中国发展战略学研究会荣誉副理事长、世界政治经济学学会顾问、中国《资本论》研究会常务理事、新乡学院名誉院长，享受国务院特殊津贴专家。

目　　录

下篇　计划 - 市场经济体制的可实施性和预期效应

导　言

　　历史上曾经或者当今正在实施的不同模式的经济体制，不仅带来了不同的结果，同时也带来了究竟应采用何种体制模式的争论。争论的核心都会归结到"计划"与"市场"、政府与"市场"的关系处理上。可以说，"计划与市场的关系"，已经是现代经济、现代国家、理论界和处在经济实践中的人们，无论持何种观点都无法回避的问题。

一、经济制度与体制的历史演进

　　"计划与市场的关系"问题的提出，是历史发展的结果，是在社会经济形态发展与经济体制演进过程中出现的；从源头上讲，是伴随商品经济的产生和发展而被提出的。

　　商品经济不是从来就有的，市场经济也不是人类主观设计出来的，它是社会生产力发展到一定程度和社会分工产生以后才出现的。人类最初相当长时期内处于自然经济阶段，自然经济是与低下的生产力水平相适应的，是劳动者自给自足的一种经济形态。在自然经济条件下，人们为满足自身需要而生产，基本上没有剩余产品或剩余产品甚少，所以只能实行平均主义的分配方式。人们之间的经济关系是在直接生产过程中表现出来的，没有交换关系。

　　商品经济经历了一个从萌芽到产生的历史过程。到了原始社会末期，大约距今5000年前，开始有了商品交换，尔后又有了为交换而进行的商品生产。

此后，奴隶制时期和封建制时期所进行的产品生产，就不是为满足自身需要而是为交换进行的商品生产。例如，商品生产者制造陶器是为了卖出陶器换回粮食和布匹等，用于自己消费。这样的商品生产，马克思称之为简单商品生产，属于初级的商品生产，也称为小商品生产。

进入资本主义社会以后，商品生产的性质发生了根本变化。这时生产者生产商品不是为了换回自己所需要的物品，而是为了赚钱，为了占有剩余价值。这样的商品生产，马克思称之为资本主义商品生产。在这个基础上形成的商品经济，也就是资本主义商品经济。当资本主义商品经济还同工场手工业生产相联系时，竞争的程度比较低，竞争的后果虽然会引起生产要素缓慢地流动，但市场对社会经济资源的配置作用还不明显。这时的商品经济属于不发达的商品经济。

商品经济伴随着生产力的发展而发展，商品交换的范围不断扩大，交换总量不断提高，由商品交换带来对社会经济资源的配置作用不断增强，商品经济逐步向商品—市场经济过渡或者说逐步向市场经济过渡。显然，资源配置在市场经济中具有非常关键的作用。

商品—市场经济的奥秘在什么地方？随着它的产生和发展，这一生产方式在思想上的代表人物就开始对其进行理论论证。十七、十八世纪，西方资本主义在与封建主义的殊死斗争中，相继战胜了封建专制制度，为资本主义自由发展开辟了道路。与政治发展相适应，一个又一个伟大的经济学家诞生了。特别是 1776 年，在资本主义生产力最发达的英国，亚当·斯密发表了深刻影响世界的经济学经典之作《国民财富的性质和原因的研究》。他从当年英国生产力迅速发展的"自由放任"中发现了一只"看不见的手"在操纵着社会经济：让经济自由，"看不见的手"便推动经济有序飞速发展，以此拉开了近代经济学特别是市场经济学的序幕。后来大卫·李嘉图、阿尔弗雷德·马歇尔、约翰·梅纳德·凯恩斯等著名经济学家围绕市场经济的研究，针对市场经济日益严重的问题，提出了各自的理论和方案，试图用自己的理论发展、改良和修正原有的理论，寻找挽救资本主义市场经济危机的出路。

商品经济确实在人类经济社会发展历史上发挥了"神奇"的作用。资本主义市场经济尽管存在很多问题，但它确实充分调动了人的积极性、主动性和创造性，使国家成为"创新机器"，经济也获得了快速发展。在1820—1990年这170年间，英国人均收入翻了10倍，德国翻了15倍，美国翻了18倍，日本翻了25倍。❶马克思和恩格斯对资本主义市场经济促进生产力发展的历史作用给予了充分肯定，他们指出："资产阶级在它的不到一百年的阶级统治中所创造的生产力，比过去一切世代创造的全部生产力还要多，还要大。"❷

　　然而，历史上自发产生的、以私有制为基础的传统市场经济也呈现出"恶"的一面，它虽然发挥了促进生产力的巨大作用，但是与之相随也产生了严峻的经济问题和社会矛盾。市场经济体制经过几百年的实践，在取得快速经济发展的同时，也不断积累出无法克服的问题和无法调和的矛盾。近些年，全世界普遍面临贫富差距扩大、产能过剩、就业困难、环境恶化、经济变局的严峻挑战。

　　经济学家对西方传统市场经济的认识各有不同的见解，既出现了认为这种经济体制是符合人性的天然合理和永久有效的思想流派，也出现了虽然充分肯定它的历史作用，但认为应该由新的经济制度来替代它的理论学说。

　　传统市场经济理论认为，只有以市场作为资源配置的基本工具进行各种经济活动，才能使整个经济取得最高效率，而任何政府对经济的干预都会造成价格信号的扭曲，从而影响对社会资源的有效配置。哈耶克就反对任何类型的政府干预，包括政府的福利政策，认为政府干预有可能导致"奴役之路"。

　　这种市场天然合理论与经济现实存在着明显的背离，幻想中的"自然均衡"实际上是"通过危机实现的均衡"。资本主义经济的周期性波动和危机，尤其是1929年世界性的经济大危机爆发后，西方国家出现了严重的经济萧条，物价猛跌，生产大幅度下降，工人大量失业，整个社会动荡不安，人们开始怀疑仅靠市场能否自动地调节好经济。传统市场经济只有"通过危机才能实现均衡"的这一现实，已经显示了对传统市场经济制度进行根本性变革的必

---

❶ 李义平：《为什么只能是市场经济——从经济学的层面纪念邓小平南方讲话二十周年》，瞭望中国网，2012年2月，总第158期。
❷ 《马克思恩格斯文集》第2卷，第36页，人民出版社，2009年。

要性和必然性。

在西方发展市场经济体制的过程中，无产阶级革命导师马克思历经40年写就的《资本论》，研究了"资本主义生产方式以及和它相适应的生产关系和交换关系"❶，研究了这种经济形态的运行机制，研究了商品、货币，确立了劳动价值理论和剩余价值理论。列宁在阐释马克思的经济思想时指出："他从各个社会经济形态中取出一个形态（即商品经济体系）加以研究，并根据大量材料（他花了不下25年的工夫来研究这些材料）对这个形态的活动规律和发展规律作了极其详尽的分析。"❷

马克思从生产社会化同生产资料资本主义私人占有这一基本矛盾出发，深刻地揭示了由资本主义基本矛盾所造成的资产阶级和工人阶级之间财富占有和收入分配的两极分化；揭示了由资本积累规律决定的工人阶级和广大劳动者没有支付能力的需求与资本主义生产具有的无限扩大趋势之间的矛盾；揭示了各个企业的有计划生产与整个社会生产的无政府状态的矛盾，使社会再生产所需要的各种比例关系失衡、生产与消费之间的矛盾日益激化。同时，在此基础上产生了产业资本向虚拟资本和金融资本的转化以及资本主义信用的无限扩张趋势，这就使资本主义经济危机和金融危机成为必然的周期性现象。马克思指出了资本主义市场经济将被更高级的社会生产方式所替代的历史必然性，提出了要用公有制基础上的计划经济来取代资本主义市场经济的理论和途径。

二、对资本主义市场经济的根本性否定

十月革命后，社会主义国家铲除了旧的剥削制度，依据马克思和恩格斯对未来新社会的设想，开始创建计划经济形式的社会主义社会。

社会主义计划经济代替资本主义市场经济的大规模实践，首先是列宁、斯大林在苏联进行的。苏联实行计划经济，曾取得了不错的成绩。据西方国

---

❶ 马克思：《资本论》第1卷，第8页，人民出版社，1975年。
❷ 《列宁全集》第1卷，第110页，人民出版社，2013年。

家估计，1928—1940 年，苏联国内生产总值年均增长 5.8%，这在当时是非常快的速度。1950—1975 年，苏联国内生产总值年平均增长 4.8%，超过美国的 3.3%。

1956 年，我国对农业、手工业和资本主义工商业进行了社会主义改造，经济体制实现了由中华人民共和国成立初期国家计划调节的市场经济到完全的计划经济体制的转变，进入了社会主义计划经济的发展时期。这是中国经济社会发展的一个重大变化。

进入社会主义计划经济时期后，中国经济得以快速发展，在不长的时间内就形成了比较完整的工业体系和国民经济体系。

苏联和中华人国共和国成立初期的实践证明，计划经济在治愈战争创伤期间起到了非常有效的积极作用。当然，不可否认，计划经济没能最大限度地调动人的主动性、积极性和创造性，特别是总体创新能力不强、经济模式僵化，在经济体制竞争中未能占据优势。20 世纪 80 年代后，苏联经济出现停滞，与美国的差距越来越大。

历史的发展要求对计划和市场的关系进行总结和反思，特别是要求对计划与市场的关系这个问题进行新的理论和实践探索。

三、中国经济体制的历史性变革

新的历史性改革是对计划经济体制的扬弃，是辩证的否定，即肯定其中优点的同时对其弊端的否定，一方面是对已经建立的经济制度和经济体制的坚持和完善，另一方面是对这一体制中存在的偏颇与出现的失误的校正。

我国自 1978 年开始进行经济体制改革，经过一个时期的探索，明确了改革的目标模式。1992 年 10 月，中共十四大明确提出，我国经济体制改革的目标是建立社会主义市场经济体制。这是我国计划与市场关系演变过程中的一个里程碑。

邓小平南方谈话以后，人们对计划与市场关系的认识有了很大的进展，对建立新经济体制问题有了一些新的提法。

据时任中国社科院副院长的刘国光回忆参加中共十四大报告起草的一段记载："十四大报告起草时，关于经济体制改革目标模式，有三种提法，一是建立计划与市场相结合的社会主义商品经济体制；二是建立社会主义有计划的市场经济体制；三是建立社会主义市场经济体制。关于这三种提法，总书记在中央党校讲话前，找我谈了一次。他个人比较倾向于使用'社会主义市场经济体制'的提法。问我的意见。我赞成这个提法，说这个提法简明扼要，同时也提出一个意见，如果只用'社会主义市场经济'，不提'有计划的'市场经济，'有计划'这方面可能容易被人忽略，而'有计划'对于社会主义经济是非常重要的。总书记说：'有计划的商品经济也就是有计划的市场经济。社会主义经济从一开始就是有计划的，这在人们的脑子里和认识上一直是很清楚的，不会因为提法中不出现"有计划"三个字，就发生了是不是取消了计划性的疑问。'我觉得总书记讲得很好，讲的确实是对的。提出'社会主义市场经济'概念是一个重大的理论进展，但'有计划'三字是省略而不是取消。"[1]这段记载充分表明"有计划"是社会主义市场经济体制应该包含的核心内涵之一。

在中国共产党的领导下，我国推行中国特色社会主义市场经济体制40年，经济持续快速增长，创造了人类历史上的"中国奇迹"：中国从一个闭关锁国、工业基础薄弱的传统农业大国，发展成为GDP总量居全球第二位的经济体。根据美国CIAWorld Fact book的数据，2016年按购买力平价（PPP）计算的GDP数据，中国位居第一，为21.3万亿美元；欧盟第二，为20.0万亿美元；美国第三，为18.6万亿美元。[2]

毫无疑义，改革开放以来中国经济体制的历史性变革，使我们这个超大型发展中国家的经济获得了历史上空前的、令世界瞩目的跨越式发展。但是，一个不可否认的事实是，我们取得的历史性成就与严峻的问题是同时并存的。市场机制所固有的缺陷和失灵现象也影响我国现实市

---

[1] 刘国光:《建国六十年来中国的计划与市场》，载中共中央文献研究室科研管理部编《新中国60年研究文集》，中央文献出版社，2009年。

[2] 《购买力平价计算的GDP中国已居世界第一》，搜狐网，2017年9月25日。

场经济的发展，突出表现在经济发展中的诸多严重失衡：（1）产业结构失衡。一方面存在着大量的产能过剩，除了煤炭、钢铁、水泥等大量过剩以外，房地产业则是一个更为典型的例子；另一方面，大量的基本需求得不到满足。（2）人力资源供需失衡。中国是人口大国，人力资源十分丰富，但由于现行市场经济体制的缺陷，相当多的劳动者不能充分就业，特别是不能就近就业，而有些高技术产业却又缺乏合格劳动力的供给保障。（3）贫富失衡。共同富裕是社会主义的本质体现，然而在现行市场经济实践中却很难实现，贫富差距不断扩大，并且有固化的趋势。这严重影响到社会的稳定。（4）区域发展失衡。中国幅员辽阔，历史遗留下来的地区差距本应逐步缩小，然而由于现行经济体制的缺陷，我国的地区差距、城乡差距反而日益扩大，严重影响到大国优势的发挥。（5）精神生产与物质生产失衡。物质文明与精神文明的协调发展是社会主义现代化建设的基本特征，但在现行市场经济体制的条件下，精神产品生产严重滞后，这也造成部分社会成员信念缺失、方向模糊、道德滑坡。（6）生态失衡。虽然近些年环境有了极大改善，但仍然任重道远。

应该承认，我们正在创建和不断完备与完善社会主义市场经济体制，其效率功能是相当成功的，利益杠杆亦已经充分启动和激发了个人和企业的经济动力和积极性，但均衡协调功能和共富共享功能还不到位、不理想。因此，非常明确，计划与市场的关系、政府与市场的关系、计划机制与均衡功能的构建，已经成为必须认真思考、研究和解决的紧迫课题。

四、计划 – 市场经济体制是历史发展的必然选择

习近平总书记在建党 95 周年讲话中提出："要继续推进经济体制、政治体制、文化体制、社会体制改革创新，继续解放和发展社会生产力，继续推动我国社会主义制度自我完善和发展，坚决破除一切妨碍科学发展的思想观念和体制机制弊端，为推进社会主义事业注入强大动力。"

从历史唯物主义的观点看，经济体制必须适应生产力的发展。从社会经

济形态呈长期发展的态势观察，当一个国家、一个地区经过战争或者动乱，出现社会秩序混乱，经济百废待兴，各方关系亟待理顺的状态时，"治乱""稳定""计划性"成为社会经济发展的主要诉求，也成为社会经济发展的主要矛盾，而"创新要求""互相进行竞争的要求"成为生产力发展的次要需求。这时，计划经济体制以其极强的计划控制力，满足了生产力发展对解决主要矛盾的要求，适应了生产力发展的需要。

随着社会各方关系的理顺，经济发展初期，消费品供应严重不足，生产能力无法满足日益增长的消费需要，创新能力无法满足不断变化的消费需求，经济业态总体上呈现"供不应求"格局，行业垄断不突出，社会人群的收入差距用现在的标准衡量属于有限范围。社会经济主要矛盾是"快速发展经济"和"通过创新提供丰富多彩的产品"，而解决"共享红利"成为稍靠后的次要矛盾。市场经济体制的"自由竞争"在消费品供不应求的历史时期呈现出超强激发力和超强创新力，正好符合解决生产力发展中的主要矛盾的要求。可以说，市场经济体制在经济业态呈现"供不应求"历史时期所表现出的强劲发展力是史无前例的。

伴随着市场经济体制所推动的经济高速发展，一方面，社会成员在市场竞争中，不断将富裕和贫穷推向两个极点，并使之固化；另一方面，伴随劳动生产率的提高，经济业态由"供不应求"转变为"供过于求"，削弱了市场经济体制赖以繁荣的消费需求基础；再一方面，伴随劳动生产效率的快速提高，智能设备特别是机器人的广泛应用，不断夺走劳动者的就业岗位，导致广泛普遍就业越来越困难。社会主要矛盾转变为"人民日益增长的美好生活需要和不平衡不充分的发展之间的矛盾"。而市场经济体制进入到这个经济发展时期后，如果不加以管控，只会加剧这个矛盾，成为生产力发展的潜在障碍。寻找适合新时期生产力发展要求的经济体制，就成为全社会的共同目标和共同任务。

历史和现实表明，重走老路搞传统的计划经济行不通，但完全放弃计划机制和功能也不行，必须创新一条"计划性"和"竞争性"能够有机融合的新路。本书在对市场经济体制和计划经济体制理论和实践的研究中，提出了与现有市场经济体制和传统计划经济体制均有重大区别的计划－市场经济体制（后文亦简称新体制）的系统变革方案。

计划－市场经济体制不仅强化了企业在契约签订前的竞争性，还实现了契约签订后的可靠计划性；不仅实现了宏观层面的计划平衡，还保证了中观和微观的竞争活力，实现了计划性和竞争性的有机融合；计划－市场经济体制通过其中的计划功能和普遍的按劳配酬，可以避免过大的贫富差距和地区差距；通过宏观平衡计划向微观经济的可靠传导，不仅确保消费、生产、就业、资源可持续供给和环境承载的计划平衡，还可以在任何情况下，实现生产产能和消费需求之间的动态平衡；等等。而这些优势，正决定了经济发展新时期，选择并实行计划－市场经济体制的必然性。

笔者之所以将这种社会主义市场经济新体制称为"计划－市场经济体制"，就是因为这是一种既能集中市场经济竞争优势又能实现宏观计划平衡的经济体制，也是试图集中市场经济体制优点和计划经济体制优点，同时摒弃二者缺点的经济体制。

笔者提出的计划－市场经济体制，在基本内涵与逻辑延伸方向上是完全符合社会主义市场经济体制的要求的。原因是，其一，中共十九大后，中国开始进入新的发展时期，计划－市场经济体制既反映了创立社会主义市场经济体制的初心，也反映了经济体制演进的本质变革，从而真正从内涵上打上新时代中国特色社会主义思想的烙印。其二，计划－市场经济体制能更准确地反映经济体制的核心内涵，因为经济体制最本质最核心的问题是要处理好"计划"和"市场"（竞争）的关系。计划－市场经济体制正好反映了有计划的市场经济体制这个内核架构。其三，"计划"性准确体现了社会主义的三个最重要的核心经济思想，即经济各部类有计划按比例的思想；通过"计划"管控把国民收入差距控制在"共享"范围内的共享共富思想；通过计划兼顾短期利益和长期利益的思想。同时，计划－市场经济体制更加具备经济体制特点，有利于成为人类命运共同体的中国方案。

计划－市场经济体制，按地区建立政府管控的供需契合枢纽，让生产者和消费者完全自主地进行更公平的市场竞争，同时实现纵向和横向两个维度的计划和竞争的统一。在纵向管理维度上，宏观平衡计划转换为调控参数后通过各地供需契合枢纽，传导到有竞争的企业微观生产合同中，实现宏观由计划保证的平衡和微观由竞争创造的活力相统一；在横向时间维度上，将经济活动分为契约签订前的竞争阶段和契约签订后的计划阶段，以可验证可重复的体制机制实现竞争性和计划性在计划 – 市场经济体制这个平台上的统一。

由于计划 – 市场经济体制的宏观和微观管控点——供需契合枢纽的管控对象不是生产者和消费者这个"活"的人群，而是交换过程中的"流"（信息流、资金流、物流），使政府直接干预的对象真正离开了"人"，从而大大降低了由管"人"带来的人为干预，也大大降低了社会管理对生产资料所有制性质的依赖。由此，计划 – 市场经济体制的主体既包容生产资料公有制企业，也包容生产资料私人所有制企业，还包容混合所有制企业。

计划 – 市场经济体制提出了实现宏观计划平衡和微观竞争活力之间传递的四层架构。第一层，在宏观消费、生产、就业、环境承载、资源可持续之间进行计划平衡；第二层，将宏观平衡计划转换为宏观调控工具的参数，分发到各地区"枢纽"；第三层，企业与企业之间通过地区"枢纽"这个平台进行公平公正的竞争，同时，在中标企业签订"供—需"契约时，由地区"枢纽"将宏观调控工具参数导入"供—需"契约中，完成宏观平衡计划向微观契约的传递；第四层，企业在落实契约时，应完成契约义务，劳动者则"依需尽能，按劳配酬"，从而保持和提升由竞争带来的微观经济活力。

企业在计划 – 市场经济体制下，通过竞争签订的政府担保"供—需"契约，实现了生产阶段的计划性，并将生产过程中货币资本的作用降至仅可以获取利息的水平，而反映社会发展的智慧劳动和智慧资本将成为生产资料所有制的决定因素，进而使生产资料所有者通过智慧劳动实现按劳配酬，再加上劳动者的"依需尽能，按劳配酬"的分配机制，真正实现了在多种所有制形式下的公平、公正且避免过于悬殊的分配模式。

计划 – 市场经济体制通过对人类最本源需要的精心体制设计，创造了威力远大于"无形的手"的有目的有计划的体制制约机制，摆脱了人管人的传统监管思路，有可能带来根本性的体制机制变革。

计划－市场经济体制的宏观调控、宏观管理将不再主要依靠庞大的政府管理机构来实施，而是靠规则制定、调控因子的调整来实现，管理方式将发生根本性的变化，政府机构可以实现真正意义上的精简。

总之，笔者希望这一探索和努力可以为我国现行经济体制的"升级版""深化版""细化版"的实现做出一定的贡献。

本书除导言、结束语与后记外，分上、中、下三篇。上篇为：计划－市场经济体制的理论论证和架构设计，有六章，是计划－市场经济体制的基础理论篇，是中篇各子系统设计的理论依据部分。其中：第一章为经济体制及其实践效应比较，在经济体制范畴内对市场经济体制和计划经济体制的实践效应进行了比较，对西方几个主要国家的体制模式及其改革进行了归纳介绍，对社会主义市场经济体制的演进做了分析。第二章为计划－市场经济体制理论探索，提出了新体制创建的基本理论依据。第三章为宏观计划平衡与微观竞争活力的传递与结合，阐述了实现宏观计划平衡与微观竞争活力在体制内传递和传导的原理、机制和架构。第四章为计划－市场经济体制的分配机制和构架，提出新体制的创新收入分配机制理论，实现适用于多种经济体制形式的按劳配酬机制。第五章为计划－市场经济体制中的"置换"模式，提出新体制特有的生产、消费平衡机制，可以为经济发展新阶段提供持续平稳发展经济的新理论思路。第六章为计划－市场经济体制的特征及历史地位，是新体制特征、效应、历史地位的总结篇。中篇为：计划－市场经济体制的子系统设计，是上篇新体制理论的应用篇，从第七章至第十三章共有七章的内容。其中，第七章至第十二章，分别从宏观经济规划、评价指标体系、国家行政经济管理体制、财政体制、国家金融管理体制、对外经贸体制几个子系统领域，依据计划－市场经济体制理论，提出了与现有子系统有本质不同的改革方案。第十三章，运用计划－市场经济体制理论，针对国企改革、教育体制改革、医疗体制改革、养老事业改革四个改革热点难点问题，提出了新体制的改革出路。下篇为：计划－市场经济体制的可实施性和预期效应分析，从第十四章至第十六章共三章，提供了计划－市场经济体制可实施的依据，阐述了新体制为实现党中央复兴中华和建立人类命运共同体的伟大目标可以起到的历史性作用。其中第十四章为计划 – 市场经济体制的优越性与可实施性，第十五章为计划 – 市场经济体制为中华复兴提供体制保障，第十六章给人类命运共同体建设提供一个体制支撑思路。

　　这些创新性的理论探索与体制设计，是笔者牢记中国共产党的宗旨和党员的责任，不忘改革开放的初心，以拳拳之心尽中华儿女之责。因为"中国梦"的实现需要深化体制改革，计划 – 市场经济体制的构想就是应实现"中国梦"之运而生的。

上 篇

计划－市场经济体制的
理论论证和架构设计

第一章 | 经济体制及其实践效应比较

经济体制的演化与分化已经成为一个世界范围的令人瞩目的现象。由于现实需要的推动，"经济体制研究"与"比较经济体制研究"，在世界性的经济发展分化与日益凸显的体制演化中得到加强，也反过来推动了在第二次世界大战后出现的经济体制改良潮流和经济体制多样化趋势，加快了经济体制演化的速度。

比较经济体制研究，是以各类不同的经济体制为研究对象，围绕资源的有效配置，对经济体制赖以产生和存在的内在和外在因素、经济体制的结构和职能，以及经济体制与经济效果的关系等问题进行纵向和横向的比较研究，达到从优选择和变革经济体制的目标。

一、经济体制范畴的市场经济和计划经济

经济体制是一定生产关系的外在表现形式，经济体制虽然与基本经济制度有着紧密联系，但又是具有相对独立性的范畴。一般认为，经济体制是指在一定区域内（通常为一个国家）制定并推行经济政策的各种机制的总和，是一定经济制度下国家组织生产、分配、交换和消费的具体模式。社会的经济关系，即参与经济活动的各个方面、各个单位、各个人的地位和他们之间的

利益关系，也会通过经济体制表现和反映出来。总之，它是由一定国家的政府依据自身国情和经济发展的需要所制定的有关经济规程和各种机制的总和。经济体制影响经济的决策模式、干预模式、运行模式和激励模式。简言之，经济体制就是资源配置的具体方式和经济运行模式。

过去人们长期把市场经济等同于资本主义，把计划经济等同于社会主义，没有把经济体制与基本经济制度在理论上加以区分。这种观念影响着人们对经济体制改革的认识，影响着对"计划与市场"的关系与配置问题的思考和研究。

邓小平率先指出，计划与市场不是划分社会制度的标志，而是社会主义和资本主义都可以利用的资源配置的手段，各有其优点与缺陷。1992 年初，邓小平视察南方时提出："计划多一点还是市场多一点，不是社会主义与资本主义的本质区别。计划经济不等于社会主义，资本主义也有计划；市场经济不等于资本主义，社会主义也有市场。计划和市场都是手段。"❶ 这个论断指明了经济体制与基本经济制度是两个范畴，从根本上解除了把计划经济和市场经济看作属于社会基本制度范畴的思想束缚，使人们在计划与市场关系问题上的认识有了新的重大突破。

"计划多一点还是市场多一点，不是社会主义与资本主义的本质区别"这一判断，就清楚地表明："计划"与"市场"是与基本经济制度相对分离的，各自具有相对独立性。可以看出，这一重要判断就是把计划与市场，作为与基本经济制度（包括所有制性质与结构）相对分离和独立的"配置资源的手段"，是把"计划"与"市场"置于经济体制机制范畴来认识与对待的。

由于"计划和市场都是手段"，对这些属于经济体制范畴的问题进行调整与改革，并不影响社会的基本性质。这样，一个国家的经济体制，在一定的基本经济制度基础上，不仅有了进行改革和调整的客观依据，还有了现实可能性。

这里要强调和说明的是，本书研究和探讨的基本思路和所使用的基本范

---

❶ 《邓小平文选》第 3 卷，第 373 页，人民出版社，1993 年。

畴,就是一般意义上的、与基本经济制度相对剥离的"市场经济"和"计划经济",就是资源配置方式意义上的市场与计划,也就是"经济体制"层次和范畴的"计划"与"市场"。

人们(学术界和社会上)对作为经济体制意义上的市场经济与计划经济的研究与认识,经过为时不短的研究,已经取得相当丰富的成果,已经有了相当普遍的共识。当然笔者也认为,很多共识是基于经济发展特定阶段和特定条件之下做出的。

下面的论述是在承认和吸收已经形成共识的基础上,笔者提出的一些认识。

(一)市场经济体制

在资本主义商品经济的基础上,随着生产社会化程度的大大提高,经济运行逐步由市场机制来调节。生产经营者直接参与越来越激烈的市场竞争,并在市场竞争中实现社会资源的配置,形成了市场经济体制。

商品—市场经济是自发产生的,并且在历史上是与资本主义结合在一起发展的。但商品经济又是在原始社会各个部落之间的物物交换而萌发的,这说明商品—市场经济并不是仅仅与资本主义结合在一起的,而是可以存在于更长的历史时期,与其他社会形态相伴随的,是具有相对独立性的。因此,从理论上可以得出一个"市场经济一般"的概念,是可以把一般意义上的市场经济的内涵与特征抽象和概括出来的。

市场经济构成要素的基本特征是:市场机制是推动生产要素流动和促进资源配置的基本机制;企业是自主经营、自负盈亏、自我发展和自我约束的市场主体;政府不直接干预企业的生产经营活动,而主要是通过经济政策来调节经济运行;所有经济活动都是在一整套法律法规体系的约束下进行的。

在这里,笔者认为典型和完整意义上的市场经济体制具有如下核心内涵:

第一,竞争是经济活动的基本形式,通过竞争实现资源的市场化配置。

第二,"追求利润最大化"是核心驱动力。

第三,拥有"自由经营"的外部条件是诉求。

第四，经济活动是国际化的。经济活动的国际化不仅表现在国际贸易、资金流动、技术转让和无形贸易的发展等方面，还表现为对协调国际利益的各种规则与惯例的普遍认同和参与。

1.市场经济的优势及其历史作用

市场经济作为一种运行形式，特别在竞争主体初始条件相对均衡、行业垄断不太突出、贫富差距不太明显、市场供给总体不足（供不应求）的历史阶段内，通过自身的机制包括供求机制、价格机制和竞争机制，形成一种自动的市场调节力量，一般认为其主要优势体现在以下几个方面：

第一，利益驱动功能。从竞争者的内在驱动力上看，实现竞争者利益最大化是市场经济体制中竞争者参与市场竞争的核心驱动力，这种驱动力以自己的或自己单位的利益最大化为目标，使人的主动性、积极性、创造性在无外力干预下，不分时间、不分地点得到了空前的调动。特别是竞争极大地激发了生产者的创新激情，生产者以空前的速度和效率向市场提供充足且更好的商品，让市场经济体制名副其实地获得了"创新工厂"的美誉。

第二，分配资源功能。这是市场机制在市场总体经济态势呈现"供不应求"的经济发展阶段中，信息充分公开、价格形成机制有效的前提下，通过市场竞争，在优胜劣汰中配置社会资源，进而导致资源在竞争中流动，推动资源在各部门间实现比较合理的配置。

第三，推进技术进步与节约消耗功能。这是在经济快速发展历史阶段中，市场经济在微观方面显示的优势。在市场垄断不太严重，各竞争主体的"起跑线"比较接近的经济发展阶段内，竞争者的优势体现在竞争产品的质量、设计技术、成本消耗等方面的竞争能力。结果，竞争一定会推动各部门、各行业、各企业从内部切实采取有力措施，改进技术，加强管理，节省社会资源，降低生产消耗。

2.传统市场经济体制的局限性和弊端

工业革命以来，尤其是近几十年以来，随着科学技术的高速发展、劳动生产效率快速提高，社会经济态势发生了本质性变化：首先，社会产能过剩成为新常态，从消费和生产上看，整体呈现"供大于求"；其次，行业垄断或者说准垄断已经在更广泛的领域内出现；最后，贫富差距、地区差距不断扩大。所有这一切变化，都动摇了市场经济体制发挥优势的基础。下面笔者以"市场经济体制一般"作为视角，研究传统市场经济体制的问题和弊端。

（1）市场竞争者少数化。"我是市场经济体制中的竞争者吗？"这个问题其实和在农耕时代问"我有耕种的土地吗？"一样重要。在农耕时代，很多人也种田，但他没有自己的土地，耕种的是地主的土地，因此无法充分调动起农民的积极性，于是才有"耕者有其田"的土地革命。当我们来到市场竞争年代，你是否为市场的竞争者同样意味着你是否拥有了自己应有的地位和身份。很多人认为，我虽然是打工者，但也是竞争者，因为我们在单位内和别人竞争，我在和同伴竞争。这里，对竞争者的定义是有误解的。拿体育比赛来说，体育比赛的运动员才算竞争者，因为只有运动员才可以参加比赛，获取名次，而其中为运动员服务的人员充其量是个比赛参与者。市场经济体制中的竞争者是指那些通过自己的自主努力可以影响竞争标的物和竞争结果的人。这其中至少有三个基本要素：其一，具备竞争者资格，没有资格无法入场；其二，能在竞争目标上"自主"，即自主性要求——在竞争过程中，竞争者能充分自主地表现自身的能力，能自主地实施竞争行为，影响竞争结果；其三，能分享竞争结果，即竞争结果出来后，成功的利益、失败的损失直接与竞争者挂钩。比如你参加某次招工竞聘，当时可以算竞争者，但也许只有4小时。你在一个单位，从事的工作是工厂安排的，你在工厂竞争的产品上不能"自主"，因而就不能算竞争者，只能算个挣份工资的"打工者"，最多也只能算个市场竞争的参与者。

市场经济体制是以竞争配置资源的经济体制，多数劳动者理应成为竞争者，也只有多数劳动者都成为竞争者，市场经济体制才能发挥优势。但通过长期的竞争结局积累，少数企业不断在竞争胜利的结局中淘汰其他企业而成为行业的准垄断者，成为真正符合竞争者条件的少数人。在行业趋于垄断过程中，企业的竞争决策、竞争组织、竞争分配也越来越远离多数的劳动者，进而使多数劳动者无法自由参与竞争，无法自主进行竞争，也无资格直接参与竞争结果的分配，沦陷为"打工者"。当竞争积累达到行业完全垄断时，垄断者也将失去竞争者的资格，使竞争者彻底消失。显然，在以竞争为基础的经济体制中，多数劳动者不能真正成为竞争者，就相当于农耕体制下农民没有自己的耕地。因此，让多数劳动者成为竞争体制中的竞争者也相当于一次让"耕者有其田"的"土地革命"。

（2）供需失衡和产能过剩。传统市场经济竞争的盲目性，已经在国际范围内的主要新兴发展中国家中出现：经济下行，产能过剩。

当然，供需失衡和产能过剩，不仅是由市场经济体制竞争盲目性造成的，还有市场经济体制分配严重不均衡导致中产阶层消费潜力被削弱的原因，以及生产力提高后，社会消费品的生产能力远远超过消费需要的原因。

（3）贫富差距、地区差距扩大。由于市场竞争的结局导致失败者处于新一轮竞争的劣势，而成功者则积累出新一轮竞争的优势。每一轮竞争胜利者总是少数，失败者、被淘汰者往往是多数。其结果是，胜利者凭借优势在不断将社会财富装进自己口袋的同时，也将各个行业推向垄断和准垄断，又在推进中将社会财富集中到了少数极富阶层（阶级），而将竞争中的多数人推向失败人群和失业人群。有人说，贫富差距扩大不是市场经济体制的弊端，理由是发达国家、发达地区的贫富差距比欠发达地区小。殊不知，这是发达国家和发达地区把贫穷人口这个"分母"输出到欠发达国家和欠发达地区的结果。

根据慈善组织乐施会 2016 年初发布的报告：全世界目前最富裕的 1% 人口拥有的财富数量，超过了其余 99% 人口的财富之和，失控的不平等现象导致 62 人拥有的财富与全世界最穷的一半人拥有的财富一样多，而 5 年前这个数字还是 388 人。❶

贫富差距扩大，导致社会成员占有资源的差距扩大，也导致市场不公平程度的扩大。市场竞争越来越像是一场由小孩、老人、运动员一起进行的万米赛跑，无论"比赛"过程表面上看如何"公平"，本质上都不可能再有真正意义上的"公平"。

通常情况下，发展中国家都会有历史遗留下来的地区差距。这个差距应该缩小才符合社会发展的需要，但市场经济体制下自由竞争一定在"好"结

❶ 《乐施会报告称1%富人财产超99%的人》，参考消息网，2016年1月19日。

果和"坏"结果的竞争积累中，扩大地区发展差距。

（4）就业问题解决难度加大。在市场经济体制下，解决城市劳动力就业会越来越困难。一方面，社会生产力的提高，使得人们有能力用一天的工作时间生产出几天需要的消费品，有机会更多地使用自动化机械或机器人生产，这意味着完全自由的市场经济体制将制造更多的失业者。另一方面，贫富差距的扩大，又造就了富人没处消费、穷人没钱消费、中间层不敢消费的消费困局，不断压缩着提供就业机会的市场。世界上很多发展中国家，人力资源十分丰富，但由于现行市场经济体制的缺陷，相当多的劳动者不能充分就业，特别是不能就近就业。

（5）资源与环境恶化影响可持续发展。生态平衡、环境净化、资源保护是现代化建设的基本要求。由于盲目生产、恶性竞争，世界上不少发展中国家存在生态失衡、环境恶化、资源利用不可持续的严重问题。市场经济体制完全无计划地开发，给人类生存的地球带来了严重的发展危机。自 19 世纪末以来的百年间，全球平均气温上升了 0.3 ~ 0.6℃，全球平均海平面上升 10 ~ 25 厘米。❶ 今后大气中二氧化碳每增加 1 倍，全球平均气温就上升 1.5 ~ 4.5℃，有可能将格陵兰岛的冰盖彻底融化而使海洋的水平面上升 7 米左右，淹没沿海许多大城市。这种无计划无节制的获取严重威胁着人类的可持续发展。

（6）物质产品和健康的精神产品供给的严重失衡。由于市场经济体制竞争的"利己"性在很多情况下影响了正确价值观的建立，结果，人们的物质生活改善和提高了，但信仰没有了，方向找不到了；挣钱的机会多了，但挣钱的手段却显示出失去了做人的底线；普通物质产品供给丰富了，但积极向上的精神产品却少了。

3. 传统市场经济体制赖以生存的"看不见的手"正在失灵

亚当·斯密认为在市场经济中有一只"看不见的手"，它在经济运行的幕后组织管理着经济。这只"看不见的手"对经济问题的处理既及时又到位。所以，社会经济根本就不需要"看得见的手"，不需要由国家和政府来调节管理。

---

❶ 《全球气候变暖》，www.baike.com，2018 年 10 月 26 日。

政府只需要充当"守夜人"的角色就可以了。

按照亚当·斯密的学说："如果市场上商品量不够供应它的有效需求，那么它的价格的某些组成部分必定会上升到自然率以上。……如果上升部分是工资和利润，则一切其他劳动者或商人的利害关系也会马上促使他们使用更多的劳动或资本，来制造这种商品送往市场。于是，市场上商品量不久充分供应它的有效需求。价格中一切组成部分不久都下降到它们的自然水平，而全部价格又与自然价格一致。"❶

在社会经济生活中，每个人都得接受利益机制的制约，都会在利益多少的选择中不断地寻找最佳出路。"假若劳动、土地或资本在某一行业比另一行业可以获得较高的报酬，这些生产要素的所有者将把它们从报酬较少的行业转移到这些行业上来。原来供过于求的行业提供的较少报酬引致部分业主向报酬高的行业转移，直到提供的报酬与其他行业大致相等为止，而原来供不应求的行业因为新的业主的加入而报酬降低，直到与其他行业报酬大体相同为止。"❷

亚当·斯密认为，如果某一部门投资太多，利润降低会纠正这种错误的分配。"用不着法律干涉，个人的利害关系与情欲，自然会引导人们把社会的资本尽可能按照最合适于全社会利害关系的比例，分配到国内一切不同的用途上。"❸这就是市场机制理论的核心描述。

但还有很多时候这只"看不见的手"只会帮倒忙，或者说这只"看不见的手"根本不会起作用。比如：

第一，生产要素的所有者要转移投资方向并不是想转移就转移，而是需要成本的。当转移成本高于价格变动构成的利益，这只"看不见的手"就不会去完成价格规律所给予的任务。

第二，生产要素的所有者要转移投资方向还需要技术、设备、生产条件的支持和配合，转移产品的生产才能实现。而事实上，很多有特点产品的生产，

❶ 何正斌译著：《经济学300年》，第44页，湖南科学技术出版社，2010年。
❷ 何正斌译著：《经济学300年》，第44页，湖南科学技术出版社，2010年。
❸ 李义平：《经济学百年》，第24页，中国人民大学出版社，2014年。

需要不同的设备和技术，不是生产者想生产就能生产出来的，特别当有供不应求产品出现时，其生产肯定有独特之处。

第三，生产要素的所有者要转移投资方向，还要具备待转移产品生产所需要的原材料、设备的可持续供应。而在现实中，这些都不确定。

市场经济体制中那只"看不见的手"往往会成为浪费之手：当供给大于需求时，价格下跌，利润率下降，甚至无利润，导致投资必须自动退出这个生产领域进行"结构调整"。而这个结构调整中承载的却是可怕的社会代价：商品积压、工厂破产、银行倒闭、工人失业。

大量的实践不支持市场经济"看不见的手"的理论，特别是在以下情况出现时：

首先，当市场普遍呈现产能过剩、供过于求时。在产能严重过剩条件下，市场一旦出现有商品不够供应，市场那只"看不见的手"的反应并不会将价格提高后静止地等待"劳动者和商人"去增加投资，而是招来一批竞争者进行"价格战"，又有一批竞争者成为"烈士"。如果竞争者暂时由于在技术、资源、渠道上的优势而供不应求时，"看不见的手"所支配的行为也并不是把这个市场公平开放给其他竞争者，而是试图利用自己的优势将其他竞争者排斥在外，从而达到垄断这个市场的目的。显然这只"看不见的手"所形成的市场机制很多时候会推动市场配置垄断化和不合理化。

其次，当行业趋于垄断、准垄断时。世界经过几百年的市场经济竞争，差不多每个行业都已经被少数企业所垄断和准垄断。而行业一旦被垄断和准垄断，所有由"看不见的手"调节的经济活动，都有可能被垄断者操纵，其合理性和均衡性便无从谈起。

最后，当贫富差距过大时。在世界范围内，贫富差距过大导致的对市场不利的最直接后果是市场经济发展所依赖的消费市场萎缩了：贫穷的人有需求没有钱购买，富有的人现有消费品都有了根本就不需要购买，而中间者则在对前景怀疑中不敢购买。这几种情况汇总起来，就是市场经济赖以发展的"市场蛋糕"不仅不能增大反而有可能缩小。亚当·斯密当年发现的那只"看不见的手"在贫富差距扩大面前，不是缩小差距的推手，而是扩大差距的推手。

4. 传统市场经济体制下周期性危机很难避免

传统市场经济体制一般的核心机制问题导致的以下三个周期性危机很难避免。

（1）通过阶级斗争，将剥削阶级推翻后，取得权力的少数人若又通过腐败、权力重新剥削人，或者取得绝对垄断地位的少数富人试图固化这种优势，那么他们与翻身无望、社会地位向下层固化发展的多数人之间的矛盾、冲突不可避免。

利己竞争的第一个直接结果是导致少数人极富，而多数人则行走在被剥削、致贫的路上——贫富分化不可避免。第二个结果是作为衡量竞争结果的金钱财富的作用不断被强化，把人与人之间的关系推向赤裸裸的金钱关系，加剧了人与人之间的对立。第三个结果是贫困阶层难以在后续市场的竞争中翻身：因为贫困，创业、挣钱的"门"不再存在；因为贫困，无法让子女接受良好的教育，这意味着可能世世代代没有改变命运的机会，以致呈现贫困的固定化。在资本主义社会中，马克思曾经得出过结论：资本积累的一般规律就是财富向资本家的积累和无产阶级的贫困化积累。最后，马克思以"资本主义的丧钟就要敲响了"，来结束第一卷的分析。[1]

从世界上看，确有国家的领导人打着为国民谋利的旗帜上台，在取得权力后又利用自己的权力重走政治压迫和经济剥削的老路，重蹈再被打倒的覆辙。当然，社会发展到今天，统治者拥有了全覆盖的通信手段，及时精准的战场感知技术，快捷远距离的兵力投送能力，过去那种革命方式可能不再适用，但手无寸铁的老百姓通过集体走上街头，在传播范围极广、传播速度极快的现代通信手段支撑下，把那些心中没有百姓的领导人赶下台也不是不可能。

（2）资源配置失衡加速周期性经济危机。按照市场经济的理论，原本存在于社会经济生活中那只"看不见的手"，会在幕后组织管理着经济，实现各种资源配置的平衡。但事实上，那只"看不见的手"所推进的却是贫富差距扩大、消费市场萎缩、产能过剩、就业困难、浪费严重、经济失衡，并且

---

❶ 何正斌：《经济学 300 年》，第 87 页，湖南科学技术出版社，2010 年。

周期性地发生经济危机。图1是周期性经济危机的示意图。❶

　　从供给侧看，经济运行中的权力、资源、货币资本等影响公平竞争的要素，在长期的竞争积累中，不断集中到少数财团和垄断大企业手中，而中小企业则不断被竞争所淘汰，形成财产占有比例大的企业（上）大和中小企业（下）小的格局。在需求侧，极富裕阶层除去炫富满足心理需要的消费外，差不多已经没有刚性消费需求；低收入阶层有消费需求却没钱消费，中间层中一部分则背负了沉重的房债，还有一部分则忧患未来而不敢消费。综合来看，市场经济赖以繁荣发展的市场"蛋糕"，有越来越小的趋势。将供给侧和需求侧结合在一起看时，可以看出经济"失衡、浪费、流通不畅"的总态势，在供给侧和需求侧中还大量存在着"失衡、杠杆、过剩、浪费、就业难、企业倒闭"等泡沫和经济危机发生诱因。

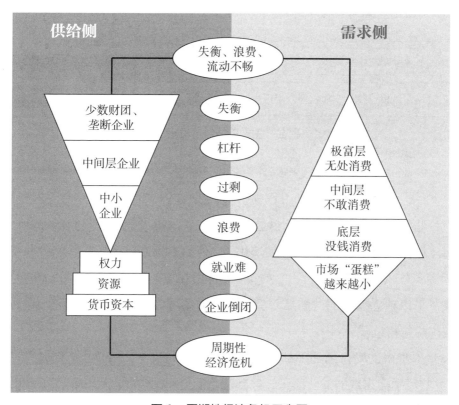

图1　周期性经济危机示意图

❶　本书中所有图表均为笔者设计、整理而成。

　　经济危机本质上就是供需严重失衡的集中爆发。图2列举了部分产生经济危机的诱因。从企业看，盲目竞争，导致大量的产品滞销浪费，再导致大量企业举债最终倒闭；从市场看，各层级消费人群的消费受阻，导致消费市场缩小；从金融业看，滥印钞票，加上投机和加"杠杆"致金融泡沫膨胀，等等。这其中任何一个原因其严重程度达到一定值，都可以诱发一场经济危机。经济危机发生后，大批企业的倒闭减少了产能，又通过危机过程积累起消费需求，往往再通过政府有针对性的强烈经济刺激措施释放消费潜能，最终又会缓解其中的供需矛盾，实现一定程度的经济发展。可是，由于造成经济危机的根本原因并未在这些调整中消除，经济危机仍然会在一定诱因下周期性发生，经济危机不可避免。

图2　经济领域产生周期性经济危机的诱因举例

　　（3）对"货币"的过度操纵导致货币泡沫化。

　　第一，货币与剥削。货币作为价值尺度还是一种交易媒介和记账单位，是一种储藏价值的等价契约，也是一种所有者与市场关于交换权的契约。当货币（钞票）成为一种独立于物态财富之外的"货币商品"时，当这些货币发行者不尊重这种契约而可以滥印时，货币在充当了流通、交易的角色外，又成了可以独立挣钱的"商品"，并在市场经济体制中充当着资源控制和经济剥削的新角色。

　　世界货币的发行国几乎都利用发行货币国的权力，超越物态财富多印货币，并将原本会出现的通货膨胀转嫁到货币的使用国。如果说印刷假币是犯罪，那么货币发行国就是利用发行权合法地、过量地、无实物财富做支撑地印刷假的"真币"，并将原本会引发的国内通货膨胀转移出国境，其本质是掠夺和剥削。

国际货币发行国美国，从 2009 年 3 月推出货币量化宽松 QE1 到 QE4。首轮量化宽松了 1.725 万亿美元；第二轮 QE2 至 2011 年二季度前又量化宽松 6000 亿美元；QE3 从 2012 年 9 月 15 日起每月宽松 400 亿美元；[1] 从 2012 年 12 月起，QE4 每月量化宽松 400 亿美元基础上，再增加 450 亿美元，达每月 850 亿美元。[2] 欧元区则在 2015 年 1 月宣布总额达 1 万亿欧元的量化宽松。[3] 日本自 2001 年开始已经量化宽松了 10 轮，且从 2014 年开始，将把量化宽松的范围增加到每年 80 万亿日元。[4] 可见，国际上主要发达国家无一例外地进行货币量化宽松，用印钞票转移经济的下行压力。这种手段的初衷是希望增加货币流通量，刺激实体经济发展，但实际上多数并没有流向真正需要货币的经济实体中。

第二，产品生产环节不断生产出"滞销品"。财富有两种表现形态：其一是可在市场上自由流通的货币财富形态；其二是与货币量等值的产品财富形态。在货币通过生产转变为产品的过程中，货币其实并没有减少，其中一部分在生产过程中变成劳动报酬又去流通了，一部分则成了少数人口袋中的"财富"，也有一部分存进银行作为储蓄了。通过生产转化为产品的那部分财富中，包含了社会新创造的剩余价值（利润），按照现在的经济理论，这些新增加的财富可以按货币的契约原理，被等值印制成钞票，或者以新增加财富为依据由金融主管部门决策增印钞票。如果我们深究一下，这也不是完全有道理的，原因在于新增财富中很可能包含不少已经没有了价值的报废"财富"，还有不少账面上仍然是"财富"，而实际上已经是废品的"滞销品"。问题是多印钞票是很多决策人的客观需要，而且这个理由好歹是个可以放在桌面上的理由。

现在的问题在于，市场经济体制自由竞争的盲目性，导致相当大数量的"滞

---

[1] 姚秋、刘聪：《全球量化宽松对债券市场的影响》，和讯网，2013 年 3 月 14 日。

[2] 罗兰：《美国量化宽松又玩 QE4》，《人民日报海外版》2012 年 12 月 14 日。

[3] 鞠辉：《欧洲央行下猛药：实施万亿欧元的量化宽松政策》，《中国青年报》2015 年 1 月 24 日。

[4] 《剖析 10 轮量化宽松后的真实日本：真正的风险来自通缩》，凤凰网，2015 年 9 月 12 日。

销品"被压在了仓库里，实际上已经是无价值的商品了。

第三，货币被当成"商品"，杠杆加大，呆账上升，风险不断积累。而货币发行管理者每年根据 GDP 的增长增加货币供应，理论上是合理的。

货币中的很大部分存进银行等金融机构。有些金融机构又将这些资金通过抵押等方式再次投资到房地产等环节；还有通过游离于银行监管体系之外的影子银行进行了再投资。

第四，货币占有极不均衡。单纯就货币的总量而言，并不会因为出现"滞销品"而使货币紧张和缺乏，因为在这些过程中货币只完成了转手和储蓄，任何一个环节都没有把可流通的货币销毁，即使产品变成为"滞销品"。呆账也是如此。特别需要关注的是，货币总量每年不仅没有减少，反而都在增发，致使货币本身达到了泛滥的程度。

货币总量快速增长还要实施货币上的量化宽松，根源在于：

第一，流动货币的占有极度不平衡。就市场经济体制中绝大多数的、解决劳动力就业贡献最大的中小企业而言，货币最容易变成不能流通的"库存商品"，因为这些企业在自由市场竞争中处在最盲目的状态中。对于这些企业而言，产品变成库存商品卖不出去，就会实实在在地缺少可流通的货币资金，就会陷入困境。市场经济体制自由竞争的结果：一方面，流动资金在生产企业不断向垄断企业集中时，少数垄断大企业拥有的资金越来越多；另一方面，这种被不能流通的"库存商品"占掉资金而缺乏现金的中小企业也越来越多，被不能流通的"呆账"占掉资金而缺乏现金的中小银行也越来越多。

第二，盲目的市场竞争阻碍货币资金的平衡利用。在拥有多余货币资金的单位和缺少货币资金的企业之间，如果存在一种自然的平衡机制，那么也不会出现货币实际已经泛滥了还需要大量印钞票的情况，问题就在于市场竞争机制是在加重这种不平衡。处于垄断地位的大企业，虽然自己货币形态的资本用不完，但也不会支持有可能成为自己竞争对手的中小企业。市场经济体制衍生出的专门从事投资的金融机构也有很多钱，但这些以营利为目的的机构也不会向这些有巨大风险的中小企业投资。

第三，拥有权力的政府越来越依赖于印钞解决经济问题。钱都装进大财团、大企业的口袋，政府没有钱又想解决经济发展和就业问题，印钞票是最方便、最快捷的方案。而事实上，每次"量化宽松"的结果，除了积累越来越大的资产泡沫外，多数并没有流入实体经济中。

市场经济体制导致的行业垄断和货币被少数企业囤积的趋势具有必然性，因此导致中小企业因盲目生产而缺乏可流通货币也具有必然性。市场经济那只"看不见的手"不仅无力减缓这种趋势，而且还在推动这种货币占有的不平衡。于是，唯一可行的措施只有一个：政府用"量化宽松"印钞票，再用行政命令推进一些基础建设工程以便稳定经济增长，以保证企业特别是中小企业生存，从而维系劳动力就业和经济发展。

图3是财政宽松导致货币渗漏集聚及资产泡沫示意图。从图中可以看出，政府通过财政宽松政策，不断通过印钞票"投资"，再"转换"为各种"商品"。"商品"中不仅有企业生产的实物商品，还有金融业的"货币商品"。由于市场经济体制的盲目性和自由性，"商品"中一部分被"消费"且重新转化为货币"存款"，而相当一部分"商品"则成为"滞销品"被放进了"仓库"，造成亏损和浪费。这其中，垄断的超大型企业和大财团往往可以通过控制市场获取丰厚的利润，而一般企业特别是中小企业则因为盲目生产而使产品"滞销"。一般实体企业因"滞销"导致资金无法周转——常态化"缺资金"。政府投放的"钞票"还会通过银行"存款"环节，将现金投入到房地产等其他行业谋取"暴利"。结果，一方面政府不断"印钞票"，超大企业和财团不断集聚"钞票"，而实体企业则不断生产"滞销品"而"资金短缺"，又需要政府不断地"量化宽松"印钞票，不断投资中小企业能维系生命的工程来维持经济运行。从微观上看，产能越过剩，这种情况越严重。于是出现由政府主导、谋求企业生存以稳定劳动者就业的印钞循环，在一定程度上不可避免："投资（现钞）→大量资源转化为不能用的库存（转滞）→资金流转不畅再印钞票（印钞）"。这个循环的直接后果是资本泡沫越循环越大，社会分配中贫富差距也因所印钞票主要流进极富人群而越来越大，政府也因再无其他手段干预而越来越依赖印钞。大量的钞票流进了大财团和大企

业的口袋中，政府的控制力越来越差，资产泡沫破灭的风险越来越高。

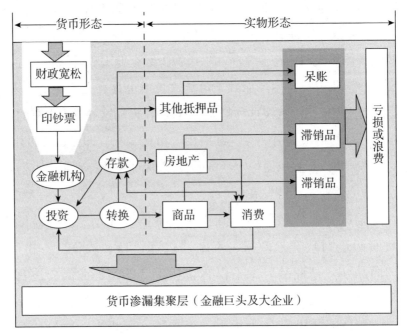

图3　财政宽松导致货币渗漏集聚及资产泡沫示意图

（二）计划经济体制

在西方市场经济体制发展期间，无产阶级的革命导师马克思历经40年，写就了《资本论》，研究了"资本主义生产方式以及和它相适应的生产关系和交换关系"❶，并详细研究和阐明了其中的运行机制。在这里，马克思研究了资本主义条件下的商品、货币，确立了劳动价值理论和剩余价值理论，得出了资本主义积累的趋势——两极分化，一极是财富的积累，另一极是贫困的积累，并找到经济剥削的原因，提出了社会各经济部门有计划按比例发展的思想。依据马克思及在社会主义经济建设中列宁的经济学理论，在无产阶级首先取得政权的苏联,由列宁和斯大林创造性地进行了计划经济体制的实践。其后，中国和东欧、亚洲等地的无产阶级取得政权的国家也进行了计划经济

---

❶　马克思：《资本论》第1卷，第8页，人民出版社，1975年。

体制的实践。人类历史上出现了社会主义计划经济这种社会经济模式。从经济体制的角度讲，这是一种完整意义的计划经济体制。

社会主义计划经济体制是社会主义基本经济制度与计划体制机制的结合体。只要我们从理论上（思维中）把"计划经济体制"作为相当独立的东西分离出来，就可以认识和概括"计划经济体制"的基本内涵与特征。

计划经济体制，是对生产、资源分配以及产品消费事先进行计划的经济体制。在这种体制下，国家在生产、资源分配以及产品消费各方面，都是由政府事先进行计划。因此，也可以说计划经济体制是以计划作为资源配置主要方式的经济体制。

依据政府的统一计划进行经济安排：由政府来决定生产什么、生产多少和如何生产，企业或生产单位完全是计划的执行者，对资源配置没有什么影响。计划经济体制有效运行的基本条件是充分的信息条件、特定激励条件和偏好条件。

如果仅从计划经济体制的计划性内核上看，由马克思提出的社会主义计划经济，也可以包括像德国、日本等国在一个阶段内实行的带有国家资本主义色彩的计划经济。以下不冠以社会主义计划经济时，均将计划经济作为"计划经济一般"来看待。

1. 计划经济体制的优势

（1）自觉控制，稳定发展。计划经济里经济活动都是由政府计划、预先设计好的，可确保所有资源都能持续运用，经济活动一直受到控制，不会受到经济周期波动的影响，停产以至失业问题都不会发生，长期性的基建投资更不会受市场因素而停止。

（2）倾斜优先，发展快速。实行计划经济或是国家资本主义的国家，都有一个特点，都是落后国家，例如，苏联建立之初，百业凋零，在欧洲文明的程度和工业化程度排序中都是倒数，而在实行计划经济以后，20世纪40年代成为超级大国；德国在第二帝国时期实行国家资本主义，一跃成为一流的工业化国家；日本自20世纪40年代至"二战"后，长期实行计划为主、市场为辅的经济运作模式，成了经济和工业大国；中国实行计划经济以后，截至 20 世纪 80 年代初，不到 30 年的时间，全面建立和完善了工业和教育体系，实现了大规模群体脱盲，初步实现国家工业化。

计划基本上都是把有限的经济资源不计收益地倾斜于某方面的发展。比如教育、交通、重工业、医疗等，使其短时期内实现飞跃。如日本在"二战"后，对钢铁行业和重化工业实行倾斜生产，同时压缩消费品生产，通过牺牲消费，使日本钢铁和加工等行业领域短时期内飞速提高，最终成为经济大国；中国 20 世纪 50—70 年代实行计划经济，仅水利建设的工程总量就达到有记载的 3000 年历史总和的一倍多。成昆铁路的修建造价是全国总人口的半年口粮，并且没有直接的利润收益，但是却带动了整个西南地区经济发展，这些都是计划经济倾斜发展的优势。

（3）注重公共利益和社会福利。计划经济往往伴随着高福利，例如教育、医疗、交通、养老的免费制度。凡是实行计划经济的国家，其公共福利水平都是较高的，但具体福利需要依赖政府实现计划经济的成功程度。

2. 计划经济体制的弊端

资源无法对微观实行有效分配，不能改善微观效率。微观资源无法有效分配，是计划经济最受诟病的地方。因为国家所有资源主要由政府决定，私人不掌握生产资料，于是，国家可以罔顾私人的实际需要而进行经济计划，随之就会出现短缺现象，短缺通常会引发黑市的产生，而黑市则会对国家的计划经济造成极大危害。

计划经济体制把企业置于行政部门附属物的地位，企业既不能自主经营，又不能自负盈亏。企业的生产数量、生产品种、价格以及企业的生产要素供给与产品的销售都处于政府计划部门和有关行政主管机构的控制之下，企业如果想自行决定生产和经营，稍稍摆脱一下计划的安排，稍稍违背一下行政主管机构的意愿，就会受到制裁。行政权力支撑着整个计划经济体制的运转。同时，在计划经济体制之下，居民个人实际上也处于行政部门附属物的地位。个人作为劳动者，在什么工作岗位上就业和担任什么工作，都由劳动人事机构按计划安排好，个人没有选择的机会。

个人作为消费者，也要由计划部门安排，具体表现为生活必需品是凭票证供应的，住房是由单位提供的，甚至子女的升学、就业也无一不同行政主管机构的安排有关。

计划经济下的微观效率通常是低下的，主因是国家或是财团往往不强调人的竞争参与，而是由政府或财团一方全权决定。即是说，计划经济下没有人与人之间的竞争，也没有企业之间的竞争。缺少竞争，会造成产品质量降低，这也意味着生产者不能在生产方式不变的前提下有效提高效率，甚至价格也不能通过竞争而有所调整。结果，从微观上看，缺乏竞争效率；但是从宏观角度，国家很容易通过计划经济发展规模经济，因而苏联短时期内成为超级大国，日本战后致力经济发展成为经济超级大国。

3. 社会主义计划经济体制的实践

社会主义计划经济体制是以生产资料公有制为基础，彻底消灭剥削和压迫，同时消除生产的无政府状态。在这种体制下，社会生产、资源分配以及产品消费各方面，都是事先由政府进行计划安排。由于大多数经济活动都依赖政府的指令性计划，计划经济体制也被称为指令性经济体制。

过去计划经济是被作为社会主义制度的本质特征看待的，是社会主义经济理论中的一个基本原理，即社会化大生产把国民经济各部门联结成为一个有机的整体，客观上要求各部类之间保持有计划按比例关系。

中华人民共和国成立前的我国是一个典型的传统小农经济国家，只有少量的工业生产。1949 年中华人民共和国成立后，首先从 1949—1952 年的短短几年内，迅速医治了战争创伤，而后从 1953 年开始到 1970 年代，排除重重阻力，克服种种困难，在政府的强力推动下，学习苏联计划经济体制的经验，结合中国的实际情况实行计划经济体制，奠定了工业化基础。

在中华人民共和国成立初期的 7 年中，大致分三个阶段逐步走上了计划经济体制的轨道。第一阶段（1949 年 10 月—1950 年 6 月）是计划经济体制的萌生阶段。第二阶段（1950 年 7 月—1952 年 8 月），是计划经济体制的初步形成阶段。在这两个阶段中运用计划经济体制应对国民党政府留下的财政枯竭、通货膨胀的局面，在短期内通过国家加强集中管理，制止了通货膨胀，经济初步获得稳定，医治了旧中国遗留下来的经济创伤，顺利地渡过了经济困难时期。第三阶段（1952年9月—1956年12月），是计划经济体制的基本形成阶段。经过社会主义改造，基本实现了社会主义公有制的目标；在对经济活动的管理形式方面，以行政命令方式制定颁布了发展国民经济的第一个五年计划，并于1956年底提前完成了"一五"计划中预定的大部分指标。在此期间，计划经济体制被《中华人民共和国宪法》明文确认为国家法定的经济体制。因此，到1956年底，我国的计划经济体制已基本形成。

中华人民共和国成立30年时，践行计划经济体制取得了辉煌的经济成就。在基础设施建设方面，共完成了80多万公里的公路（不包括遍布乡村的非油面道路建设），两万多公里的铁路，其中绝大部分是穿越于群山峻岭和戈壁沙漠，使云南（除了早期一条窄轨）、广西、四川、贵州、青海、福建、新疆、宁夏、河套平原等结束了没有铁路的历史（甘肃省在解放初期的铁路只有陇海铁路到天水段，解放后延伸到兰州，并建设兰州新线）。❶工业方面从"一穷二白"开始，到建成基本完善的工业体系，特别是重工业和尖端科技工业。在水利建设方面，完成了主要大江大河的治理工作，兴建了5万多座水库。在文教卫生方面，在"文革"结束时基本实现了义务教育，教育经费的投入最高曾达国民生产总值的5%，建立了近千所大专院校、数千所各类中专及完善的基础教育体系。值得一提的是，所有这些成就都是在国际环境恶劣、战乱不断的情况下，依靠自力更生实现的。

中华人民共和国成立初期，我国还面临城市的失业人口、游民、需要救助的孤老残幼人员以及遭受灾荒侵袭的农民，其在我国人口总数中占有相当大的比重。不解决好这些社会成员的基本生活需求，新生的国家政权就难以巩固。计划经济体制下的社会福利制度对社会稳定发挥了重要作用。据统计，1949年，全国受灾面积约1.4亿亩，受灾人数约4555万人。此后几年，水灾不断，受灾农民的生活极其困难，基本的粮食需求得不到保证。城市中的失业人员也在增多。1950—1951年，武汉、广州、长沙、西安、天津等14个城市紧急救济人口达100多万人。1952年，全国152个城市常年得到定期救济

---

❶ 董玉振：《巨人的背影——为毛泽东辩护及当代中国问题省思》，第3页，新加坡南洋出版社，2003年。

的人口达 120 多万，得到冬令救济的约 150 多万人，有的城市享受社会救济的人口已达 20% ~ 40%。❶ 这些成就的取得都离不开当时实行的集中统一管理的计划经济体制。

4. 社会主义计划经济体制实施中的主要问题

计划经济体制从实施的结果来看，问题是明显的。

第一，国家管理经济的职责，应主要限于宏观经济领域；微观的经济活动应属于生产者的职责范围，而用行政手段配置资源的最大弊端在于，限制和排斥商品经济的发展和市场的调节作用，包办或代替本属市场经济主体权力范围内的微观营运职责。计划经济体制把企业（生产者）置于行政部门附属物的地位，每个企业都由各自的行政主管部门管理。中央企业由各工业部直接管理；地方企业由重工业局、轻工局、二轻局、水电局等政府部门管理。生产什么，生产多少，什么时候交货，多少价格出售，全部都由政府的"计划"确定，企业既不能自主经营，又不能自负盈亏。这样使企业的生产要素供给与生产成果的销售都处于政府计划部门和有关行政主管机构的控制之下，行政权力支撑着整个计划经济体制的运转，限制了企业在市场中的主体地位。

第二，企业职工也是被政府"计划"的。个人作为劳动者，在什么工作岗位上就业和担任什么工作，都由劳动人事机构按计划安排。劳动者成为计划的物化对象，而不是在竞争中可以发挥创造性的创新主体。计划经济体制极大地束缚了人的创造性和积极性。

第三，政府计划者制订的每个计划一般都是以过去的"计划"作为新"计划"的蓝本。这样，使得不少计划的产品都是过去生产产品的简单重复，特别当某些掌握计划权力的官员在上面待久后，难免会脱离实际，以至于计划的"产品"和竞争产品相比，创新性总是落后。

第四，由于在计划经济体制下，所有经济活动都是计划的，因此企业职工的收入分配也是计划的。人们无法通过"劳动"获得与劳动有因果关系的报酬，社会分配领域的"大锅饭"总与计划经济体制相伴。劳动生产效率低

❶　成海军：《计划经济时期中国社会福利制度的历史考察》，中国共产党新闻网，2008年10月8日。

下和社会成员的积极性、主动性和创造性不高总是计划经济体制的负面形象。

第五，在计划经济体制下，劳动报酬总体较低，劳动者的消费欲望受到了限制，人的劳动积极性受到了制约，导致劳动生产率不高。计划者总是以生产企业的生产水平作为计划基础，用静止和僵化的思维进行计划操作，结果计划经济体制下存在着普遍的、长期的和严重的消费品短缺现象。

完全的计划经济体制在运行中日益凸显的弊病，使社会主义国家的经济体制改革势在必行。

二、经济体制在国际上的实践与演变

计划经济体制、市场经济体制在实践中都暴露出了各自的问题。计划经济体制把生产者当成政府的一部机器，把消费者当成生产者提供什么产品就消费什么的使用者，不仅剥夺了各方的自主性，也束缚了各方面的创造力。而在生产资料私有制基础上的市场经济体制，在过度自由的竞争中，导致贫富差距扩大、垄断加剧、盲目性导致产能过剩等问题不断凸显。总之，越来越多的人已经感觉到，现在经济中发生的各种深层次问题，病源都指向经济体制。

"完全竞争的市场经济体制"亦即"完整和纯粹意义上的市场经济体制"，完全排斥商品—市场经济的完全的计划经济体制，在当今世界上已经不复存在。实际上，各国都在反思经济体制的经验和教训，也都进行了改革尝试，已经出现了由市场与计划这两类基本经济体制的不同组合而形成的多种各具特色的具体经济体制模式。

（一）西方市场经济体制的几种模式

世界多数较发达的西方国家，实行的是以私有制为基础的市场经济体制。在这些国家的市场经济实践中，特别是到了近现代，也都暴露出了市场经济体制固有的问题。由此，许多国家进行了市场经济体制模式的改变，形成了各有一些特色的市场经济体制。

在市场体系已经发育得很充分的西方发达国家，普遍将本国的经济叫作"混合经济"，即国家干预与市场调节相结合的经济。如果把计划视为国家干预经济的行为或调节经济的手段，则计划与市场的结合是现代经济体制优化的普遍趋势。西方发达市场经济国家在处理"政府与市场""计划与市场"这个基本问题上，通过各自不同的组合已经形成了各具特色的经济体制模式。其中，有代表性的市场经济模式有以下几类。

1. 美国自由市场经济模式

美国模式属于"企业自主型"市场经济模式，又称"自由主义的市场经济"。它十分强调保障企业作为微观经济活动主体的权利，政府这只"看得见的手"一般较少直接干预企业事务，以自由市场经济作为基本原则。其体制与运行特征主要有以下几点：

（1）企业享有比较充分的自主权。美国市场经济体制的基石，是自由企业制度。企业作为市场活动的独立主体，拥有比较完整、充分的自主经营权利，生产什么、生产多少、怎样生产等决策都是由企业自行做出决定。美国自由市场经济的重点是企业拥有完全的自由，而且企业的这种"自主性"是建立在较完备的法律基础上的。因此，每个企业在经营中一般都很重视和遵守法律，即使是较小的公司也都聘有专职律师，较大的公司则会设立法律部。

（2）注意保护市场公平。美国政府比较强调市场竞争的公平性，注重限制垄断，保护竞争。美国通过了一系列的反托拉斯立法，以法律手段为企业营造公平竞争的社会环境。最早的反托拉斯法是1890年通过的《谢尔曼法》，对托拉斯的行为做出了限制。在其后的100多年，针对反托拉斯过程中的问题又通过了不少相关立法，不断完善和确保市场的公平性。此外，由于市场调节的有效与否取决于市场提供给企业的信号是否真实可靠，美国政府把尽可能释放真实市场信号作为自己的一项重要职责，试图通过这些措施实现反周期危机和反通货膨胀的目标。

（3）偏重于用财政政策与货币政策进行宏观调控。为了扩大或压缩市场上的有效需求，美国政府也依法介入和干预经济运行，在法律授权的范围内，依据对市场总需求的分析，采用或松或紧的财政政策和货币政策。通过这些政策调整市场上供求的总态势，引导企业对市场做出反应。相对而言，美国政府宏观调控手段不那么强调具体的直接措施，而注重经济立法。

（4）高透明度的经济体制内部关系。美国模式中政府、市场和企业的相互关系以及各自地位，一般都有明确的法律规定。尤其是政府的行为，都要以法律为依据。政府的宏观干预和调节，也必须落实到法律上，通过立法来贯彻执行，具有较高的公开透明性。

美国市场经济体制模式概括起来是企业充分自由自主，经济法制完备，政府宏观调控手段偏重于财政政策与货币政策。当然，美国这种自由市场经济体制并不能复制到欠发达国家，原因在于技术处于领先地位的美国企业不会担忧在充分自由的竞争中被外国企业占领主导地位，而欠发达国家一旦强调竞争自由，很可能不久就成为发达国家的经济殖民地。

美国模式的市场经济体制在有利于优秀企业发展的同时，也同样无法克服贫富差距扩大、两极分化、产能过剩等市场经济体制的顽症。

2.德国社会市场经济模式

德国崇尚的是"国家控制"与"市场经济"并存的"二元体制"，实行的是宏观控制的"社会市场经济"，既反对经济上的自由放任，也反对把经济统紧管死，为实现"社会公正"，通过国家的有限干预，将个人自由创造和社会进步的原则结合起来。路德维希·艾哈德是社会市场经济理论的主要奠基者，他把社会市场经济概括为"自由加秩序"。其体制与经济运行的主要特征有以下几点：

（1）政府将保证自由竞争、限制垄断作为首要职责。市场竞争是推进经济发展的最强大动力，也是这种市场经济模式最主要的支柱。这种体制将垄断和"不道德竞争"作为市场机制有效性的最大威胁。为此，将建立和维护合理的市场竞争秩序、消除有碍市场机制发挥作用的因素作为政府干预的首要目标。政府并不对企业进行"多余"的直接干预，因此保持了企业在市场竞争中的自由性和自主性。

（2）宏观调控的核心目标是实现稳定与均衡。这种体制以价格稳定、货币稳定、增长稳定以及收入稳定为宏观调控的核心目标。为此，宏观调控的政策手段主要是制度政策、稳定政策和社会政策。制度政策即保证充分、有效的市场竞争，市场机制的有效性取决于经济环境的有序和经济运行的稳定；稳定政策包括物价、货币、就业和经济增长的稳定，具体手段有财政政策、货币政策、收入政策和结构政策等；社会政策包括收入再分配、社会保障等。

（3）建立比较发达的社会保障制度。德国市场经济力争经济高效率又兼顾社会公平。为维护社会公平，德国通过立法推行监督雇主与职工"共同决定"制度。有关工人就业和收入的一系列具体问题，工人都有参与决定的权力。此外，德国进一步扩展社会保障制度。通过政府财政的转移支付、企业和职工认保缴费的"三方付费"制度，建立了比较完备、具有较高水平的医疗、失业、退休和事故等各种各样的保险体系，以及社会福利和社会救济制度。

（4）透明度很高的体制关系。在德国社会市场经济体制中，法律保障占有相当重要的地位，通过各种立法建立和维护有序的、合理的和公平的竞争秩序。

德国社会市场经济模式通过提高体制关系的透明度，通过制度政策、稳定政策和社会政策等宏观调控手段，维护市场的公平公开竞争。特别在兼顾社会公平方面的努力，在一定程度上限制了贫富差距扩大的速度。德国的中小型企业在世界上是发展得较好的，其经营绩效在欧盟区独树一帜。

但是，尽管德国经济有如此亮丽的一面，在贫富差距控制上有减缓的成效，但总体看市场经济体制固有的贫富差距扩大、行业垄断趋势也并没有完全被克服。

3. 日本"政府指导型"市场经济模式

日本力图建立一种"计划经济"与"市场经济"共存的制度。日本于20世纪40年代学习苏联经济制度，制定了1940体制，完成了经济腾飞。80年代后，日本开始针对其计划经济的特点进行改革，形成了具有自己特色的经济体制。

（1）比较强调政企合作。日本"政府指导型"市场经济，并不是指企业的自主发展必须充分考虑来自政府的各种信号，而主要是寻求政府与企业之间的协调一致。在这种体制关系中，十分强调政府与企业之间的合作、共同参与决策，而后分别在宏观和微观两个层次上具体实施。企业仍然是独立的微观经济主体，但受到政府有关经济计划的明显约束。从这个意义上讲，其自主程度相对较低。

（2）计划与市场相结合配置社会资源。日本的市场经济模式在发挥市场调节的同时，重视政府宏观调控对社会资源配置的作用。日本的政企关系建立于市场与企业关系的基础之上，政府宏观调控的作用不是取代市场调节，而是设法强化市场机制的作用，弥补市场调节之不足。

（3）有一套官民结合严密而有效的经济管理组织体系。日本的"政府主导型"还表现在它的经济组织制度上。从政府机构到半官方的经济审议会，再到民间的行业团体和企业间内部的横向联系，是一个政府主导、民间经济界充分参与的多层次官民一体型体系。官与民相互联系，互通意见。这样既便于政府制定的经济政策切合实际，平衡各方利益，又有利于经济政策得到企业和公众的响应和自觉执行。

（4）政府侧重于通过经济计划和产业政策进行宏观调控。政府主要通过提出国民经济发展的长期趋势和总目标，以及实现目标的政策措施与手段，推进具有全局性、长期性和战略性的经济计划。产业政策则由通产省主持制定的产业结构设想和产业组织政策，指明产业的发展目标，实行产业倾斜，并从税收、金融等方面给这些产业一定的优惠，以推动实现产业结构、技术结构和出口结构的优化，提高企业的国际竞争力。

（5）透明度较低的体制关系。日本市场经济模式强调政企合作，既有政府对企业大量的随机监督与指导，又存在着企业经常寻求政府指导和扶持的现象。由于联系密切，不可能时时处处诉诸法律程序，因此，日本市场经济的公开性较差，透明度也较低。

日本"政府指导型"市场经济体制更突出政府的计划和指导作用，有利于减少企业竞争的盲目性。但也正是政府的强力干预，使市场透明度降低，更有利于大企业、大财团的发展。

（二）社会主义市场经济体制模式

原实行中央计划经济体制的绝大部分国家都在向市场经济体制过渡，所不同的不仅是过渡的速度、方法和步骤的差别，还有基本制度基础的差别。

中国根据自身的特点，探索了一条具有中国特色的社会主义市场经济体制之路。1978 年 12 月中共十一届三中全会后，实行改革开放；1984 年，中共十二届三中全会提出发展有计划的商品经济；1992 年，中共十四大提出发展社会主义市场经济，并在实际运行中不断充实完善经济体制内涵。中国的市场经济体制是和中国的社会主义基本制度结合在一起的。完善社会主义市场经济体制的核心问题是处理好政府和市场的关系，使市场在资源配置中起决定性作用和更好地发挥政府作用。这种经济模式是在坚持公有制主体地位、发挥国有经济主导作用的前提下，经过强有力的政府宏观调控，确立市场竞争在资源配置上的决定性地位。这一经济体制模式推动了中国经济的持久快速发展。

但是，社会主义市场经济体制的完善和成熟，是要经历一个不断探索与调整的过程的。

1. 中国社会主义市场经济模式的提出

社会主义市场经济体制模式的提出，是在总结以往历史经验和实践经验的基础上，对"计划与市场关系"问题进行艰苦探索的结果。

党的十一届三中全会以来，我国开始了由社会主义计划经济向社会主义市场经济过渡的深刻体制改革。这是对中华人民共和国成立后 30 年已经开始的探寻符合中国国情的社会主义经济体制的实践经验和教训的总结、校正和提升。这个新的探索过程开始时，不少人把经济改革理解为经济管理体制和方法的改善，但很快就认识到，改革的根本问题是经济体制的问题。这是在新的历史起点上，自觉地进一步解决计划和市场的关系问题。

新的历史性改革是对计划经济体制的扬弃，是辩证的否定，即是肯定中的否定，一方面是对已经建立的经济制度和经济体制的坚持和完善，另一方面是对这一体制中存在的偏颇、出现的失误的校正。邓小平明确指出了这个问题的重要性和难度，他说："计划与市场的关系问题如何解决？解决得好，对经济发展就有利，解决得不好，就会糟。"❶ 如何认识和处理社会主义条件

---

❶ 《邓小平文选》第 3 卷，人民出版社 1993 年版，第 17 页。

下计划与市场的关系，就成为经济体制改革中的一个关系全局的问题。对这个问题的探索和认识，又经历了一个逐步深入的过程。

1982年9月，党的十二大明确地提出要"正确贯彻计划经济为主、市场调节为辅原则"，指出"正确贯彻计划经济为主、市场调节为辅的原则，是经济体制改革中的一个根本性问题"，其理论要点是，我国在公有制基础上实行计划经济。有计划的生产和流通是我国国民经济的主体；同时允许对于部分产品的生产和流通由市场来调节，即由国家统一计划划出一定范围，由价值规律自发地起调节作用。实现计划经济的方式，一是实行指令性计划，二是实行指导性计划。但无论实行指令性计划还是指导性计划，都要经常研究市场供求状况，自觉利用价值规律。❶

"计划经济为主、市场调节为辅"的提出和实施，是对僵化的计划经济体制的冲击与突破，它的重要贡献是解决了社会主义社会经济与市场调节相兼容的问题。在这个基本思路中，一方面坚持了公有制和计划经济，从而坚持了社会主义经济的本质特征；另一方面为市场调节打开了缺口，主张发展商品经济，自觉运用价值规律，运用经济杠杆引导企业实现国家计划的要求，从而打破了过去那种集中过多、统得过死的高度集权体制下的僵化局面。然而，"为主为辅"仍然是"板块结合论"，即认为社会主义经济分为计划经济与商品经济两块。这种机制构想明显偏向于计划机制调节，把市场调节作用只限定在计划外经济这样一个狭窄范围。这时，我国经济改革已从农村转入城市，全面的经济体制改革必然要求和推进改革理论的深化。

1984年10月，党的十二届三中全会通过《中共中央关于经济体制改革的决定》，明确提出"社会主义是公有制基础上的有计划的商品经济"。"改革计划体制，首先要突破把计划经济同商品经济对立起来的传统观念，明确认识社会主义计划经济必须自觉依据和运用价值规律，是在公有制基础上的有计划的商品经济。"这是理论上的一个重大突破，为我国的改革规定了正确的方向。党的十三届四中全会以后，我国在总体上实行了计划经济与市场调

---

❶ 《中国共产党第十二次全国代表大会文件汇编》，第24—26页。

节相结合的经济体制和运行机制。20 世纪 80 年代初中期的总趋势是市场调节的分量逐渐增加，而在计划调节的部分，又逐步减少指令性计划的比重，加大指导性计划的比重。

理论探索的进一步发展是党的十三大突破"计划经济为主"的观念，得出"社会主义有计划的商品经济体制应该是计划与市场内在统一的体制"的新认识。1987 年 2 月 6 日，十三大之前，邓小平在同几位中央负责人谈话时提出，"不要再讲计划经济为主了"，所以党的十三大就没有再讲谁为主，而提出了"社会主义有计划的商品经济体制应该是计划与市场内在统一的体制"，还提出"国家调控市场，市场引导企业"机制模式。这种机制的要点是：计划与市场的作用范围是覆盖全社会的；必须把计划工作建立在商品交换和价值规律的基础上，应逐步缩小指令性计划的范围，国家对企业的管理应逐步转向以间接管理为主，创造适应的经济和社会环境，以此引导企业正确地进行经营决策。❶这种理论概括和机制构想较为深入地揭示了社会主义经济中计划与市场的内在辩证统一关系，已经接近于由政府宏观调控的市场经济，已经是倾向于市场调节的机制模式设想。

可以看出，计划与市场的关系，是从十二大时以计划经济为主、市场调节为辅，到十三大转为计划与市场平起平坐，并且逐渐把重点向商品经济市场经济的方面倾斜。初步实践表明，这种机制的确搞活了经济，但由于计划控制强度不够，再加上间接调控机制并未真正建立起来和多年经济发展过热等原因，也引起了基建规模过大、物价上涨、通货膨胀等宏观失控现象。实践表明，"国家调节市场，市场引导企业"机制构想存在明显不足，还没有达到全面和高度概括改革所要实现的经济体制的内涵的目标。对经济体制改革目标的认识和把握，需要进一步的深化、补充和提高。

1992 年 10 月中共十四大明确提出，我国经济体制改革的目标是建立社会主义市场经济体制。这是我国计划与市场关系演变过程中的一个里程碑。1992 年初，邓小平视察南方时提出："计划多一点还是市场多一点，不是社会

---

❶　《中国共产党第十三次全国代表大会文件汇编》，第 26—27 页。

主义与资本主义的本质区别。"❶这个论断，突破了传统的社会主义经济理论与经济模式，从根本上解除了把计划经济和市场经济看作属于社会基本制度范畴的思想束缚，使人们在计划与市场关系问题上的认识有了新的重大突破，对科学社会主义理论的认识有了重大突破，成为我国经济体制改革的重要指导思想。这也同时告诉我们，计划与市场不是划分社会制度的标志，而是社会主义和资本主义都可以利用的配置资源的手段，其各有优点与缺陷。如何认识和处理社会主义条件下计划与市场的关系，就成为经济体制改革中的一个关系全局的问题。对这个问题的探索和认识，必然经历一个艰难的、逐步深入的过程。

社会主义市场经济这一经济体制改革的目标模式提出和明确后，就开始了伴随这一目标模式的实施而展开的进一步的深入思考和探索过程。

从党的十四大将我国经济体制改革的目标确定为社会主义市场经济起，社会主义市场经济体制在我国便成为自觉、主动的历史进程。按照十四大的部署，十四届三中全会通过了《中共中央关于建立社会主义市场经济体制若干问题的决定》（以下简称《决定》）。《决定》从中国的基本国情出发，把党的十四大决定的经济体制改革的目标和基本原则系统化、具体化，对社会主义市场经济体制若干重大原则、方针和内容做出决定。《决定》从社会主义市场经济体系的微观基础到宏观管理，从城市改革到农村发展，从经济运行机制到科技教育体制，从经济手段运用到法律制度建设，从生产、分配到流通、消费等各个环节和领域，规划了20世纪90年代的改革任务，构筑了社会主义市场经济体制基本框架。《决定》为建设社会主义市场经济体制勾画了科学、系统的宏伟蓝图，成为全党、全国人民开创具有中国特色社会主义宏图大业的行动纲领。

从制度变迁的角度看，我们已经走过了经济体制改革的突破期和扩展期，迅猛变革、急促形成的社会主义市场经济体制的基本框架，可以说是粗放型的，存在着多方面需要完善的问题，也就是说，面临着从"粗放型制度构建期"

---

❶ 《邓小平文选》第3卷，第373页，人民出版社，1993年。

转入"集约型制度建设期"的多项任务。

基于我国经济社会发展的阶段性特征，党的十六大把"完善社会主义市场经济体制"确立为"本世纪头二十年经济建设和改革的主要任务"之一。党的十七大认真总结了改革开放近 30 年来的伟大历史进程和党的十六大以来的工作，明确提出了全面建设小康社会的奋斗目标新要求。强调指出，实现未来经济发展目标，关键要在转变经济发展方式、完善社会主义市场经济体制方面取得重大进展，并突出强调加快完善社会主义市场经济体制。

党的十七大重新提出"发挥国家规划、计划、产业政策在宏观调控中的导向作用，综合运用财政、货币政策，提高宏观调控水平"。❶ 十七大明确提出这个多年没有强调的国家计划的导向性问题，笔者认为这是极有针对性的。它再次提醒我们，社会主义市场经济应该是"有计划"的。国家计划导向下的宏观调控，是中国特色社会主义市场经济所必备的内涵，社会主义市场经济应该实现自觉、主动、科学的计划调节与价值规律、市场机制的"自发"调节的结合。党的十七大突出强调加快完善社会主义市场经济体制，涉及的方面很多，笔者认为，正确认识社会主义市场经济中的"计划性"问题，应该是一个关系到社会主义市场经济的运行机制总体特征的问题。现在是到了继续让市场在微观上起资源配置基础作用的同时，加强宏观计划调控作用的时候了。

党的十八大报告强调加快完善社会主义市场经济体制、加快转变经济发展方式。十八届三中全会提出"使市场在资源配置中起决定性作用和更好发挥政府作用"。

中共十九大报告继续强调"使市场在资源配置中起决定性作用"，要求"加快要素价格市场化改革"。

可以看出，我国经济体制改革的过程，是一个围绕着"怎样认识和如何处理计划与市场关系"的过程。

---

❶　《改革开放三十年重要文献选编》下，中央文献出版社 2008 年版第 1726 页。

2. 深化经济体制改革："计划与市场结合"的更深层次探索

我国的社会主义市场经济，本应消除市场经济中出现的各种弊端，但由于我们的市场经济体制建立的时间甚短，理论准备和实践经验都不够，难免照搬和模仿西方市场经济体制及其运作模式，以致出现了许多本不应出现的问题，如产能大量过剩、贫富差距扩大等。

进一步深化改革，还要进一步解决"怎样认识和如何处理计划与市场关系"这个问题。

从客观情况来看，市场经济初步建立之后，市场的积极方面和消极方面也随之充分展现出来。市场经济在发挥激励竞争、优化资源配置等优越性的同时，它本身固有的缺陷也日渐突出。特别是在经济总量综合平衡、环境资源保护以及社会公正方面引发的问题，不是市场能够自行解决的。

从对市场机制和市场经济的认识来看，现在人们对市场经济和市场机制的历史作用有了比较充分的认识，对市场经济与现代化的关系也有了深刻的把握。但是，也出现了盲目崇拜市场机制和市场经济的市场原教旨主义观点，有不少人犯了市场幼稚病，甚至发展到对市场迷信的程度，似乎认为市场可以解决一切问题，现在出现的问题都是由于市场化改革没有搞彻底。有人公开提出中国要照搬"欧美式自由市场"的模式，有人彻底否定"计划"的作用，"计划"成了"保守""左"的代名词，有人把市场的本质说成是天然地要求纯粹"自由化"，同计划手段绝对对立起来，说"无形的手才是市场经济的无冕之王、长青之树"，"无形的手"为"主导"，有形的手必须"退出"。在这些错误思潮的影响下，许多领域发生了过度市场化的倾向，像教育、医疗、住宅等领域，其中有不该市场化的部分也都市场化了，造成的后果是负面的。

现实市场经济体制导致的社会问题、经济问题都是在经济发展到一定程度后，由这种经济体制的核心机制造成的。比如现今贫富差距越来越大，已经到了影响社会稳定的程度，但现实市场经济体制的核心内涵却是要不加限制的自由竞争。如果我们继续延续自由市场经济体制，贫富差距就只会扩大而不会缩小；再比如经济中的浪费，自由市场经济体制本质上的自发性、盲目性和滞后性无法克服这种无计划性构成的浪费；等等。而所有这些现象都涉及市场经济体制的基础原理这个根子，都无法通过局部修正加以克服。这里特别需要关注在经济发展到新的历史阶段后，现行市场经济体制无法解决的几个重要问题：

（1）自由竞争与社会内在需要的有计划按比例的"计划性"矛盾无法解决。现实市场经济的核心是自由竞争，要实现自由竞争就会排斥计划管理，因为人为的计划一定会限制竞争。但社会是个有机整体，需要各部门之间的有计划按比例发展，结果政府不干预不行，一干预就违背市场规律。显然，这个问题是市场经济体制基础原理中的问题。

（2）以追求利润最大化为动力的竞争所造就的"己富"与社会主义社会要求的"共享"矛盾无法解决。市场竞争的目标是"利己"，自己富裕，但社会要求"共享"，共同富裕。这一点现实市场经济体制无法解决。

（3）贫富差距扩大导致市场进一步萎缩与市场经济所需要的市场无限扩大之间的矛盾无法解决。市场经济体制的繁荣需要有源源不断的、兴旺的消费市场。但市场经济自由竞争导致的社会成员占有社会财富极度不平衡的结果，却使富人无处消费和穷人没钱消费，严重影响了消费市场的扩大。最后，一边是需要消费市场不断扩大来支撑市场经济的发展，一边却是由市场经济自身机制导致的消费市场不断萎缩。显然，市场经济体制也无法克服这个问题。

（4）现实市场经济体制无法完全通过"法治"解决市场秩序问题。市场经济体制试图通过法治解决"秩序"问题。但由于法制所要求的严谨性，使得一场"官司"通常需要几个月甚至几年才能结案，无法满足因盲目市场竞争随时都可能违法的司法仲裁需要。

不仅如此，在现实市场经济体制中还有很多实际上无法解决的法律盲点。比如现实市场经济给予了企业充分的经营自主权，因此，企业可以决定员工的岗位、任免、工资；企业运营的信息管理权必定掌握在企业管理者手中。在社会竞争压力巨大的情况下，企业管理者可能让员工做损害社会的事，企业管理者也可能损害员工的利益，而员工选择则是必然的无奈：要么失业，要么听从企业管理者的指令。这时，往往是企业管理者和员工一起为了共同的利益将问题掩盖起来，使问题在对社会和消费者造成严重伤害的时候才被暴露出来。要解决这个问题，就需要立法——将企业的信息管理权直接全部掌握在国家手中，而一旦国家开始直接全面掌握企业信息管理权，市场经济体制在一定程度上已经是计划经济体制了。

这样一些由从西方学来的市场经济体制核心理论造成的深层次问题，暴露出现实市场经济体制无法通过对自身缺陷的修补来完成内在机制的更新。实践证明，对从西方学来的现实市场经济体制进行肯定中的再否定成为历史发展的必然。

第二章 | 计划－市场经济体制理论探索

笔者在对经济运行规律的长期观察和研究中，发现经济体制形式与社会控制力的着力点有重大关联性。由此出发，我们可以创建融合计划经济体制和市场经济体制内在优点，又可摒弃两种经济体制缺点的计划－市场经济体制。

构建计划－市场经济体制是经济体制的一个重大变革，需要有理论基础。本章将在科技发展对经济体制变革影响的基础上，探讨计划－市场经济体制的理论基础，并描述这一计划－市场经济体制的运行机理。

一、科技发展助推经济体制的变革

（一）对经济体制变革与创新有重大影响的科技发展

人类的进步不仅受到来自自身能力的制约和影响，还受到客观技术条件的制约和影响。科技就是生产力，是社会变革的推动力。新技术的出现，不仅给体制机制创新提供了技术支撑，还给体制机制变革提供了强大动力。

1.系统管理技术

这里的系统管理技术，是指将相互关联的所有事物、所有活动都纳入到一个大系统中统一规划、综合平衡、协同发展、高效组织、精准实施的科学技术。

系统管理技术正在改变着每个人的工作、学习和生活，也改变着所有纳入系统管理的社会组织和社会活动，致使一切进程都是系统的、计划的、平衡的、高效的和协调的。以系统的方法进行管理不仅仅是快慢好坏等的"量"的改变，而且是产生完全不同效果的"质"的变革。系统管理技术将改变其中每个角色的原有身份，把原来的"我"变成受系统约束、被系统管理且遵循系统规则的子系统或系统单元。

伴随着技术的进步，社会发生的极大变化已经使每个人自觉不自觉地陷入各种"系统"的包围之中。当你打开电视机观看新闻时，庞大的电视机系统在背后支撑着：有机构在按"系统"的安排进行新闻采编，有机构根据"系统"的要求制作节目，有机构按"系统"的目标管理着设备，如果没有这个"系统"，你面前的电视机不过是一个装饰品。当我们使用手机时，一个手机"系统"在背后支撑着：庞大的机房设备，分布于全国的通信网，复杂的系统管理软件都在"系统"的管理下协同地进行着系统化的运作……类似的系统其实到处都存在，只不过你已经习以为常罢了。

当今，系统化已经成为衡量一个领域是否现代化的标志。军事革命的一个标志就是将战场中的所有战斗元素都纳入到"战场系统"中。战斗机群子系统出发后，预警机专管预警信息分析处理和共享，护卫战机在预警机的指挥下消除对机群的威胁，攻击机则实施对目标的攻击。每架飞机都不再是过去那架"单打独斗"的、独立的"飞机"，而是这个机群子系统的一个"系统单元"。

也许在明天，也许在今后的某个时候，我们已经生活在一个完全不同于现在的大社会系统中，一切都在一个大系统管理之下：社会中的很多人都已被纳入社会大系统中。当你出门时，一辆专为你准备的车辆就在门口等待，坐上车后会在指定的时间到达目的地，而你的同事已经在相应的时刻到达并讨论方案，然后，一个接一个的计划方案被精准实施……

系统管理技术既是人类社会发展的需要，也是社会发展的必然。一方面，随着科学技术的发展，人类的生活、工作越来越陷入各种"系统"中，人对各种各样"系统"的依存度不断提高；另一方面，交通的发展、物流的便捷使人的"脚步"变快了，而通信业的发展使人的"耳朵"都变成了"顺风耳"，"眼睛"都变成了"千里眼"，计算机技术的发展则极大地拓展了人类的"大脑"……所有这些技术进步为系统化提供了可能；再一方面，社会进步给人类提出了工作节奏更快、享受更丰富的客观要求，而这些只有在一个有效运行的大系统中才能实现。

系统化管理技术将成为经济体制改革的基础技术，也将是新体制设计的出发点之一。

2. 互联网技术

自从 1969 年美国国防部高级研究计划署 ARPAnet 网投运到 1995 年，Internet（互联网）进入全球发展，互联网改变了人们获取信息的途径、方式，也改变了人们了解、改造世界的能力。

互联网的创建和发展，把全国以至于全世界的网民都带进了同一交互平台；社会成员之间的距离有了质的缩短，第一次可以将远在天边的"她"拉到眼前，第一次可以将所有网民作为交流选择的对象。

北京大学的李玲教授甚至提出："在信息处理能力以几何级数的速度不断增长的今天，基于现代信息技术的计划手段不仅在理论上具有了正当性，更以沃尔玛一般的现代公司治理经验而获得了充分的现实证明。不难期待，无止境的信息技术，同样将有可能使得更大规模的信息处理和经济计划成为可能……为人类带来更具组织性和效率性的新模式：综合宏观计划和微观个人决策为一体。"❶ 这就是说，试图完全通过现代通信技术、信息技术实现宏观和微观的计划性。当然，这只能是一个愿望，一个反映技术可能对计划产生巨大作用的想法而已。从实践上讲，这是没有可能性的设想，因为她没有关注到人类对消费选择的差异和自由度要求，也就是说，无论科技发展到何种程度，都不可能由计算机或其他设备代替人来做出消费决定。

3. 信息处理技术

计算机技术、数据采集技术、数字化处理技术使政府或政府的授权机构有能力精准处理海量信息，精准做出宏观以至于微观计划。过去不可能想象

---

❶ 李玲：《新计划经济的必要和可能》，微博 2016 年 6 月 8 日。

的信息处理、信息汇总、信息管理以至于依据信息进行范围更广的管控成为可能。

4．工作平台化管理技术

信息处理的"云"端化和平台化，给人类的组织方式提供了新的思路。一个在"云"端的智慧平台，有可能将互不相识、具有极远距离的人集聚在"云"端平台上从事各种协同创新和生产。这将是一种全新的组织管理形式，也许这将改变人类的方方面面。

5．个性化批量生产技术

3D 打印技术、硬件软件化技术、结构的模块化技术颠覆了过去的生产组织模式：过去生产电视机需要经过硬件——电感电容器的调试才能制造出一个产品，现在只需要改变产品中的软件代码就可生产出完全不同的产品。模块化技术的发展，使每一个性能不同的产品只需用不同模块拼装就实现了。3D 打印技术则可以实现个性化产品的批量化生产。

6．现代物流技术

物流业、交通业的发展，使物流配送发生了质的变化：专业化的配送技术和管理、高速高效的运输系统，使生产者有机会在一个地区、一个国家甚至在全球范围内实现厂家的统一配送。

7．区块链技术

区块链技术是一种区块中信息可以通过区块网节点之间的"链"产生联动的技术。这个技术将原本由实际控制人拥有的修改信息文件权力，无条件交给了"区块"集体，建立了"区块"中各节点的权力平等地位，产生了对信息流真实性的强大制约力。这对未来信息管理以及其他权力制衡都提供了非常好的思路、出路。

（二）技术变革推动体制革新

很多新技术的诞生和发展，改变甚至颠覆了传统体制机制理论。集中专业化生产不一定还是劳动生产高效率的专利，个性化、分散化生产组织不再是高效率规模化大生产的禁忌；大范围、远距离、大数据处理不再遥不可及，全国范围内数据的及时以至于实时采集、直达微观的精准计划不再是空想；一群素不相识的创新者在同一个工作平台，在世界各地从事着协同的研究也将不是梦想。

由此，可以对新体制、新机制引发无穷设想：

1．"珍珠"均布城市架构

人类对生活的集聚需要和安宁舒适的分散追求，产生了人类工作生活地的"珍珠"网态均布需求。其中，"珍珠"代表一种配套、宜居、宜生产的人类集聚区。"珍珠"之间由两个高速系统相连接。其中，一是以高速交通和高效物流为基础的物态流通系统；二是以"互联网 + 管理"平台为基础的信息、决策、管控系统构成的非物态流通系统。"珍珠"有不同的大小：有超大城市、省级城市、地级城市、县级城市集群。"珍珠"的大小将与社会生产力水平相适应，将与人类生活的追求目标相适应。

这种均布设计在计划 – 市场经济体制中得到了应用，以适应区域发展向分散回归的需要。

2．宏观集中化计划平衡管理

在高效率要求的驱动下，集中化特别是信息集约化成为另一种管理趋势。集中化使得人类第一次拥有大数据集中采集处理的能力、集中精细决策的能力和精准控制的能力。

新体制将建立全国未来发展趋势预测与战略规划中心、信息管理中心、规划和调控规则管理中心。充分依托各地政府管控交换的优势，通过制定规则和办事流程进行全国经济的计划管控；通过进行全国级别的大数据处理精准制定各"珍珠"的总的宏观消费、生产、就业、环境承载、资源可持续供给计划；根据宏观规划主动进行计划调控。集中化计划控制理念将运用在计划 – 市场经济体制设计中。

3．智慧平台创造新的组织形式

"云"计算、"云"储存以及与之相适应的公共电子管理"平台"的出现，有可能将人类的智慧通过"平台"实现集聚和延伸。任何有智慧的社会成员，都有机会通过电子平台在遥远的"珍珠"中参与集约的创新和工作。政府将

在计划 - 市场经济体制中主导搭建能让更多人参加的、无门槛限制的、不限距离的公共智慧平台，便于更多的人在"平台"上成为智慧成果的生产者。

二、计划 - 市场经济体制的理论依据

无限制的完全市场经济体制已经不能保证生产力的充分发展，明显呈现出有待改革的一些弊端，但已经实行过的计划经济体制也被实践证明不能完全适应生产力发展的需要。于是，既保留了市场经济体制的竞争性，又拥有全面计划性的计划 - 市场经济体制就是一种势在必行的选择。计划 - 市场经济体制绝不是计划经济体制和市场经济体制的简单拼凑，也绝不是试图回头重走传统计划经济体制的老路，而是探求一种集中各自优点同时又摒弃其中缺点的崭新体制，是一种建立在科学理论基础之上、融合"竞争性"和"计划性"于一体的创新体制。这种体制有坚实的理论基础。

（一）经济的社会管控的着力点不同形成不同的经济体制

社会管控的着力点在不同经济环节上可以造就不同的经济体制，并决定着不同经济体制的功能与特征。

经济活动可分为生产、消费、交换、分配四个环节。如果把社会控制力在生产、交换、消费三个环节上的主要着力点剥离出来，再与各种经济体制加以对应，就可以发现主要着力点不同，构建的经济体制也不同（见图4）。

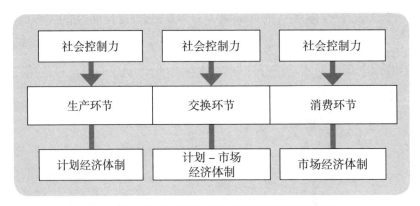

图 4　社会控制力着力点不同造就不同经济体制

1．计划经济体制

社会控制力的主要着力点在生产环节上，通过编制实施生产环节的生产计划，构建了计划经济体制。在这里，"社会控制力"是指国家干预经济运行的控制力。计划经济体制试图通过人为的计划实现各经济部门的有计划按比例发展。那么，怎么把这些计划落实到实际经济活动中去呢？办法就是先把企业生产资料公有化，然后把企业作为政府的一个附属体，由政府通过制订计划决定企业生产什么、生产多少、定多高的价格等。可见，在计划经济体制中，这个"社会控制力"是通过政府把企业这个有利于管理和控制的经济单元当成整个计划机器中的一个零部件，再按计划控制这个"机器零部件"工作来发挥作用。在计划经济体制内，也有把手伸到消费环节的行为，但这些行为不是社会控制力的主要部分。

2．市场经济体制

社会控制力的主要着力点在消费环节上，形成市场经济体制。在市场经济体制下，生产者把消费者当成"上帝"，竞争的最终目的都是在争取消费者。总体上是由消费者选择生产者，消费者处于主动和主导的地位，由此构成市场经济体制。这里，社会控制力是由那只"看不见的手"构建的一个消费者主导的调控力量。这个调控力量实际上就是价值规律对市场经济的调控作用。在此"社会控制力"不是通过一种组织机构——如政府部门施加的，而是在消费者自由选择生产者时，由消费者始终处于主导地位这种机制中产生的。在市场经济体制下，由消费主导生产，生产者的所有竞争都围绕消费者展开。在市场经济体制下，生产者的生产计划既存在于消费者的自主消费选择中，也变化于消费者的自由选择中，"盲目"性贯穿于市场经济体制经济活动的全过程。同时，在市场经济体制下也有政府那只"有形的手"干预生产环节的现象，但这不是市场经济体制主要的行为。

3．计划 - 市场经济体制

如果在生产、交换和消费三个环节中，让生产环节的生产者和消费环节的消费者按照市场经济体制的规则进行自由竞争，在竞争中激发其活力和创造力；同时，社会控制力（由政府实施）通过主动的、有计划的交换环节控制点（管控枢纽）的"利导"性管控，实现整个经济活动保留竞争条件下的计划性，就可以形成一种全新的计划 – 市场经济体制。

这就像一个电灯电路: 其中有一个电源（供方）、一个消费负荷——电灯（需方）。这个电路在没有控制开关前是自由的、不可控的。如果在电路中加一个计划管控的"开关"，电路就可以产生完全不同的效果: 首先，电源和电灯是两个有活力的"供方"和"需方"，在电路中仍然保留了它们的独立地位，继续拥有完全的自主性。但我们可以通过"开关"对整个电路实施计划管控，而且"开关"本身并没有去直接管理代表"供方"的电源和代表"需方"的电灯。"开关"仅仅管控了其中的（电）"流"。同样的原理，在生产、消费之间的交换环节控制点，安装一个由政府计划管控的"开关"（枢纽），也可以实现对整个经济活动的计划控制。需要注意的是，社会控制力控制的是交换环节中的一个控制点，而不是交换环节的全部; 是控制交换过程中的"事"和"流"，而不控制交换过程中的"人"。

（二）计划 – 市场经济体制的功能特征: 个体利益与共体利益可以实现统一

1. 个体利益和集体利益的矛盾与统一

人类社会是由各个社会成员组成的，多个个体组成了一个集体，多个集体组成一个大共同体。在这个集体和大共同体中，既有共性的需要，也有各自的个性需求。个人的个性需求，是一种有别于他人需要的需求，因而也表现出利益矛盾的一面和"利己"的一面。这种利益的矛盾性需求是保持个体独立性所必需的，没有个性化的需求，个体就不会存在。个体的个性需求，相对于这个集体的共性需要而言是利己的。多个个体能够共存在一个集体中，显然存在着共同的需要和共同的利益，体现利益的统一性。这里，个性是个体存在的前提条件，没有个体的个性，个体既无存在的必要也不会再存在。可见个体的个性也是共体需要呵护的对象。共同利益则是个体与个体之间的依存性，是集体存在的基础。这个集群如果没有共同利益，就不会走到一起成为一个集体。个体满足利己的个性需求和集体寻求共同利益的共性需求在很多时候是一致的，但还常常表现出矛盾性、斗争性。比如，个体有时需要自由，但集体则需要个体接受规则的约束；个体需要无限制的消费，但集体却要求个体必须接受集体的管理，必须按规则进行分配。在这个集体中，如果管理机制突出个体之个性需求的满足，那么，个性的利己欲望就会膨胀，一定会削弱集体之共同利益的保障，这个集体的相互依存度和凝聚力就会下降；反之，这个集体如果突出利人价值观，强调集体利益，平衡个体之间的个性需求，这个集体就紧密、牢固。每个个体的利己行为与其他个体的利己行为交汇在同一个利益标的物时，会产生个体与个体之间的利益冲突。比如，当消费品供给不足时，个体甲的多占就意味着个体乙的少占。要保证有利益矛盾场合的分配公平，关键在于集体中的所有个体都遵守集体已经确立的共存规则。集体中的每个个体都把自己的利己行为限制在不妨碍他人行为的范围内，而一旦超出这个限度，就应该受到集体共同制定的规则的制约。

笔者经过研究发现，个体的本性大致可以用四层结构来表示。四层结构从最底层开始依次为：本原层、信仰层、改造层和表现行动层。从稳定性上看越靠近底部越稳定。本原层的本性是人类生存和发展所需要的，是由物态的生理因素所决定的本性。它只随基因改变而变化，有最高级的稳定性。信仰层则是经过本原层和改造层共同改造形成的由思想固化的最稳定的价值取向和行为出发点。改造层是本原层、信仰层本性与外部交流交换的碰撞层。碰撞层既向外传递本性和信仰，也接受外界对信仰的改造。表现行动层是人类本性外在表现环节和实施行动环节，是和外界进行交流互动的表现实施层次。人类通过表现行动层呈现有个性的"自我"。

这里提出的层次分析方法是一种常用方法。马克思和恩格斯把人的需要分成生存、享受和发展三层次，美国心理学家马斯洛提出过需要的五层次理论，通信领域很多地方建立了物理层、链路层、协议层、应用层等四层以至于更多层的方案架构。分层研究是现代研究中常用的重要方法。它可以帮助人类更好地利用其中的规律。

个体为保持自己的独立性而表现出的"利己"需要是本原层的本性。在个体和共体研究中，个体要保持自己的独立性，亦即个体有独立存在的必要，就必须保留个体有别于其他个体的利己需求，这是不以人的意志为转移的客观规律。而哲学争论中的"人之初、性本善"和"人之初、性本恶"，其中的"善"和"恶"，则是人对本性"加工"后的行为表现，属于信仰层。比如对"性本善"的个体来说，虽然他的人生观、世界观、价值观对外部总是"善"的，但他自己饿了要吃自己的饭，天气冷了要穿自己的衣，乘坐公交车要出示自己购的车票。这样一些"利己"需要并没有因为他的"善"而消失。保持个体存在的个性需要是人所必需的本原层内涵。高一层次行为则是可以加工的，是由人的人生观、世界观、价值观决定的；最底层本性只能利用，不能取代也不能取消，而其他层次的"本性"则是可以再塑造的。

2. 小集体利益和整体利益的矛盾与统一

在由多个小集体组成的大整体中，既有整体的共性需要，也一定有各个小集体的个性化需求。个性化需求是保持小集体独立性所必需的，没有小集体的独特个性需求，这些小集体就不会存在。相对于整体的共性需要而言，小集体的个性化需求是"利己"或"利于小集体"的。这里，小集体的利己个性需求是小集体存在的条件；整体的共同需要构成的依存性则是整体存在的基础。如果小集体间没有共同存在的利益需要，就不会走到一起成为一个整体。小集体实现个性需求的利己性和整体的共同利益需要的共同性有时会一致，有时会矛盾。在整体中，如果管理理念突出满足小集体的个性需求，忽略整体的公共利益，这个共体就松散、就不牢固，甚至会解体；反之，这个整体就紧密、就牢固。社会中的企业、社团单位等，都可以看成是大社会"整体"中的"小集体"。

3. 竞争通过"利导"可以达到人类的需要目标

"竞争"是个体或集体间力图胜过或压倒对方的心理需要和行为活动。即是每个参与者牺牲他人或对方集体利益，最大限度地获得个人或己方集体利益的行为，目的在于追求个体或己方集体利益最大化。本书中的竞争主要是指经济领域内的竞争，并给予更积极、更正面的内涵：竞争是个体与另外的个体之间，集体与另外的集体之间或者个体和集体之间围绕目的物展开的力图胜过或压倒对方的心理和行为。竞争一定是竞争各方以"利己"或"有利于自己集体"作为目标，而不能以各竞争方之间"合作"作为目标，因为"合作"就不会再有竞争。只有各方以"利己"方式为实现"自己""自己小集体"的利益最大化而进行争夺时，表现的行为才是"竞争"。竞争胜利的一方获得了利益，而失败方失去了竞争标的的利益。这种竞争结局成为一种强烈因果刺激的激励源。它既是竞争的目的，也是竞争的新起点。

当个体或小集体怀抱"利己"或"有利于自己集体"的动机，去参与个体与个体之间、集体与集体之间、个体与集体之间的竞争时，动力是强大的和持久的。

竞争者参与竞争的时候，一方面，由于竞争目标总是"利己的"或"有利于自己集体的"，因此必然会与集体、共同体利益发生冲突和矛盾。比如，竞争的获胜者获得了全部的竞争成果，获胜者又在新的竞争中成为获胜者中的获胜者，利益（财富）会不断集聚到极少数竞争者口袋内，使竞争难以为继。而从集体和共同体的利益角度看，并不希望失败者丧失竞争能力，也不希望在同一个集体中，有人暴富，且其后可以不劳而获有人则赤贫难以生存。可以想象，一旦达到这种程度时，这个集体、这个共体对于其中的个体和小集体而言，已经不再有共同的利益追求，不再有依存需要。

另一方面，参与竞争的"这个"个体或"这个"小集体在获取"利己的"或"有利于自己小集体的"利益过程中，不可避免地会伤害到同时参与竞争的"那个"个体和"那个"集体的利益；这个共同体中所有个体和集体希望其中的任何个体和集体的利己行为，被限制在不影响其他个体和集体的利己行为实现的范围之内。或者说，互相能保持在一个合理的大家可以接受的平衡点上，或者说各个利益体最后得到最大公约数水平。个体与个体间贫富差距水平，应限定在当前历史阶段中人员激励所必需的且仍然和谐的范围之内。更何况，在一个共处的集体、共同体内，保证每个个体和小集体都能持续地参与竞争，符合共同体的共同利益。

这里提出了一个需要，应该在个体或小集体的"利己"目标和共同体"为公"目标之间搭建一个受管控的"利导"桥梁，并将这个"利导"桥梁交由公正的支配力量（政府）按宏观发展目标要求，进行"利导"管控，完成"利己"行为向"为公"目标的"利导"让渡。

这个命题可能不好理解。举例说,根据政府的宏观平衡计划,在某地区"枢纽"有一个工程合同。作为竞争者的企业是以"利己"愿望参与竞争的。但在地区"枢纽"这个"超越力量"——任何生产者和消费者都必须接受其管理的"力量"管理下,有"利己"动机的企业,必须接受"有利但没有暴利"措施,必须接受对于劳动力安置的义务,必须接受对域内企业的保护性调控等的"利导"措施,最后,企业通过竞争配置了社会资源,又通过劳动实现以劳动为基础的配酬,达到了整体上的有差距共享这个"为公"大目标。

要将个性需求的"利己目标"转变到"为公"的目标上,需要计划－市场经济体制搭建的计划管控平台"利导",即社会成员为了满足本质"利己"的个性需求去参加竞争(势)→政府通过对交换环节控制点(枢纽)的计划管控(利导)→实现既满足多数个体的个性需求,又在"利导"中满足共同体共性需要的结果(目标)。在这里,"竞争"是市场性的,"利导"是计划性的。"利导"是人类实现个体和共同体需求目标统一的必要途径,也是计划－市场经济体制存在的基石。

人类社会将这种实现个体"利己"的个性需求"利导"为"也利人",并将这个利导行为以体制机制的形式纳入到一个常态化体制中去,是创建计划－市场经济体制的动因,也是计划－市场经济体制理论的出发点和归宿点。

(三)竞争和计划可以在时序上分段实施

市场经济体制的核心优势是竞争,它把人的积极性调动到了极致;计划经济体制的核心优势是计划性,它可以把按照客观规律有计划按比例配置资源的目标变为现实。现在的问题是,如何进行经济体制和运行机制的科学设计,实现既保持市场经济体制的竞争优势,又发挥计划经济体制的计划优势。我们不能用"又要竞争,又要计划"这样的不清晰用语来设计经济体制。因为这种可以随意解释的用语往往成为拥有强势权力的人随意运用的工具:自己利益需要"竞争"时抬出"竞争"做规则,自己利益需要"计划"时,抬出"计划"做令箭。计划－市场经济体制的设计不仅可以避免人为干预,还可以将

"竞争"和"计划"的优势发挥到极致，而且还是一种可重复、可验证、可实施的经济体制设计。

在计划 - 市场经济体制中，消费者即需求方分为两类。一类是机构消费者，即批量消费品需求的需要方；另一类是非机构消费者，即分散零星消费需求的需求方。在计划 - 市场经济体制中，当机构消费者需要采购时，可以在法律允许的范围内制定出采购要求和规则，但必须交由"地区供需契合枢纽"（代表政府）采用割断关系链的方式招标采购；必须在必要资质的基础上且不设任何准入门槛的前提下，用公平竞争的方式选择生产者；而且一旦通过竞标形式选择了生产者，便在政府担保下形成契约关系。这种契约就会在政府管控下被有效实施。

上面提到机构消费者要在法律允许的范围内提出采购要求，是由于经济活动中存在很多的法律要求。比如，一个机构消费者招标中不能允许使用国家明令禁止的技术标准，也不允许运用不符合适用标准的技术指标等。

对于非机构消费者，可以完全自由选择消费，但一经选择了生产者的产品，也必须在交换管控下完成消费。计划 - 市场经济体制的一个重要理念是已经下达订单的消费需求必须完成消费。这一点和自由市场经济体制下的理念是不同的。在自由市场经济体制下，生产者在争取消费者的过程中处于被动地位，为了迎合消费者，让消费者随意地退货、随意地按消费者的意愿改变合约。在计划 - 市场经济体制下，计划性就源于已签合约的履行，源于已经决定了的消费会在权威管控下被实现。因此，因产品质量不合格重新供货是可以的，但退货一般是不提倡的。当然，这涉及社会理念的变革，可以在一定阶段内逐步实行。

这里，在"供—需"契约签订前一个过程内，无论对消费者还是对生产者而言都是竞争性的、完全市场化的、拥有完全的自主权；后半个过程即契约签订后的过程，则是在政府交换管控下由契约保证的实施过程，也是有计划的生产过程和消费过程。这个时间段对生产者和消费者而言是计划性的、被管控的。

竞争经济体制和计划经济体制中的"竞争"和"计划"本质上是矛盾的。

计划具有指令性和强制性，而竞争则强调自主性和自由性。或者说，计划性排斥竞争性，要竞争就需要自由竞争，不需要计划的干预。但是，计划 – 市场经济体制通过交换管控实现了横向竞争和计划的时间阶段分割，使之可规范、可重复、可验证，为竞争和计划统一在同一个经济体制之内找到了理论出路。这就是以消费和生产必须经过的供需契合环节为管控节点，将交换领域的竞争过程和计划过程以签订"供—需"契约为分界分阶段实施，实现了横向竞争性和计划性在时序上的统一。这个统一性过程可以通过图 5 来充分理解。这是计划 – 市场经济体制理论的重要理论依据之一，也是计划 – 市场经济体制理论具有可操作性的基础之一。

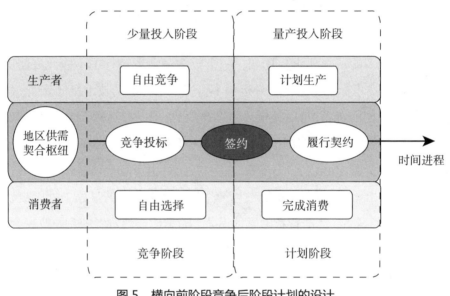

图 5　横向前阶段竞争后阶段计划的设计

（四）宏观计划（平衡）与微观竞争（活力）可以实现纵向统一

在前一节论述了计划 – 市场经济体制下横向竞争和计划的分阶段统一的原理；在这一节将论述在宏观和微观这一纵向维度中的计划性和竞争性相统一的原理。

从宏观经济层面看，消费总量应该与生产总量平衡，生产总量与生产需要的劳动力供给平衡，而全体劳动者获得的劳动收入总量又构成消费总量。

从宏观层面看，除了消费、生产、就业的总量平衡，还涉及社会资源的可持续供给平衡、自然环境的可承载平衡。九九归一，到了宏观层面，就只有一个总体，只能有计划平衡而不可能有竞争。

从微观经济层面看，竞争最能调动人的积极性和创造性。在经济体制构建中，保留微观经济的竞争活力，无疑是不能突破的红线。

计划 - 市场经济体制在宏观经济领域实施计划平衡，由政府把控宏观消费总量、生产总量、劳动力总供给、社会资源的可持续供给以及人类环境可承载的计划平衡，实现宏观经济层面的完全计划性管理。而在微观经济层面，总体上是生产者、消费者在各地区"供需契合枢纽"的管控下实现公平竞争。在这里，宏观经济层面的"计划"和微观经济层面的"竞争"实现统一，是通过地区"供需契合枢纽"这个管控环节完成的。这个设计依据以下两个原理：

第一，宏观平衡计划的内容是通过"宏观调控工具参数"导入企业"供—需"契约中实现传导的。而"宏观调控工具参数"正是由宏观平衡计划转换过来的，其中包含了宏观平衡计划的全部必需密码和指标拆分。一旦企业"供—需"契约被履行，宏观平衡计划也便随之落实。这种方法，其一，避免了人对于微观契约的直接干预；其二，参数仅仅影响竞争契约中条款的权重或者附加参数，并不是从根本上否定竞争的结果。举例说明：若宏观经济经过规划平衡后，获得了宏观平衡计划，其中，在未来一年中的生产总量是 G，需要安排的劳动力就业总工时数是 Lt，可以得到单位生产增加值需要安排的劳动力就业工时数为 Lt／G。再假定全部企业的生产合同都需要经过一个"供需契合枢纽"环节才能签订，如果"供需契合枢纽"管理的每一个经济合同中，每个企业的单位生产增加值都安排了数量为 Lt／G 的劳动力就业，那么，只要每个企业的生产量之和等于生产总量 G，需要安排的劳动力就业总工时数是 Lt 的宏观目标就已经实现了。如果宏观规划确定的消费总量是 C，而且消费总量与生产总量是平衡的，即 G=C，那么单位劳动力工时的消费量 C／Lt 决定了劳动力的报酬水平，将此参数作为"供需契合枢纽"管理的每一个经济契约中产品的定价依据和安排劳动力就业的条款，就可以实现生产、消费、就业宏观计划向微观经济的传递。

第二，双维度功效统一融合可以实现。各地的"供需契合枢纽"，一方面，通过"供—需"契约签订前后的"竞争"和"计划"，可以实现时序上竞争性和计划性功效的统一；另一方面通过设计将"宏观调控工具参数"导入"供—需"契约中，完成宏观平衡计划向微观经济环节的有效传递，实现宏观计划平衡和微观竞争活力功效的统一。当"供—需"契约被完全执行时，由宏观平衡计划转换的调控工具参数就无条件伴随契约的实施而被实施，也相当于宏观的总体平衡计划通过每一个具体契约的实施而被实施。由于这个过程中，企业之间的竞争不仅没有取消，而且是被有效的体制机制强化了；企业内部由按劳配酬带来的竞争也不仅没有取消，而且也是被有效的体制机制所强化，因此微观的竞争活力也将得到强化。

以此原理作为理论基础，计划 - 市场经济体制可以实现宏观经济计划性（平衡）与微观经济竞争性（活力）通过"供需契合枢纽"的供需契约过程得到融合和统一。

（五）权力集中与权力制约可以实现兼顾

权力集中可以提高决策效率，但提高决策效率的权力集中往往导致权力制约的削弱，以至于权力被滥用，因此权力集中和分散一直成为权力理论中的一个争论点。计划 - 市场经济体制实际上将各地区的微观经济管控权力全部集中到地区"供需契合枢纽"手里，而且通过制约设计将权力关进了受机制限制的笼子内，保证权力在集中过程中得到有效制约。这其中包含以下机制性权力制衡原理。

1. 显性权力人弱化决定权而强化工作程序权

计划 - 市场经济体制把权力分为程序性权力和实效性权力两部分。程序性权力是指一个权力行使的规范性过程管理权力，是指第一步骤应完成什么，第二步骤应完成什么等这样一些非决定权。实效性权力是真正对将要决定事项做出决定的权力。它会对权力行使对象产生权力的实际效果。显性权力人是权力行使对象可以找到的、相对固定的、明确的权力人。计划 - 市场经济体制给予显性权力人的权力只有程序性权力，没有实效性权力，而且即使是显性权力人在行使权力前也不知道真正的实效性权力人是谁。显性权力人只懂得权力行使的程序、规则。

2．实效性权力人临时化和隐藏化

计划 - 市场经济体制对实效性权力人进行临时化和隐藏化安排。

（1）实效性权力人临时化安排。地区"供需契合枢纽"是该地区生产者竞争招标的组织管理者。在招标中，定标是一个重要的权力行使环节。在现在的市场经济体制下，很多的"钱权"交易都在这个环节实现。在计划 - 市场经济体制中，定标实效性权力由"定标专家"行使，而"定标专家"是在定标进行前不久（比如定标日前 7 天）从全国的"定标专家名单库"中由电脑随机选择的、仅完成这一特定招标任务的临时化实权人。这次招标是这批专家行使权力，下次招标又是另一批专家行使权力。如果全国的"定标专家名单库"足够大，那么任何人都将无法从中找到现在意义上的可以影响公正行使权力的"关系"。

（2）实效性权力人隐藏化安排。地区"供需契合枢纽"组织生产者竞争招标工作时，这些实效性权力人——"定标专家"在公开定标会前是隐藏的，即通过纪律要求同外界是不发生关系的，若有联系需要也都是通过显性权力人完成。而一旦实效性权力人走到前台成为显性人时，其权力行使一定已经结束。

3．权力人之间设为既矛盾又相互依存且总目标一致的制约依存体

计划 - 市场经济体制中地区"供需契合枢纽"是该地区经济权力的集中处，与权力相关的利益有关方有显性权力人、隐性权力人、投标的生产者、招标的消费者。他们显然都有各自不同的利益，当然，其中也可能存在有利益关系的关联方。比如，原本消费者和其中一个生产者有关系，但新体制的招标方式已经使他们之间的"关系"毫无用处。由此，形成了各自的独立性并导致利益上的矛盾性。同时，所有的有关方都因为与这个权力行使有关联而走到一起来，构建起了各方的相互依存性。在整个权力架构中，各方只有"在公平竞争基础上定标"——这个目标方向上有各方的共同利益（目标上的统一性）：公平公正行使权力时，各方都提不出意见，获得最大公约数，任

何不公平不公正都会有不满意。在这个权力行使过程中，虽然权力是集中的，但权力却在排除"关系"干扰下真正公开透明行使，且受到了内部制约关系的完全制约，实现了权力集中下的权力制约。

三、计划 – 市场经济体制的运行机制

（一）计划 – 市场经济体制需要全新的制约机制

1.传统机制无法满足计划 – 市场经济体制的监管需要

体育比赛为了公平，比赛规则是经过专家的反复推敲、又经过实践的反复验证修改设计出来的。不仅如此，比赛还配备了全过程监管的裁判，建设了高科技的比赛监督设备。这些措施保证了体育比赛当之无愧地成为人类历史上最好的竞争实例。但将"体育裁判"的监管方法，用于监管海量的经济活动显然是不可能的。

计划 – 市场经济体制是一种有计划的市场经济体制，监管对保证体制运行有更为重要的作用。为此，需要先研究一下几种可供选择的传统监管方案。

第一种方案：设"监管庙"，用人管。从实践来看，用人来监管不仅需要庞大的监管队伍，还需要建立对管人的人的再监管，甚至还需要对管人的人的人的再再监管。这种方案对于一种谋求变革的创新体制之言是不可取的。

第二种方案：靠"信用"和"觉悟"监管。如果这种监管方案非常有效，不仅是社会成本最低的方案，而且还是最彻底的方案，因为这种用"信用"和"觉悟"的监管可以管理到最不为人知的角落。但大量的社会实践发现：以自发的方式用"信用"和"觉悟"的力量去限制一种用不讲"信用"的办法可以获得很大利益的行为时，多数情况下是激励不讲"信用"的。比如，在没有其他奖惩措施配合时，讲"信用"的社会成员因为实施了有成本的信用限制会失去不少原本可以获得的利益，而不讲信用的人则由于没有受到信用限制而获得了利益。久而久之，讲"信用"的监管效力就会丧失。如果要使讲"信用"这种监管真正有效，就必须用"人"的监管对"人"的"信用"进行监管和奖惩——

结果又会走上"人"的监管老路。

第三种方案：用法治的力量施行监管。依靠"法"（各种法律）的力量规范和震慑"违法"以实现公民"守法"。它被证明是一种治理重大违法的有效方法，但要成为一种日常经济活动的监管方案还是困难的。实践已经证明，当人类要管理"自身"——这个会灵活应对现实变化的人群时，单纯用"法"不仅需要有大量的法治人员和监管人员供给，而且也难以完成广泛普遍的监督管理任务。原因至少有：一是"法"很难把变化着的、可能出现的、丰富多彩的现实情况全部囊括在内，也很难做到适时地把在特定条件下才会出现的应该排除的事项排除在外；二是当拥有观点、立场的人对不变的"法"经过"可以变的人"的理解和实施时，很难保证不偏离甚至背离"法"的本意；三是谨慎、严谨且时间跨度很长的司法作为，在随时随地都存在的涉"法"经济行为面前显得无力和无助。单纯靠"法治"完成监管所有经济行为的重任是不可能的。"法"治措施只能解决经济活动中的严重违法，只能作为维护社会公平正义的最后一道防线，而不能承担日常经济活动的监管重任。

当然也还有第四种方案，就是利用"神"和"圣"在人以后的"报应"，完成现实需要的制约。由于其中的"神"和"圣"对"信众"是全过程全时域看护和监管的，因而对"信众"有极大的作用。但这种方法对唯物主义者不起作用，也因为其所涉及内涵的有限性无法完成经济体制所需要的制约和监管。

因此，可以得出结论，经济体制的监管必须创建出具备自我监管力的不依赖具体人的制约机制，才能让计划 - 市场经济体制真正发挥优势。

2. 计划 - 市场经济体制需要建立持久有效的制约机制

只有经过精心设计的制约机制才可以帮助人类完成管理自身、监督自身的任务。其实，大师亚当·斯密在研究市场经济所发现的"看不见的手"，正是一种由人的"利己本性"形成的制约机制。因为人有"利己"的需要，才会在无任何其他人督促下以实现"利己"利益为动力，全力参与各种竞争。可惜的是这只"看不见的手"是只自然形成的"手"，充满着"野性"，有时起好作用，而在很多时候起坏作用。

计划 – 市场经济体制则要通过主动的、有目的的体制设计，创造出一种威力远远大于"看不见的手"的制约机制监管者。共产党人不信神，也不信上帝，给这个无处不在、无时不有的制约机制起个什么名字呢？在中国，孙悟空是被神化了的公平正义的化身，是威力无穷的"齐天大圣"，是法力无边的忠诚卫士，特别重要的是他还受观音菩萨"紧箍咒"的管束。这种"受管束"的特征是计划 – 市场经济体制中的制约机制所需要的。在实施监管的关键时候，让"大圣"受宏观计划的管束，才能真正成为忠实执行宏观计划的卫士。计划 – 市场经济体制需要这样的"无形的大圣"，需要让不受管束的"看不见的手"，变成受宏观管束的"无形的大圣"。它不仅有双"无形的手"，还有"无形的眼"和"无形的脑"。这个"无形的大圣"就是计划 – 市场经济体制特有的制约机制。

（二）制约机制的设计原理

1. 对人本性的科学利用和可以创造出经济体制的制约机制

有人讲过这样一个分蛋糕的案例。有甲公和乙公两个人为如何分配一个蛋糕争执不下，一个高人出了一个主意，建立这样一个分蛋糕的规则：让分蛋糕的实施者后选蛋糕。结果，执行分蛋糕任务的乙公为了不使自己吃亏，非常仔细地等分了蛋糕，在甲公先选择已切分蛋糕措施制约下，公平地分配了蛋糕。这里，甲公和乙公双方通过这个"分配规则"的机制制约，充分利用了"人"都想"自己分多一点"的"本性"，在没有第三者帮助的情况下，自我解决了有利益冲突的分配难题。

这是一个应用制约机制进行合理分配的典型案例。在这个案例中，"高人"充分利用了人所共有的且始终伴随"人"的"利己"本性——每个人都想自己多分一点"蛋糕"这个"利己"动机，通过建立"分蛋糕者后选"的制约规则机制，建立起了一方对另一方的制约，在无外力帮助下公平解决了分配问题，实现了各自公平获取"蛋糕"的共同目标。

在这个制约机制案例中，可以发现制约机制设计的以下关键点：

第一，由于计划 – 市场经济体制所需要的制约机制，不仅要适用于参与经济活动的每个人（普遍性），而且还要适用于任何时间（时域）和任何地点（地域）的所有经济活动，因此，只有充分利用每个人都有的本性元素，才能将"制约机制"带到有人存在的任何时间和任何地点。前述"分蛋糕案例"中，人所拥有的"利己"本性，是始终伴随人移动的本性，符合这一要求。

第二，制约机制在实施时必须有稳定性，或者说制约机制构成的监管必须是一种必然事件，而不是有时存在有时又不存在的偶然结果。在分蛋糕时，如果说实施分蛋糕的人是"利人"的而不是"利己"的，那么"蛋糕"就可能分不均匀，甚至分蛋糕过程就不存在。但如果这个"利己"本性是普遍的、稳定的，那么由此构建的制约机制也一定是稳定的，其结果也一定是必然的。

第三，"分蛋糕者后选"这样的制约规则不是自发产生的，而是经过科学研究后精心设计建立的。

2. 人的本性应用规律探究

（1）一个单体的利己本性产生参与动力。

如果将单个有自身个性需求的个体或小集体简称为单体，那么单体的利己本性可以成为单体逐利行为的驱动力，而且是无需外力干预就有的、时时刻刻都存在的驱动力。在这种力量驱动下，只要行为结果可以满足利己需要，都会有动力去参与。

（2）两个及以上单体利己本性在同一个目标上碰撞产生竞争。

当两个及以上有利己本性的单体在一起并存在利益上的矛盾性时，就会产生单体间的竞争。单体间的竞争是围绕各自的"利己"目标展开的。如果没有有效的利导措施和管控措施，这种单体间的竞争一定是自发的、盲目的、无序的、逐利的和不择手段的。

（3）在多个单体独立性和矛盾性的基础上机制化创造相互间的依存性和总体目标上的一致性，可以产生制约机制。

争取同一个目标物的多个单体，如果每个单体之间仅仅存在矛盾性，即其中一个利益占有比例的提高一定导致另一个或另外几个单体利益占有比例的减少，那么必然产生围绕目标物的竞争。如果在同一个目标任务的单体之间，通过设计不仅保留单体的独立性及相互间利益的矛盾性，还建立起单体间有序的依存性和所有同一任务单体间总目标的统一性，就可以创建有持久力的制约机制。

比如，在分蛋糕案例中，两个要分配蛋糕的人，在各自的独立性中产生了"蛋糕"你多分配意味着我少分配的矛盾性。"让分蛋糕的实施者后选蛋糕"这个"规则"则在待分配的甲公和乙公之间建立起了相互的依存关系，即先选择蛋糕的甲公"依存"于乙公的"切蛋糕"行为之后。这个"规则"不仅建立起了互相间的依存性，还确立了甲公和乙公双方利益的统一性，即双方都期待通过这个"规则"的实施实现"合理分配"这个统一目标。

3. 制约机制产生的原理

找出始终伴随每个人一生的本性元素，把制约机制带到"人"到达的任何地方。由于这个本性总是时时刻刻跟随"人"到达"人"去的任何角落，因此，依据"人"的本性创建的制约机制也会到达"人"到达的任何角落。

在一个经济活动中，本性元素满足上有矛盾的利益相关方，会自然产生对于己方利益的稳定保卫意愿。这个意愿保证每个有矛盾的利益方会自觉地全力地去争取己方利益的最大化。

只要制约机制的设计方构建出这样一个架构和规则，就可以形成制约机制：任何有矛盾的利益方要获取自己的利益，必须依赖另外一个矛盾利益方对己方的认同才能获得，也就是一个矛盾利益方利益的获得是依存于另外一个有利益矛盾方的自主选择之上，或者说一方利益的获取必须依赖于利益矛盾的另一方的认同。一方的利益获取受到有利益矛盾的另外方的制约，就产生了制约机制。

制约机制的设计者构建制约机制架构和规则时，还必须将有利益矛盾的各方统一到更大的共同目标平台上。如果各方没有共同的利益目标，那么受制约的一方有可能放弃制约，自然也谈不上产生制约机制。比如，分蛋糕时，任何一方不在意这块蛋糕的公平分配，所有的分配均无从谈起。

根据这个制约机制原理，可以得到创建制约机制的基本步骤是：

第一步骤，寻找到一种或多种人类自身生来就有的、本能的、随时随地跟随每个正常人的需要之"本性"。本书将这类"本性"定义为"欲"。这里的"欲"并不等同于多义词"七情六欲"中的"欲"，也不完全等同于平常所说欲望中"欲"。"欲望"中的"欲"集中在"欲望需要"的外在表现，而本文的"欲"则代表人的一种稳定的内在"本性"（以下将这种"本性"用"欲"来表述）。

第二步骤，有目的地设计出多个拥有同一种"欲"的人在完成同一目标任务时，在"欲"获得上形成矛盾性、依存性和统一性。

矛盾性就是双方或多方在"欲"的满足上是"零和"的，即你多我就少，构成稳定的矛盾性；依存性是一方"欲"的满足依赖于矛盾的另一方的许可；统一性是建立起围绕目标的共同利益，保证制约机制所制约的是所有利益矛盾方所共同追求的、不会放弃的和稳定的目标物。

（三）制约机制的设计方法

概括起来，制约机制的设计就是：一认准和选准人的本性元素，二把握好三个关键，三记住两个目标，四精心构建制约机制的三个要素。

1. 选好制约机制的本性元素

第一，了解本性元素的内涵。

生存、争斗、适应、变异、进化，是人类社会活动的主要方式，是人类生存发展的基本形态。这其中，人类"本原的欲"起着关键的推动作用。我们利用它、引导它，并且有计划有引导地满足它，为人类的和谐相处服务，也为建立经济体制中的制约机制服务。

所谓"本原的欲"，就是指一个正常人生来就有的、自发的、底层的本性。这些"欲"伴随着人的始终，影响着人的决策和行为，而且不会持久消失。这其中"欲"的表现强度是不同的，表现的形式也不同。比如"生存欲"是最强级别的"欲"，当"生存欲"受到威胁时，其反抗也是最强烈的；比如"私欲（利己欲）"表现可能更外向，因为"私欲（利己欲）"表现场合总是伴随着利益的碰撞。

"欲"是人类生存发展的需要。按照这里的定义，"欲"有很多很多，比如为生存而产生的"食欲"，为延续后代而产生的"性欲"，还有为集群生活产生的"交往欲"，为哺育后代产生的"亲子欲"，等等。这里只列举其中强度大且能为经济体制制约设计服务的"欲"。理论上"欲"的强度越大，作为制约机制设计的制约效果就越好。当然，作为一种规范经济行为的制约机制，绝大多数属于人民内部矛盾，不应该总用"生存欲"来设计。

"欲"的强度在满足过程中会发生变化。比如"食欲"在人饥饿时表现强烈，但在吃饱时，就可能没有了。

"欲"会重复发生。比如人的"食欲"在吃饱时，不需要了，但还会饿，"食欲"还会再来。也就是说，把"欲"作为制约机制中的制约力时，其中的"欲"最好要保持适度的"饥饿"状态，以确保制约力始终存在。

每个"欲"的实现都会带来快感和刺激。快感和刺激的质量影响新的"欲"的需要，因此，设计制约机制时要充分注意"欲"实现过程的正反馈强度。

第二，选择好可以用于制约设计的"欲"。

（1）生存欲——是维持人类自身生命的需要，是人类最强的"欲"。刑法中的死刑判决就是利用这种生存欲的一种判决，有最强的威慑力。生存欲还可以分解为食欲、眠欲。当水资源短缺时，可以有饮水欲，空气都被污染时，可以有呼吸新鲜空气欲，等等。当制约设计把经济活动的结果与生存欲挂钩时，制约力可以达到最强的程度。当然，在经济活动中的生存欲内涵上不一定是"人"的生存欲，而可能是指那个企业"法人"的生存欲。

（2）利己欲——共体中由个性需求表现出来的"欲"，源于维系人类个体的独立性。人类之所以有个体，是因为个体的需要不完全等于集体的需要。当物资、服务不能完全按需分配时，这个个体的需要一定会影响另外个体的需要。这时人的利己欲就会表现出来。利己欲导致的行为在物资供给不足时，可能是侵占别人的物资来满足自己的需要。在这个过程中，个体利己欲起到了保卫个体自身需要实现自身独立的作用。

（3）竞争欲——源于人类的优胜劣汰需要，也是人类进步发展的需要。有人讲了一个故事：在一处幽静的高山寺庙中，独树一帜的另类高僧讲解做人的道理。有一天，他给两个小僧出了一道题目——高僧给了一份能维持人生命的食物，但规定只能给一人吃，谁吃谁就能生存。两个小僧都以"善"

谦让对方，谁也不肯吃，结果三天后两僧均饿倒了。高僧用同样的题给了另外两个小僧，结果他们上来便打了起来，胜利者吃掉了这份食物，用竞争的胜利淘汰了失败者，完成了胜利者的存续和发展，实现了优胜劣汰。自然界对于物种的筛选都是通过无情的竞争完成的，"物竞天择，适者生存"，达尔文的进化论正是说明了这一点。像恐龙以庞大的身形战胜了很多同类动物，但没能战胜星外物体撞击地球造成的冲击而绝种了，而人类则用智慧统领所有的动物。可以想象，如果没有竞争，平庸的物种都生存在地球上，地球无法供养这么多的物种，也许所有动物都没有了。

竞争欲是人类生来就有的"欲"。一个刚懂点事的小孩子就想当"第一"，就想自己当胜利者，而让别人当失败者。竞争欲还是人类追求变化刺激的欲。一个老人可以不顾身体、不怕劳累、不计时间整天泡在麻将桌上，这是人类竞争欲诱导的。人类希望生活稳定，但绝不愿意生活在一个平稳不变、缺乏变化刺激的无任何竞争的环境中。竞争欲的实现过程包含着由竞争结局变化带来的强烈刺激。因此，可以说在竞争欲实现过程中带来的变化刺激满足，也是一种人类的生存需要。

在同一个制约机制设计中，不仅可以用人类拥有的其中一个"欲"，还可以综合运用多种"欲"作为制约机制的元素为制约机制服务。

2．做好制约机制的三个关键设计

三个关键设计：一是矛盾性设计，二是依存性设计，三是统一性设计。

第一，矛盾性设计。关键也至少有两点：一是独立。携带"欲"的各个主体人从组织上、职能上要独立。主体人的独立性是制约力产生的关键之一，没有独立性，各方就变成铁板一块，制约力就不存在。二是在"欲"的获得和满足上要有矛盾，即你多我一定会少，不能出现一部分（只要不是全部）制约体联合起来就可以用额外渠道实现总量"减少"，而这些"联合方"还能多得的情况。

第二，依存性设计。依存是指在整个制约体内，每个独立体至少会依存于这个制约体中某一个独立体或者多个独立体的认同选择。依存是保持制约体整体性和制约力的另一个关键。如果没有这种制约依存性，受制约的一方就有可能独自行动离开这个制约体。依存性对于谁应该依存谁没有特殊要求，但其中任何一个独立体至少要依存于这个整体中一个以上的独立体。依存度越高，这个制约机制就越稳定、越牢固。

第三，统一性设计。制约设计要保证矛盾的和独立的各方不仅有矛盾性，还要在共同目标上有统一的利益需要、统一的目标需要。只要制约体的所有各方都在制约设计的目标上共同努力，那么"欲"之获得和满足的总量是有保证的，是可以使所有有矛盾个体获得共赢的。相反，如果各方的根本目标不同，做出的都是相互抵消的力，那么各方"欲"之获得和满足的总量可能是减少的，是"共输"的。制约设计通过这种在目标上或者说在统一性上的精心设计，实现在共同利益上的共同奖罚，形成一种实现共同目标的激励力、导向力。

3. 落实好制约机制的两个目标

目标之一，实现制约的"合理"目标。从获得上看，一方的"多得"一定导致另一方的"少得"。各方都会从各自利益出发去争取自己利益的"多得"，而这种争取结果一定是使分配趋于力量平衡下的"合理"——这个"合理"正是制约设计的第一个目标。如果在设计时，将矛盾各方的力量强度设计得比较均衡，那么其中的"合理"就有可能是真正意义上的合理。矛盾各方的力量强度通过体制中的权力制约设计是可以实现均衡的。比如，生产者和消费者要通过谈判签订一个合同，但合同双方的实力却不均等。若制约设计让政府介入且主导谈判，就可以将原本实力不平等的经济体在公正的政府主导下实现平等。

目标之二，实现目标方向上的"共同"目标。制约设计还要保证，如果各方在该制约设计目标上共同努力，那么"欲"的总量是有保证的或者是增加的，各方都可以实现"共赢"；而如果各方在该制约设计目标上互相扯皮、搞内斗，不共同努力，那么"欲"的总量是减少的，各方都会成为输家，形成总利益上的"共同"性。

4. 精心构建好制约机制三要素

制约机制设计有三个要素，需要在制约设计中科学规划和设计。

要素一，制约元素设计。制约元素有很多，其中"欲"是制约设计的基本元素。要充分利用人类最原始的、最基础的"欲"。不同的制约对象、不同的应用时机对于基本元素的选择也可以不同。总体上说，人在特定制约场合对制约元素的依赖度越强，制约效果就越好。比如，高层行政的制约元素突出利己欲中的"权欲"，而在经济层面的制约元素突出利己欲中的"利益欲"。

要素二，制约架构。制约架构对制约效果有直接的关系。制约机制设计的主要架构形式有三种：

（1）等权制约机制架构。这种制约架构中，受制约的利益矛盾体，虽然各自拥有的权力有不同的内容，但却拥有接近相同的制约权力。最典型的等权制约机制架构是环形权力结构（见图6）。

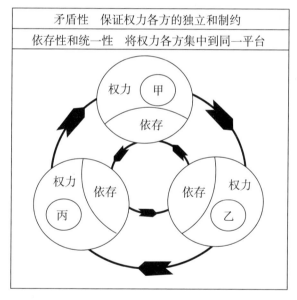

图 6　环形权力结构

这种环形权力结构有一个总权力块，设有甲、乙、丙三个分权，甲的权力可以决定乙的事项但依赖且离不开丙，乙的权力可以决定丙的事项但依赖且离不开甲，而丙的权力可以决定甲的事项但依赖且离不开乙。甲、乙、丙三者中任何一方既不能独善其身，也不能离开第三方（依存）。当然其中还可以有第四、第五方分权人，但所有分权人都至少能管理其中一方的同时又至少离不开另一方的供给。在这个制约结构中，每一方都拥有否决其中一方利益的"同等权力"。

（2）不等权制约机制架构。这种制约架构中，受制约的利益矛盾体，在制约架构中拥有的权力是不相等的。最典型的非等权制约架构案例是一种塔形权力结构（见图7）。

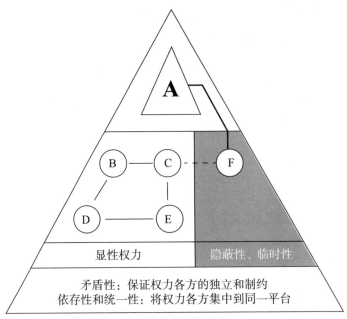

图7　塔形权力结构

这种塔形权力结构中，一个总权力设有 A、B、C、D、E、F 六个分权，或者更多个分权，其中 B、C、D、E 是同一权力层级的利益矛盾体。A 拥有管理、领导其他分权的理论权力，但同时受 B、C、D、E 的集体制约。制约设计时，A 的权力将通过制约设计分解为显性程序性权力人 A 和隐性临时实权人 F，F 代表一个决策集体。表面看 B、C、D、E 利益矛盾体的任何获取，均依存于拥有决定权的权力人 A，但实际上 A 只拥有程序性组织权，并没有决定权。真正拥有决定权的人是电脑随机临时选择的集体隐性的权力人 F，F 是一个针对特定决定事项成立的专家集体。B、C、D、E 利益矛盾体在特定权力行使前并不知道 F 是谁，因而其不会与 F 有"关系"，实现了 F 决策的公正性依存和制约；F 是由 A 组织管理的，因此 F 依存于 A，A 则依存于 B、C、D、E 的集体拥护，从而构架了一个互相独立矛盾又相互依存的稳定架构。

塔形架构中的统一性是由权力要解决的任务实现的。比如，由该架构完成一个招标任务，其中公平完成"招标"这个任务就是把 B、C、D、E 权力方统一在同一个招标平台的共同目标。只要各有意愿投标，那么接受共同的目标就会理所当然。

高层级权力人（隐性）只制定通用规则而不具体干预执行过程；实施规则权力人（显性权力人）只能程序性地执行规则，这也是一种不等权制约机制。

（3）时序制约机制架构。这种制约架构中，受制约的利益矛盾体，在不同的时间进程中，局部拥有制约或被制约的权力，而各方在整个时间进程中则通过局部"失去"和"获得"实现总体上接近"平等"的获取制约。分蛋糕案例就是一种时序制约机制架构，其中甲公失去了分割蛋糕的局部权力，却获得了优先挑选的权力，实现制约机制下的总体权力公平。

要素三，相互作用。权力结构内必须有经常存在的相互作用，即只有依存在一起同时还相互作用才能产生制约。这里的作用是指在这个共存平台中，各方要达到或实现某个目的时，一定会引发相互之间的作用，而且其中的作用方向是经过精心设计的，作用力大小也是经过精心设计的。比如一方的经费是由另一方供给的，但如果不完成另一项任务，经费就可能停止——这其中的"经费供给""完成另一项任务"就是相互的"作用"。显然，没有这些"作用"，制约不会存在。

这里的"作用"过程也可以理解为"运行"。招标过程停止，制约也不存在，蛋糕放着不分配，不会有分配制约。

（四）计划 - 市场经济体制制约机制的设计实例

1. 非等权制约机制架构案例——"供需契合枢纽"的设计

以下通过一个用"利己欲"作为制约元素构建的"供需契合枢纽"例子，来说明非等权制约机制架构的设计。

（1）在多个"利己"单体的竞争中引入一个由"枢纽"按一定机制选择的、代表各单体共同利益的代表体（简称代表体），而且授予它能决定"利己"

单体实际获得利益的权力，那么"利己"单体行为就会受代表体行为的制约和引导。

如果设计为代表体自身的利益需由全体"利己"单体来评价考核，那么代表体将受到多数单体的制约，迫使其代表多数"利己"单体人的利益。这就实现了第一层制约关系：竞争的"利己"单体各方和代表体之间建立了利益制约和利益依存关系。

（2）代表体分离出显性程序权和隐性决定权可以产生新一层制约机制。由于代表体权力很大，"利己"单体就可能通过不正常的行贿等手段让代表体偏离公正，为行贿单体进行利益输送。因此，制约设计必须对代表体的权力进行再一次分割：分离出一个显性权力人和另一个隐性权力人。其中显性权力人是大家都能看得见、找得着的权力人，但显性权力人只掌握虚权，即只掌握权力行使的流程，懂得权力行使的规则，拥有程序权而不拥有决定投票权。而其中的隐性权力人是有利益关系的人在用权前看不到、找不到的参与投票决定的实权人物。如图 7 所示，隐性权力人 F 是临时和隐藏的。首先，显性代表体权力人是大家可以在公开场合找到的代表体权力人，而这个在公开场合找得到的权力人却是不掌握实际决定权的人。他只是个召集大家开会的召集人、组织者。而真正掌握决定权的代表权力人，即隐性权力人，却是新体制招标流程设计中，由电脑在临近招标前从"招标专家库"中随机选择的只负责这次招标权力行使的"专家"，有明确的临时性。虽然权力行使过程中和权力完成后，这些临时实权人会从后台走到前台，但走到显现位置时，一定是在权力行使之后，已经不能再影响其权力行使了，而且临时实权人不一定是下次行使权力的人。如果这个行使权力的专业人员库中储备有足够多的权力行使专家的名单，就可以实现对"利己"单体而言，真正行使权力的代表人始终是不被知道的，是被隐藏的。这种割断关系链的真正权力人隐藏化的设计构成了第二层制约关系，可以比较彻底地让"利己"单体无法找到任何一次投标时的这个（些）行使权力的人，以确保行使权力不受"外力关系"的影响。

（3）隐性权力人的淘汰机制产生对隐性权力的制约机制。代表体将权力授予受利益制约的隐性权力人行使，而且有对这些隐性权力人再制约机制的设计。比如，隐性权力人的末位淘汰机制。从电脑中随机选择出来的隐性权力人，在行使权力时，是在透明环境中公开行使的。其表现：第一，将受生产者、消费者、"枢纽"各方的评价考核。第二，每个"专家"在招标中，都会将自己的权力表现在评标结果中，假如某个"专家"每次在招标的评价中都是被否决的，一定表明该"专家"至少不掌握评价尺度——是末位淘汰的首先对象。因为，评价中"专家"只有公平公正才是评价的最大公约数，而"专家"才有可能持久地成为隐性权力人。这样的末位淘汰制度，将成为公平公正"专家"的激励导向，成为第三层次的制约设计。

（4）权力人接受利益利害方评价产生再一层制约机制。代表体人员、隐性权力人等所有有权力的人员在行使权力时，都公开透明，都必须接受有利益冲突人的评价，都建立有评价中的淘汰和责任追踪中淘汰的机制。权力行使过程公开透明，让权力行使对象能监督权力行使过程是第四层制约设计。

（5）通过设计建立既互相制约又依存统一的目标任务体。招标的管控是计划 - 市场经济体制"供需契合枢纽"的重要制度化管控工作。在计划 - 市场经济体制中，机构消费者采购都需要由"供需契合枢纽"通过公开公正招标完成。这是经济体制所规定的，甚至是由政府权威保证的。也就是说，不按这个程序、不经过当地的"供需契合枢纽"就不能招标采购。那么，招标的采购方、竞标企业、"供需契合枢纽"以及招标专家就被这个共同任务纳进了同一个权益块，成为一个完成这个专项任务的共同体，建立起了谁也离不开谁的依存关系。从竞标企业看，离开这个共同体就意味着失去招标机会，而对于其他权力人而言，任何人的离开都会使招标这个任务无法完成，也意味着他失去了成为权力人的机会。

这些规律正是计划 - 市场经济体制建立管控"枢纽"制约机制的理论基础。如果我们把这些机制认作"无形的大圣"的一部分"法力"，那么，通过这样多层次的制约，"无形的大圣"就会忠诚地"制约"地区"供需契合枢纽"行使权力，完成计划 - 市场经济体制中对"供需契合枢纽"的监管任务。

2. 等权制约机制架构案例——监管所的设计

（1）监管事务所的制约机制设计。

在计划 – 市场经济体制中，经济运行的过程监管有非常重要的地位。其中很多能从政府工作中剥离的监管任务是通过有制约机制的监管事务所来完成的。这里，以企业生产食品和药品为例来说明监管事务所的监管过程、监管制约原理和监管制约效果。还可以结合图6和图8来理解其中的含义。图8是食品药品监管制约机制图解。

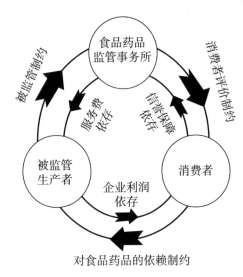

图 8　食品药品监管制约机制图解

其一，建立监管事务所。

第一步，根据监管对象的业务要求，经过公平竞争和严格考核，创建两家以上的有资质的"食品药品监管事务所"（以下简称监管事务所）。监管事务所是独立核算、自负盈亏的独立法人。监管事务所在同一地区至少有两家以上，形成监管事务所之间的相互竞争。通过竞争形成监管事务所间第一层的制约机制。

第二步，立法规定：任何食品药品生产企业都必须自愿选择一家专业对口监管事务所作为其所生产食品药品的监管单位。食品药品生产企业在出厂产品包装上必须标注监管事务所的名称。被监管企业按政府核定的服务价格或者用市场竞争的价格支付监管费用，监管事务所对被监管企业的技术、经济、管理信息承担保密责任。当一家监管事务所的服务对象超过生产企业总量的三分之二时（比如值）必须拆分，以保证监管服务的竞争性。当被监管的食品药品出现安全问题时，监管事务所将负连带的经济责任和法律责任。通过这一步骤，将原本没有关系的监管事务所和被监管企业统一到有共同目标任务的利益共同体中，建立起相互之间的依存关系，搭建起双方的共同利益平台。

其二，创建内在的制约机制。

第一，从监管事务所自身利益上看制约机制。做好食品药品企业的服务是监管事务所扩大监管业务范围的前提条件，只有更多的企业愿意让这家监管事务所监管，监管事务所才能从被监管企业中获得更多的监管服务费；否则，没有企业上门，对于监管者来说就意味着被淘汰、死亡。由此构成一种事务所"生存欲"驱动力，显然这是监管事务所要"服务好"被监管企业的动力源，拥有了一种明确的制约机制。同时，监管事务所监管好每一个被监管产品，使其不出现问题，才能树立起让消费者放心的品牌。反之，被监管的产品经常出现安全质量问题，监管事务所除了要接受经济处罚，还会失去监管者最需要捍卫的监管声誉。监管事务所失去了监管声誉就相当于丢掉了自己的饭碗，整个监管事务所就会被淘汰。这种机制会迫使监管事务所在做好为被监管企业服务的同时，用更科学、更严谨的态度去履行监管职责。这是又一层针对"监管好"的制约机制。

第二，从被监管企业角度和消费者角度看制约机制。由有声誉、负责任的监管事务所监管本企业的食品和药品，虽然监管苛刻严格，但可以大大提高自身品牌的可信度，更容易被消费者接受。因此，由信誉好的监管事务所监管本企业的产品，相当于既请进了一个负责任的监工，又买来了一块产品可信度的招牌。这里构建了一层来自被监管侧和监管使用侧的制约机制。其中也构建了在目标方向上的共同利益，即只有监管体系中生产者做到不出现质量问题、监管方尽到监管责任，那么消费者才可以得到最放心的产品，生产企业才可以得到发展，监管事务所才可以得到壮大——实现在共同目标上的一个"共赢"局面，从而完成统一性的要求。

通过监管事务所这个制约机制设计，政府可以跳出监管事务，成为清醒的监管"旁观者"，有利于再监管，由此可以形成再一层的制约机制。

显然，监管事务所所形成的监管机制具有持久的负责任监管驱动力和内在的自我完善的制约力。

（2）行政执法所的制约机制设计。

在现实中，国家为了行政权力的实施设计了上百万"吃公粮"的行政权力执法队伍。其中，有质量监督执法队、安全生产执法队、环保执法队、消防执法队、工商执法队、城管执法队等，这里不评论这些执法是否需要，而是先推定某种执法是需要的。

行政执法与经济事务的监管还是有很大区别的。行政执法是国家为公共利益而实施的，对企业而言只会在特殊情况下才有直接的利益关系。比如，食品药品监管对于企业而言，至少可以通过监管提高产品的可信度，是有效益的。但对于生产安全的监管，只有企业出了生产安全事故才会感受到有关系，不出安全事故时就感觉不到有关系，因此企业不会自愿地接受这种执法服务。正是这个原因，行政执法需要有特殊的制约设计。

其一，按地区建立有竞争的行政执法所。

第一步，根据执法对象的业务要求，经过公平竞争和严格考核，在每个地区创建两家以上有资质的"行政执法所"（以下简称执法所）。执法所是独立核算、自负盈亏的独立法人。由有竞争的两家以上执法所实施执法任务，通过相互竞争形成第一层的制约机制。

第二步，立法规定：任何生产企业都必须自愿选择一家执法所作为其被执法范围事项的执法单位。被执法监管企业按政府核定的服务价格或者用市场竞争形成的价格支付执法监管费用。执法所要对被监管企业的技术、经济、管理信息承担保密责任。当一家执法所的服务对象超过生产企业总量的一定量时必须拆分，以保证执法监管服务的竞争性。通过这个措施把执法监管者和企业纳入到共同利益目标下，进而，通过这一步骤建立起利益矛盾各方的依存性。在这里，也许有人会问，执法所为什么要从企业收费？其实这是建立依存性和制约性的关键措施之一。试想，如果执法者像现在这样"吃公粮"，那么他们就会因为不依赖于企业而做起"官"来，不会很好地为企业服务。而当他们要从企业获得生存所需要的经济来源时，企业就成为他们的"上帝"，他们就一定会努力服务好企业。

其二，在省的范围内设立行政执法监察局。

行政执法监察局是专门监管执法所工作的再监管机构。行政执法监察局采用电脑随机抽样的办法，从所有执法所的名单中定期按比例确定对行政执法所的工作进行监管巡查。行政执法监察局监管的对象单位不是企业而是管辖域内的执法所，而企业是由执法所负责监管的。

其三，创立制约机制。

第一，执法所的收入来自企业，接受企业的自由选择，建立起对企业的依存关系，成为服务好企业的推动力。执法所必然以参与者的姿态和企业一道做好被执法对象的执法事项，形成第一层的制约。

第二，制约规定：执法所执法监管后有监管文书，而且还拥有行政处罚的权力，如果被监管企业没有按监管文书要求做，一旦发生责任事故，企业承担全部经济和法律责任；如果执法所在日常监管中没有发现事故隐患，并因此而造成或大或小的事故，执法所和企业一起承担经济和法律责任，而且执法所另外还将承担失职责任。通过责任认定把企业的利益和执法所的利益捆绑在一起，同时把执法所执法责任推向前台，形成又一层制约。行政执法所必要时行使执法权力，可能会影响和企业之间的关系，但这种执法一定是企业跨越了执法红线的结果，而且企业无论请哪个执法所都会实施的。

行政执法监察局随机检查执法所，若发现执法所有失职行为则处罚执法所，以形成对执法所的威慑性制约。当被执法企业发生灾难性后果且是责任事故时，后果发生单位是行政执法监察局已经巡查过的单位且在规定的有效时间之内，则行政执法监察局要承担经济和法律责任，因为它没有负责任地排除隐患；若发生后果企业是行政执法监察局未巡查的单位，那么行政执法监察局是不承担责任的，因为随机选择未选择到该企业。再下来就要明确执法所和企业的责任：如果事故发生前执法所有监管整改文书而企业没有落实时，企业负全责；如果执法所未尽责任，未在有效期内向企业提出整改文书，企业和执法所都承担经济和法律责任。通过这些责任的确认建立起再一层和再再一层的制约。

3. 时序制约机制架构案例——独立与嵌入制约设计

时序制约机制架构设计是基于时间进程设计的。它不仅可以在类似"分蛋糕"这样的独立案例中使用，还可以嵌入等权制约架构和非等权制约架构设计中。比如，在环形制约机制架构中，监管事务所生存所依托的"信誉"就源于消费者的认同，就是一种嵌套在等权制约机制架构中的时序制约。

四、计划 - 市场经济体制的机构设计

计划 - 市场经济体制的一项重要变革是要在国家层面设立宏观管理机构，而在各地建立起一个实体管理机构，实现政府对流通环节控制点——供需契合枢纽的有效管控。按地区成立由政府管控交换环节控制点的"供需契合枢纽"，设立代表政府行使监管权力的监管事务所和异议速裁庭。

（一）设立三个全国性的中心

计划 - 市场经济体制不仅涉及宏观经济的未来发展，也涉及经济运行中信息的采集和处理，还涉及管理这些信息的组织机构。涉及全国三个中心的架构：未来发展趋势预测与战略规划中心、全国信息中心、规划和交换规则制定中心。

1. 未来发展趋势预测与战略规划中心

未来发展趋势预测与战略规划中心的任务是专门完成对未来发展趋势和发展规律的研究。它是计划 - 市场经济体制实施"利导"符合未来发展要求、保证经济发展不走弯路、保证当前利益符合未来发展利益的体制保证。该中心在计划 - 市场经济体制中有特别重要的作用。

2. 全国信息中心

现代信息技术的发展，极大地改变了人类对信息的要求。经济运行规律

的研究长期以来都是从统计规律角度进行的，大都通过对过去离散统计数据的分析中试图预测未来。由于计划 - 市场经济体制给予政府管控交换环节的垄断权力，政府拥有了最全面、最准确、最及时的供需交换信息。这些信息由全国集中统一管理，可以充分发挥国家信息中心的设备、技术、管理优势，精准把握经济运行现状，进而实现精准调控。全国信息中心的主要任务有以下几个方面。

（1）信息采集。计划 - 市场经济体制与现行市场经济体制有完全不一样的信息采集优势。现行市场经济体制由于本质的自发性、盲目性和滞后性而导致信息采集有很多盲点。计划 - 市场经济体制的一个显著特点是政府不放任市场自由交换，而是通过供需契合枢纽控制点的计划管控，获得了完整、及时、精准的交换信息。当劳动力就业也纳入交换环节的管控内容后，政府不仅可以获得消费需求信息、生产信息，还可以获得劳动力就业信息；不仅可以获得与供需相关的价格信息、品质信息、生产信息、资金流转信息等即时信息，还可以掌握未来一段时期即将发生的契约信息。

计划 - 市场经济体制与现行市场经济体制的另一个不同点是，在市场经济体制条件下，人们只能被动地通过不完整的市场信息去寻找和适应未来经济活动的规律性；而在新体制中，很多信息都是主动的宏观计划执行的结果，信息采集只是为了更精准地了解运行的偏差，为宏观调控服务。

全国信息中心将充分利用新体制中各地政府管控"供需契合枢纽"的优势，将更完整、更及时、更准确的地区经济运行信息上传到全国信息中心集中管理。

（2）信息分析处理和共享利用。计划 - 市场经济体制中的全国信息中心将充分发挥自己的实力，建设最强大的大数据信息处理中心，实现对信息的汇总、分析和处理应用，发挥信息的运行控制指导作用、监管作用、预警作用和对计划管控的指导作用；同时，向中央决策部门和管理部门提供精准报告，向各主管部门提供分类精准报告，向各地政府和对应企业提供信息报告。

（3）信息披露。根据规定和需要在规定的网站用规定的方式进行统一的经济运行信息披露。

3．规划和交换规则制定中心

根据国家的未来发展要求、环境承载能力、资源可持续利用能力，制定出长期、中期、近期的消费、生产、就业、环境承载、资源可持续供给的平衡发展计划，并将其转化为宏观调控工具的参数，进行宏观经济调控。

（二）按地区组建供需契合枢纽

1．地区管辖原则

计划 – 市场经济体制肩负兼顾地区均衡发展的重任。供需契合枢纽（简称"枢纽"，参见图9）将按省、地（市）、县的地域分级设置，实现生产消费的地域分权和均布，不设全国"枢纽"，以免权力过分集中。消费者和生产者要交易时，需按交易的消费地或实施地，接受对应"枢纽"的管控。"枢纽"管辖地的划分原则将在实践中探索，基本原则是根据消费需求所涉及的地域范围来决定。若一个工程项目涉及一个省的范围则由该省"枢纽"管辖；若项目涉及几个省的范围则同时由几个省"枢纽"管辖；若只涉及一个县的范围，则由该县"枢纽"管辖。同样，一个机构消费者要采购，当其消费地无法明示时，可以按其注册地由相应的"枢纽"管辖。消费地（主要对应消费品消费）和实施地（主要对应工程和服务）所量化的经济总量大致正比于当地的人口，而按人口为基数的经济均衡是地区均衡发展的最重要目标。

2．割断"关系链"的交换管控设计

机构消费者有消费需求时，不再由机构消费者自主选择生产者，而是按下述割断"关系链"的流程设计，由"枢纽"组织招标选择生产者。

第一步，建立分专业的招标评定（简称"定标"）专家库。专家库中的专家既可以是专职的，也可以是兼职的，但都必须经过专业培训，由专门机构考核评定。评定专家的酬劳由各地区"枢纽"支付，而地区"枢纽"的经费可以从每个成交契约总标的中按比例提取，支付标准由地方政府审定。通过招聘，在全国范围内建立一支分专业的"定标"专家队伍，其人员名单按专业存储在全国"定标"专家库中。

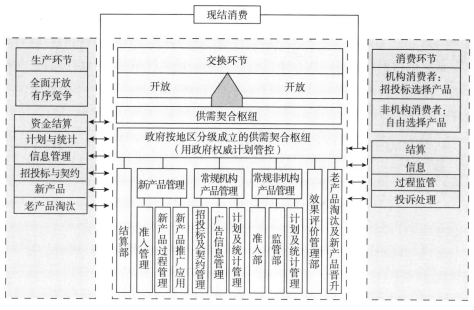

图 9　供需契合枢纽

第二步，机构消费者首先要在法律允许的范围内制定选择生产者的消费规则，编制出这批物资的技术条件、规格数量、交货时间、交货地点、结算方式等要求文件。

第三步，根据这批物资的消费地选择管辖"枢纽"，提交招标请求、消费资金来源报告单及投标相关资料。

第四步，"枢纽"对招标申请进行常规审查合格后，根据全国"规划和交换规则制定中心"发布的适用于本地区该产品项目的宏观调控工具参数，由"枢纽"提出随标安排的就业指标，再安排出招标日程，通过"枢纽"信息平台发布招标公告。

第五步，域内和域外的生产企业根据"枢纽"发布的信息，可以在"枢纽"规定的时间内按要求向"枢纽"投标。

第六步，投标截止后，"枢纽"按招标专业从全国范围的专家库中按规定由计算机随机选取若干专家，组成"定标"专家组。由这些消费者和生产者无法找到"关系"的专家行使"定标"权力，以彻底割断"关系"链。由于这些"专家"分散在全国各地，"定标"时将借助各地"枢纽"的远程会议手段完成。整个"定标"过程均在视频直播下，由"枢纽"人员主持公开透明地进行。外部人员可听、可看、可查。"枢纽"人员是主持人，但不参加投票。机构消费者可以派代表旁听、旁观，还有权根据自己制定的要求和标准，在不符合规则时否决定标结果，但最终定标结果一定由"枢纽"随机选择的专家组做出。

定标专家的定标过程全程视频直播，接受监督，并实行定标专家末位淘汰，对那些定标中总是被否决的专家实施淘汰，对那些仲裁中被认定有责任的专家实施淘汰，在淘汰中实现定标专家队伍的竞争性优化。

3. 关键流通信息由官方非营利发布

流通信息获取不平等是市场经济体制下社会不公平的重要方面之一。主要体现在：其一，信息"铜臭化"，是用"钱"包装的信息；其二，信息"混沌化"，真的假的全有；其三，信息"偷占化"，只有一部分有内线的生产者能得到最有用的信息。计划－市场经济体制将充分利用政府管控"供需契合枢纽"的信息优势，非营利地通过集中统一的官方信息平台发布交换信息，实现关键交换信息获取的真正社会公平。

4. 政府做中介的结算

"枢纽"介入结算服务，可以从结算角度实现原本不一定平等的供需双方平等，保证供需契约被切实履行。消费者可以按契约把消费款交付"枢纽"保存，"枢纽"的公信力保证不会被骗；生产者履行契约后，货款由"枢纽"支付，生产者无需顾虑契约履行后货款收不到。这实际上彻底解决了拖欠货款的顽疾。

5. 均衡地区发展的加权

为了实现地域相对均衡地发展，"枢纽"将名正言顺地对本地区生产者予以适当扶助。这种扶助通过"管辖域内企业加权因子"这个宏观调控参数给予域内企业加权实现。域外生产者要获得这种加权，必须在域内设立生产企业。加权的量是一种均衡地区发展的计划调控手段，反映全国的调控目标，因此由全国规划和规则制定中心统一管理和调整。计划－市场经济体制通过这些制度化的调控实现地域经济发展的相对均衡。由于加权量不由地方而由国家控制，实施加权计算的是一种机械的、制度化的计算机操作流程，不用担心这种加权制度被地方保护主义者滥用。

6. 让货币资金在经营中降低作用的设计

按照计划－市场经济体制的设计，"枢纽"将既确保竞争过程的公平公正，也确保竞争后签订契约的履行："枢纽"按契约要求将机构消费者的货款收到"枢纽"账户上，生产者按时按质交货后如约再从"枢纽"账户上收取货款；契约一经签订就会被不折不扣地执行；当契约需要调整时，必须经过契约双方同意，赔偿违约损失；如出现责任方破产无力赔偿时，"枢纽"将用预先设立的赔偿基金赔付。这个设计不仅保障了无过错方的利益，而且也确立了由"枢纽"保障之契约的绝对信誉，确立了契约签订后进行生产的无风险性。通过新体制的这一系列变革，企业最有用的资产也发生了重大变化：生产者最重要的资产不再是货币资金，而是先进技术，能做别人做不出来的产品，会在竞争中战胜对手拿到"枢纽"担保的订单。有了"枢纽"做保证的订单，就相当于拿到了政府信誉保证的契约，生产者融资借贷便有了保障，通俗地讲，这时所有有钱的人或单位都愿意借钱给他。显然，货币资金在企业经营中的地位已经大大降低。

7. 政府入门审查向过程管理转变的设计

计划－市场经济体制的一个重要目标是让所有人都有参加竞争的机会。实现这一目标的关键措施是除了技术资质、安全需要等必要资格审查外，废除所有入门行政审查。在新体制中，"枢纽"只有过程管理部门，没有行政资质审查部门。"枢纽"在"定标"过程中所需要考量的技术性、安全性资质均采纳专业事务所提供的结论。

8. 不同寿命阶段的产品采用不同的管理模式

"枢纽"按产品不同的寿命阶段分为新产品、常规产品和淘汰产品等类，对不同寿命阶段的产品实施不同的计划管控方式。新产品管理突出入市"开放"，即除安全性要管外，其余是开放的、方便入市的；但要告诉消费者新产品存在风险。常规产品突出过程"管理"，出现问题由官方及时公布和处理。淘汰产品突出"计划性"淘汰。"枢纽"要及时在有关方内部发布淘汰产品目录，实现计划淘汰和快速淘汰。新产品推广和老旧产品淘汰效率是一个民族、一个国家创新效率的体现。计划 – 市场经济体制将把产品的新陈代谢作为战略举措，也作为常规工作加以重视。

9. 消费、生产、就业的计划平衡设计

消费、生产、就业的计划平衡是计划 – 市场经济体制的关键要求之一。宏观计划管理部门将以劳动力基数为出发点，计算出收入总量，再计算出潜在消费总量，按照平衡原理再制定生产总量、劳动力平衡计划，最终完成宏观消费、生产、就业的计划平衡。

10. 劳动力基地的设计

只要市场需求有变化，生产者对于劳动力的需要就会有变化，而且很多时候，一个行业的兴起，正好是另一个行业的衰落。在这种情况下，如果没有一个劳动力流转基地，就没有办法解决劳动力有序流转的问题。计划 – 市场经济体制赋予"供需契合枢纽"拥有管控交换过程的能力，也使之拥有了对劳动力安置的预见性和计划性。"枢纽"将用购买社会服务的形式，创建有竞争的劳动力基地。生产者需要劳动力时，到劳动力基地有偿选用，不需要时作为基地的正式职工退回劳动力基地，进行劳动技能培训。劳动力基地的规模由"枢纽"计划确定，且实行独立核算，自负盈亏。基地可以在竞争中破产，但其人员由"枢纽"托底管理。

11. 公共创新平台的设计

随着社会的发展，有水平的创新日益远离单打独斗，创新越来越需要高水准的实验设备、创新环境和技术条件，越来越依赖于更多人配合的团队合作。计划 – 市场经济体制利用其管控交换环节的有利条件，在有条件的"枢纽"创建独立核算、自负盈亏的公共创新服务中心，简称"创新中心"，为所有致力于创新的个体和群体提供开放的创新空间和条件。任何个体和群体有创新课题时，都可以向"创新中心"提出创新申请；经过专业评审后，"创新中心"可以提供资金、设备等条件支持，且在创新成功后，"创新中心"将按契约作为技术成果共同拥有方，分享成果的收益。"枢纽"则定期将成熟的创新成果利用流通信息平台进行推广，搭建万众创新的平台。

12. 建设政府支持的公共智慧云平台

在有条件的"枢纽"由政府搭台建设公共智慧云平台。云平台由于管理、创新都在"云"端完成，需要信誉支撑。而由政府声誉作为保证是要化解其中的平台风险。通过这个平台，将愿意投身技术创新、经营创新、艺术创新以及其他创新的互不相识的人士吸纳进来，从事政府主导的各种类型的课题研究和科研成果转化。之所以要由政府搭建这个平台，是因为这种平台很容易出现指向各方面的风险：一是研究课题风险——要取得有价值的成果必然有风险；二是参与者受骗风险——这是一个远方平台，平时互不见面，很难保证参与者不被组织者欺骗；三是管理过程风险——平台中的劳动成果很难保证在其中各环节不被非法利用。由政府创建这样的智慧平台，还有可能将闲散的智慧资源利用起来，创造不可估量的价值。

13. 建立社区服务中心

社区是拥有明确管辖界限的、有居民、职工居住的拥有相对完善生活配套设施、卫生体育设施的社会生活、服务共同体。由于社区在地理位置上拥有与域内居民"最近"这个别人无法替代的优势，在计划 – 市场经济体制中有十分重要的地位。在有条件的地区"枢纽"将在社区建立面向域内居民的社区服务中心，完成域内居民的儿童、老人托管服务、居家养老服务、"置换式"养老管理，成为社区居民在劳动付出阶段的保障中心，也成为劳动后享受阶段的消费落实中心。

（三）"枢纽"主要机构及工作内容

1. 面向机构消费者的机构

考虑到机构消费者的特殊性，"枢纽"设广告信息部、招投标与契约部、计划与统计部、结算部等管控机构。

（1）广告信息部：以政府的信誉做担保，对生产者与消费者之间的交换信息进行权威发布。它将实现一个重要变革：由"枢纽"发布的交换信息将由市场经济体制下的营利商业行为变为计划 – 市场经济体制下政府的非营利权威发布。信息部还负责整个地区"枢纽"与中央政府间"经济信息专用通道"

的维护，保证其完好和畅通。

（2）招投标与契约部：负责新形式招标、监管契约的签订和执行。任何机构消费者额度以上的采购、工程招标，都必须通过"枢纽"公开的招标和签订契约。没有经过"枢纽"招标的交易将无法得到"枢纽"提供的管控保障和服务。在招标中还会自动将来自宏观经济规划的宏观调控工具参数贯彻到每一份中标契约中，实现宏观平衡计划向微观契约的传导。

（3）计划与统计部的主要职责是：第一，制订被动计划。主要指完成机构消费者委托"枢纽"进行招标形成的计划。由于这种计划的提出方是"枢纽"无法预见的机构消费者，形成的计划对"枢纽"而言是被动的计划。第二，实施全国规划和规则制订中心通过"经济信息专用通道"制订主动计划。"枢纽"依据社会消费计划主动提出的地区消费及生产计划。它将直接通过"枢纽"招标组织实施。第三，统计和统计分析。依据信息进行汇总、分析、处理、发布和披露。

（4）结算部：将使"枢纽"成为最可信的结算中间人。消费者可以把消费款交给"枢纽"；生产者履行合同后，货款由"枢纽"支付。

2．面向非机构消费者的机构

"枢纽"根据非机构消费者的特点，设有准入部、统计分析计划部、监管部和结算部等部门。

（1）准入部：负责进入市场产品的资质审查和准入管理。这种准入审查是专门针对直接进入零售市场销售的商品，而且产品准入审查将依据相关监管事务所的结论进行，而不是政府自己开展的入市审查。

（2）统计分析计划部：负责汇总分析流通数据，综合汇总消费计划。"枢纽"还要通过经济信息专用通道向全国信息中心上报计划，为宏观经济计划服务。

（3）监管部：负责在销市场产品的过程监管。

（4）结算部：为非机构消费者提供结算服务。消费者可以把款交给"枢纽"，再根据"枢纽"出具的票据提取货物；同样，生产者也可以根据进入市场时的约定，直接和"枢纽"结算。

3. 新产品和老旧产品淘汰管理机构

新产品是指常规产品没有的、具有先进性和实用性的产品。有改进的常规产品是否认定为新产品，需制定实施细则来界定。根据国家的产业政策，"枢纽"将适时把符合条件的新产品纳入常规产品目录。同时作为政府的重要任务，对刚转入常规产品的新产品进行宣传和推广。

"枢纽"根据产业政策和市场情况适时地将不符合要求的产品进行有计划地淘汰。

根据新产品的特点，"枢纽"实施个性化的管理，设新品准入部、新品过程管理部、新品推广应用部等部门。

（1）新品准入部：新产品具有未来性的同时，又具有不成熟性和不确定性。因此对新产品实施特殊的管理方式和质保政策。新产品能否最终占有市场，取决于它的先进性和实用性，鉴定者是消费者，风险投资人主要是生产者。

创建新品交易市场。原则上任何不违背产业政策的自认为"新"的产品经过安全认证后都可以在风险由生产者为主承担（投资和经营风险）和消费者为辅承担（选择风险，消费者应树立新产品风险意识）的原则下，在这个市场上出售。因此"枢纽"的"新品准入部"除发现新产品有重大违法违规者外，实行登记放行制度。新品交易市场可以是实体店，也可以是网络虚拟店。

（2）新品过程管理部："枢纽"对新产品进行全过程安全性、可靠性监管，使其尽早达到常规产品的要求。当然，这种管理并不是政府亲历亲为的行为，而是通过收集反馈信息、购买过程管理服务的方式完成，具体需要经过实践摸索。

（3）新品推广应用部：经专家认定符合未来需求特质又属于产业倡导的新产品，"枢纽"负责宣传推广，并把它作为一种成熟的政府行为，推进"创新"成果的普及。

（4）新品晋级和常规品淘汰管理部：负责产品的晋级管理和提前制定淘汰产品目录，逐步实现产品淘汰的计划性。

（四）创建异议速裁庭

计划－市场经济体制为满足高效率运行的需要，解决原有司法体制解决争议速度太慢的难题，设计了快速处理异议的仲裁机构——速裁庭。速裁庭独立于"枢纽"之外，不影响再向法院起诉。

速裁庭的工作遵循下述运行原则。

（1）投诉慎重原则。

投诉人必须交纳相应的投诉费用，只有本案胜诉才能将费用转嫁到败诉方，以使投诉慎重。

（2）速决原则。

仲裁采用快速裁决方式，且规定仲裁期限。"速裁庭"只受理"枢纽"决定过程的异议，只依据"枢纽"工作过程的证据进行裁决。

（3）再诉原则。

不服速裁结果时可向法院起诉。

（4）再诉赔偿原则。

向法院提起的诉讼不影响速裁判决的执行，也就是法院只判错裁的经济补偿，不改判已经被执行的速裁判定。

第三章 | 宏观计划平衡和微观竞争活力的传递和结合

　　计划-市场经济体制是一种可以计划的市场经济体制。第二章介绍了生产者和消费者之间在时间维度上，以签订生产、消费间的"供—需"契约为界，在签约前，对于生产者而言，是一个生产者之间充分公平竞争的过程；对于消费者而言，则是完全按消费要求公平选择产品的过程。在签约后，对于中标后取得生产合同的生产者而言，相当于实施由政府担保的生产计划；而对于消费者而言，则是履行诺言完成消费的过程。通过这样一个机制化、制度化的设计，实现了在时间维度上"竞争性"和"计划性"的有机统一。不仅如此，计划-市场经济体制还能无阻碍地完成宏观计划平衡机制向微观竞争活力机制的传递，实现宏观上完全的计划平衡和微观上依旧保留竞争活力的目标。换言之，计划-市场经济体制可以保证微观竞争活力是在宏观总体平衡的笼子内实现的目标。宏观平衡计划向微观竞争活力的传递是通过宏观计划平衡层、宏观平衡计划参数转换层、宏观计划参数导入竞争契约层、按劳配酬保持竞争活力层共计四层架构实现的。图10是这四层级架构示意图。

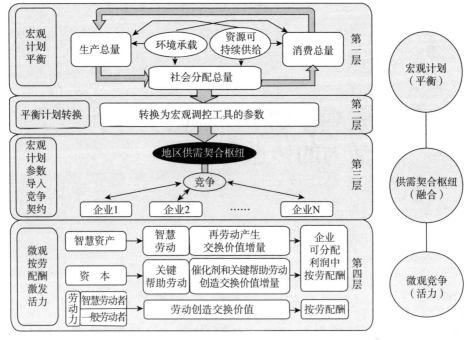

图 10　分配层级及宏观—微观活动传递图

一、宏观层的计划平衡

计划 – 市场经济体制通过宏观计划平衡层，对整个国民经济进行完全的计划平衡，确保新体制下宏观经济层面自始至终保持计划的平衡。

（一）宏观计划平衡中的几个概念

宏观计划平衡会用到不少概念，这些概念在宏观计划平衡中有特定的内涵。

1.消费总量

消费总量是一个国家或者地区范围内，所有有消费能力的国民的消费量总和，在内涵明确的地方简称为消费。其中，既包括国民中被抚养儿童的消费总量，也包括处在养老年龄的国民消费总量，还包括偶然发生消费支出计划化所产生的消费总量。消费总量是实行计划 – 市场经济体制的国家和地区，域内所有使用劳动者收入进行消费的消费量总和。

从计划 – 市场经济体制的宏观平衡原理上说，宏观平衡是境内劳动力获得的收入总量与使用这些收入总量完成的消费总量之间的宏观平衡。因此，进行宏观计划平衡的消费总量，一定是用域内劳动收入进行消费的那部分消费。这其中至少包含三方面的内涵：

（1）国际收支平衡下的消费总量。在国际收支中，如果一个国家的国际收支汇入是收入大于支出，是国际收支中的盈余国，那么，由国际收支盈余发生的消费总量就应该单独计算，因为这部分消费总量需要用宏观平衡计划外的生产供给和劳动供给。由于计划 – 市场经济体制是一种整体保持国际收支平衡的经济体制，因此在实际运行中会简化得多。在国际总收支平衡的前提下，国内消费总量已经包括了国际收支平衡构建的消费总量。

（2）儿童抚养消费总量和退休职员消费总量。参加工作前的非成年阶段抚养性消费总量和职工退休后的养老消费总量，虽然不是由儿童和退休人员直接用自己收入实施的，但却是劳动者在劳动工作期间通过负担系数储备的收入支付的，因此仍然视为由劳动收入产生的消费，计入消费总量中。这相当于由上一代劳动者分担劳动者自身在非成年阶段的消费支出，又由劳动者以相同数量储备下一代人在非成年阶段的消费支出和储备将来自己的退休养老阶段的消费支出。

（3）偶然发生消费支出计划化产生的消费总量。不可控的偶然支出，比如天灾、不可预见的事故等，都可能发生计划外的消费。这其中，天灾、不可预见的事故等事件发生的费用支出，是一种不一定发生但可能发生的偶然事件。这些对于域内个人而言的偶然事件，对于域内整体而言却是一种有统计概率的必然事件。换言之，通过对每一种可能发生偶然事件的科学统计，可以精算出每个偶然事件的整体发生概率。当计划 – 市场经济体制按每个偶然事件的概率，计划并实施每个社会成员在偶然事件上的消费支出时，实际上已经实现了偶然消费总量的计划化消费转换。现在的商业保险就是这种偶然事件计划化的成功案例。比如，投保人投保的意外灾害保险，灾害对投保人来说是个偶然事件，但商业性保险投保却是可以计划的经济行为。投保人可以通过有计划对偶然事件的商业投保，解决无法预见的偶然事件消费。如果把这种偶然事件计划化模式扩大到所有可能的偶然发生消费支出的领域，那么不可预见的偶然事件消费就成为可以计划的必然经济行为。在计划－市场经济体制中，将这种经济措施称为偶然事件消费支出计划化措施。

长期以来，人类对天灾、意外等偶然事件支出，主要途径还是通过储蓄财富作为"备用"来解决的。但这种办法在计划－市场经济体制看来，并不是最好的。原因至少有三点：

第一，储蓄财富的经济行为绕过了宏观层面的计划平衡，减少了应该实现的消费总量，继而引发生产总量、劳动力供给总量的计划失衡。当劳动者将自身很大一部分收入（财富）储蓄在银行或其他地方以"备"偶发事件支出之"用"时，宏观平衡中的消费总量就减少了，而储蓄中一部分往往又会投入生产领域，结果会加剧生产总量和消费总量间的不平衡。

第二，对于一个具体劳动者来说，储蓄多少财富才能应对可能的"偶然"？是一个无论如何都无法预见的。储蓄是一个填不满的无底洞，因为任何人都无法预见可能出现的偶然事件支出有多大，只能根据能力无限储蓄。这显然不是宏观计划平衡体制所需要的。

第三，由于对未来可能出现的偶然支出无法预见，因此储蓄解决"偶然事件支出需要"永远是不保险的。比如，有一个非洲国家的货币开始比美元还要值钱，但经贬值曾到175千万亿元该货币才能换5美元，出现过有14个零的货币。估计如果遇上这样的偶然事件，再富有的储蓄也会无能为力。

计划－市场经济体制将通过政府保证的偶然事件支出计划化措施，解决国民对偶然事件支出的后顾之忧。

（4）由劳动者劳动收入支付产生的公共社会消费总量。

2. 生产总量

生产总量是宏观生活消费品总量和生产消费品总量所需消费总量的供给侧。它不仅包括消费总量的生产供给总量，而且还包括生产消费总量过程中，对生产自身消费的生产供给总量。其中包括生产设备、厂房、原材料等生产资料的生产供给总量。简单说，生产总量在计划－市场经济体制中，其目的任务是生产出满足消费总量的产品和服务，但要完成这个任务，还必须先完成生产这些消费总量产品和服务时自身需要的生产资料供给。在内涵明确的地方将生产总量简称为生产。

3. 就业总量

在计划–市场经济体制中，生产总量是通过符合劳动者条件（年龄条件等）的有劳动能力的劳动力供给实现的。由于有劳动能力的劳动者，不一定能够从事生产劳动，而要参与生产劳动首先要"就业"——找到劳动岗位，因此，在计划–市场经济体制中，把"就业总量"作为劳动力供给的计划平衡指标。同时，就业总量中的劳动者应该是能够在劳动中"尽能"的劳动者，还应该是尽可能就近就业的劳动者。如果其中有部分劳动者不能"尽能"劳动，计划平衡就会有"水分"；如果其中大量的劳动者不是就近就业，就会产生大量劳动力在就业转移中产生新的生产量和消费量，这就需要新的计划平衡。就业总量是宏观计划平衡中完成全部生产总量所需要的能够尽能的劳动力供给总量。在内涵明确的地方就业总量简称为就业。

按照就业总量的定义，在适龄劳动者中，就业总量并不是适龄劳动者的全部。参考现实社会，在适龄劳动者中，有城市失业劳动者，有农村未被充分发挥作用的劳动者，还有不能就近就业、背井离乡肩负沉重社会压力的劳动者等。这其中，有不在就业岗位上的劳动者，还有在就业岗位上却无法充分"尽能"劳动的劳动者。计划–市场经济体制，通过计划性平衡安排，可以确保适龄劳动者普遍就近就业，可以大大简化计划平衡过程。

4. 劳动收入总量

劳动收入总量是就业总量的劳动者在生产出生产总量中获得收入的总和。它是在平衡条件下产生消费总量的全部劳动收入总和。劳动收入总量至少还包括以下部分收入：

第一，劳动者就业提供劳动后，按劳配酬中用于支付抚养未成年阶段支出的那部分收入。

第二，劳动者就业提供劳动后，按劳配酬中用于支付自身养老阶段支出的那部分收入。

第三，用于支付公共社会支出的那部分收入。其中包括用于国防支出、国家公务员支出、社会公共事业支出等的那部分收入。

5."量"的量纲

前面在给出消费总量、生产总量、就业总量定义时，都用泛指的"量"为统一的量纲，显然需要进一步明确。计划 - 市场经济体制中，所有被定义的量均是用于计划平衡的，因此，所有的"量纲"都要有利于计划平衡和互相间的换算，也要有利于找到计划平衡时的切入点。

（1）平衡量的切入点。在消费总量、生产总量、就业总量中"人"——劳动者是其中的计划平衡基础，自然也是计划平衡的切入点，原因在于人类的一切经济活动都是为着"人"的幸福服务的。计划 - 市场经济体制的计划平衡总是以劳动力普遍就业作为计划平衡的出发点和归宿地。

（2）计划平衡中的量纲选择。以这个劳动者为基础进行计划平衡的量纲首先想得到的是社会必要劳动时间。因为无论就业总量、生产总量还是消费总量，都可以与之挂钩。但也需要看到，社会必要劳动时间这个"量"的量化还没有成熟经验。自商品经济诞生起，商品交换价值已经应用十分成熟，而货币作为交换权的契约被广泛使用。因此，在计划 - 市场经济体制在无新的量纲取代前，计划平衡均以货币单位为生产总量和消费总量的量纲，而就业总量则以"人·时"（平均每个就业劳动者工作 1 小时）为量纲，并用类似"人·时 / 单位产值"这样的量纲进行就业总量与生产总量、消费总量之间的计划平衡。

6.计划计算期

计划计算期是宏观平衡计划数据更新传导到微观经济中去的时间周期。计划计算期，可以是一年、一季、一月、一旬、一周等时间标准。

在理论上，计划计算期越短，宏观计划与微观运行会越一致，可能产生的负面效果还无法预测，不过，下述因素可能会影响计划计算期的选择，应在选择时注意：

第一，计划计算期选择与国家产业的平均生产周期有关。比如，这个国家主要产能是生产周期长的造船业，而且制造技术的变化相对缓慢。那么，计划计算期可以选择长一些的时间标准。相反，这个国家的产品以更新速度快、劳动力用量、劳动力收入变化快的产业为主，则应选择较短的时间为标准，以使宏观平衡计划能够正确反映实际经济运行的现状。要避免宏观计划所采用的计算数据严重背离实际经济运行情况的出现。特别应该避免导入调控参数时对微观经济的错误干预，造成微观混乱。比如，宏观对人力资源安排过度，造成一方面用人单位安排人员过多影响生产效率，而另一方面有些生产岗位无劳动力可用的混乱。

第二，计划计算期选择与国家信息管理的现代化水平相关。如果一个国家的信息采集、处理的现代化水平很低，信息管理的效率很低，每次得到的数据都是很久前的数据，而且信息的可信度不高，那么，这个国家就不具备实施宏观计划平衡的条件。如果一个国家的信息采集、处理效率和速度偏低，那么，计算期应选择较长的时间标准。

第三，计划计算期与国家将宏观平衡计划向微观传递的执行效率有关。执行效率高的国家，允许计划计算期选择较短的时间标准，从而使宏观平衡计划以更快的更新速度干预微观经济运行，更快响应经济运行的实际变化。而执行效率低的国家就需要把计划计算期适当加长。

7. 环境承载能力

环境承载能力是指纳入宏观计划平衡的环境保护措施总量。它将反映在计划计算期在环境保护上的社会总投入。由于环境保护本身既是一种生产，也是一种消费，也涉及人类劳动者的劳动，是计划－市场经济体制计划平衡的重要领域。

8. 资源持续供给

资源持续供给是指保障资源可以持续供给涉及消费总量、生产总量、就业总量改变的改变总量。当宏观计划平衡需要兼顾未来的持续供给时，会增加生产供给、劳动力供给，同时也产生消费总量的增加量。它是计划－市场经济体制计划平衡的重要领域。

（二）进行消费、生产、就业的宏观计划平衡

1.宏观计划平衡

计划－市场经济体制在宏观层面的计划平衡性，首先实现消费总量、生产总量和就业总量的计划平衡。也就是在宏观上，由生产者生产的全部产品（包括服务产品）总量，在理论上应该正好等于被消费者消费掉的产品总量。换言之，社会生产总量在理论上等于社会消费总量。与此同时，宏观消费总量在理论上正好等于全部生产者劳动所获得的总收入量。这其中，劳动力人口总量在理论上始终正好满足生产环节对劳动力人口的需要。进而保证在计划－市场经济体制下，消费、生产、就业在宏观层面看，理论上是完全计划平衡的。

2.宏观层面以劳动力人口为基点的计划平衡

按照计划－市场经济体制的设计，在宏观层面，全国信息中心会根据现代大数据系统的处理、统计、分析、计算，比较精准地提供计划计算期中的动态数据。这些数据包括：

（1）提供动态劳动力人口预测数据。人类社会追求的目标是人类的幸福。自然，构成人类社会的"人"总是一切计划的出发点和归宿点。毫无疑问，"人口"特别是其中的劳动力人口始终是计划－市场经济体制进行宏观计划平衡的基础和出发点。

（2）提供劳动力人口的平均劳动收入预测数据。劳动力人口的劳动收入是一个竞争的结果量，是一个变化量。但从宏观层面看，从总的均值看，将是一个相对平稳的计划预测量。

根据上述预测数据，可以计算出未来一个计划计算期内宏观劳动力人口的以收入计量单位计算的总收入量。

3.持续进行动态计划平衡

宏观计划平衡是一个持续的动态平衡过程。经济运行过程是一个发展、变化的过程。宏观层面的计划平衡过程也应该是一个不断修正和调整的过程。修正和调整的频度主要决定于计划计算期的长短。计划－市场经济体制通过这种持续的动态计划平衡，将宏观层面的计划性与实际经济运行的经济性、效率性统一起来。

（三）宏观消费、生产、就业与环境承载能力的计划平衡

计划–市场经济体制在宏观层面，不仅持续地进行消费、生产、就业的计划平衡，而且会持续将环境承载能力纳入到宏观计划平衡中，统一规划，精准计算，全面实施。

1. 环境和宏观平衡是一个互相影响的量

消费、生产、就业过程的所有经济活动，不仅会外向影响人类生存的环境，而且同时会受到来自环境恶化的影响。比如，增加对人类的粮食供应就需要开荒种地，从而减少自然林地；生产钢铁就会产生废渣、废气，必然对环境产生不利影响；劳动人口普遍就业构成的集中居住，也会对环境产生影响……这些都是人类经济活动对环境构成的影响。另一角度看，环境恶化造成土壤变质，威胁耕种；水资源污染，导致不能饮用，环境变化反过来也同样影响正常的消费、生产和就业。

2. 区分人类经济活动对环境的正反影响

人类经济活动对环境的影响既有正面的，也有负面的。人类大量使用汽车，其尾气排放对环境的影响是负面的；大规模的造林工程、人类有意识的治污工程则是改善环境的正面经济活动，可以使环境更适合人类居住和生活。

3. 依据环境影响的程度对经济活动进行分类

宏观计划平衡需要按经济活动对环境影响程度进行分类。为了在宏观层面将环境保护纳入计划平衡的任务内，根据产业对环境的影响程度，将产业进行等级分类：

第一等级对环境无影响或者基本无影响的产业。比如太阳能利用产业，拥有严格环保措施的加工产业，具备自我修复的有计划轮耕种植，等等。

第二等级对环境有损害影响，但通过投入治污劳动（或者说投入治污费用）可将影响降低至人类可接受程度的产业。比如，钢铁、水泥制造业通过已有的治污技术，可以将这些产业的排污达到合格的排放标准。换言之，这个等级类别产业的经济活动可以通过支付治污费用和采取治污措施达到基本无污染影响的目标。

第三等级是人类暂时还没有技术手段可以排除对环境造成严重影响的产

业。这类产业有经济意义，但对环境的破坏影响很严重，而且暂时没有技术手段可以消除其对环境的不利影响。

4.按照分类分别进行宏观平衡

按照计划 - 市场经济体制的设计，在宏观层面会根据现代大数据系统的统计、分析、计算，比较精准地提供计划计算期与环境保护相关的动态数据，具体如下：

第一，对第一等级类别的产业，即对环境不构成有害影响的经济活动，直接进行消费、生产和就业的计划平衡作业。

第二，对需要支付治污费用后才能达到环境影响标准的产业生产，进行细分。细分后，建立起动态的分类治污费用数据库，再通过宏观计划，计算出细分经济活动在计划计算期内，需要投入的治污费用总量。治污费用总量从宏观层面看，既是一种生产，也是一种消费，同样也需要劳动力资源的消耗。因此，在宏观计划平衡时，应将治污费用总量作为消费、生产、就业宏观计划平衡的包括量值，重新平衡计划。比如，根据大数据分析，某国家生产1吨钢要投入100货币单位的治污费用，如果计划计算期生产1000万吨钢，需要宏观层计划安排10亿货币单位的治污费用消费、治污产品生产及相对应的劳动力安排——这些安排将纳入到总的计划平衡安排中。

第三，对人类暂时还没有技术手段可以排除其对环境造成严重影响的经济活动，宏观计划则停止安排。当必须安排时，也仅从宏观层面安排对该类经济活动的研究和对该类产业活动的污染治理研究，而不是批量生产和消费。

（四）消费、生产、就业与资源持续利用的计划平衡

资源是一个国家和地区在一定时间内所拥有的物力、财力、人力等各种物质供给的总和。其中包含空气、阳光、水、矿等自然资源，也包括人力、信息、规则等社会资源，还包括发展观念、开拓精神等重要资源。在计划 - 市场经济体制宏观平衡上，更多是针对物态资源的计划平衡。计划 - 市场经济体制在宏观层面，不仅持续地进行消费、生产、就业的计划平衡，而且还将持续地将资源供给纳入到宏观计划平衡之中进行计划。

1.消费、生产、就业和资源持续供给的计划平衡

每一次消费、生产、就业的计划平衡,实际上都存在资源供给的计划平衡。从这一点意义上说,只要计划是平衡的,资源供给在该计划期中都是有保障的。而在"资源持续供给"这个命题内要解决的问题是:本次计划平衡中资源供应有保障,是否在今后的持续供应中仍然有保障。

资源持续供给的计划平衡本质上是现在和未来在该资源上的计划平衡,是用计划的方式把未来的资源供给安排好。

2.资源持续供给中的资源替代计划平衡

资源,特别是物态资源,总存在枯竭的可能。资源替代是解决资源持续供给的出路所在。比如,石油资源是一种能源,是一种有可能枯竭的资源,而太阳能、风能、核能都可以成为石油资源在能源领域的替代资源。但这些石油的替代产品,由于技术、成本、使用方便性等原因,目前还不能全面替代石油产品。资源持续供给中的资源替代计划平衡,正是要以计划的方式提前进行"替代"计划安排,最终实现有预见的、可持续的资源供应。

3.资源持续供给中的效率计划平衡

资源的可持续供给计划不仅仅是供给和使用问题,还有资源的供给效率和使用效率的问题。在现实社会中,有大量资源在供给环节被浪费掉了,比如开矿过程中的浪费,人力资源被闲置的浪费,等等;也有大量资源在使用环节中被低效率的浪费,比如,城市交通系统不合理导致劳动力资源大量被浪费在路上等。计划 – 市场经济体制在宏观计划平衡中,也将资源持续供给中的高效率纳入其中,以资源利用效率计划开创资源持续供给平衡的新途径。

二、宏观层的计划参数转换

通过这一层,将宏观平衡计划转化为下达到各地区供需契合枢纽实施的宏观调控工具参数。宏观调控工具的参数主要有两个用途:

第一是作为各地区供需契合枢纽执行的工作决策用参数。比如管辖区域内企业中标加权因子这样一个参数,是地区"枢纽"在选择中标生产者时使

用的权重参数，用于选择生产者时使用。

第二是生产者通过地区供需契合枢纽组织的公平竞争，签订"供—需"契约时，会自动将适用"宏观调控工具参数"导入到契约中，进而直接传递到微观经济细胞中。这些宏观调控工具参数代表了宏观平衡计划的拆分量，会伴随着"供—需"契约的实施，落实到每一个生产活动中。

这一层是将宏观平衡计划转化为宏观调控工具的参数，在计划 – 市场经济体制中有十分重要的作用。因为只有通过这种转换，才能将宏观平衡计划的数据指标，拆分落实到微观经济细胞中去。它将由全国信息中心完成。为了说明这个过程，以下由笔者设计了一些调控工具的参数作为例子进行介绍。需要说明的是，在了解这些设计时，更多地应该把它看成是一种设计调控工具的思路，而不是寻求一种调控工具参数的终极版本。调控工具的参数设定，不仅应该在实践中根据经济活动的调控需要设置，而且还应该根据经济活动的实际变化进行调整和发展。

调控工具参数的设置要注意三点：

第一，将需要微观实施的宏观计划平衡量设计成可在企业"供—需"契约中使用的因子；或者设计为影响企业在招标中权重的因子。相当于将宏观平衡计划进行拆分，传递到企业契约中。

第二，宏观调控工具参数可以与地域、产品、条件相关联，但不能留有人为进行过程干预的空间。比如，在设置"单位产品价值环保投入费用"这个参数时，允许根据各地区经济发展水平和环境影响水平，在不同地域、不同产品上设置不同的值，但所有参数均不能存在一个由执行人掌握的弹性范围。

第三，所有调控工具参数，不应影响企业间合理的竞争，不能影响契约实施后劳动者的按劳配酬。也就是说，调控工具参数不能把企业内部可以通过竞争完成的内容全部固化。

（一）价格调控工具

价格是价值的货币表现。在经济学中和产品营销过程中，价格是一项以货币为表现形式的、为产品及资产所订立的价值尺度，而且还是价格机制发挥作用的基础。而计划－市场经济体制中，价格不仅是价值的货币体现，还是宏观计划平衡的工具。计划－市场经济体制赋予价格更多责任和内涵。

计划－市场经济体制有两种价格形态以及与之对应的价格形成机制。一种是竞争价格，另一种是精细交易价格。而且，随着新体制的完善和发展，精细交易价格应占越来越大的比重。

1．竞争价格

在开始阶段，竞争形成的价格仍然是计划－市场经济体制下的主要交易价格。新体制将给所有竞争者提供更加公平的竞争环境和机会，因而由竞争形成的价格将更能反映该产品的社会平均必要劳动时间。

2．精细交易价格

由于在计划－市场经济体制中，产品定价将遵循"既无暴利又一定有利"（"利而不暴"）的新定价原则，而且通过竞争中标的企业在生产阶段有极强的生产计划性，一切生产成本均可以由企业自身进行管控，使得新体制具备了由有制约的第三方机构进行价格精准计算的可能，因此，精细交易价格就成为计划－市场经济体制区别于其他经济体制的一个特有价格。在该价格中，不仅包括对于产品价值的评估，而且还包含代表"公共"利益的政府对宏观经济的调控需要，还将反映"利导"管控过程的要求。

精细交易价格将由受利益制约的第三方价格审定事务所核定。生产者应根据自身选定的技术方案、加工工艺、选用的技术标准、达到的技术指标及其他必要的核定资料，交由专门的第三方价格审定事务所对精细交易价格进行核定。第三方价格审定事务所核定价格有专门的核定程序和核算公式（甚至是由计算机程序直接完成的），而且，不仅把申请企业投交资料作为计算依据，还要参照当地相关产业的平均参数。这个设计表明，生产同一种产品而使用不同技术、不同材料、不同结构时，得到的精细交易价格是不同的。同样，当不同的企业生产同一种产品在使用相同技术、相同材料、相同结构且进价一样时，得到的精细交易价格有可能一样。由第三方价格审定事务所核定的精细交易价格将出具证明，也将对价格核定过程的真实性和规范性承担经济责任。

精细交易价格在计划 – 市场经济体制中具有更多的功能：

第一，精细交易价格是宏观调控的工具。在精细交易价格中设计有产品扩张价格调节因子。精细交易价格是由企业按规定要求提供原始数据，由国家认定的第三方的精细交易价格测算中心测算出具体的价格。这个价格的重要特点是体现"利而不暴"的定价原则，充分考虑企业生产必要的成本。精细交易价格是竞争企业提交到地区"枢纽"投标时的价格，但不一定是中标后的最终价格。最终中标价格还必须在精细交易价格的基础上乘上产品扩张价格调节因子。产品扩张价格调节因子由全国"规划和交换规则制定中心"下达到各地区"枢纽"，在招标时自动执行。当产品的扩张价格调节因子大于 1 时，表明该产品属于鼓励发展性产品；如果值小于 1，则该产品属于不鼓励生产的产品。比如，根据国家的宏观发展需要，一个节能的新产品需要鼓励发展，全国"规划和交换规则制定中心"给该产品的产品扩张价格调节因子定为 1.05。这就意味着企业中标后真正的收入还要扩张 1.05 倍。相反，钢铁过剩，国家实施对钢铁的收缩调控，将钢铁产品的扩张价格调节因子定为 0.95。那么生产企业在中标后，真正能获得的收入还要在原中标总价的基础上减少 5%，生产成本高的企业就没有了利润，逼其只能停产。如果把钢铁产品的产品扩张价格调节因子再调低到 0.90，那么又将有一批钢铁企业被迫停止生产钢铁。国家可通过这种参数的调节，依靠市场力量实现对具体产品产能扩张和收缩目标的宏观调控，而不用再依靠领导开会、组织人员督查等行政手段完成。

第二，精细交易价格保证劳动生产率提高下的就业平衡。新体制中的精细交易价格还担负平衡劳动力就业的责任，调节由于劳动生产效率提高而劳动时间政策性减少带来的成本增加。比如，随着劳动生产效率的提高，劳动者工作 3 天就可以生产 7 天的消费品，那么精细交易价格中还包含一周休息 4 天所需要的工资，以保证每周 3 个工作日制度能在价格支撑下得到落实。企业自己提出的劳动力使用指标在核定精细交易价格时还会再乘上"劳动工作时间比"这么一个由"全国规划和交换规则制定中心"发布的参数。

第三，精细交易价格反映再创新投入的需要。创新是国家的核心竞争力，只有用制度性的保障措施保证企业创新投资的经费来源，才能把企业的创新行为落到实处。计划－市场经济体制精细交易价格中包含有明确的创新预算，也就是在新体制下，创新不仅仅是理念，而且还有经济体制的制度化措施作保障。

第四，精细交易价格反映环境治理投入的需要。精细交易价格中，根据治污费用细分数据库，针对细分的产品设计有单位产品价值环保投入费用的调节参数。当一个企业通过地区"枢纽"招标签订"供—需"契约时，若该产品属于环保投入费用的调节范围，那么，在最终契约的中标单价中，将自动按单位产品价值环保投入费用的参数提高最终单价。使任何生产该种产品的生产者，有财力完成环境保护投入任务，从而将宏观层面需要的环境可承载理念落到每一个生产契约中。

第五，精细交易价格反映社会公共服务的责任。计划－市场经济体制中的精细交易价格中还包含公共服务必须的支出，或者说企业应承担的社会责任。社会责任的主要部分以税收的形式来保证。

第六，精细交易价格还反映抚养后代和自身养老支出的需要。计划－市场经济体制中的精细交易价格还包括每个劳动力人口必须支付的未成年期间的支出和将来养老期间的预支出。这部分支出是精细价格核定中，以单件人工费用组成部分来保证的。

精细交易价格在计划－市场体制中占有十分重要的地位，其制定设计由制约机制来保证。表现在：

（1）用后续使用来检验初始定价。精细交易价格的确定过程是一个十分规范的过程，但过程所依据的原始资料主是由生产者单方面提供。如果在使用该价格时不受到利益上的制约，那么价格就可能失去真实性，就会影响后续的正确使用。这个制约设计的原理是：先对企业的资料做正确推定，再用以后发生的实例来证明原始资料的正确性，当发现不符合时要承受约定的经济惩罚。比如生产者提交价格审定资料时，说产品选择了 B1 技术方案，得到了精细交易价格 P1；而实际供货时使用的却是 C2 技术方案，成本比 B1 技术方案低得多。制约这个问题的机制是当使用者在后续的使用中，发现技术方案不符合原定方案时，使用者可以要求生产企业赔偿损失，还会将其记入信用记录。在制约机制设计上会让这种后续违规成本足以遏止弄虚作假行为的再次发生。

（2）通过市场竞争来制约。精细交易价格是通过精细计算形成的，从表面看，这种方式限制了企业间的价格竞争。其实，这样做是要保证在宏观目标实现前提下，将企业竞争引向社会更需要的领域，价格竞争在计划－市场经济体制中并没有被取消，只是竞争的方向有变化、权重有变化而已。价格的竞争仍然存在，但企业在新体制下的竞争是在满足企业长远利益前提下进行竞争，价格首先满足的必要支出，避免了对企业有本质性伤害的价格战。而将价格竞争引领到一个新的方向上：互相比技术方案的先进性以及产品服务的优质性、管理水平的有效性。显然，这些正是社会发展所需要的。

（二）竞争调控工具

计划－市场经济体制通过公平竞争将各企业利润导向社会平均利润。当中标精细交易价格高于社会平均利润时，会招来更多的企业参与竞争，竞争就会更激烈。当有不同技术方案参与竞争时，中标价就会以多种形式降低，从而直接降低企业的利润。如果各企业都选择了同一种技术方案，根据精细交易价格的确定方法和流程，各个参与投标的企业所报的精细交易价格，虽然差距不一定大，但还会有差异，价格竞争依然存在，只是在价格本身上的竞争强度降低了。由于构成产品利润的不仅仅在于由价格实现的收入，还在于成本支出，当精细交易价格趋于一致时各竞争企业的收入接近一致，竞争的领域将转向成本支出领域，趋向于企业提供的服务好坏、质量好坏等。而所有这些竞争的延伸内容都意味着企业成本的上升。比如，长江 A 货生产企业和黄河 A 货生产企业在投标时，使用同一种技术方案，经过第三方精细核算，报价都是 100 万元，但黄河 A 货生产企业答应每月增加一次对设备的免费检测。如果这项招标标的的利润比较高，那么必将有更多企业承诺提供更多的服务，以至于最终利润趋于社会平均利润。

这种竞争性，也正是宏观平衡计划向微观经济传递中保留的活力所在。

（三）企业增加值对应劳动力使用量的调节工具

企业增加值劳动力使用比（小时／万元企业增加值）是计划－市场经济体制用来核定单位企业增加值应安排多少劳动力就业的参数。不同地域、不同产品会有不同的企业增加值劳动力使用比。发达地区使用自动化设备多，劳动力使用可以少一些；有些产品是高附加值产品，劳动力使用比同样也会低一些。劳动力使用比计算出来的劳动力使用计划多数情况下是企业中标后的契约义务（经过"枢纽"批准允许调整——解决特殊情况下劳动力出现的供给问题），也是实现宏观就业平衡的关键因素。这里将劳动力使用比和"企业增加值"挂钩，是因为企业增加值的总和与宏观生产环节总量理论上一致。例如，有一套设备招标价是 100 万元，甲是个贸易性企业，他只挣过路费 5 万元的企业增加值；乙是个小型加工企业，外购零部件、原材料有 80 万元，乙的企业增加值是 20 万元；丙是个大型综合性企业，需要由外部提供的零部件、原材料只有 15 万元，丙的企业增加值达 85 万元。如果全国"规划和交换规则制定中心"发布的适用于该招标中心的企业增加值劳动力使用比是 100（小时／万元企业增加值），按此计算，甲应安排就业人员工作 500 小时，乙应安排就业人员工作 2000 小时，丙应安排就业人员工作 8500 小时。全国"规划和交换规则制定中心"会根据各地区的生产力水平制定各地区的企业增加值劳动力使用比。若该地区比较发达，大量使用自动化设备，单位增加值使用的劳动力可能就少；反之，若该地区欠发达，劳动生产使用更多的人工，单位增加值使用的劳动力就较多。

企业增加值劳动力使用比也是地区间竞争的重要因素。有些地区经济发达，就业率高，招人困难，可能更愿意让安排劳动力少、效益又好的产品来地区发展；有些地区劳动力富裕，可能更愿意让能容纳更多劳动力的产品来该地区落户。

（四）劳动时间与休息时间比例的调节工具

劳动时间比。劳动时间比这个参数是对生产者增加值劳动力使用比（小时／万元企业增加值）的再调整因子，也是精细交易价格的再调整因子。"劳动时间比"以一周天数与计划工作天数的比作为分子，以一周天数与参比工作5天的比为分母计算出来的值。在数量上，相当于平均每周计划工作时间及休息时间折合的酬劳，是每周参比条件折合酬劳的比值。劳动时间比是地域指标，即在特定地域范围内被普遍实施。这是针对这样一种劳动生产率普遍提高后出现的情况而设计的：由于劳动生产技术、管理技术的提高，劳动生产率得到了极大的提高。过去一个劳动力单位时间内创造的消费品只够一个人在单位时间内的消费需要，但现在一个劳动力单位时间内创造的消费品足够两个人在单位时间内的消费需要，换言之，劳动效率提高后，为了劳动者能够普遍就业，社会需要劳动者增加一倍的休息时间，而仍然只生产一个人在单位时间内的消费产品。这个宏观调节需要就是设计劳动时间比的初衷和目的。假定"全国规划和交换规则制定中心"核定：该地区"枢纽"管辖范围内企业的劳动时间比是2，那么前例丙企业不考虑"劳动时间比"时应安排就业人员工作时间是1360小时，但考虑"劳动时间比"后，丙企业中标应安排就业人员工作的时间加倍至2720小时。当然，中标企业也不需要为此发愁，因为最终用于成交的精细交易价格中已经把这部分成本计算进去了，而且所有企业投标的精细交易价格中都包含劳动时间比计算后增加的成本。

举例说明：若劳动者含每周休息的平均酬劳是P，按一周工作5天休息2天作为计算的参比条件，那么劳动者在工作日的酬劳应为 $P \times 7 \div 5$。若按宏观规划要求一周休息的天数是3天，则意味着每周有4个工作日，要用这每周有4个工作日扩展到每周7天的人工费用，即每个工作日的人工费用应为 $P \times 7 \div 4$，则劳动工作时间比为：

$$\frac{P \times 7 \div 4}{P \times 7 \div 5} = 1.25 \qquad (3-1)$$

若一个劳动者制造一个产品正好要用20天，每工作日报酬700货币单位，总费用14000货币单位。按每周工作5天算，需用4周，共28个带薪日，每天报酬 500 货币单位。企业向第三方价格审定事务所提交的"单件人工费用"为 14000 货币单位,其中数值按参比条件给出。其中包含每工作 5 天休息 2 天的费用(各企业向第三方价格审定事务所提交,如果"单件人工费用"中已经包含每周带薪休息 2 天时间的人工费用)。若"全国规划和交换规则制定中心"下达的劳动时间比为"1.25"(参见 3-1),则意味着这个任务需由原先的 4 周调整为 5 周即 35 天带薪日完成。在 700 货币单位的基础上还要再乘 1.25 倍,为 875 货币单位,按 20 天计,总费用 17500,比 14000 货币单位多出 3500 货币单位,而这 3500 货币单位正好是带薪工作日由 28 天提高到 35 天后,增加 7 天带薪日的薪酬(每天 500 货币单位)。

(五)平均社会劳动支付强度的调节工具

平均社会劳动的支付强度。它定义为:一个平均的劳动力支付 1 小时平均社会劳动时间后应获得的消费品总价值,是一个宏观计划平衡时使用的关键参数。它反映从宏观面的平均上看,劳动者在提供 1 小时平均社会劳动时间后能从社会获得多少收入,这些收入能购买多少价值的消费品。这个值与这个国家或地区每年的 GDP 增长率有很大的关联性。该调节工具用于社会、地区经济决策。每个地区根据经济发展水平不同,可以有不同的数值。

平均社会劳动的支付强度是一个很有特点的量。一方面,它是实际劳动生产率的客观反映。比如,全国规划内的全部劳动者,按法定劳动时间上班一年的全部收入是 A,假定这些收入全部购买了当年生产的全部产品,那么 A 就可以认为是全国一年的 GDP 总量(本身不太严谨,但可做定性分析数据),如果去年全国规划内的全部劳动者按法定劳动时间上班一年的时间小时数也累加起来,且数值等于 T,且 A/T=B2,那么 B2 就可以看成是去年的平均社会劳动支付强度值。若前年的平均社会劳动支付强度值是 B1,且劳动力数量没有变化,即 B2=B1,则去年和前年相比 GDP 没有增长,如果 B2=1.06B1,则去年和前年相比 GDP 增长约 6%。从这个角度看,平均社会劳动的支付强度是社会实际劳动产出率水平的客观反映。

另一方面,在一定科学范围内,平均社会劳动的支付强度也是一个计划量。

比如去年的平均社会劳动支付强度为 B2，规划今年的平均社会劳动支付强度是 B3，且规划 B3=1.08B2，年增长 8%。以此计算出了全年的消费品总量和生产总量。由于人类的生产能力实际大于消费能力，年增长 8% 也可以顺利实现。从这点上讲，平均社会劳动的支付强度是个计划值，条件就是要不违反客观经济规律，且资源可以持续供应和环境承载可以允许。

（六）管辖区域内企业竞争加权的调节工具

在一个国家内，产业布局有利于劳动力就近安置是一个十分重要的问题。它至少涉及：

第一，收入分配的地域均衡。竞争总是优势积累优势，劣势积累劣势，欠发达地区如果没有适度的竞争保护，一定会不断失去当地的生产能力，进而不断失去技术、管理、人才，又再一次不断地削弱欠发达地区的经济，进一步扩大地区间的发展差距。

第二，就近提供就业机会。地域发展不平衡的积累和扩大，还会不断流失当地企业。一旦地区留不住企业，便留不住人才。当地人的就业问题解决不了，劳动力就只能到远处打工，留守儿童等一系列社会问题便自然产生。

由于历史的原因，中国的地区经济发展差异很大，表现在基础设施上的差距、产业发展上的差距、受教育程度上的差距，以至于思想观念上的差距。如果宏观规划上不重视这些差距，不采取措施控制和缩小这些差距，后果只能是落后地区经济更落后。扶贫工作前面脱贫，后面又致贫，只能不断地扶贫，不符合"共享"的执政理念。

管辖区域内企业中标加权因子就是地区均衡发展的调节工具。它是给欠发达地区内企业投标时的保护性加权，是对区域内企业的制度化保护措施。管辖区域内企业中标加权因子一般是一个大于等于 1 的系数。为了不被地方保护主义者随意利用，该值由全国"规划和交换规则制定中心"确定和发布，是一个公开透明的域内企业保护参数。不同地区可以有不同的加权值，同一地区招标不同的产品加权因子也可以不同。

在地区"枢纽"招标时，评标专家按严格的规则给每一个投标企业评分。

评标专家的评分结果出来后，如果其中有企业是地区"枢纽"的域内企业，其总的评分还可以再乘上适用的"管辖区域内企业中标加权因子"，从而使区域内企业取得非常大的竞争优势，形成一种强烈的导向力：鼓励有条件的企业把企业建到区域内来。从宏观上看，这样做有利于实现产业的地域均衡。

管辖区域内企业中标加权因子在同一地区对不同产品可以有不同的值。因为很多欠发达地区更适合一些劳动密集型产业，对于这种产业的产品设置更高的管辖区域内企业中标加权因子，保证这类产品的生产留给当地。而对那些适合发达地区生产的高精尖产品，则可能不给予管辖区域内企业中标加权因子加权。有些产品需要集中生产，那么在该产品招标时加权因子可能为1，没有加权。管辖区域内企业中标加权因子是由"全国规划和交换规则制定中心"统一管理，由各地"枢纽"割断关系链的评标方式实施，用于宏观调控，制约机制将保证该因子不会被地方保护主义者所利用。

（七）国际贸易平衡控制因子

现代经济活动越来越国际化，实现国际范围内的自由贸易有利于实现优势互补，有利于实现人力、资源、技术、管理的全球流动。但这种流动对任何一个国家而言都应该是以国际收支平衡为基础的。只有一国对另一国的顺差，最终结果不是违约，就是一国对另一国的经济控制，都不是人类的共同需要。

计划－市场经济体制专门设计了国际贸易平衡控制因子用于调节一个国家国际贸易收支的平衡，是用公开的、明确的方式进行平衡告示。国际贸易平衡控制因子本质上是政府为实现收支平衡而实施的扶助措施，是直接减扣国家税收的。国际贸易平衡控制因子将根据实际国际收支平衡情况由"全国规划和交换规则制定中心"制定和调整，通过专用信道由各地"枢纽"自动实施。

国际贸易平衡控制因子是一个小于等于1的系数，在特殊情况下可以是个负数，调整的对象是企业应缴纳的流转税——增值税。当国际贸易平衡控制因子等于1时，不进行调整；国际贸易平衡控制因子若等于0.5则意味着企业上交的增值税可以少缴1/2；国际贸易平衡控制因子若是一个负数，比如是

1，意味着国家会贴补 1 倍的增值税额给企业。由此可见，国际贸易平衡控制因子是一个国家的让利措施，是公开透明扶植鼓励出口产品出口的工具。

这些宏观调控工具参数以及书中其他章节提出的调控工具参数汇总列于表 1 中。

表 1 调控工具调控参数汇总表

序号	干预因子名称	干预对象	简单描述	索引
1	产品扩张价格调节因子	产品（服务）鼓励程度	值大于 1 鼓励发展产品；值小于 1 限制发展产品	第三章第二节
2	单位产品价值环保投入费用	企业环保投入计划	单位产品价值中需要投入的环境治理费用	第三章第二节
3	最低收入差异激励因子	确定宏观贫富差距水平，决定国企最高最低分配倍率	因子数值越大，对人的刺激力越大，贫富差距越大，人与人之间关系越紧张	第七章第一节
4	企业增加值劳动力使用比	GDP 增长率	用来核定单位企业增加值应安排多少劳动力就业时使用	第三章第二节
5	劳动时间比	劳动者每周的休息天数	每周天数与计划工作天数的比作分子以每周天数与工作 6 天的标准比为分母计算的值	第三章第二节
6	社会平均劳动强度	用于规划 GDP 增长率，影响劳动者消费获得量	一个理想化的劳动力安排 1 小时平均社会劳动时间应获得的消费品价值	第三章第二节
7	管辖区域内企业中标加权因子	平衡地区间的发展差距	在本地建工厂且在本地招收职工的企业所生产产品在招标中的优先权	第三章第二节
8	国际贸易平衡控制因子	国际贸易收支平衡	国家对出口产品的扶持。可以减少产品税收以至于国家给予补贴	第三章第二节
9	资金配置因子	干预资金投放方向	贷款的最终利息干预	第十一章第三节

上述宏观调控工具参数的量值，对地区、行业、产品的发展有重要影响，因此，不同地区"枢纽"可以有不同的数值，在同一地区不同行业也可以有不同的数值，在同一地区同一行业的不同产品也可以有不同的数值，而且所有调控工具的数值均由"全国规划和交换规则制定中心"进行动态调整。

三、中观层的参数导入和竞争

若将国家层面的计划平衡界定为宏观层经济活动，而将企业内部劳动者之间的经济活动界定为微观经济活动，那么由企业间竞争构成的经济活动可以界定为中观层经济活动。

中观层不仅完成企业间竞争的任务，还承担将宏观计划调控工具参数导入到竞争契约中去的任务。中观层是将宏观平衡计划传递到微观契约中去，又组织企业间竞争的枢纽层、融合层，也是真正实现竞争公平的关键层。

宏观平衡计划转换为调控工具的参数后将在中观层通过各地区供需契合枢纽管控的"交换"过程，落实到每一个"供—需"契约中。成为每个经济细胞竞争活力之上的宏观平衡计划"笼子"。根据计划－市场经济体制的设计，在中观层，企业和企业之间的竞争主要围绕各地"枢纽"组织的招投标展开。企业自身组织生产的计划性则源于政府担保契约的可靠性。与这种竞争性和计划性同时存在的，还有由"枢纽"利导平台搭建的宏观计划平衡所包含的宏观面计划性信息以及企业内部落实契约过程中由劳动者之间在实施契约过程中的竞争构成的微观"竞争性"行为。

（一）通过招标评标公平公正地选择中标企业

地区"枢纽"在招标、评标时，常常采用由评标专家给投标者评分的办法来选择最终的中标者。这种办法大致可以分为三步：

第一步，由评标专家按事先约定的评价标准，各自给投标者进行分类打分；

第二步，由组织者统一对各专家的评分按预定的权重和规则进行综合和归一化处理，形成一个可以在投标企业间比较的投标评价分值；

第三步，根据评价分值高低选择中标者；

第四步，根据调控工具参数修正中标契约标的，再签订契约。

在这种评定方法中，为了统一评定专家的评判标准，可以对每一个分类评价项目设定评分标准和分值范围，还可以给每个分值设定一个权重，用于反映其在评价中的重要性。权重在评分中，可以根据需要进行多层应用。比如，在不同评价大类间设定不同的权重，还可以在某一大类中对某个分项设置不同的权重。比如，在对一个产品的招标评价中，设定功能指标相符率的权重是 25%，技术性能指标相符率权重 35%，价格比较权重占 8%，创新性权重占 12%，售后服务权重占 8%。这些指标还可以依据权重继续细分，比如技术性能指标中的安全性指标占有更大的权重。

权重对招标影响非常大，是宏观调控的重要抓手。权重量值管理不规范，极易成为不正之风的"后门"，也极易成为地方保护主义的工具。因此，招标评价内容的权重量值由各地区申报至"全国规划和交换规则制定中心"，由"全国规划和交换规则制定中心"管理、审批和发布。

（二）通过调控参数参与"枢纽"的竞争选择来落实宏观计划

宏观计划平衡的一个平衡任务，就是要实现各地区之间的发展均衡。计划 – 市场经济体制通过企业在招投标中的"中标"权重这个"抓手"，通过设置不同的中标裁定权重，落实地区平衡发展这个宏观目标。

为了更清楚地说明这个落实过程，这里把各地"枢纽"招标、评标的过程步骤做一个设想性的推演：

为了实现地区均衡发展目标，计划 – 市场经济体制专门设计了管辖域内企业中标加权因子这样一个宏观调控参数。这个参数以公开透明的方式，对招标"枢纽"管辖域内的企业进行评分加权，鼓励企业到该地域落户，实现对地域经济发展的倾斜式保护。不难看出，这个调控工具的干预不是直接落实到企业中标后签订的契约中，而是落实在对中标者的选择中。

（三）将调控参数作为契约内容来落实宏观平衡计划

在计划 – 市场经济体制中，由宏观平衡计划转化的调控工具参数，多数都会直接作为企业中标契约中的最终单价、成本、劳动力安排量等契约条款，成为"供—需"契约的法定内容。当调控工具的参数成为契约的内容后，这些参数就将随着契约的落实而被落实。当一个国家中所有的"供—需"契约都落实了这些调控参数后，宏观平衡计划也一定已经被落实。调控工具参数成为契约内容的详细说明，可以参见本章第二节的参数说明及案例说明。

（四）通过案例说明宏观调控工具参数的导入过程

为了便于读者对导入过程的理解，下面通过 5 个假设的案例来说明地区"枢纽"的工作过程、评标过程、宏观调控工具参数导入契约的过程。

●[案例说明 1]：

昆仑地区"枢纽"是按照计划－市场经济体制的要求，由政府按地域成立的供需契合枢纽。2017 年 3 月份，山前供电公司要通过昆仑地区"枢纽"组织一批居民智能电能表招标，采购数量为 20 万具。

"全国规划和交换规则制定中心"通过经济信息专用通道，给昆仑地区"枢纽"下达了适用于昆仑地区"枢纽"的宏观调控参数（见表 2）和招标权重一览表（见表 3），这些信息都是公开透明的信息，向全社会公布，可以从专门网站查阅和下载。

表 2　昆仑地区宏观调控参数表

地区	昆仑地区			泰山地区
产品	智能电能表	螺纹钢	节能灯	智能电能表
代号	H—20145	H—35421	H—87653	H—20145
产品扩张价格调节因子	1	0.95	1.03	1
企业增加值劳动力使用比	0.028	0.018	0.03	0.028
劳动时间比	1.5	1.5	1.5	1.5
平均社会劳动的支付强度	43.95	43.95	43.95	43.95
域内企业中标加权因子	1.08	1.08	1.0	1.0
单位产品价值环保投入费用	0.18	2.68	1.45	0.18
国际贸易平衡控制因子	1.0	1.0	1.0	1.0

表3 昆仑地区智能电能表类产品招标评标权重一览表

序号	评标内容	说明	评价分范围	权重（%）
1	功能指标相符率	由需求方提出的产品应达到的使用功能		25
2	性能指标相符率	由第三方检测达到的技术指标		35
3	创新性	整体技术创新性评价	0 ～ 100分	12
4	实用性	特殊性中的实用性评价		12
5	价格	由第三方提供的精细交易价格		8
6	服务	售前及售后服务		8

表2中平均社会劳动支付强度的估算：就业人口按人社部提供的7.6977亿，人均全年有效工时数为（全年365天 –104天休息日 –11天法定假日）×8小时/天 =2000小时。2017年国内生产总值67.67万亿元人民币，平均社会劳动的支付强度为67.67万亿/（7.69亿 × 2000小时）≈ 44元/小时。

表3中显示了每项评标内容的评分范围和权重。权重反映评标内容对整个产品价值的影响程度，不同产品有不同的影响程度。比如对一个使用过程中容易出故障的产品，如矿山机械产品，"服务"就比较重要，服务评分权重就大。而对于电能表这类可靠性好、安装完成后不太需要维护的产品，"服务"的权重就小，但性能指标即质量指标更重要，性能指标相符率权重就会大。每项指标都有100分的评分范围，有利于评定专家对被评判项目有一个更精细的评定。最后，通过权重值的设计反映宏观面对具体产品招标要求上的扬抑。专家的评定值并不是竞争者取得的最终得分，需要再乘以权重后的值才得到最终评分。

计划 – 市场经济体制要求有可能影响公平竞争的内容都应该有规范的流程，而将人为的因素压缩到最小。这一些权重指标具体应用值如何确定，可以考虑采用"案例"方法。这个"案例"方法和法院用"判例"做法一样。开始是消费者和地区"枢纽"协商产生的数值，但当实践结果反映合理时，就成为有效案例存放在专门的专家数据库中，经"全国规划和规则制定中心"确定成为实施规定下达执行。

●［案例说明 2］：

先锋仪表有限公司通过第三方精算事务所核定的精细价格单（见表 4）。先锋仪表有限公司是昆仑地区当地的企业。

表 4　先锋仪表有限公司智能电能表精细价格核定单

选用技术方案	无线通信信道智能电能表，方案代码 B0156		执行技术标准	GWDXX—2015	
成本构成	总进价	企业测算	企业增加值	精细核定	说明
元件	12.35			12.35	详细清单见附件
器件	36.78			36.78	详细清单见附件
构件	25.23			25.23	详细清单见附件
其他	10.42			10.42	详细清单见附件
单件人工费用		28.00			详见附件
单件设备费用		3.00			详见附件
单件智慧资产费用		0.00			详见附件
企业测算小计		31.00			
人工费			33.60	50.40	①
管理费			9.30	9.30	企业测算小计的 30%
销售费用			3.10	3.10	企业测算小计的 10%
售后服务费用			15.50	15.50	企业测算小计的 50%
创新留成			6.20	6.20	企业测算小计的 20%
小计			67.70		
税收			20.31	20.31	企业增加值 30%，如果是外贸产品还可以进行国贸平衡因子的修正
小计			88.01		
企业利润			14.08	14.08	按企业增加值 16% 计算
合计	84.78		102.09	203.67	

① 假定人工费的企业增加值为单件人工费用的 120%，而精细核定的人工费为在此基础上再乘劳动时间比 1.5 倍计算。

表 4 中，"单件人工费用"数据项是指生产单位产品所需要的产生企业增加值的劳动力费用投入量，是第三方精算价格需要的重要参数。此表由企业填报，第三方精算时可以参考本地区的平均水平确定。该项数据将决定人

工费、管理费、销售费等费用。"单件设备费用"指的是分摊到单件产品上的生产设备费用，企业使用的设备资产多，人工时间可能会减少。"单件设备费用"增减，会影响管理费、销售费等费用。"单件智慧资产费用"是指智慧资产分摊到产品上的费用。随着技术的进步，智慧资产在企业中将发挥越来越大的作用。这些数据由企业提供详细证据资料和核算资料。

● [案例说明3]：

前进电表有限公司通过第三方精算事务所核定的精细价格单（见表5）。前进电表有限公司不是昆仑地区的企业。

昆仑地区供需契合枢纽，根据山前供电公司采购居民智能电能表20万具的招标申请，进行了招标前审查，确认招标采购资金充足，技术要求无违法违规内容，其他招标条件符合规范要求。如期通过"枢纽"信息平台发布了招标公告。在招标截止有效期内，外地企业前进电表有限公司和当地企业先锋仪表有限公司进行了投标。

表5 前进电表有限公司智能电能表精细价格核定单

选用技术方案	无线通信信道智能电能表方案代码 B0157		执行技术标准	GWDXX—2015	
成本构成	总进价	企业测算	企业增加值	精细核定	说明
元件	5.78			5.78	详细清单见附件
器件	50.36			50.36	详细清单见附件
构件	20.69			20.69	详细清单见附件
其他	3.48			3.48	详细清单见附件
单件人工费用		20.00			详见附件
单件设备费用		8.00			详见附件
单件智慧资产费用		5.00			详见附件
企业测算小计		33.00			
人工费			24.00	36.00	①
管理费			9.90	9.90	企业测算小计的30%
销售费用			3.30	3.30	企业测算小计的10%
售后服务费用			16.50	16.50	企业测算小计的50%

续表

选用技术方案	无线通信信道智能电能表方案代码 B0157		执行技术标准		GWDXX—2015
成本构成	总进价	企业测算	企业增加值	精细核定	说明
创新留成			6.60	6.60	企业测算小计的 20%
小计			60.30		
税收			18.09	18.09	企业增加值 30%，如果是外贸产品还可以进行国贸平衡因子的修正
小计			78.39		
企业利润			12.54	12.54	按企业增加值 16% 计算
合计	80.31		90.93	183.24	

①假定人工费的企业增加值为单件人工费用的 120%，而精细核定的人工费为在此基础上再乘劳动时间比 1.5 倍计算。

评标日前一周，昆仑地区"枢纽"通过计算机摇号在全国电能表专业评标专家库中，随机选定 9 名评标专家负责本次招标的评标工作，除 3 名专家为本地人外，其余 6 人均为外地区人员。昆仑地区"枢纽"由工作人员甲、乙、丙 3 人主持本次招标。"枢纽"工作人员已将与评标相关的资料通过专门的信息渠道发送到 9 名评标专家手中。评标专家对评标内容进行了定标前的情况了解。若审查期间发现有需要补充资料时，由"枢纽"工作人员组织补充。

评标前有一个评标专家讨论，由"枢纽"工作人员按规定流程组织，外地专家利用当地"枢纽"的远程会议房间和设备实现。讨论以公开方式进行，外部可通过视频收看和收听。

讨论结束后，9 名专家分别按规定的流程和评分标准给两个竞标企业评标打分。结果列于表 6 至表 11 中。在评分时，"枢纽"工作人员只负责组织，不参加评分。

表 6　9 位专家功能指标相符率的评标结果

专家代号	1 号	2 号	3 号	4 号	5 号	6 号	7 号	8 号	9 号	结论分
前进电表有限公司	94	92	96	94	96	93	94	91	92	93.56
先锋仪表有限公司	93	93	95	95	96	94	92	90	92	93.33

评分范围 0～100 分

表7　9位专家性能指标相符率的评标结果

专家代号	1号	2号	3号	4号	5号	6号	7号	8号	9号	结论分
前进电表有限公司	95	97	97	95	96	98	95	96	96	96.11
先锋仪表有限公司	92	93	91	92	94	93	95	93	94	93

评分范围 0 ~ 100 分

表8　9位专家创新性的评标结果

专家代号	1号	2号	3号	4号	5号	6号	7号	8号	9号	结论分
前进电表有限公司	95	96	97	95	96	95	97	96	96	95.89
先锋仪表有限公司	63	65	61	68	66	68	63	67	67	65.33

评分范围 0 ~ 100 分

表9　9位专家实用性的评标结果

专家代号	1号	2号	3号	4号	5号	6号	7号	8号	9号	结论分
前进电表有限公司	87	90	88	87	86	90	86	90	88	88
先锋仪表有限公司	87	89	89	87	86	89	87	87	89	87.78

评分范围 0 ~ 100 分

表10　9位专家价格的评标结果

专家代号	1号	2号	3号	4号	5号	6号	7号	8号	9号	结论分
前进电表有限公司	95	96	97	95	95	97	96	94	98	95.89
先锋仪表有限公司	82	81	84	79	80	85	81	82	80	81.56

评分范围 0 ~ 100 分

表11　9位专家服务的评标结果

专家代号	1号	2号	3号	4号	5号	6号	7号	8号	9号	结论分
前进电表有限公司	84	84	82	85	86	83	85	87	85	84.56
先锋仪表有限公司	95	97	95	92	93	96	95	92	93	94.22

评分范围 0 ~ 100 分

表 12　昆仑地区招标评标结果汇总表

评标内容	单位	专家结论分	权重（%）	实际得分
功能指标	前进电表有限公司	93.56	25	23.39
相符率	先锋仪表有限公司	93.33		23.33
性能指标	前进电表有限公司	96.11	35	33.64
相符率	先锋仪表有限公司	93		32.55
创新性	前进电表有限公司	95.89	12	11.51
	先锋仪表有限公司	65.33		7.84
实用性	前进电表有限公司	88	12	10.56
	先锋仪表有限公司	87.78		10.53
价格	前进电表有限公司	95.89	8	7.67
	先锋仪表有限公司	81.56		6.52
服务	前进电表有限公司	84.56	8	6.76
	先锋仪表有限公司	94.22		7.54

表 13　投标企业的最终评标结果

单位	总评分	域内企业产品加权因子	最终结果
前进电表有限公司	93.53	1	93.53
先锋仪表有限公司	88.31	1.08	95.37

两个投标企业，从技术水平、价格等方面看，外地的前进电表有限公司有较大优势，但从服务角度看，本地的先锋仪表有限公司更有优势。如果没有本地企业的加权机制,那么外地的前进电表有限公司将取得本次招标的胜利。但由于先锋仪表有限公司是本地企业,在最终总评分基础上乘上 1.08 倍的加权,反而以 95.37 分超过前进电表有限公司的 93.53 分而一举中标。

评标完成后，由地区"枢纽"根据成交价按宏观调控的要求进行再调整。再调整后的结果见表 14。

表 14　经过宏观再调整制定最终成交价和总金额

单位	投标价	单位产品价值环保投入费用	产品扩张价格调节因子	最终中标价	中标总金额
先锋仪表有限公司	203.67	0.18	1	203.85	4077.00 万元

根据表 14，先锋仪表有限公司投标价 203.67 元，还可以增加环保投入费用 0.18 元，最终单价 203.85 元，总成交金额 4077.00 万元。根据企业增加值计算应安排劳动力就业情况（见表 15）。

表 15　企业增加值劳动力安排指标

单位	企业增加值	企业增加值劳动力使用比	需要安排劳动力就业
先锋仪表有限公司	1354 万元	0.028	379120 小时
说明	单具 67.70，计 20 万具（见表 3）		约 190 人一年

宏观计划调控工具参数导入竞争契约层是依托政府管控"交换"环节这个基础实现的。只有当生产环节和消费环节之间的"交换"都被管控了，宏观平衡计划才有可能在每个契约落实的过程中被落实。也正因为这个原因，只有计划 – 市场经济体制才具备实现宏观计划平衡和微观竞争活力统一的目标。

在宏观平衡计划落实的过程中，竞争仍然会被强化：在各地区供需契合枢纽——政府的主持下，以公开、透明的方式，在机制制约下全面展开，必然会激发出企业的竞争活力和内部的凝聚力：

（1）由企业公平竞争激发的经济活力。由于地区"枢纽"——政府几乎垄断了生产者和消费者之间的"交换"通道，参与"枢纽"组织的企业间竞争投标，是企业的唯一选择。由于这是一种真正意义上的公平竞争，企业只有具备真正的竞争力，才能胜出——由此，必然产生企业创新、企业改革、企业发展的强大促进动力，也就激发了参与竞争企业的经济活力。

（2）在计划 – 市场经济体制下，市场竞争有了新的形式，表现在价格形成机制上，要么是充分和完全竞争形成的，要么是由有制约的第三方确认的，由此确定的产品及服务价格一定是竞争各方认可的价格，是消除了暴利的价格。按照这种价格实现的收入，再扣除成本及税金后的剩余利润，是竞争者的合法合理所得。将这样的合法合理所得置于社会分配的大环境中就是一种与社会发展阶段相匹配的均衡分配，其中存在的分配差距，可以视为社会激励所必需的合理差距。这种机制实现了社会分配总体均衡下的差距。这也实现了企业之间竞争的文明程度，可以培养现代企业的新文化内涵，进而产生企业内部的凝聚力。

（3）计划－市场经济体制提出并实施的"没有暴利但一定有利"的定价原则，颠覆了市场经济体制价格机制的作用。但这个变化却开启了计划－市场经济体制"共享"基础上劳动致富、计划平衡下竞争差异的一列"火车头"，引领一系列竞争方向的改变。这种价格形成机制，并没有完全否定价格在竞争中的作用，但却更多地承担了宏观调控的作用。伴随价格形成机制的变革，企业竞争将由价格机制引导，"利导"到产品创新、服务创新竞争上。

四、微观层的竞争活力

微观层是计划－市场经济体制各项机制的落实层，也是效果效益的体现层。在微观层，企业通过"供—需"契约去落实宏观平衡计划分解到具体企业的责任，将承载宏观平衡计划的需要落实在劳动者尽能劳动之前。在宏观计划平衡和微观竞争活力这个命题上，企业再通过劳动者尽其所能的劳动，一方面完成契约规定的生产任务，另一方面通过全面按劳配酬，激发起每个劳动者的竞争活力，激励出每个社会成员的积极性和创造性。

微观层的竞争活力是通过三个层次的保障实现的。

1. 微观经济有序性保证竞争活力

微观层经济活动是宏观平衡计划的拆分和落实，所有微经济活动都是符合宏观需要的有序行为。

计划－市场经济体制下，宏观层面是计划平衡的。宏观平衡计划通过转换为调控工具的参数，在由政府管控的地区"枢纽"管控下，传递到企业中标的"供—需"契约中，进而将宏观平衡计划落实到了受法律保障的必将执行的企业生产的契约内，实现了宏观平衡计划向微观层的拆分和落实。在这种宏观计划的保障下，微观的所有经济活动都已经避免了盲目性，都拥有符合全局要求的目的性，为竞争活力提供了计划性保障。

2. 企业间竞争的充分性保障微观竞争活力

微观经济活动在企业参与的竞争中获得了活力。

首先，计划－市场经济体制让所有的生产者都有机会参与企业法人之间的市场竞争。由于计划－市场经济体制是力求拆除参与竞争门槛的体制，因此所有有现实能力的企业都可以获得参与公平竞争的机会，达到了企业层次竞争参与上的活力。

其次，计划－市场经济体制下，企业与企业之间的竞争不再比过去的历史，而将比现实的真正水平。新体制像体育比赛那样把过去有的辉煌放进历史，比赛只比现实的能力、现实的产品，进而以一种竞争结局的可变性，激发出企业内在的竞争活力。

最后，企业法人在企业间的竞争中，不仅可以让企业在竞争中寻找出自身的优势和差距，还可以在竞争的成功中获得趋于合理的利润，进而不断激发微观经济的竞争活力。经过竞争，法人获得的销售收入，扣除成本（材料、工资、管理费用）并纳税后获得的利润，再按一定比例提留企业发展金（公积金、公益金）后得到企业可分配利润。这种持续存在的企业间的分配是微观竞争活力的持久保障。

3. 企业内部的按劳配酬激发劳动者的竞争活力

在传统市场经济中，社会分配主要是依据"资本"多少进行分配。由于资本可以在分配中不断积累，而这种积累总是在有资本者中间发生，导致资本不断集中到少数富人手中，致使社会分配也就越来越远离创造价值的"劳动"。这不仅抑制了劳动者的生产积极性，也限制了劳动者参与竞争的机会和动力。

在计划－市场经济体制中，将全面以劳动作为收入分配的依据。劳动是创造价值的唯一源泉。以劳动为收入分配的依据，就可以充分调动劳动者参与劳动的积极性；同时劳动差距带来的分配差距必然可激发劳动者参与劳动竞争的积极性，进而激发微观经济中最基层的竞争活力。

在宏观调控工具参数以多种形式传导到企业中标契约和契约实施的过程中，计划－市场经济体制特有的设计、专有的机制不仅不会影响企业间的公平竞争，而且也不会影响全过程按劳配酬的实施，可以保证了微观经济活动的竞争活力，达到了宏观计划平衡和微观竞争活力统一的目的。

第四章 | 计划 - 市场经济体制的收入分配机制和构架

在生产、分配、交换、消费四个经济环节中，分配是指社会的经济资源配置过程。其中，资源配置主要是指劳动力、资金或资本、生产资料等资源的分配，也包括国民收入的初次分配。涉及资源配置的分配已经通过计划 - 市场经济体制的四层级架构完成，本章研究的重点是国民收入的初次分配机制及分配构架。

一、计划 - 市场经济体制收入分配机制的理论思考

计划 - 市场经济体制是具有计划功能和系统协调功能的市场经济体制，其中的计划功能和系统协调功能，不仅会改变具体的收入分配机制，还将改变收入分配机制的系统定位；不仅会改变收入分配的依据内容，还将改变收入分配依据内容的分配尺度。在这些可能的变化中，带来了几个收入分配机制理论的思考。

（一）思考之一：用系统的办法研究收入分配子系统

社会的发展，技术的进步，使人类社会迈进依存度不断提高、互相间影

响不断被强化的大系统中，作为计划－市场经济体制系统重要组成部分的收入分配机制子系统，不可避免会受到宏观经济平衡的影响，反过来，收入分配子系统的运行也同时影响宏观经济系统的计划平衡。

收入分配，首先涉及劳动者能否普遍就业。很显然，不能就业，就无法获得劳动收入，就没有了收入分配。劳动者的劳动收入又构建了潜在的消费能力和潜在的消费市场；而这个消费市场正好是生产者的"上帝"，是生产企业生产所依赖的产品订单源。于是，"劳动力供应总量→普遍的生产劳动→劳动收入总量→构建潜在消费总量→生产总量→劳动力供应总量"，构建了一个宏观经济的平衡循环系统链。这个循环系统链中各个系统环节间的总量总是保持计划平衡的。如果系统链间不平衡，出现的结果要么是劳动力过剩，要么是劳动力供给不足；要么是产能过剩大批劳动者失业，要么局部用工难。

涉及收入分配，这里不能不提到劳动者"各尽所能"去劳动，然后再按这个可以"尽能"的劳动进行公平分配的问题。这其中，对"各尽所能"怎么理解？笔者认为，"各尽所能"至少应该包含以下三方面的含义：

第一，具备能够"各尽所能"的前提条件。理由是，劳动者只有具备去"尽"其所"能"劳动的条件，才有机会进行"尽能"的劳动，才能保证在已经"尽能"的前提下进行分配，分配才真正公平。比如，劳动者甲每次能挑 75 公斤担子，可是只提供给他 50 公斤的任务总量，劳动者甲就无法实现"各尽所能"，对劳动者甲在分配上就有被歧视嫌疑。

第二，"各尽所能"可以理解为劳动者在劳动过程中主观上的尽其所能。劳动者自身在劳动过程中，能够"尽"其所"能"，无疑是"各尽所能"的核心目标，也是"各尽所能"的落脚点。

第三，"各尽所能"还应理解为劳动者能够在自身的能力优势上"尽能"。每个人都有自己的特长，只有利用自己的特长去劳动，"尽能"才能实现最大化。如果社会不能尽可能地提供适合劳动者特长的岗位，那么"各尽所能"一定会打折扣。计划－市场经济体制就是要通过促进人员有序流动的机制和计划管控下的竞争机制，实现劳动者流向最适合自己"尽能"的岗位。

从国民收入初次分配的角度看，只有劳动者真正做到"各尽所能"去

"劳动"，初次分配的公平才能保障。但问题是，在现代经济运行系统中的任何劳动，都将是经济运行系统的一个协同经济行为，都会受到宏观计划平衡影响。

可以设想一下，在劳动效率极高、产能过剩是常态的今天，如果没有经过宏观的计划平衡，就允许每个劳动者"各尽所能"去劳动生产。结果一定是：

（1）没有这么多的消费产品供生产，除非生产"积压产品"。

（2）人类赖以生存的环境也不允许。据统计，人类在过去的几十年中，消耗了地球上 1/3 的某些重要可利用资源。如果在这种情况下，继续不顾环境、资源的承载能力，一味地"各尽所能"，那么，人类就不再是建设者，而是毁灭者。

这里给出的启示是,任何涉及分配的劳动都不能离开宏观计划平衡的约束。计划 - 市场经济体制的收入分配机制，一定要通过其中的分配机制架构，将宏观计划平衡的原码基因，根植到微观收入分配的机制中，从而使计划 - 市场经济体制的收入分配机制本质地区别于其他分配原则。

（二）思考之二：价值增量可以用劳动贡献等效

为了将这个命题论述清楚，先建立两个公理。

公理 1：世界上所有价值都是由劳动创造的，劳动是价值的唯一源泉，即劳动创造价值。

公理 2：劳动者提供的劳动量可以通过创造的价值增加量为依据等值换算。按照公理 2，劳动者甲提供劳动创造了价值增量 B，而劳动者乙提供劳动创造的价值增量也是 B，那么，可以认为劳动者甲和劳动者乙提供了相同的劳动量。

按照这两个公理，若劳动者甲通过自身投入劳动量为 A 的劳动，可以产生出价值增量为 100 个计量单位的产品；但如果劳动者甲在劳动中使用了一项发明专利技术后，劳动者甲同样投入劳动量为 A 的劳动，实际产生出了价值增量为 1000 个计量单位的产品。这其中，发明专利采用后，在同样由劳动者甲投入劳动量为 A 的劳动前提下，产生了 900（1000-100=900）个计量单位的新价值增量产品。按照公理 1 可以认为，这 900 个新价值增量产品是由一种"待定义劳动"创造的。由于在本例中，劳动者甲投入的劳动量是 A，在未使用专利发明时，只能生产 100 个计量单位的产品，按照公理 2，这个"待定义劳动"支付的劳动量是：900/100=9，即 9 个 A 的劳动量。

（三）思考之三：计划 – 市场经济体制的收入分配机制在多种所有制形式存在的历史阶段均应适用

在传统市场经济体制下，生产资料所有制形式决定了分配关系和分配方式。富人可以凭借占有生产资料所有权，拥有无限的财富积累能力。他们可以在收入分配过程中不断积累"富余"资本而更富有，穷人则在不断的"失去"中积累"贫穷"而更加贫穷——这就是按资本分配带来的无法回避的问题。

现实是，在一个很长的历史发展阶段中，包括私人所有制形式在内的多种所有制形式同时存在是一个不能回避的现实。比如说，在社会主义初级阶段，私人财产受法律保护。私人财产只要不被用来做危害社会共同利益的事，不被用来做违法的事，私人财产包括投资企业成为资本，都应该受法律保护。因此，在这个历史发展阶段，私人所有制、公有制、混合所有制必将常态化存在。换言之，计划 – 市场经济体制的分配机制，只有同时适用于多种所有制形式存在的客观环境条件，才具有生命力。

所有制形式由生产资料所有者的性质决定，而生产资料中通常都以资本投资的形式表现。收入分配要想摆脱所有制形式的捆绑，唯一的途径就是要改变资本在生产资料中所扮演的角色，变革生产资料的成分组成，将以劳动为核心的反映经济社会发展的新形式资本推上主导位置，降低一般资本的作用和地位，再将占有生产资料的股东收入分配也纳入按劳配酬之中。

（四）思考之四：计划 – 市场经济体制的收入分配机制应避免经济剥削

1. 收入分配产生经济剥削的原因分析

收入分配产生经济剥削的原因，可以通过这样一个例子来探究。企业法人通过市场竞争，得到了生产产品的合同。企业又通过生产要素的投入，由劳动者通过劳动生产出了可以在市场上交换的商品。企业通过这些商品的出售，取得了由价值决定的经营收入。按照目前工业企业的成本核算办法，这些收入扣除材料费用成本、人工工资成本、管理费（包括管理者工资的分摊工资）成本后，剩下就是企业税前利润，再缴纳应上缴的税费后，便是可以由企业股东分配的可分配利润了。

按照这个核算规则，劳动者按劳动分配的酬劳是由"工资"形式支付的。其中参与直接生产的劳动者酬劳以"人工工资"列入生产成本，而管理人员的酬劳则通过"管理费"科目分摊后进入生产成本，工资是企业首先兑付的酬劳。这就是说，当企业进入核算可分配利润时，在理论上劳动者的劳动酬劳已经以"工资"的形式完成支付（一般企业还会以奖金等形式进行再次分配，但仍然是工资的组成部分）。

决定企业股东股权比例的是生产资料的占比。从企业生产要素角度看，企业的生产资料主要由投资资本决定。因为资本可以转化为生产所需要的全部生产要素。为了简化，这里直接将股东拥有的资本占比，等同于股东拥有的生产资料占有比。这样，企业可分配利润实际是按股东的资本占有比例分配的。

资本在企业中，特别是在传统市场经济体制下的企业中，非常重要。用资本中的流动资金可以购买原材料，可以添置设备。企业离开它，可以说寸步难行。企业在经营中，通过生产要素的运用，创造出价值和利润。假如，企业是不亏损的，那么，企业中的资本在经营中一定不会减少。换言之，在企业没有亏损的情况下，资本就像化学反应中的催化剂，促成了资金周转并在周转中创造价值，但并不会减少。这就意味着股东依据资本占比分配企业的可分配利润时，资本并没有减少，如果不考虑资本有过贡献，那么，股东所分配的价值增量全部源于企业劳动者的劳动，换言之，股东已经侵占了原本属于劳动者的剩余价值，自然经济剥削已在其中。当然这个结论并不全面，因为这个结论是在不考虑资本贡献的前提下得出的，而且资本实实在在有不可缺少的贡献，获得一定的分配至少按现有的理论是合理的，问题在于股东所得到的企业可分配利润往往远大于劳动者"工资"的水平。这里似乎存在一个不容忽视的结论,由于普遍存在着企业可分配利润由股东按资本占比分配,若资本是私人所有的,那么经济剥削就是一个普遍存在的现象,而且经济剥削明显已经和"生产资料所有制"形式相捆绑。

这里还有一个问题,资本贡献应该获得多大的收益算是"合理"的?在这个"合理"范围内的按"资本"分配是不是就可以认为没有经济剥削?现在对此没有统一认识。笔者提出这样一个参考指标,即资本在企业可分配利润中只得到同期银行利息的水平,似乎可以是一个"合理"标准,因为把资本不放在企业中而存在银行中可以获得相同的收益。显然,利息收益水平是可以通过多种储存方式(包括把资本存进银行)竞争获得的标准值。如果这个理论基点是可以被普遍接受的,那么,只要把现在意义上的资本获得的分配水平降至其应得的水平上,股东按资本股比进行的分配就有机会规避经济剥削。

2.对初次分配适用于多种所有制形式的途径和措施的思考

第一,假定所有能作为分配依据的生产要素,均通过体制机制设计,把带"劳动"基因的要素提升到了决定性的权重位置,换言之,在这个确定所有制姓"公"姓"私"的所有要素中,劳动相关的要素已经处于决定和主导的地位,甚至让所有的生产要素都带上"劳动"的基因。

第二,假定已经将所有参与分配的生产要素,都按照其内含的"劳动"量为配酬的尺度,那么,分配的依据就将离开与所有制相关的"资本"而过渡到与所有制无关的"劳动"量上。

当实现收入分配所依据的"尺度"已经全部是"劳动"的时候,生产资料无论姓"公"还是姓"私",分配时均只依据其中的"劳动"量实行统一的配酬,使"劳动"量成为分配过程中依据的"一般尺度",客观上隔离了所有制形式对分配的影响。最终就可以达到不受生产资料所有制形式束缚从而避免剥削的目的。

(五)思考之五:收入分配机制应有利于竞争和共享理念的统一

实现这一思考的最好办法就是全面以劳动作为分配依据。原因是劳动有以下不可替代的优点：

第一，劳动是所有具有劳动能力的人都拥有的"财产"，而且还是所有具有劳动能力的人持续拥有的"财产"，不是少数人独有的财产。因此，以劳动为依据进行配酬是有最多的人参与的分配，是持续不断的、不留死角的普遍的分配。

第二，劳动具有实时性和实事性。劳动的时候称为"劳动"，休息的时候称"不劳动"；以劳动为依据分配时，在劳动时有分配，不劳动时不分配。按资本分配就不一样：有资本占股的企业投资人，即使躺着睡觉，即使人已入土为安，只要资本股权还在，分配可以照旧。

第三，劳动本身积累速度比资本积累速度低得多。对于一个具体劳动者来说，只有他从事劳动时"他的劳动"才是真实存在的。一个画家，只有画家本人能在劳动之画上署他的名字，成为他的劳动产品。其他人即便是他的儿子的劳动，也不能认为是画家本人的劳动。结果，劳动总是在一生开始时清零，又在一生劳动中积累。和资本积累相比有完全不同的积累特性。

第四，反映社会的发展需要。人类归根到底还是要组织起来，通过劳动满足消费需要。因此，以劳动为依据进行配酬，激励的是"劳动"，符合社会发展的需要。

第五，劳动在相互影响的现代社会中，是一种社会的协同经济活动，只要将经济体制设计好，便可以受宏观计划共享的约束，将微观竞争限制在共享的"笼子"内。

由于以劳动为依据进行配酬造成的分配差距仅仅是劳动能力上的差异，是有限的。因此，只有以劳动为依据进行配酬才能做到既实现共同目标上有强度的正激励，同时保证把收入差距控制在合理水平之内。

二、计划 - 市场经济体制分配机制：依需尽能，按劳配酬

计划 - 市场经济体制国民收入的初次分配，既涉及分配层次、分配架构，也涉及收入分配的机制。在收入分配机制上，将充分注意体制的系统性设计

特点以及体制同时拥有的计划性、竞争性，以"依需尽能，按劳配酬"作为分配机制。

这其中，"按劳配酬"是劳动者实现配酬的准则，而劳动是"配酬"的依据尺度。"依需尽能"中既包含有"依需"中宏观平衡计划对劳动的约束条件，也包含对劳动者"尽能"的劳动要求；要求劳动者进行劳动时，在满足宏观"需要"约束条件的同时，尽其所能地完成劳动任务。

（一）计划 - 市场经济体制以"依需尽能"作为劳动的前提和要求

1. *"依需"是劳动者劳动时，必须按宏观平衡计划的"需"求指令劳动*

在计划 - 市场经济体制的经济系统运行中，有目标的生产劳动都必须接受来自宏观平衡计划的三方面约束：

第一，系统运行中的企业生产经营活动，作为一个重要的系统节点必须接受来自宏观平衡计划的约束。在计划 - 市场经济体制中，企业生产什么产品，生产多少产品等都必须依据地区"枢纽"组织的招标中的"供—需"契约，不能没有契约盲目生产。而企业一旦都按地区"枢纽"的契约组织生产，整个经济运行系统就已经实现了宏观上的计划平衡。

第二，由经济运行系统中的企业节点组织的生产劳动必须接受来自宏观平衡计划的约束。比如，企业中具体劳动者，一周中应该工作多少天，休息多少天，劳动中要不要采取环境保护措施等，企业中的全部生产劳动都必须接受来自宏观平衡计划的约束。企业不在这些有宏观平衡计划明确指令要求的领域自由决策。原因很显然，企业只有接受了宏观平衡计划的约束，其内部的生产经营活动才能平稳持续，才能实现整个经济运行系统的效益最大化。

第三，在整个经济系统中，微观经济细胞——系统的终端需要保持自身的竞争活力，同时还必须接受来自宏观平衡计划共享"笼子"的约束。在计划 - 市场经济体制产品定价中"有利而无暴利"的原则，也是共享计划的"笼子"。微观初次分配中"按劳配酬"，会因"劳"的差异存在，而存在"配酬"差距，但"劳"的差距不会是无限的，因此不会有悬殊的贫富差距。

2.“尽能”是劳动者“依需”下尽其所能地劳动

劳动者在承载宏观平衡计划需要的范围内能尽其所能地进行劳动，也不能简单地把“尽能”看成是对劳动者自身的要求，而应该看成是以下四个层次的综合“尽能”要求。

第一，在生产劳动行为的外部，已经为劳动者创造了“尽能”劳动的环境和条件，包括人际关系、设备设施、厂房空间等。显然，这些外部条件是由政府、企业、劳动行为“需”方为劳动者创造的。这些条件是保障劳动者尽其所能的重要外部条件。在计划－市场经济体制中，这些保障劳动者“尽能”的条件，也都将尽可能地成为宏观平衡计划的组成部分。

第二，劳动者普遍拥有充分的可以尽其所能进行劳动的权利保障。这其中包括男女平等，尽能劳动的法制规定等。在人类历史上，劳动者并不能普遍地享有劳动的权利，自然也不会有“尽能”的机会。

第三，劳动者应尽可能在有特长的劳动岗位上尽能，实现人尽其长。也就是说，计划－市场经济体制提供的体制机制，不仅要实现劳动者充分就业，而且还要实现劳动者充分发挥自身专长就业。

第四，劳动者自身在劳动中能够尽其所能地完成由他承担的劳动任务。

（二）计划－市场经济体制以“按劳配酬”作为分配准则

“按劳配酬”包括“按劳”和“配酬”两层含义。其中“按劳”规定了“配酬”的依据是劳动，确立了劳动在社会初次分配中的基础地位。“配酬”规定了计划－市场经济体制特有的收入分配方式。

“按劳配酬”中的“劳”就是用作计算收入分配依据的劳动。要实现“按劳配酬”首先要明确其中“劳”的内涵，其次研究出“劳”的量化方法。

1.作为“按劳配酬”依据的“劳”之内涵

用作收入分配依据的“劳”，是劳动过程的“劳”，还是劳动结果中“果”的原因所代表的“劳”？有些人“劳动”是付出了，但劳动成果没有，称“没有功劳有苦劳”，这其中的“劳”应不应该“配酬”？显然，这个用作收入分配依据尺度的“劳”如何界定，又如何量化是个难题。

　　劳动有很多种，有些劳动任务内容清晰，要达到的目标明确，实施过程计划有序，是一种完成预定任务的有目的劳动，特别是在地区"枢纽"招标中签订有契约的"劳动"都属于收入分配研究的范围。这种劳动中还有一些劳动可以直接作为"按劳配酬"中"劳"的量化尺度。比如，劳动者直接用劳动制造出了有价值的"商品"，且有了商品的利润，可以直接配酬。也有些"劳"是自发的"劳"，没有明确的目的，即使有目的也只是一种临时性目的，与国民收入的初次分配目的无关。这类劳动不在收入分配研究的范围。

　　"按劳配酬"中作为收入分配依据的"劳"还不能仅仅是有任务目的的"劳"，还应该是能够结"果"的"劳"。如果劳动始终没有成果，没有产生可以分配的价值增量，那么"配酬"就是无米之炊，无水之河，就无法实施。不过，这里需要说明，劳动是允许在局部或者一定时间内无"果"的。比如，新产品的研制，可能会有无数次的失败，无数次的劳动都无"果"。但一旦创新劳动成功，创造的劳动之"果"平均到全过程"劳动"时，那些无"果"劳动也成为有"果"劳动。因为有"果"劳动是建立在这些失败的无"果"劳动之上的，最终的金娃娃之"果"是由无数失败之"母"贡献的。显然，劳动之"果"是全过程劳动后结出劳动之"果"的"平均果"。

　　于是，我们给"按劳配酬"中作为收入分配依据的"劳"，做出这样的内涵界定：有明确劳动目的且在目的方向产出可分配之"平均果"的劳动。以下将"平均果"特用于"按劳配酬"中作为"劳"依据尺度的劳动之果。

　　2. "按劳配酬"中作为收入分配依据之"劳"的量化

　　人类进行劳动的目的是要在目的方向上结出劳动之"平均果"。因此，作为"按劳配酬"中量化依据的"劳"，应该是在劳动目的方向上结出"平均果"的"劳"。

　　现在的问题是，在劳动目的方向上结出的劳动之"平均果"是由谁的劳动贡献创造出来的？具体劳动者对这个"平均果"的劳动贡献有多大？这个劳动创造的"平均果"如何量化？这些就是这个收入分配理论需要解决的课题。计划 - 市场经济体制破解这个难题的办法是，首先对劳动进行分类，然后再按类别对劳动之"平均果"进行量化。

（1）直接产出"平均果"之劳动的量化。有些"平均果"可以由劳动者独立的生产劳动制造出来，而且这个"平均果"可以直接在市场上进行交换。对于这种可以直接产生"配酬"经济利益的劳动，可以直接依据"平均果"价值进行劳动量化。在这里将这一类能够直接产出"平均果"的劳动定义为"直接配酬劳动"。

马克思劳动价值理论的主要内容是他在分析商品二因素基础上，提出了劳动二重性原理。商品具有二重性，即商品有使用价值和价值。使用价值是商品的自然属性，是商品的有用性，具有不可比较性。而价值是一般人类劳动的凝结，是商品的社会属性，它是不同商品交换的基础。同样体现在商品中的劳动也具有二重性——具体劳动和抽象劳动。具体劳动创造商品的使用价值，抽象劳动形成价值。举例说，一个拥有企业生产特殊技能的工程师和只拥有普通制造技能的工人，同样付出 8 小时的工作时间，但由于从事完全不同的工作，具体劳动之间并没有可比性，只从抽象劳动的价值上看，他们各自的抽象劳动价值是完全不相同的。前者在 8 小时中创造了比后者多得多的价值。当将他们的劳动成果放到市场上进行商品交换时，由抽象劳动决定的价值成为商品交换时价格的主要依据。

对于"直接配酬劳动"的"按劳配酬"相对比较容易，因为这个劳动者的劳动直接结出了可以"配酬"的劳动之"平均果"。但随着社会经济的发展，劳动者的劳动越来越依赖经济运行系统的协调组织，越来越依赖劳动者之间的分工和配合。因此，具体劳动者可以单独产出可"配酬""平均果"的情况将越来越少。

"直接配酬劳动"在现实中,越来越多地出现在企业法人这个群体"劳动者"身上。企业法人这个群体"劳动者"从社会分工的角度看，是生产有价值"平均果"的劳动提供法人，也是生产"平均果"的"劳动者"系统单元，还是收入分配中独立核算、自负盈亏的社会经济主体。由此可见，计划 - 市场经济体制的"按劳配酬"，首先进行的是"企业法人劳动者"按"直接配酬劳动"的"配酬"。

在这里，商品价值是个市场竞争的结果，因此其中"直接配酬劳动"的量化已经在市场竞争中通过经济效益等指标量化。对于企业法人的"按劳配酬"实际上已经解决。

（2）由众多劳动者的协同劳动才能产出"平均果"之劳动的量化。有些"平均果"需要很多劳动者的合作与配合才能生产出来，而且这些配合劳动者又无法直接进行劳动量化。比如，有的劳动者处在决策的劳动岗位上，而有的劳动者处在执行指令的劳动岗位上，决策者和执行者无论是劳动内涵，还是劳动结果的评价，都没有可比性。这些不同岗位的劳动，虽然都围绕共同的劳动目标任务协同工作，但从具体的劳动来看，内涵完全不同，而且不少劳动不能直接成为"商品"进入市场交换，也就无法直接通过价值增量对每个劳动者的劳动进行量化。

研究发现，多个劳动者协同劳动创造的"平均果"与每个劳动者的劳动贡献正相关，而劳动贡献则与劳动者在生产"平均果"过程承担的责任大小正相关。为生产"平均果"承担责任大的劳动者，对"平均果"产出的贡献就大，贡献大就可以认定为劳动量付出多，按劳配酬的酬劳就应该多。这个机制本质上正好就是"按劳配酬"的本意和初心。劳动者在生产"平均果"中的责任，还与劳动者拥有的权力相关。如果责任超越了给予的权力范围，这个责任就承担不了。这就回到了常提到的"责、权、利"一致的原理。其中的"利"显然就是配酬，而"责"和"权"代表了配合劳动中，劳动者劳动的量化依据。

3."过去劳动"的收入分配

在前面定义劳动时，实际回避了劳动的时间进程内涵。劳动还可以分为过去劳动和现在劳动，而且过去劳动本身有很大的研究价值但却长期被忽视。在计划 - 市场经济体制的收入分配理论中，引进"过去劳动"的概念，可以解释无形资产（如专利技术资产）、资本利息这样一些特殊贡献的"过去劳动"内核。过去劳动以劳动者主体特点分类，大致可以分为两类：

第一类，劳动者自身的过去劳动。其特征是过去劳动的实施人是劳动者自身。比如说，有一个新产品研究项目，经过三年的失败，最后终于成功了，而且在第四年中取得了非常好的经济效益。这里，前三年劳动者的劳动对于最后成功时的劳动而言是"过去劳动"。这些"过去劳动"虽然都是失败的，但却是最终成功所必需的失败过程，都是必需的劳动成本。

第二类，与价值增量等效的过去劳动。这种与价值增量等效的过去劳动有三个本质特征：

第一，这种过去劳动必须有劳动者的新劳动投入才会发生，才能创造新的价值。

第二，过去劳动发生后，一定会在劳动者付出新劳动中，产生超过劳动者付出劳动所创造价值基础上有新的价值增量。

第三，过去劳动是按照本章第一节提出的两个公理，由价值增量反向等效定义的。

参考本章第一节的两个公理，这个定义的合理逻辑是：若一个发明技术被劳动者应用以后，产生了超过劳动者本身投入劳动量 A 所能产生的 100 单位价值的新的 1000 单位价值产品，由发明技术产生 900 单位价值增量，而劳动是价值的唯一源泉，因而可以推定这 900 单位价值增量是由某种特殊劳动所创造。这种特殊劳动是由技术发明人创造的，而且这一创新技术是发明人的过去劳动，因此可以将这个特殊劳动定义为"过去劳动"。其中的价值增量等价为"发明技术"这个"过去劳动"的"平均果"。由此可以被劳动者应用的"发明技术"也有了劳动的属性。这个"平均果"增量就是由"发明技术"劳动内核的劳动外化创造的。过去劳动的量化，可以通过再劳动后的"平均果"增量价值推算。

过去劳动不仅可以用于类似发明专利这类无形资产的"过去劳动"推定，还可以对类似"资本"这类对再劳动有特殊"帮助"且能由这种"帮助"产生价值增量的"关键帮助"进行"过去劳动"推定。同样，这类"过去劳动"，也可以通过再劳动后的"平均果"增量价值推算出"过去劳动"的付出量。

4. "按劳配酬"中"配酬"的内涵

"按劳配酬"中的"配酬"是以劳动者的劳动为配酬依据进行的。其中既包括配酬过程，也包括配酬的结果。

"配酬"中的"配"有重要内涵。这个"配"代表了计划 - 市场经济体制在分配中，对于分配要素按权重的综合分配。主要考虑有两点：其一是充分考虑"劳"的目标任务多样性，既有决策形式的"劳"，也有执行层次的"劳"；其二是充分考虑"劳"量化要求的多样性，既有直接可以用创造价值量化的"劳"，也有只能间接创造价值的"劳"。

在计划－市场经济体制下，劳动的酬劳并不是对劳动创造价值的直接分配，而是在价值增量进行宏观计划平衡的基础上，对分配要素经过全面的权重配置后进行的配酬。这种配酬，至少表现在以下三个层次上：

第一，配酬受到了宏观平衡计划的约束。表现在劳动的计划性安排、配酬总量的宏观调控等方面。

第二，配酬前要先扣除社会层面的公共支出。每一个劳动者之所以能够尽其所能地进行劳动，是大量不直接创造价值的人在用另一种劳动付出支撑着的。比如，军人在守卫着国防，政府在进行劳动的组织，城市环卫工人在清扫着街道，等等。因此，按劳配酬时，首先要扣除国防开支、公共福利开支、政府开支等社会公共需要的费用。

第三，劳动产出的"平均果"是很多劳动者的协同劳动结出的"果"。配酬不仅要考虑价值的直接创造者的贡献，还要考虑间接劳动者的劳动贡献，需要区分各类劳动者的各类劳动在产出"平均果"中承担的责任大小和贡献大小。然后再根据多角度的分配因素，对劳动者的劳动进行酬劳"配"置。

三、计划－市场经济体制收入分配层级和宏观干预架构

收入分配机制的落实，不仅需要有科学的系统性机制设计，还需要有体制架构做保障。国民收入的初次分配，有两点易被忽视：其一是企业与企业之间竞争对初次分配的影响；其二是劳动者的劳动、分配与宏观经济运行之间的关系。这两个"忽视"正是收入分配层级设计和宏观平衡计划干预架构设计的出发点。

（一）经济运行系统中的国民收入初次分配

1. 进入经济系统运行阶段的分配内涵变化

当经济活动进入经济系统运行阶段后，经济系统中各个经济单元都将在系统的统一管理下运行，每个经济细胞都将是其中一个完成系统任务的单元，涉及初次分配的内涵将发生本质性的改变，其表现主要在：

第一，系统中的任何经济活动都需要纳入经济系统之中，接受来自系统的管控。国民收入初次分配作为计划 - 市场经济体制系统中的重要子系统自然不能例外。

第二，企业作为一个经济法人集合要首先参与国民收入初次分配的那部分财富总量的分配。国民收入纳入经济运行系统后，国民收入分配不再是企业直接对新创造的价值的分配，而是首先由企业之间通过竞争完成初次分配总量在企业之间的分配，然后再由企业完成劳动者之间的初次分配和企业股东间的初次契约分配。其根本原因是企业是系统中的一个节点，而收入总量是经济系统中的宏观平衡计划量，劳动者无法跨越企业这个系统节点直接从系统财富库中配酬。

第三，进入经济运行系统后，任何劳动者的劳动都不再是劳动者的孤立经济行为，而是经济系统中很多劳动者在系统管控下的协同劳动，与此相适应的国民收入的初次分配需要受到来自宏观平衡计划的约束。

2. 经济系统中收入初次分配总量的重新定义

一般认为国民收入初次分配是指国民总收入直接与生产要素相联系的分配。显然，这其中没有涉及对收入分配有重大影响的企业与企业之间实际存在的分配。为了把这点分析透，在这里将对用于初次分配的国民收入总量进行重新定义。

从本意上看，国民收入初次分配是解决生产劳动的劳动者和作为国民初次分配的那部分财富总量之间的分配关系，因此总是把生产劳动过程的劳动者和国民收入放在同一个系统中加以研究。而本章研究的课题是计划 - 市场经济体制作为系统进行的初次分配。在这个系统中，作为国民收入初次分配的那部分财富总量是由宏观平衡计划所确定的。也可以说，初次分配的那部分财富总量是个计划保证量，哪个企业来提供其中的产品和服务，哪个企业就可以从其中分配走一部分财富。这就意味着国民收入的初次分配课题是如何将这个有计划保证的待分配总量分配到国民手中的课题。这里，将准备进行国民收入初次分配的财富总量称为"初次分配总蛋糕"。

（二）国民收入初次分配两层级架构

1. 企业间分配在初次分配中的作用被忽视的原因分析

从传统市场经济体制的发展历史上看，企业间的分配在国民收入分配中的作用，是伴随着经济发展而日益重要的。可以从两个角度发现这个现象：

第一，从同一个产品存在多个企业生产的竞争角度看。在商品经济不太发达的时期，行业垄断不很明显，市场在总体上呈现供不应求的状态，同一个行业同时存在着很多企业。竞争结果可能是 A 企业、B 企业、C 企业在 M 产品市场有优势，而 C 企业、D 企业在 N 产品市场上有优势，在同一个产品上还存在多个企业的竞争，而且多数都还有不错的效益。从外部观察，似乎是生产劳动者可以直接进行初次分配。

第二，从劳动生产率提高对收入分配影响上看。商品经济发展初期，劳动生产率较低，企业与企业之间的经营规模差距可能只是 A 企业每天生产 100 单位产品和 B 企业每天生产 600 单位产品的差距，而且其中 100 和 600 背后职工人数可能是 A 企业 100 人和 B 企业 200 人，从人均来看，可能是 100 ∶ 300 的有限差距。以至于从社会整体角度看，在国民收入的初次分配中，企业与企业之间的分配对初次分配的整体影响不突出，似乎是生产劳动者直接进行初次分配。这是商品经济发展初期，企业间的初始竞争优势相对均衡，加上市场总体呈现的供不应求，造成了企业之间的分配在国民收入初次分配中没有位置的假象。

2. 企业之间的分配在一定阶段后会成为最重要分配

（1）从竞争导致行业垄断角度看。市场经济体制由竞争表现出来的强大动力，在推动生产力发展的同时也不断推动行业向着行业垄断发展，不断扩大了竞争者的竞争力差距。现在，经过很多轮的竞争淘汰，各个行业都相继进入了由极少数企业垄断的时代。从分配角度看，由企业之间竞争进行的分配逐步让位于行业垄断企业的单独占有。换言之，到了这个时候，"初次分配总蛋糕"只是行业垄断企业的第一层次瓜分和垄断企业内部第二层次分配，而原来"国民收入初次分配"意义中的"国民"的多数已经在初次分配中出局，实际上连参与分配的机会都没有了。

（2）从劳动生产率提高角度看。由于生产技术、管理技术的提高，企业的生产效率得到了极大提高。如果说过去一个劳动者每天可以生产 10 单位的产品，那么，现在一个劳动者每天可以生产 10 万单位的产品，可能是万倍以上的提高比例。这就意味着企业中的大企业只要能通过竞争获得产品生产合同，就可以获得比过去多得多的"分配"。具有竞争优势的企业可以从"初次分配总蛋糕"中分走越来越大的份额，从而根本性地改变了国民收入初次分配的格局。

（3）从现实角度看。纵观世界上的分配现状，占世界总人口 1% 的巨富可能占有了全球 82% 的财富。而这 1% 的巨富从分配来源上看，百分之百源于他们投资的企业，而这些企业又百分之百在企业与企业竞争这一层级上首先获得"初次分配总蛋糕"的分配。

这里必须说明，企业在企业之间通过竞争获得的并不是"初次分配总蛋糕"的财富本身，而是"财富载体"（产品订单），是分配"初次分配总蛋糕"的契约。这个契约是国民收入分配的最关键步骤，是所有后续初次分配的基础。

3."初次分配总蛋糕"两层级初次分配架构

计划 – 市场经济体制的国民收入初次分配有两个层级：第一个层级是企业与企业之间通过竞争首先对"初次分配总蛋糕"进行契约分配，通过这一层级分配到的还不是真正的"初次分配总蛋糕"的一部分，而是分配到了可以制造"初次分配总蛋糕"中那部分财富的"财富载体"（产品订单）。第二个层级的初次分配则是企业在将"财富载体"（产品订单）变为企业经营收入后，进行的"初次分配总蛋糕"向国民的分配。

（1）通过公平竞争完成企业间的收入契约分配。企业之间的契约分配是通过公平竞争实现的，其公平关键在于竞争的公平。

第一，通过竞争完成企业间的契约分配。从分配的角度，怎么认识企业之间的"竞争"？企业是参与市场竞争的基本主体，是企业间收入契约分配"竞争"场上的法人。"竞争"本身是以市场的方法配置资源的一种分配形式。企业间的竞争，比的是企业的产品优势、管理优势、服务优势。而所有这些优势，对企业这个"法人"而言，都是法人劳动能力的优势，都是法人将劳动能力付诸实施的前提。正因为这个法人拥有劳动能力上的比较优势，才在企业间竞标环节取得了竞争胜利，签订了"供—需"契约。企业法人又在实施"供—需"契约后，收获了利润，取得了本轮竞争的胜利。

在企业间招投标竞争过程中，竞争围绕各企业"投标条件"展开，而这些"投标条件"是投标日前企业法人的过去劳动能力水平，是法人过去的劳动结果。竞争后分配到的是可以通过实施收获利润的"契约"。这个"契约"也是一种"按劳配酬"的分配结果，只不过是依据过去劳动水平进行配酬结的"果"。这个阶段的配酬，与其他阶段的关键不同点有两个：其一，配酬所主要依据的劳动是过去的劳动（投标过程也有劳动投入，但这些劳动不是过程配酬的主要劳动依据）。其二，竞争配酬到的"果"对所有参与竞争的法人而言是"有契约"和"无契约"。从严格的配酬意义说，是过去劳动的延续配酬过程。而对于竞争失败的企业法人而言，是过去劳动配酬长过程的一个局部失败，也是按劳配酬的过程。

第二，竞争过程的公正将保证企业间分配的公平。计划－市场经济体制由政府出面管控生产环节和消费环节之间的"交换"，至少解决了以下几个影响公平公正的关键问题：其一，由政府出面主管生产、消费环节间的"交换"环节，真正将可能不平等的供方和需方拉至平等的位置上。按照现有的经济法律体制，合同是由当事双方经过平等协商签订的，但在现实中，很多合同都是在其中一方处于弱势地位上签订的。计划－市场经济体制的市场竞争是地方"枢纽"组织由随机选择的"评标专家"决定的，真正实现了供方和需方的地位平等。其二，供需契约不再有"潜规则"的阴影。在计划－市场经济体制内，拥有显性权力的地区供需契合枢纽仅仅管理招投标程序，而掌握实权的"评标专家"是隐性存在的，任何利益方都无法暗箱操作获益。其三，无处不有的制约机制将保障经济活动过程公平和公正。

第三，不同所有制企业在企业竞争间实现平等。计划 – 市场经济体制会将生产资料公有制企业和生产资料私有制企业纳入相同起跑线的竞争体系中。公有制企业不需要为资金资本支付占用费用，但却要向投资人上缴利润；私人所有制企业虽然要向资金资本支付占用费用，但却不需要像公有制企业那样向投资人上缴利润。如果通过设计让各种所有制企业有接近相同的负担，那么，人类就将第一次实现各种所有制企业在市场竞争中有真正公平的地位和真正公平的初始条件。另外，在新体制中，无论公有制企业还是私有制企业都不再拥有干预交换的能力。

（2）企业内部两个会计账务阶段对两类分配对象的初次分配。在企业内部进行的第二个层级分配中主要有两个分配对象：其一是直接从事生产劳动的劳动者；其二是拥有企业所有权的企业股东。对象不同，分配形式和分配会计账务阶段都不相同。

第一，企业中劳动者的初次分配。一般以劳动者工资（酬劳）为主要形式进行初次分配，其余还有奖励等分配，但不是分配的主要部分而且也将是工资的一部分。这部分初次分配直接计入产品（服务）的生产成本。工资从生产成本中列支，使之拥有分配上的优先级。也就是说，即便企业是亏损的，工资形式的初次分配也是会首先兑现。原因是工资分配是在亏损核算前完成的，是在成本核算会计账务阶段以酬劳形式优先支付的。

第二，企业股东的初次分配。由于企业股东是企业的所有者，承担了企业盈亏的全部责任。因此企业股东是在支付了劳动者工资、原材料费用、其他管理费用并依法纳税后，在企业最后产生的可分配利润中按股比形式进行分配的，是在利润分配核算这个会计账务阶段以利润分红形式支付的。

（三）四层级宏观平衡计划干预收入分配构架

计划 – 市场经济体制在国民收入初次分配中，不仅涉及"初次分配总蛋糕"的分配，还涉及宏观平衡计划对于微观劳动、微观收入分配的约束性干预。宏观平衡计划干预收入分配的总构架不仅和平衡计划落实的总构架一致都是四层，而且功能是统一的。其中存在的差异不在于实施的具体工作不同，而是每项工作任务在赋予各自构架的目标上有所侧重。在宏观计划平衡和微观经济竞争活力总构架中，每一层宏观计划的平衡和平衡计划的拆分、导入、实施，都是将宏观平衡计划传递到微观经济的末端，同时把竞争推进到每一个微观经济细胞的过程。而宏观平衡计划干预收入分配总构架中，每一层则完成的是收入平衡计划干预量的平衡、转换、导入和落实，将企业、劳动者的收入在宏观平衡计划这个"需要"前提下，逐级按劳配酬，一直到"依需尽能，按劳配酬"机制得到全面落实。

这四层宏观平衡计划干预收入分配构架分别是：第一层，宏观收入分配平衡计划层和宏观劳动力供给平衡计划层；第二层，宏观分配平衡计划和劳动力供给平衡计划转换为调控工具参数层；第三层，调控工具参数导入的交汇层；第四层，劳动者实施分配机制层。通过这四层干预收入分配构架，不仅把收入分配纳入经济体制构架的系统，而且把包含宏观分配平衡计划的调控工具参数导进受法律保护的"供—需"契约中，在劳动者履行契约时，"尽"其所"能"地完成劳动任务，最终再按照"劳"动"配"取"酬"金，全面落实"依需尽能，按劳配酬"的收入分配机制。

1. 宏观平衡计划对微观收入分配进行干预的主要内容

（1）通过宏观平衡计划对企业生产的约束，完成对初次分配的约束。企业在国民收入初次分配中有举足轻重的地位。企业的所有行为只有全面遵循计划—市场经济体系的平衡计划要求，整个经济系统才能平稳持久运行，企业才能在国民收入的初次分配中实现利益最大化。这个道理很明显，比如说，微观经济活动如果不接受来自宏观平衡计划的约束，一定还是像传统市场经济体制那样盲目生产，有一个消费需要市场出现时，很多企业一哄而起，又在过度竞争中产能过剩，导致劳动者不时失业，企业不时招工难。劳动者好不容易找到工作，又会因为企业盲目生产而倒闭，劳动者付出劳动也拿不到酬劳。相反，如果微观生产劳动全部都是遵循宏观平衡计划来实施的，那么，系统中的所有经济活动都将是平稳和可持续的。

（2）通过宏观平衡计划对劳动者劳动的约束实现对劳动者收入分配的约束。在计划－市场经济体制系统中，微观劳动者的劳动也被纳入宏观计划平衡之中。比如宏观平衡计划要求劳动者每周工作四天，休息三天。劳动者就不能擅自改变这个宏观平衡计划的要求，否则就不能保证劳动者充分持续就业，从而造成劳动者的损失。

（3）宏观共享分配理念计划对国民收入初次分配进行约束。这其中既包括企业之间初次分配要贯彻宏观共享理念计划的约束，劳动者也同样要接受来自宏观的共享分配理念计划约束。计划－市场经济体制中的共享理念计划贯彻在很多方面。比如，地区域内企业的加权因子，实现地区发展的共享理念；再比如，包含在价格中的调节参数等，可以说，所有调控工具参数都包含宏观平衡计划对于生产劳动的约束，进而通过生产劳动的约束影响初次分配，也使得收入分配贯彻有共享的深层内涵。

2. 宏观收入分配计划平衡和宏观劳动力供给计划平衡层

宏观收入分配计划平衡和宏观劳动力供给计划平衡层，是宏观平衡计划对微观收入分配进行干预的第一层。计划－市场经济体制通过这一层的计划平衡，首先实现消费、生产、就业（含收入分配总量）在宏观面上的平衡。

从宏观上看，全经济系统有一个劳动者总量，由每个劳动者通过提供劳动获得的酬劳总量以及按劳配酬时按一定比例提取的其他收入分配量之和，构成了社会潜在的消费总量。由于计划－市场经济体制是一种通过计划可以实现宏观收入分配总量、消费总量、生产总量平衡的经济体制，所以，收入分配总量应该等于消费总量。而消费总量就应该是计划安排的生产总量。从宏观层面确定了生产总量以后，就可以安排劳动力供给计划。由于劳动力供给总量与劳动力的劳动总生产量之间存在劳动生产效率的影响，在安排劳动力供给计划时，会发生一个平衡冲突：由于现实劳动生产效率提高，以至于社会可以提供的劳动力总量会远大于生产总量需要的劳动力供给总量。在这种情况下，如果按满足生产需要而减少劳动力用量，必然会因劳动力总量供给的减少而减少劳动者收入分配总量，进而又减少消费总量和生产总量。计划－市场经济体制为了解决这个难题，专门设计了有针对性的调控工具参数进行计划调控，以达到宏观计划平衡的目标。劳动力供给矛盾的平衡是通过"劳动时间与休息时间比"这样一个调控工具参数来化解的：当劳动生产率提高到一定量值时，缩短每周工作时间而增加每周的休息时间。比如一个工程任务需要100人实际工作20天才能完成，如果现在每周工作5天休息2天，实际带薪时间是4周（20天/5）。如果由于劳动生产率的提高，每周改为工作4天休息3天，则同一个任务同样的劳动力人数，带薪工作时间由4周延长到了5周（20天/4）。通过这样的宏观调节，就可以保证充分就业前提下劳动力供给总量、收入分配总量、消费总量、生产总量的计划平衡。

这里有必要说明一点，上述等式是一种粗略的平均意义上的等式，忽略了其中大量的其他因素。比如说，在上述收入分配总量和消费总量平衡中，劳动者的个人收入总量中可能还有一些收入存放在银行内，还有一些借给了亲朋好友而且没有消费。但是作为计划平衡原理，只要有需要劳动力供给的地方，无论处在何环节、何领域，其总量总是构成劳动力的供给总量。生产总量和消费总量也一样，只要是由"人"消费的和由"人"生产的都纳入计划平衡的总量中，计划平衡一定是严谨的。由此可以看出，计划－市场经济体制的宏观平衡始终是围绕"人"来定义的。这其中虽然有定义、内涵不严谨的地方，但其中的平衡计划思路并不应受这种严谨性不够的影响。

宏观层面收入分配的计划平衡，不仅可以在劳动力供给总量、收入分配总量、消费总量、生产总量之间开展，还可以把环境承载、资源可持续供给也纳入分配计划平衡中。环境承载与收入分配平衡计划的关联性，首先表现在环境的维护和改造，都需要劳动力的额外提供，而且伴随着劳动力供给的增加，其收入分配总量、消费总量和生产总量，都会发生联动改变。显然，这需要宏观层面进行再一次的计划平衡。同样的原理，资源可持续供给的有计划行动，也需要劳动力的额外投入，同样伴随着劳动力供给的增加，其收入分配总量、消费总量、生产总量都会发生联动改变，同样需要宏观层面进行再一次的计划。

3. 宏观收入分配平衡计划和劳动力供给平衡计划转换层

将宏观收入分配平衡计划和劳动力供给平衡计划转换为宏观调控工具参数，是宏观平衡计划对微观收入分配进行干预的第二层。笔者在本书第三章第二节表1中设计了一批宏观调控工具参数。所有的调控工具参数都会从不同的角度影响企业生产、劳动者劳动和初次分配收入：

（1）影响企业与企业之间的竞争结果，从而影响企业与企业之间的收入契约分配，最终影响企业内部劳动者的按劳取酬。"管辖域内企业中标加权因子"就是企业间竞争的调控参数，反映了收入分配中地区发展平衡的宏观调控需要，可以改变域内域外企业间的竞争结果。

（2）直接影响劳动者按劳配酬的比例。在宏观调控工具参数中，有很多因子直接改变企业中标"供—需"契约的总成交额，直接影响企业的收入水平，进而最终影响劳动者按劳配酬的结果。比如"国际贸易平衡控制因子""资金配置因子""产品扩张价格调节因子"等，都是会直接影响企业竞争收益的宏观调控工具参数。

（3）影响劳动力供给量，间接影响收入分配。有些调控工具参数，表面看与分配关系不大，但最终会影响收入分配。比如"劳动时间与休息时间比""企业增加值劳动力使用比"这两个参数都会直接改变企业的劳动力契约需要量。

其中，如果通过"劳动时间与休息时间比"参数增加劳动者在每周的休息时间，那么，劳动者将从减少实际提供的劳动时间中，间接改变劳动者的收入分配水平。与此同时，新体制已经通过这个调控工具参数满足了"依需尽能"的"需要"，保证劳动者在实施"供—需"契约的"尽能"劳动时，企业的劳动力既不短缺，也不过剩。

同样，通过"企业增加值劳动力使用比"这个参数，完成劳动力合理安排的任务，实现劳动力供给的计划平衡，保证适龄劳动力能够充分就业，间接影响收入分配。与此同时，它也会从宏观的平衡计划实施中，满足收入分配机制"依需尽能"中的"需"要前提条件。

（4）通过增加企业"供—需"契约的劳动支付量影响收入分配。有些调控工具参数，表面看与分配关系不大，但最终也会影响收入分配。比如"单位产品价值环保投入费用"是企业完成环境保护投入的制度化措施。而要完成"供—需"契约规定的环境保护费用投入指标,企业一定需要额外投入劳动力、额外投入生产资源。而从全局上看,每个局部投入费用的汇总量,最终还是会通过宏观再平衡影响局部的收入分配。

计划－市场经济体制将通过这一层干预构架,完成涉及收入分配和劳动力平衡计划的调控工具参数转换。

4.企业间竞争分配和宏观调控参数导入层

宏观分配调控参数导入企业"供—需"契约的导入层是宏观平衡计划对微观收入分配进行干预的第三层。

将宏观分配平衡计划、宏观劳动需要平衡计划所代表的调控工具参数,导入到劳动者进行劳动所依据的契约内,完成宏观计划向微观合同的传递。需要说明的是,这些调控工具参数既是宏观平衡计划传递的参数,也是宏观分配平衡计划传递的参数。

5.企业内部实现"依需尽能,按劳配酬"层

宏观平衡计划对微观收入分配进行干预的第四层是劳动者在企业实施包含宏观分配平衡计划调控工具参数的契约时,在"依"据宏观平衡计划"需"要的条件下,各"尽"其劳动所"能"进行劳动,最终实现完全的按照"劳"动"配"取"酬"劳的配酬全过程。这一层是国民收入初次分配完成向劳动者和企业所有者配酬的实施层,也是计划－市场经济体制"依需尽能,按劳配酬"的分配机制通过企业这一层架构设计,落实到每一个国民身上的落实层。

(1)企业内部分配的组织领导。公有制企业和非公有制企业,在一个很长的时期内都将存在。所有制形式不同,企业内部的分配领导权也不相同。

第一,非公有制企业的内部分配仍然是由企业所有者决定。但是,企业内部的劳动者将在更公平的竞争环境中,拥有更多的就业选择机会。这种劳动者的选择竞争,会有力制约企业所有者的按劳公平配酬,因为不公平就会失去劳动者。

第二,公有制企业获得可分配利润以后,国有企业管理层将不再像现在

这样，不能对企业盈利进行自主分配。"全国规划及规则制定中心"将根据各地的发展水平、收入水平核定企业1%最高收入人群和1%最低收入人群的收入比，即在本书第三章提出的最低收入差异激励因子，然后再由企业进行自主分配。比如"全国规划及规则制定中心"给这个地区这类国有企业核定最高收入和最低收入比为8，那么所有企业员工分得的企业红利中1%最高获得者和最低获得者之比应不大于8。这样，公有制企业也可以实现真正当家做主。其中的比值反映一个历史阶段支付"劳动"获得报酬的差异。它将根据社会整体水平调整。公有制企业能这样分配是由于它已经放弃了所有特权，成为一个真正的和其他所有制企业一样的平等竞争者。

企业内部分配的决策权，曾经有过让企业职工参与协商的尝试。其方法是让企业职工也拥有分配上的发言权。但从实践结果看，不是流于形式就是各方在利益矛盾上的僵持，导致企业无法运行。究其原因是，非股东企业职工只有涨薪的单向利益诉求，与企业自身发展缺乏目标交集，也就缺少了协商分配的基础。为此，企业内部的按劳配酬决策权，在一个较长时间内，仍然属于企业股东，而企业职工在按劳配酬上的发言权则通过选择企业来实现。

（2）企业内部劳动的"依需尽能"。企业是全面落实"依需尽能，按劳配酬"的场所。由于企业在地区"枢纽"组织的招标中标时，已经签订包含宏观分配平衡计划调控工具参数的"供—需"契约。因此在实施契约的劳动时，"依需尽能"的所有外部条件都已经落实。这时，对于任何一个具体劳动者而言，就只有"尽能"劳动争取多获得酬劳的要求了。

（3）企业内部对不同劳动目的的人群采用不同的分配方案。在同一企业内部，由于分工不同导致劳动的岗位和任务不同，劳动所要达到的目的不同，劳动成果的判定和量化方式也不同。比如，对于企业主而言，劳动目的在于提供有别于其他企业的优质智慧资产和智慧劳动贡献；对于技术设计的研发者而言，其劳动目的在于设计出先进技术方案；而对于在生产线从事劳动生产的劳动者而言，劳动目的是要产出合格的产品。这其中包含千变万化的实际情况，包含了因人而异、因地而异、因时而异的变化。可以说，企业内部分配方案的研究是一门实践科学，是一个在千变万化的企业内部分配实践中创造千变万化分配方案的实践探索过程。

在这里，只对几种有代表性的分配类型进行探讨，为企业内部按劳配酬提供一种思路。

图11是企业分配中代表性人群的示意图。从纵向看存在着"决策层""管理层""实施层"。当然，不同的企业有不同的分法，有的企业还可以分出更多的层次。

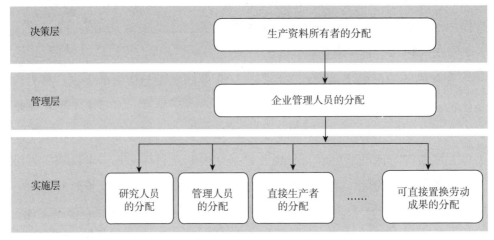

图11 企业分配特征代表性人群示意图

第一，决策层的按劳配酬。决策层可能是生产资料的所有者，也可以包含其他被授权的决策者。决策层是智慧劳动集中体现的层次，其决策好坏、决策水平决定企业的命运，从按劳配酬角度看，应该拥有最高的分配比例。决策者又是企业分配的领导者，单纯从权力上讲，决策层可以将全部的企业利润放进自己的腰包。但是，决策层的分配权力受到企业间横向竞争的制约：首先，一个企业的成功不仅取决于决策层的决策，还取决于管理层、实施层的共同努力。而对于管理层和实施层而言，其收入分配上的水平比较，是超越企业边界的社会化比较。如果A企业主把A企业可分配利润都装进自己的口袋，而另外有B企业的企业主非常兼顾职工的利益，那么A企业员工可能会辞职跳槽，投奔兼顾职工利益的B企业，这个A企业就会被淘汰。这就形成一种横向的跨越企业边界的分配竞争，而这种竞争正好是制约企业主分配行为的利器，成为推动企业内部分配合理化的制约力。

其次，企业内部的分配还受到内部公开的分配规章制度的制约。分配是一种正反馈刺激，企业要想调动各类职工的积极性，就必须事先做出分配承诺，做出规定。通常事前的规定和承诺都是接受跨越企业界限竞争制约的，如果企业的分配制度本身就很不合理，那么工作还没有开始也许就没有职工了。这个预先制定的内部分配规章制度只要被实施，那么对于掌握分配权力的企业主而言，内部分配已经受到了制约。

最后，企业内部分配必然需要接受来自宏观调控措施的制约。其中包括税收等各种措施。这些由国家、地区为着总体发展目标所颁布的收入分配均衡规定，首要的对象一定是决策层。

第二，管理层的按劳配酬。管理层的作用是将决策层的决策付诸实施。管理层付出劳动结出的劳动之果一定是整个企业的经营效益。因此，管理层的按劳配酬是按整个企业的劳动成果作为"劳动"之"平均果"来量化分配的。管理层在分配上和整个企业效益好坏关联性越大，激励效果越好。

管理层还可以再分解。比如，管生产的副总裁其"劳动"的衡量值，更多在于生产任务是否完成，而对于管销售的副总裁来说，其"劳动"的衡量值是销售了多少产品，等等。因此，管理层的分配也还需要分层。第一层先从企业中把属于整个管理层的"管理层可分配收入"配置出来，实现管理层整体"劳动"与企业成果之间的"因果"关系。第二层，管理层再按各自的"劳动"将"管理层可分配收入"分配到每个管理者。

第三，实施层的按劳配酬。实施层属于企业这个系统节点的终端，是经济活动的基础层，实际情况也更为复杂。劳动目标、劳动对象、劳动效果的评价千变万化，但根据劳动的特点和劳动的结果特点，可以大致分为这样几种专业块。

其一，产品研究人员的分配。研究人员是脑力劳动者，是智慧劳动的提供者。他们中的顶级人才在现代企业中地位越来越高，在计划 - 市场经济体制中的地位将更高。他们中的不少人有机会成为企业的股东、智慧资产的拥有者。研究人员的脑力劳动在管理上也极具特色。比如，作为一种脑力劳动，无法用时间管束他，因为很多发明及创新点子来源于非工作时间。这些人的很多工作也无法用劳动成果衡量，因为很多创新需要经过产业化的过程才能产生价值。研究人员是个大专业块，还可以再细分为创新研究人员、应用技术人员和生产过程技术人员。创新研究人员按劳配酬的最好办法是让他们成为企业的股东，与企业共存亡。应用技术人员劳动贡献的量化，是技术应用的速度和效率。至于生产过程技术人员的劳动，则由于其与整体企业或其管辖域局部的劳动成果关系密切，可以直接和部门的"劳动"成果挂钩配酬。

其二，管理人员的分配。这里的管理人员是指执行层的普通职员。他们劳动的特点是承上启下，完成管理层交办的各项任务，又将基层的信息及时、准确、全面地上达管理层。他们的劳动要求是认真细致不出差错，劳动成果与企业整体效果紧密相关，也与承上启下的工作能力相关，按劳配酬的基础是整个企业的平均效益和主管领导对其的评价。同样，他们也可以分层分配，总的原则是将他们的"劳动"分配先与这些"劳动"要达到的企业目标之果建立起成比例的"因果"关系。

其三，直接生产者的分配。直接生产者在企业中是一个重要的执行群体。他们的劳动目标是完成企业管理层交给的生产任务。单纯从劳动目标而言，直接生产者由劳动创造的劳动成果与企业需要的劳动成果不一定等同。比如，管理者下达了一个生产任务，生产 1000 台电视机，但由于决策失误，这 1000 台电视机全部积压在仓库里成为严重过时的废品。从企业角度看，其中的劳动成果是负的劳动成果，但对于直接生产者而言是正劳动成果，是需要按劳配酬的。因此，直接生产者的按劳配酬是以完成企业下达的生产任务为基础，以完成任务的质和量以及对生产集体的配合来量化"劳动"的。对于执行者而言，被执行的指令始终认为是"正确"的，其分配也只与执行指令情况有关，而与被执行指令是否正确无关。

其四，可直接计算劳动成果人员的分配。企业中也有不少拥有相对独立的劳动因果关系的岗位。比如，一个企业驻某省的销售中心，其在该省的销售业务完全取决于他们的劳动效果。因此，在该省的销售量之"平均果"可以作为配酬的"劳动"依据。还有这样一种企业内部单位：一个部门独立生产企业中的某个产品，可以独立进行内部核算。对于这类人员和部门最好的分配办法是二层法：第一层，把这部分作为一个整体的"劳"与"劳"对应的总体之"平均果"在分配上建立起"因果"关系。第二层，再在内部按各自的"劳"与目的之"平均果"建立分配关系。

四、计划 - 市场经济体制收入分配机制的实现途径

由于计划 - 市场经济体制分配机制不同于其他经济体制分配原则，因此，分配机制的落实需要找准落实的关键难题，再以问题为导向，从破解难题入手找到实现途径。

计划 - 市场经济体制分配机制要全面落实有四个关键难题：

第一，如何实现宏观平衡计划对收入分配的约束性干预，而且这种干预不是"人"的随意干预行为，而是体制机制形成的制度化行为。

第二，如何保证企业在竞争中不被轻易淘汰，从而保证企业与企业之间的收入分配能在持续的竞争中完成。

第三，如何在多种所有制形式同时存在的经济发展历史阶段中无障碍地实施"依需尽能，按劳配酬"分配机制，而且其实施是由新体制特有体制和机制做保障的。

第四，如何在国民收入初次分配中，全面按劳动配酬，避免经济剥削，保证收入分配更加公平、更加体现共享的理念。

可以这样认为，找到解决这四个问题的方案时，也就找到了落实分配机制的途径。

计划 - 市场经济体制将首先通过对国民收入初次分配层次的设计和宏观平衡计划对收入分配约束架构的设计，完成分配体制机制变革，以创建能将"依需尽能，按劳配酬"机制全面落实的体制架构。其次，以计划 - 市场经济体制特有的计划性做支撑，对参与配酬的生产要素构成和作用进行系统性改造，实现生产要素中劳动内核的外化配酬，最终，解决初次分配中的关键问题，全面落实"依需尽能，按劳配酬"分配机制。

（一）降低企业在竞争中被淘汰的概率

1. 降低企业的淘汰率是保持企业间竞争分配的关键

企业与企业之间的竞争，虽然获得的仅仅是可以制造"初次分配总蛋糕"中那部分财富的"财富载体"（产品订单），但却是国民收入初次分配中越来越重要的关键分配。原因就在于这是后续所有分配的"入场券"，没有这张"入场券"就得不到分配的机会。现在之所以贫富差距这么大，一个重要原因是参与企业间公平竞争的企业纷纷在竞争中被淘汰，取得参与"初次分配总蛋糕"的"入场券"的企业越来越少，以至于"初次分配总蛋糕"只能被少数行业垄断企业瓜分。显然，这样的结果不会有国民收入初次分配的公平。为此，计划－市场经济体制的重要任务就是要降低企业在竞争中被淘汰的概率，保证每个行业都有很多企业参与竞争，让更多的企业有机会拿到参与"初次分配总蛋糕"的"入场券"。

有一种观点认为，企业在竞争中被淘汰是吐故纳新，是一种进步，为什么要降低被淘汰的概率呢？这里混淆了竞争淘汰和竞争者淘汰的概念区别。计划－市场经济体制倡导竞争，也倡导竞争淘汰，但这种淘汰是指本轮竞争的胜负，并不追求把竞争者埋葬。因为只有存在众多企业的竞争，只有让所有的企业都拥有参与"初次分配总蛋糕"的"入场券"，国民收入的初次分配，才能真正是属于"国民"的。

2. 企业在竞争中被淘汰的主要原因

新体制要降低企业在竞争中被淘汰的概率，就得研究企业在竞争中被淘汰的原因。其原因非常多，现列举几种如下：

（1）竞争中失败企业的损失太大。在传统市场经济体制下，竞争的管理方会提出一整套的竞争"门槛"作为"入门"竞争的条件，比如注册资本达到多少，生产能力如何，等等。竞争企业要参与竞争就得首先投入很多的人力物力成本——这就意味着对竞争企业而言，任何一次的竞争失败都会造成巨大损失。在现实中，几次大的竞争失败就可以彻底淘汰掉一个企业。

（2）企业过大的经营过程风险。在传统市场经济条件下，即使竞争胜利取得了产品订单，仍然存在极大的后续经营风险。最严重的是由于市场经济的盲目性，企业投入资本进行生产甚至产品交货后，产品的需求方由于上游用户项目取消而取消订单，导致企业货款收不回来而倒闭。

（3）由竞争强势方构建了不公平竞争市场剥夺了很多企业的生存权。竞争强势方利用传统市场经济体制的"自由"，发明了很多把竞争企业扼杀的办法。比如，先通过"免费"把竞争企业消灭，再抬价暴利；政商合谋，用"规则"排斥竞争对手；等等。

3.新体制避免企业在竞争中被淘汰的措施

计划 - 市场经济体制将通过体制机制，在强化公平竞争的同时，保证企业能够在正常经营条件下，更多地参与企业之间的竞争。

（1）降低企业在竞争失败时的财产损失。新体制是一种拆除竞争门槛，强调过程管理的体制。在新体制下，参与竞争的企业并不需要竞争投标前有巨大的财产投入。也就是说，即使这次竞争失败，并不会有很大的财产损失。如果这个竞争失败的企业还是有竞争能力的，那么，还可以参与下次竞争，除非企业完全失去了竞争力。相反，一旦企业竞争成功签订了"供—需"契约，企业就可以放心投料生产，这时虽然会有财产投入，但这个契约受政府担保，是一种十分可靠的计划，一定可以收回投入的成本，同样没有风险——这就创造了一种计划 - 市场经济体制的竞争机制：具体竞争有失败，但基本不会有企业因此而被淘汰。

（2）拆除企业竞争"门槛"，强化过程公平，推动企业间公平竞争。计划 - 市场经济体制以体制的机制做保证，实现下述改革：

第一,建立公平竞争机制。在生产者和消费者交换过程的招投标中，从招标、定标到签约，全过程采用了排除"潜规则"干预的流程，保证竞争公平公正。

第二，在新体制下，所有市场竞争中的强势方，都不再有施展不正当竞争的"抓手"和途径。

第三，在新体制下，竞争的入场门槛将仅仅只有与安全相关的要求，使企业拥有公平竞争的参与机会。

（二）降低传统资本在生产要素中的作用和权重

1.资本在传统体制下有过高权重的原因

在传统市场经济体制下，资本是最重要的生产要素。多数情况下，股东资本占比就是股东占有企业股权的比例。资本如此重要，不仅是由一整套经济制度设计决定的，还在于资本在社会生产经营活动中的作用确实巨大。

（1）资本在传统市场经济中有万能的功效。比如在市场经济条件下，可以用资本中的资金购买生产所需要的任何生产资料。不仅可以购买材料、设备，还可以雇佣工程师以及总经理。

（2）资本在传统市场经济体制下有非常大的投资风险。资本的含金量还与它的投资风险大有关。投资时，除了那些能垄断市场、操纵市场的投资人以外，多数投资人只能凭借对未来市场的主观预测，而不能对市场的变化进行准确计划，更无法准确判断其他投资人同时做的随机决断。而这些风险还仅仅是资本投资决策过程的风险。其后，还有从签订合同一直到收回货款的全过程风险。在传统市场经济无序竞争条件下，尤其在产能普遍过剩的条件下，任何投资都有极大的风险，都可能在竞争中被淘汰而毫无回报。投资风险越大，资本的稀缺性越高，资本的价值和地位就越高。

2.新体制将资本的作用回归合理位置

计划 - 市场经济体制充分运用其计划机制和战略理念，将资本的作用重新定位。

（1）资本将成为容易筹措的生产要素。在计划 - 市场经济体制下，资本的作用将伴随着其中的一些根本性改变而实现调整：

第一，"没有暴利，一定有利"原则，可以保证企业正常经营后一定有利益可图。企业在竞争中获得的"供—需"契约中，贯彻了"在正常经营下，没有暴利，但一定有利"的战略理念。也就是说，企业只要能拿到"供—需"契约，正常经营就一定有"利"益产生。由于没有签订契约就不需要财产投入，而签订契约就一定有"利"，其中的资本就有了空前的安全保障。

第二，签订契约后的计划性保障排除了投资风险。由地区"枢纽"组织签订的"供—需"契约，就相当于拿到了政府权威保证的生产计划。按照新体制设计，该契约即使遇到天灾，也会通过专用基金赔付。因此"供—需"契约签订后，由于不再有投资风险，资金获得就将非常容易。无论银行还是个人都愿意在无风险时供应资本（资金）。

第三，资金来源的充足性决定了资金在分配中的作用和地位不会过高。计划–市场经济体制建立后，生产者的生产计划性大大增强。竞争者一旦在"枢纽"招标时中标并订立了契约，就相当于获得了政府担保的合同，贷款风险几乎为零。这样，无论是银行还是有资产的个人、群体都不会对这种投资有顾虑。因此，在计划–市场经济体制下，资金成为最容易筹集的生产要素之一。资本在生产要素中的地位自然会降低。

（2）资本在新体制中的作用。在计划–市场经济体制中，资本仍然是企业经营活动离不开的重要生产要素，其中的货币资本仍然发挥着它的流通作用，也是企业存活所必需的"血液"。

但在新体制中，资本将回归其原本应有的作用定位，即是计划性推动经济活动的催化剂，是关键需要时的关键帮助。

第一，资本是经济活动中的关键帮助。当我们要生产一个契约中的产品时，需要购买材料、设备，但如果没有资金，这个产品就生产不了。举例说，长江设备厂在地区"枢纽"的招标中，得到了一批设备生产订单，但没有资金购买材料，这时投资人借给其1000万元的资金。长江设备厂用这笔资金买来了提高生产效率的设备，还买来了材料、零部件，通过生产劳动，完成了"供—需"订单的生产并取得了100万元的利润。实现了从不可能有利润（如果没有这笔资金的投入就不会有收入）到有利润100万元的劳动"平均果"增值。

显然，这个1000万元的资金是关键时候给予企业的一个"关键帮助"，实现了价值的增量。

第二，资本是推动经济运行的催化剂。催化剂是在参与化学反应时，能改变化学反应速度，不改变化学平衡，且自身不发生变化的计划预设的物质。资本的催化剂作用，可以用这样一个例子来说明。假如，有100个专业工人，借用政府的需要支付利息的资金（催化剂），办齐所有的建房手续，用若干年盖起了房子，最后卖掉一部分房子还清了借政府的资金和利息，剩余的每人分了一套房，相当于用自己的劳动，完成了由劳动创造自用住房的经济活动。这里的资金并没有改变数量，但促成了专业工人用劳动建造住房这个经济活动。资金起的作用是促成生产过程中的资源配置周转作用，是关键时候由资金提供的"关键帮助"作用，其中支付的利息是整个经济活动中的价值增量。当然这里的一个关键是整个经济运作过程必须是计划的：若房盖起来后，剩余的房不能变为现金还债，一切周转都不会实现。也就是说，只有计划－市场经济体制有条件实现这个"关键帮助"。

3. 资本在新体制中有关键帮助劳动内核，可以配酬利息

（1）资本的关键帮助劳动内核。上述关于资本作用的例子中，有一个共同点，就是在资本（资金）在关键时候提供关键帮助后，都产生了价值增量。按照本章第一节提出的公理，劳动是价值的唯一源泉，那么这个价值增量一定也是某种劳动结出的"平均果"。在这里将由"关键帮助"产生价值增量中的劳动称为"关键帮助劳动"。那么资本作用的劳动内核就是资本的"关键帮助劳动"。在前一个例子中，如果按照银行利息的标准拿出合理的50万元作为"利息"支付给货币资金提供者，就可以作为资金"关键帮助劳动"贡献的按劳配酬。

（2）资本关键帮助劳动的利息标准配酬是竞争后的标准。资本的"关键帮助内核"配酬尺度，应该是市场竞争的结果。假定在企业取得"供—需"契约后，个人、银行都愿意借资金给企业，那么银行的"利息"标准就具有指标意义，自然会引导其他资金向"利息"标准看齐。

（三）创建以劳动为内核的智慧资产和智慧劳动

计划－市场经济体制要落实"依需尽能，按劳配酬"的分配机制，需要在降低传统资本作用和地位的同时，提升以劳动为内核的生产要素的作用和地位。

1. 从无形资产中剥离出智慧资产

为了实现定义智慧资产的目标，从有形资产和无形资产入手剥离出赋予

新内涵的智慧资产。

（1）有形资产和无形资产。英国经济学家阿尔弗雷德·马歇尔将生产要素概括为"土地、劳动、资本和组织。"马歇尔认为："资本主要是由知识和组织构成的，其中有一部分是私人所有，而其他部分则不是私人所有。知识是我们最有力的生产动力，它使我们能够征服大自然，并促使大自然满足我们的需求。"❶

在现在的企业财务报表中，将企业的资产分为流动资产、固定资产和无形资产。在这个分类中，将货币资产、库存材料、库存产品统统都归类在流动资产内。企业资产是生产资料所有人资产的有价财产部分，但不是全部。很多无形资产在办企业时起着决定性作用，但很难量化。比如，在无序的传统市场经济体制中创办一个企业，首先要有产品订单，但很多产品订单要靠企业经营者的"渠道"和"关系"才能拿到，而且在很多行业，这个"渠道""关系"是千金难买的关键"资产"。它虽然也是财产，但没有办法反映在财务报表中。

无形资产是一种资产，但因为这个资产是无形的，因此只有经过有形"人"的再利用才能让资产变无形为有形，才能真正成为有价值的资产。专利是个技术方案，是无形资产，但如果得不到实施，只是一堆文字。

（2）无形资产中的"有限定无形资产"。无形资产是一个大概念。广义上看，所有不是实物资产的有用观念、品牌、知识、专利、理论等都可以成为无形资产，但广义无形资产中的很多无形资产并不能在国民分配中作为"资本"参与分配。比如，一种很久远且无法量化的先进观念、一种大家都在使用的理论等都无法用于分配。因此，在这里需要将参与国民分配的无形资产加以界定和限定，让那些无形资产中所有权人明确的、有效时间相对短暂的、经过后续再劳动能产生劳动成果增量的无形资产单独定义为"有限定无形资产"。"有限定无形资产"有以下特征：

第一，"有限定无形资产"拥有在积累、转移、继承上与有形资产完全不同的特征。

---

❶　［英］马歇尔著：《经济学原理》，章洞易缩译，第84页，北京联合出版公司，2015年。

从积累特性上看，"有限定无形资产"对一个有经验的个人而言是积累的，前面的知识成就后续的创造，但他的知识如果不传授就无法转移到下一代。从社会历史看，只能在同一个个体身上逐渐积累，不能构成历史进程中的积累，可以认为"有限定无形资产"的资产积累性比较差。

从转移、继承特性上看，"有限定无形资产"也与有形资产不一样。"有限定无形资产"在很多情况下就是一个诀窍、一个经验、一个"渠道"，是一张俗称的"窗户纸"，捅破即透，一透就失去独享价值。为了保护这种"破即透"的无形资产，通常都是用技巧的"公开"换取对这种无形资产经济利益的"保护"。比如专利，是以公开技术换取专利保护期和受益期，不公开技术就得不到法律对其经济利益的保护。当然，你也可以将技术诀窍——诺浩❶不公开保护，但一旦因失密而被其他人掌握，他就失去独享的经济权利。诺浩得不到法律保护，而要得到法律保护就必须公开技术取得专利。技术转移继承都得按照法律规定以显性记录的方式进行，否则，转移不受法律保护。而有形资产转移是以资产的实际控制权来确定的，不一定要记录转移过程。

第二，"有限定无形资产"时间效力相对短暂。比如，软件著作权保护期50年，发明专利保护期20年，实用新型、外观设计保护期10年，过了保护期，资产就成为全民资产。有些无形资产可能只对某事、某时有效。"有限定无形资产"有效期较短，更新快，放着不用就会过期。也就是说，"有限定无形资产"只有及时使用才能成为资产，是一种相对短时效的资产，而有形资产则是长效的。

第三，"有限定无形资产"往往作用强大。在竞争中，很多时候可以起到决定性作用。比如，使用一个专利技术实现了一方面的技术突破，就可以战胜竞争者；一个诀窍把别人解决不了的难题解决了，有诀窍的企业成功了，而其他企业则可能由此而失败。

（3）无形资产中的智慧资产。百度百科这样定义智慧：智慧是一种高级的综合能力，可以是由智力体系、知识体系、方法和技能体系、非智力体系、

---

❶ 英文 know—how 的谐音，指不公开秘密的技术诀窍。

观念和思想体系、审美与评价体系等多个子体系构成的复杂系统。

智慧区别于智力。智力是个人拥有的，不能转移给其他劳动者使用的个人能力。而这里所指的智慧则包括两部分内涵：一部分是那些可以在人与人之间转移的、作用效力在转移中相对稳定的智慧，另一部分则是由智慧者自身拥有但会在劳动中产生更大劳动效果的智慧。

计划 - 市场经济体制中，智慧的一部分被授予更加特定的内涵。在新体制中，智慧中的一部分被升华以至于从"人"身上剥离后，认定为一种物化的交换资产，是那些能作为生产要素的智慧。前面所提到的"有限定无形资产"就是智慧资产。

智慧在现代社会不断被人重视，在现代企业资本构成上，智慧资产也越来越受到投资者的青睐。从分配的角度看，我们希望参与分配的"资产"最好是寿命有限的。像体育比赛一样，这个人经过努力，今年是冠军，明年可能是另外一个人为冠军。如果一个劳动者用于国民分配的基础性依据，是由寿命相对较短的"资产"组成，那么，从国民分配的角度看，会产生十分积极的资产定期归零效果。相当于伴随某些局部资产寿命的终结，不断产生局部财富的定期清零。当然，这种清零机制在历史的长河中，是一个渐进的过程。

总结起来，智慧资产是专指有明确主权人的、能够在资产转移中被其他劳动者使用的、在社会需要目标方向上产生效益、能够在后续劳动使用中产生价值增量的那部分无形资产。它有四个基本特征：其一，有明确可追溯的主权人；其二，在有效期内经转让可以被其他劳动者在劳动中重复利用；其三，在劳动中重复利用智慧资产后，可以产生投入劳动之外的价值增量；其四，是无形的资产。

2. 智慧资产的过去劳动内核：智慧劳动

智慧劳动是计划 - 市场经济体制专门为全面实现"依需尽能，按劳配酬"机制设计的一种劳动形式：实时劳动和过去劳动。

实时劳动表现形式是由智慧劳动者直接提供的智慧劳动。这种劳动的特点是由劳动者自身提供的直接产生劳动价值的劳动。这种智慧劳动，可以直接以"智慧劳动"为尺度参与配酬。这种按"智慧劳动"配酬和其他劳动者"按劳配酬"完全相同，不同之处可能是"智慧劳动"会有更多的劳动"平均果"产生，配酬可能会更多。

过去劳动表现形式是智慧资产在再劳动使用后，产生价值增量，再按本章第一节两个公理由价值增量推定的智慧劳动。这个"智慧劳动"也可以认为是"智慧资产"劳动内核的外化劳动。

举例说，一个拥有资产规模为 A 的智慧资产企业，通过劳动者使用这笔智慧资产在一个月内生产新产品。企业在生产新产品时新投入劳动成本为 B1。由于智慧资产通常都可以重复使用，所以，在每个时间段内产品生产中消耗的仅仅是智慧资产的一部分分摊成本。若分摊年限为 10 年，则每月的分摊成本为 A/120。那么，本月用智慧资产生产新产品的总劳动投入是：A/120+B1。若本月实际产品的总价值达到了（A/120+B1）×3，即 3 倍的价值产出，出现了 2 倍的价值增量。

这个例子中，按照公理 1 和公理 2，由智慧资产在新的劳动投入后产生的 2 倍价值增量，是智慧资产所结出的劳动之"平均果"。如果，这 2 倍的劳动之"平均果"是由劳动者的平均劳动来等量创造的话，需要投入总量为 C 的劳动，那么，我们还可以说本月是投入了总量为 C 的智慧劳动，生产了同样的 2 倍"平均果"。这其中，智慧劳动等值于价值增量对应的一般劳动。

显然，智慧资产通过再劳动产生了价值的增量，这个增量是一种关键劳动的成果。在这里的因果关系中，智慧资产是产品价值增量的"原因"，而这些价值增量则是智慧资产借力再劳动，由智慧劳动结出的劳动之"平均果"。显然，这种表现形式的智慧劳动，是由智慧资产的发明者由过去的劳动创造的，是过去劳动在后续的再劳动使用中等效产生的智慧劳动"平均果"，因此，可以认定为内核是劳动。从分配的角度看，这部分智慧劳动是以智慧资产作为股权，以等效智慧劳动为尺度在企业可分配利润中进行分配的。

（四）通过生产要素的全劳动内核化，实现全面按劳配酬，并避免经济剥削

1.生产要素全劳动内核化，全面按劳配酬

生产要素按照现有的定义，包括劳动力、土地、资本、企业家能力四种。在计划 - 市场经济体制下，生产要素将由劳动力、智慧资产和资本构成。根据前面的论述，新体制实际上已经实现了生产要素全劳动内核化：

（1）企业不可缺少的资本已经不再是稀缺资源，在生产要素中的作用和地位已经全面降低。资本仅仅是关键时候提供关键帮助的"关键帮助劳动"的角色，可以配酬的水平也仅仅是获得"利息"的水平。资本依据"关键帮助劳动"的配酬，将在企业的利润核算会计账务阶段从企业可分配利润中配付。

（2）智慧劳动中由过去智慧劳动构成的智慧资本部分，将成为生产资料的支配性成分。未来的企业之间的竞争，不再是比货币资本有多少，而将比智慧资本有多强。智慧资本的分配仍然在企业的利润核算会计账务阶段，从企业可分配利润中支付，但分配尺度则是智慧劳动的量化尺度。

（3）劳动力要素则直接以"劳动"为按劳配酬的尺度。其中智慧劳动者的按劳配酬直接以智慧劳动为尺度。一般劳动者则直接以劳动者的"劳动"为尺度配酬。劳动力的按劳配酬在生产成本核算阶段以酬劳（工资）+ 奖励形式提前分配。

（4）劳动尺度均衡化措施。计划 - 市场经济体制将会通过宏观计划平衡调控企业利润水平和细化核算机制，保证从企业可分配利润中分配的劳动化单位配酬额❶接近通过酬劳（工资）分配的劳动化单位配酬额。这样就可以均衡不同配酬阶段实行的配酬水平。

至此，实际上已经完成了全要素的按劳配酬，而且其中无论是作为股权中的生产要素，还是生产过程的劳动力要素，都将按同一个配酬标准进行配酬（见图 12）。

---

❶　劳动化单位配酬额是指单位劳动配酬水平，是个待研究的值。

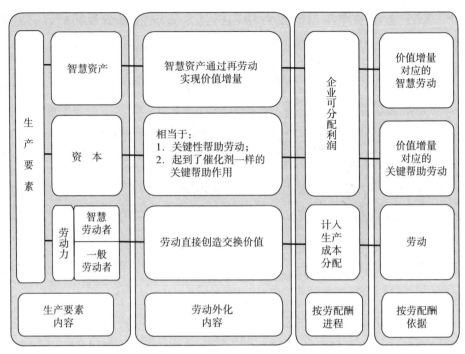

图 12　生产要素按劳配酬的途径

2. 全面按劳配酬避免经济剥削

经济剥削是文明社会所不能接受的,在计划 – 市场经济体制存在的历史阶段中更不允许存在。关键问题是,什么样的分配可以认为避免了经济剥削。这里有必要建立无经济剥削的公理。

(1) 确定无经济剥削公理。从生产要素的分配上看,一般劳动者在配酬所依据的"劳动"尺度相对稳定,比如这个劳动者的劳动产出和那个劳动者的劳动产出与平均值的偏差有限。更重要的是,普通劳动者通常是弱者、是被剥削的对象,因此保证这部分劳动者免受经济剥削是新体制的关键任务,也是建立无剥削公理的基础和出发点。

公理 3: 一般无经济剥削公理。

参比的单独劳动配酬:在参比的历史阶段和参比的劳动生产率水平下,一般劳动者 A 在无其他劳动帮助条件下,付出的单位量劳动产生价值增量成果,且依据该成果可以配酬 W。

有其他参与劳动的配酬：在相同的历史阶段和相同的劳动生产率水平下，一般劳动者 A 在有其他劳动提供方参加和其他帮助劳动参与条件下付出了与参比劳动相同的单位量劳动，若得到了大于等于 W 的配酬；

则：无论其他劳动提供方和其他帮助劳动所有者从共同劳动成果中获得了多少配酬，一般劳动者 A 可认定为未受到经济剥削。

这里的一般劳动者 A 是指可能受经济剥削人群集合中的具体劳动者。

其中，对历史阶段进行限定，是由于酬劳水平与历史阶段相关。比如，中国改革开放初期一般劳动者的配酬水平是月薪几十元人民币，而改革开放 40 年后，一般劳动者配酬水平是月薪几千元人民币，配酬水平显然与所处历史阶段有关。

其中，对劳动生产率水平进行限定，是由于酬劳水平与劳动生产率水平相关。比如，玻璃杯子原先由人工吹制，一个经验丰富的工人一天只能制造几十个。后来引进了智慧劳动——专利生产设备，一个普通工人每天可以自动化生产几千个同样的玻璃杯子。经过 20 年的专利保护期后，专利技术变成了社会公共技术，一天可以生产几千个玻璃杯成为社会平均的劳动生产率水平。显然，一般劳动者这时的配酬水平需要以新的劳动生产率水平为依据。

这个公理的内涵是，在特定历史阶段和特定劳动生产率条件下，一般劳动者在有其他劳动参与下从事劳动，只要在支付与单独劳动相同的劳动量后仍然能够配取等于或大于自身单独劳动时的酬劳，就可以认定未受到经济剥削。

这个公理从理论上是可以成立的，但在实践中却很难使用。其原因在于：在现代相互关联的经济活动中，任何劳动者都无法尝试无其他劳动帮助下的劳动——公理所需要的参比劳动无法实现，也就无法获得相同条件下单独劳动的配酬 W。

因此需要建立近似合理的可以实施的无经济剥削公理。

公理 4：限定法无经济剥削公理。

若：在定义区域内，由当地政府依据当前时期的域内通常配酬水平，制定出一般劳动者 A 在付出单位量劳动后应该配酬的最低标准 W；

且：一般劳动者 A 在有其他劳动者或劳动贡献者 L 参与劳动时，一般劳动者 A 在单位时间劳动的酬劳仍然等于或者大于 W；

则：其他劳动者或劳动贡献者 L 无论配酬了多少，都可以认为在该劳动配酬中无对一般劳动者 A 的经济剥削。

在这个公理中，参比配酬 W 是由代表当地多数民众利益的地区政府在兼顾各方利益的前提下制定公布的标准，是一个地区最低的无剥削配酬标准。该标准由政府适时制定和公布，动态地跟踪社会公平分配的发展水平。

公理 5：企业差异控制法无经济剥削公理。

若：在企业域内，1% 最高配酬人群和 1% 最低配酬人群的配酬比未超过代表多数人利益的地区政府公布的规定标准；

则：认为在该劳动配酬中无经济剥削。

这个公理的基本依据有两点：其一，企业是国民分配中初次分配的基本核算单位，是劳动生产率水平的体现单位，也应该是劳动配酬的平衡单位。其二，劳动者之间劳动差异是个有限的量，公理中两个 1% 之间的差异可以认为是劳动差异的现实水平，也可以认为是当时社会对于分配差异程度的容忍程度。

公理中两个 "1%" 是个建议数或者说是个举例数，应由将来的专题研究确定内涵，应由将来的实践确定具体数据。

公理 3、4、5 三个公理分别代表了不同的公理理念：公理 3 表述了一般性原理，公理 4 确定了地域内的最低标准，而公理 5 则确立了企业内配酬的公平标准。

（2）计划－市场经济体制无经济剥削的实现措施。新体制拥有很多实现无经济剥削的手段。比如，通过生产要素劳动内核作为配酬依据尺度，可以使配酬有接近统一的尺度标准；再比如，精细价格制订可以调整企业可分配利润在经营收入中的比例，进而改变生产要素分配之间的平衡。总之，新体制拥有足够的措施保证公理 4 和公理 5 得以实施，从而真正避免经济剥削。

第五章 | 计划－市场经济体制中的"置换"模式

计划－市场经济体制的基本追求是实现经济社会的有计划按比例均衡发展，而均衡发展的主要目标是全社会供给与需求的持续平衡，特别是广大劳动者的劳动供给与他们不断增长的基本需求相平衡，因为只有如此才能实现社会主义社会共享共富的美好前景。为此，笔者构想了一种"置换"模式，来支撑计划－市场经济体制功能的落实和发挥。本章将对"置换"模式的基本构想、关键环节、运作方式及其现实意义与可行性加以论述。

一、"置换"的基本构想及现实意义

（一）"置换"的基本构想

我国现行的市场经济体制在当前出现了这样一种矛盾现象：一方面，有几亿等待城市化的准市民，在城市没有住房、没有彩电等；另一方面，离准市民很近的城市有大量的住房卖不出去，电视机厂缺乏彩电订单，等等；再一方面，等待城市化的准市民有劳动力，想就近就业却找不到工作，而远离准市民家乡的企业却在为找不到工人着急，等等。这就像怀有各自目标的向北、向南、向西、向东的汽车都挤到了十字路口，谁也不让谁，谁也无法达到自己的目的地。因此，产能与产品大量过剩同城市化过程中的市民与准市民基本需求不能满足的矛盾以及劳动力供求不平衡的矛盾亟待解决。

此外，一些已经退休的工人，身强力壮，想用自己的未来劳动即就业以后可以付出的劳动去置换一些消费品，不仅希望通过劳动提高自己的生活质量，还希望通过劳动锻炼自己的身体。社会可以满足他们的愿望吗？

法国著名经济学家让·巴蒂斯特·萨伊（1767—1832 年）提出过一个著名的经济学"萨伊定律"。在萨伊看来，购买商品要有钱，但是，为什么会有钱呢？只是因为别人买了你的产品，所以你才有收入，并转而去购买别人的产品。这个有收入的人的需求是由谁创造的？正是他自己的生产，所以，"是生产给产品创造需求"。其实这其中似乎也有一种"置换"思想，即用自己的生产创造了一种需求，一种需求造就了一次生产。但由于自由市场经济体制无法用制度和契约来实现这种"置换"，因此这个定律也只能像墙上的画饼——看得见，吃不着。

计划－市场经济体制可以将电视机厂、与盖房子相关的钢铁厂、建筑施工企业等尽可能布局在离准市民很近的城市；由这些工厂稳定地安排这些准市民就业；准市民又用自己未来劳动实现的稳定收入来购买住房和彩电等，实现经济的持续高速发展。这其中，劳动者用未来劳动置换现实消费（以下简称"置换"）是计划－市场经济体制一种常态化的经济组织形式，是一套独立于正常计划竞争系统的经济运行系统，采用与正常经济活动不一样的消费、生产组织方式。所有想提前消费的人群，包括已经退休的人员，都可以参加"置换"。同时，除"置换"外，在计划－市场经济体制中还有不参与"置换"的劳动者。他们将不受"置换"约束，也不享受"置换"的好处。

"置换"要解决的是最广大、最基层社会成员的共享共富问题，是真正惠及最普通民众的内需消费，其基本目标是让能向社会提供未来劳动的社会成员开发出能用自己的劳动实现富裕的道路。特别是在社会主义的初始阶段，处于消费不足的底层民众占据绝大多数，因此，这个阶段参与"置换"的社会成员和"置换"经济总产值都有可能超过半数。

在计划－市场经济体制下，"置换"既是解决供需不平衡的创新性谋划，也是组织有未来劳动能力的劳动者实现再劳动的计划性举措，还是计划 – 市场经济体制可行性的一个实证。其基本含义是：取得"置换"资格的需求者，用未来稳定的就业作保证，分阶段获得自己用未来劳动"置换"的消费品，用需求者自己的劳动在政府计划组织下生产这些消费品，在有计划地生产自己使用的消费品中实现稳定就业，再用有保证的就业收入偿还已获得消费品的费用。"置换"还可以用"我"现在的劳动或"他"异地的劳动"置换"未来给"我"的服务。

图 13 即"置换"原理示意图。从消费者来看，通过"置换"提前得到了消费品，这个消费品正好是生产者按"置换"计划制造的产品；消费者根据"置换"计划支付劳动，这个劳动正好满足生产者对劳动力的需求；消费者用未来劳动所得偿还提前消费的欠费，而这正好是生产者再生产的投资；政府则既是"置换"的谋划者和管控者，也是全过程的组织者。"置换"者用未来稳定的就业作保证，分阶段获得自己用未来劳动"置换"的消费品、用自己的劳动"置换"生产的消费品、在"置换"生产消费品中实现稳定就业和用就业收入偿还已获得消费品的欠费的所有过程，都是供需双方在政府监管下通过契约实施的行为。

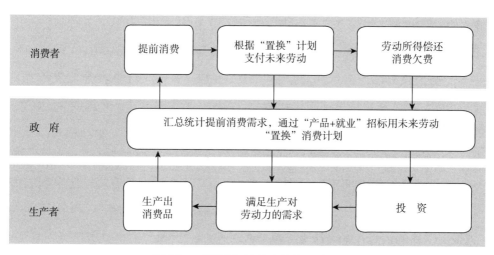

图 13　"置换"的基本构想示意图

（二）"置换"的宏观目标展望

"置换"的宏观目标主要有两项。

1. 将劳动者尽量多地组织到就近就业的"置换"中来

按照发达国家的城市化水平，即80%的人成为城市"市民"，那么13亿中国人口中就应该有10亿人成为城市市民。如果中国市民在2017年人均GDP为9261美元的基础上，按每年增长8%来规划"置换"，那么，未来15年[1]后，人均GDP将达到29377美元，真正达到发达国家水平。目前中国虽然有户口市民已达4.8亿人，但按2万美元的高消费水平衡量，其中达标人口不会多于1亿人。这就意味着劳动者中"候补市民"和"不达标市民"之和（含老人和儿童）将达到9亿多，以下将这两部分成员统称为准市民，全部纳入"置换"中。

2. 实现经济持续的快速增长

如果我们用较高的产出和消费水平将中国未来15年后达到的目标规划为：总人口16亿，人均GDP达到29377美元。届时GDP总量将可达47万亿美元，是当今美国年GDP总量19.36万亿美元的2.4倍。若人均GDP由2017年9261美元，每年增幅8%，15年后人均GDP为29377美元，15年后人均累计GDP总量约为27.16万美元，按6.7元人民币兑1美元计算，人均累计产出185万元人民币，这其中包括人均应承担的公共开支。在实际实施"置换"时，并不会每个人都参与"置换"，而部分人参与"置换"计算十分复杂。为了简化说明，该计算暂按全体国民均参与"置换"来说明，以求简化理解"置换"的内涵。

假定每人都是"年光族"，即全部产出年内都被消费掉，那么15年中"置换"总共需要给每个准市民计划出185万元人民币的消费需求，集中到能提供未来劳动的"置换"劳动者身上，用未来劳动进行"置换"。准市民则将"置换"需要的消费产品、服务产品分配到整个"置换"期，提出住房、汽车、彩电等消费品及服务消费的消费计划。

---

[1] 举例假定值。由于"置换"涉及很多基础性建设，应适当用较长一些的置换期。

地区"枢纽"按全国规划和交换规则制定中心发布的本地区平均社会劳动支付强度，确定支付未来劳动人口的地区平均货币化报酬水平。地区"枢纽"以该地区平均的报酬水平作指导，汇总准市民提交的、由"置换"确定的消费计划，再最终平衡地区的生产计划，实现每个参与"置换"的劳动者在支付"置换"劳动后，获得的货币化报酬一定能支付计划消费总量所需要的费用。这也意味着，社会总产出和社会总消费在保持平衡的前提下，能够实现经济快速均衡发展。

（三）"置换"在供需平衡中的现实意义

1. 实现广范围供需平衡之路

"置换"是一条有计划实现供需平衡的好方法。对于任何有劳动能力的人而言，只要有未来劳动，都可以通过"置换"用各自计划"置换"的消费品生产找到适合自己的工作，都可以在通过"置换"实现的工作中提前满足新的消费需求。从宏观经济角度看，就可以打通需求侧和供给侧之间的阻隔，实现广范围的供需平衡。

2. 实现普通劳动者受益的共享

各国都在搞经济拉动，一些年来，中国也进行了经济拉动。拉动的主要方式就是靠在"铁（铁路）公（公路）基（基础建设）"上的大投资来拉动GDP，保证劳动力的就业。但正像多年的实践所证明的那样，每次大投资都人为地改变了产能平衡，增加了国家的债务水平，提高了经济杠杆发生的系统风险。特别严重的是每次经济拉动受益人群很固定，无法把经济拉动的"营养"流进广大基层民众中。国际上采取的经济拉动措施，包括日本安倍经济学中的"三支箭"在内，也同样都无法真正持续地推动经济发展，主要受益者也都是那些大企业老板和财团。

笔者认为，"立党为公，执政为民"是中国共产党治国理政的基本理念。"置换"则是让最普通劳动者受益的常态化惠民工程，不需举债，没有杠杆，呈现的是有劳动能力的人都有工作做，有工作的人都能较高水平地消费，符合中国共产党提出的共享目标，体现共产党人为之奋斗的共富理念。

二、"置换"的核心与关键环节

（一）"置换"的核心：未来劳动是"置换"的最好资产

农民工普遍拥有宅基地，有可以流转的集体土地，但这些通过政策可以流转的财产都是一次性财产，无法构建有持续效力的"置换"交易资产。只有未来劳动具备以下"四性"，才是"置换"中最好的资产。

1．未来劳动具有普遍性

劳动能力是包括现有不达标市民在内的所有准市民都拥有的资产，而且也是所有正常的劳动年龄达标者拥有的资产。

2．未来劳动具有持续性

劳动不像宅基地，出卖一次就没有了。只要有劳动能力的人存在，人的消费需求就存在，就会有未来劳动可以"置换"。

3．未来劳动具有互动性

有了消费需求，就需要有劳动者来生产，准市民的未来劳动正好是这种人力资源的持续供给者；生产者需要有持续不断的消费需求，能提供未来劳动的劳动者消费需求源源不断；生产者希望生产的消费品有批量，而这种由未来劳动置换的现实消费计划，内容总是以现已存在的消费品为"样本"；由这种存在样本为蓝图汇总出的消费订单，一定有成熟性和批量性，因而是一种最适合规模化生产的订单。

4．未来劳动具有计划管控下的均衡性

用未来劳动置换现实消费，开始实施时，其需求是累积的，并不均衡。比如"置换"开始时，9亿准市民都需要住房，住房总计划量是个累加得到的总数，是不均衡的。但当我们用科学方法进行规划、用经济手段进行干预后，这种累积的消费需求就可转化为均衡且持久的消费、生产和就业计划。具体均衡方式可以有以下几个方面：

第一，通过科学计划，实现分步、分块均衡。住房先小再大，分几步达到目标；通过科学规划，这部分人先取得这种消费，那部分人先得到另一种消费。通过这样的科学分配可以实现过程均衡。

第二，用经济激励方法进行均衡。在15年"置换"规划期中，以"置换"期的中值第8年为基准，1~7年就实现消费定义为提前实现"置换"消费。"置换"者需根据提前量支付"先用费"。9~15年才实现的消费定义为延后实现消费，"置换"者可根据延后时间长短获得"延用费"补助。

第三，"置换"者自我均衡安排。新体制地区"枢纽"可以要求每个"置换"者对未来15年消费内容按支付未来劳动量的进程进行分段排序和计划，提出每月、每季、每年的"置换"计划，再由政府编制出可实施且均衡的计划。

（二）应避免的误区："置换"过程不是商品交易过程

"置换"不是市场经济体制下的商品交换，与现在的银行"按揭"也有本质的区别。银行"按揭"是银行不负责借款人还款安排的商业行为，而"置换"则是政府保证"置换"者稳定就业、保证"置换"者偿还能力的计划行为，是一种社会必要劳动时间置换，是既保证参与各方利益，又避免少数人从中获取暴利的、有计划的新体制谋划。

据此，"置换"需要摒弃自由市场经济商品交易的思维模式。比如，在市场经济体制下，任何经营活动都有风险，哪怕已经订了商务合同的交易也存在履约风险。所以，在市场经济体制下做任何要花钱的事都需要有人冒风险"投资"。而"置换"是计划 – 市场经济体制下政府通过计划实现的支付劳动和获得等价劳动产品（包括服务）的有计划运作过程，具有确定性和严格的计划性，风险几乎为零。"置换"启动所需要的资产投入仅仅是促成"置换"的催化剂，而不是需要冒风险的"投资"；资产投入也仅限于启动"置换"时期，并不需要长期投入，因为"置换"启动后，自身的周转资金会按计划自动保持充裕。

（三）"置换"中应该把控的关键环节

"置换"过程既有计划行为，也有市场行为：消费者选择商品的过程和地区"枢纽"通过招标选择生产者的过程是竞争性的，是市场运作的；消费者选择了消费品后，消费品生产中生产者必须安排多少人就业和消费者必须用支付未来劳动"置换"自己已经确定的消费品是强制性的、计划性的。要把握计划和竞争的分寸，保证"置换"成功，至少要抓住和把控如下十个方面的关键问题。

1．用"置换"提供稳定就业

"置换"消费品并不是自由流通商品，而是只能用准市民的未来就业获得的收入购买的"劳动量代价品"（社会必要劳动时间折算出的等值消费产品和服务）。"劳动量代价品"与现存的商品是两个不同系统的、不能等同的物品。比如，现有的三四线城市已经存在的滞销商品房，从本质上讲这些已经建好的房产不能成为"置换"用的"劳动量代价品"，因为这些商品无法再容纳劳动者就业。只有还能"置换"准市民就业的产品才能成为"劳动量代价品"。

但也有例外。牵住"就业"这个"牛鼻子"，经过政府的精心计划，也可以将现有的滞销商品房转化为"置换"的"劳动量代价品"。例如，通过政府精心规划，用这些滞销房产出售后带动起能容纳"置换"准市民就近就业的延伸产业——配套的交通业、餐饮业、服务业等。通过这些可容纳劳动者就业的延伸产业来安排"置换"者就业，同样可以将这些已经存在的滞销房产变成"置换"的"劳动量代价品"。

2．就业机会应就近提供

"置换"如果放弃对就业地的计划管理，必然会重复已经出现过的错误：大城市能提供就业，但生活费用太高，无法生存，且"留守儿童"病、大城市病、地区差距扩大病等社会病无药可治；小城市生活费用不高，但没有就业岗位。

就当前的就业态势来看，多数打工者，即首先应该城市化的准市民找到的工作都在远离家乡的地方，多数不"就近"。要顺利完成"置换"任务，就要采取计划的办法进行干预。

（1）已经就近就业的"置换"。计划－市场经济体制可将多数就业机会通过地区"枢纽"的管控留给当地。可以使已经实现就近就业的准市民直接按照"置换"规定的流程，实现自己的"置换"目标。

（2）虚拟就近就业的"置换"。"置换"体制的设计为多数准市民就近安排就业提供了可能。"置换"体制设计的根本思路是用生产自身用的消费品来为自己提供就业机会，又用这种就业收入支付用于自身消费品的费用。这里，生产的消费品是自己用的，在哪里生产并没有强制性要求。这就意味着只要政府能就近布局用于"置换"者自身消费的消费品生产，就可以实现就近就业。

新体制可以采取计划就业等措施，首先构建就近的消费需求，再通过就近生产这些消费品来实现就近就业。这就是虚拟就近就业"置换"：当地"枢纽"首先通过对区域内准市民情况的调研，以虚拟方式建立有针对性的就业岗位。比如，电视机工厂、冰箱厂、房地产公司等。当地的准市民根据自身的专业特长虚拟到当地的虚拟单位上班，成为当地就近就业的虚拟置换人。当地"枢纽"根据当地的经济发展承载能力和收入水平，制定出人员的工资水平，反馈给虚拟置换人进行未来"置换"消费计划的制定；当地"枢纽"汇总出域内消费计划后，进行域内消费品的生产规划，建设起真实的实体企业，准市民即将"虚拟"置换人转换为"实在"置换人，从而实现真正的就近就业的目标。

3.　"置换"报酬需要管控

参与"置换"的消费者，在支付未来劳动取得的报酬，按"置换"计划将应该支付的已经获得消费品的偿付金由生产者强制代扣并上交专管账户，不直接支付给消费者本人。避免消费者使用这部分报酬去购买非"置换"商品，以至于无力偿还"置换"的债务，打乱"置换"的实施计划。

4.　保证和限制"置换"中的利益

"置换"是有竞争的计划行为。为此，第一要避免竞争过程的价格战，保证生产者承担就业安排责任后有合理的利益；第二由于"置换"是在政府权威计划下实施的，任何生产者和其他参与者都不应在"置换"中谋求超越合理范围的暴利。

　　"置换"是一项计划性非常强的经济活动，所有"置换"产品自生产订单确定之时起，就有明确具体的消费对象，有可精准测算的生产成本和销售成本。这就意味着"置换"产品的定价权不一定通过市场竞争来确定。如果我们选择产品竞标价格由第三方价格审定事务所精准计算后统一在地区"枢纽"招标中实施，那么，不仅可以保证"置换"不会有暴利也不会没利，还可以通过招标中加权措施将竞争引向产品的质量、服务的提高，引向更好的就近就业安排。

　　5. 保障"置换"者的无障碍流转

　　"置换"实施过程中，生产者生产什么产品是根据消费者提交的消费置换计划汇总出来的，有很强的计划性，但也一定有极大的变化性：一段时间由这部分专长劳动者生产这个产品，另一段时间需要由另一批专长劳动者生产另一种产品；这个阶段由这个生产者中标，另一个阶段由另一个生产者中标；等等。这里都涉及"置换"劳动者工作地和工作单位的频繁流转。如果每次劳动力转移都要通过现在的人员招聘、人员辞退法律程序完成，"置换"体制设计就一定会失败。

　　在计划－市场经济体制中，"置换"按地区创建有竞争的劳动力基地来实现劳动力的"置换"流转。生产企业通过竞争得到了订单，需要安排合同约定的劳动力就业，企业减去已经安排的"置换"劳动力，还需要安排多少劳动力就业，就可以到劳动力基地有偿选聘。在任务完成后劳动力有多余时，可以将多余的劳动力退回劳动力基地，实现劳动力的无障碍流转。

　　6. 保证宏观调控能力

　　第一，"置换"价值调控。住房历来是中国人以至地球村人一生中最重要的未来劳动置换品。从更均衡就业需要出发，社会成员用适当多一点的未来劳动"置换"住房，在当前这个历史阶段来说是有利的。换言之，房价适当高昂对社会均衡消费、持久消费、社会均衡发展有帮助。问题是房地产中超出合理利润的那部分溢价不能流入房地产商的口袋里，因为房地产在"置换"中的溢价不是市场竞争的结果，而是计划调控的需要。

　　宏观调控措施之一，根据社会发展需要而有计划设计"溢价"（比如房地产中超出合理利益的那部分利益）所产生的盈利要全部上交国有“置换”基金账户，用于“置换”过程中可能出现的损失补偿，用于劳动力在流转中短暂失业的补助，甚至用于公共服务事业中未来劳动的“置换”，还可以成为国家财政收入的一部分，用于国家的公共支出。这其中的“溢价”如何确定呢？它是由整体设计确定的：首先，需要规划的是每个消费者 15 年消费总量的出路，比如在整个“置换”中人均 15 年需要安排 185 万元的消费总额，假如经过调研，计划安排住宅需用 85 万元、旅游需用 10 万元、教育需用 n 万元等；其次，再计算出“溢价”：在当地按当前价格住宅 60 平方米只需 70 万元（2 个就业人员可置换 120 平方米住宅），那么人均 15 万元（85-70=15）住宅差额就是这里说的“溢价”。

第二，建立多种有效的调控手段。“置换”的宏观调控手段可以贯穿全过程，比如：

（1）什么样的人有“置换”资格。作为理论，“置换”的对象是有未来劳动能力的所有国民。“所有国民”是“需要”和“可能”这对矛盾中的一种“需要”。这种“需要”要受客观可能的制约：首先是容纳“置换”者就业的工厂建好了没有？就业条件不具备，“置换”不可能实现。其次是实施“置换”的人能否胜任即将从事的“置换”劳动？如果不能胜任，那么同样实现不了“置换”的目标。再次是地区“枢纽”有没有能力为“置换”者提供后台的计划服务？当然这个问题主要将由专业团队来完成，而不是由哪个地方政府来敲定。解决这些矛盾的实施措施将是一个渐进的抉择过程。开始先对那些专业技术、业务能力强的国民开放，取得经验、流程成熟后再逐步扩大。当然，从调控的角度看，“置换”入门标准制定得越低，参与的人数就越多，管理的工作量就越大。

（2）单位社会必要劳动时间用多少等效货币来量化，这个量就是第三章第二节中提出的平均社会劳动支付强度。它将决定同一地区平均的“置换”者能从社会换回多少消费品，将决定人均 GDP 的增速，由政府主管部门根据执政需要和宏观平衡情况决定。比如，在计划的 15 年内，年均 GDP 增速要达到 8%，而且环境承载和资源供给允许，那么根据前面的计算人均需要在

15 年内累计完成 185 万元人民币的消费总额。再根据第七章公式（7–5）计算的劳动者 1.74 负担系数计算，上班人员的消费额还需要再乘以负担系数即 $185 \times 1.74 = 321.9$ 万元。这其中包含了社会公共支出，如国防、国家行政支出。如果这些公共支出占总量的 35%，那么平均到每一个在职人员身上需要安排的总个人消费就是 $321.9 \times (1\text{–}35\%) = 209$ 万元。由于现在的生产能力远大于消费能力，因此只要社会能给每个"置换"者安排好这么多的消费出路，就可以实现 15 年 GDP 年均 8% 的均衡增长。

（3）允许"置换"者计划调整的周期。"置换"是依据对未来的预测做出的计划安排，情况的变化是不可避免的。因此，国家还应该为"置换"制定允许的计划调整周期。调整周期短对消费者——这里的"置换"者有利，更能贴近"置换"者收入的实际变化，也更符合消费角度对消费需要的变化。但从政府部门组织者特别是生产者的角度来说，由于生产有个准备期，不希望计划变化太快。

解决这些矛盾需要有多方面的配套措施：其一，凡是已经成为合同进入生产阶段的消费品均不能做调整，因为所有产品均是量身定制的，你不要没有别人会要。其二，政府将设置最小调整周期，比如一个季度。满足"一个季度"周期要求的计划调整，在将其中已经进入生产的"置换"内容删除后，直接由地方"枢纽"进入调整工作程序。

7．做好地区"枢纽"的"置换"招标

"置换"中的地区招标是政府计划干预"置换"的最关键环节，也是体现生产者进行公开公平竞争的关键环节。

准市民要用自己的未来劳动"置换"消费品，首先需要向自己意愿地的地区"枢纽"提出"置换"申请和"置换"消费计划。其中的意愿地就是将来生活最方便的地方，就是体现"就近"就业的地方。地方"枢纽"对其进行汇总，制定出消费、生产、劳动力"置换"计划，再进行公开透明的招标。"置换"招标公告除正常招标内容外至少还应包含以下几点：

（1）随标必须安排的就业标的：企业生产这批订单时必须安排多少"置换"人员就业的工时数；

（2）强制代扣并上交的"置换"人员偿付金额数；

（3）由第三方核定的包含合理利益的精细交易价格；

（4）当地生产企业的中标加权比例。

有这样一种情况：生产者在中标的合同中，承诺了安排就业的人数，而这个生产者已经在企业中安排了一批准市民的工作，且这批准市民也参加了"置换"经济活动，那么，这批准市民可以顶替合同就业指标。但如果这批准市民没有参加"置换"就不能顶替就业指标。

招标过程将采用计划 - 市场经济体制中割断关系链的招标设计进行。

8."置换"过程的调整

"置换"涉及人群多，时间跨度大，过程中的计划调整是不可避免的，但所有的调整都不能离开以下原则和目标：

（1）调整要符合"置换"的目标和方向。

（2）调整要有利于保障"置换"准市民的利益。这就是说当"置换"者利益与相关主体利益有矛盾时，要保护"置换"者的利益。只有"置换"者受益了，"置换"才能成为执政为民的一种可行体制设计。

（3）调整要不损害"置换"秩序。"置换"是个一环扣一环的系统工程，关键环节的错乱会导致整个"置换"的失败。

（4）调整不能以政府计划的信誉为代价。调整必须在计划允许的范围内实施。

9．用新思维规划"置换"

（1）"置换"不是银行按揭。

（2）由于"置换"有极强的计划性，应用国家主导的"置换"基金作为"置换"启动资金，不应该用市场经济的"投资"筹措资金。"置换"是一种计划行为，政府不用担心后续资金的平衡，因为全部"置换"过程都是"支出"一环扣住"收入"一环实现的，特别是住房将是"置换"的重头戏，而住房消费中，政府将可以获得巨量"溢价"，完全不需要为"置换"的后续资金担忧，唯一需要的是启动资金，这应该由政府筹措。

（3）"置换"实施过程虽然有大量的计划行为，比如"置换"消费品的归类汇总、分地区招标等，但所有这些行为都应该是一定规则下的规范行为，不允许政府中具体人对过程随意干预。这些规范化的行为将由专业团队完成设计，由专业团队帮助实现。

10. 分段精细计划逐步扩展

目标要分段，计划要精细，实现要分步。

"置换"是一个宏大的、持续的经济活动，它不是一定时期的权宜之计，而是一种常态化的计划 – 市场经济体制安排；参与"置换"的人员，开始可能是最紧迫的农民工，后续可能是更广泛具备未来劳动能力的人。面对如此浩大的社会系统工程，实施经验、组织能力等都需要在实践中总结完善，都要求目标、计划、实施各方面循序渐进。

三、"置换"模式的实施方案

（一）明确"置换"对象

现在已经有工作的城市打工者、就业者或今后再有工作包括有"虚拟"工作的城市打工者、就业者都是"置换"对象。按照"置换"要求，要成为准市民首先要找到工作，其中包括实际工作和虚拟工作。一旦达到标准就有资格提出未来的"置换"计划，就有机会提前过上美好的生活。"置换"对全体国民始终开放，包括有劳动能力的退休人员。

（二）确定"置换"量

"置换"是在政府强有力干预和保证下的一种社会必要劳动时间的相互置换。社会产品是不断发展的、物质的社会存在，用社会必要劳动时间来衡量可以得到抽象劳动的规定性。特别是用社会必要劳动时间来规划"置换"时，更能够反映"置换"和商品交易之间的本质区别。"置换"过程是一个"置换"者提供了社会必要劳动，获得了自己所需要的社会必要劳动的等量消费品，其中没有丝毫剥削和被剥削的关系存在。不同的"置换"者付出同样长的劳动时间，所能制造出的价值是不一样的。"置换"过程需要量化"置换"者提供的社会必要劳动时间所产生的价值。

在现在这个历史时期内，还没有更好的既反映社会必要劳动时间又便于量化和流通的可以通行的经济衡量单位，还只能用传统的货币来量化"置换"中的劳动量。作为一种过渡，"置换"以现在或今后第一次就业时的工资收入作为计算依据，由本人提交未来 15 年（有劳动能力时间为极限时间）的消费计划。消费计划允许多个就业人员共同提出，还可以同时加上其他"自有资产"。消费计划包括住房、家具、电器、生活消费、服务消费等所有消费内容，但所有消费计划之和应不超过本人或合作体按当前收入计算的总收入加上其他"自有资产"的总和。由于"自有资产"是不需要安排就业的"置换"资产，可以在"置换"时将这部分未来劳动用于公益事业，或者通过精准计算并扣除"自有资产"后，再提出新的企业增加值劳动力使用比，因为不进行这样的调整有可能会出现劳动力过度安排。

（三）对消费计划的违约处理

置换者在实施"置换"的过程中，有可能出现意外而不能完全履约。其中，最有可能的是准市民因意外无法再履行后续支付未来劳动的义务。为解决这类问题，政府应首先设立异常处理基金，进行最终损失的托底承担。当"置换"对象无法履行约定应支付的劳动时，先由准市民自行处理：其一，可以借用其他劳动者的未来劳动继续履约；其二，也可以扣除消耗后由政府收回房产及其他可用财产履约。当本人完全无力履约时，剩余部分再由政府设立的异常处理基金中列支。准市民其后又找到工作时，允许在扣除消耗及违约罚款后用现金或后续劳动赎回。

（四）"置换"计划的调整

依据"置换"过程出现的收入、支出变化，允许准市民对未实现的"置换"内容进行调整。调整应受政府最小调整周期的限制。在满足限制条件后，"置换"者既可以根据收入的增加调高未实现部分的"置换"计划，也可以调低或撤销还未实现的"置换"计划，但已经进入生产阶段的产品不允许进行调整，而且当调整计划产生损失时，由责任者承担经济赔偿。

（五）编制消费、生产和就业计划

"置换"者向自己需要的就近就业地的新体制地区"枢纽"提交未来的"置换"消费计划，由地区"枢纽"进行计算机汇总和平衡，制定出消费品生产计划、"置换"人员就业安排计划。该计划中与具体"置换"者相关的内容应反馈给"置换"者确认并签订契约。经过确认的契约，由各地区"枢纽"招标实施。当协商确认过程中有矛盾时，需通过再计划和再确认流程，最终形成一个生产者、"置换"者和地区"枢纽"都同意的动态修正的均衡发展"置换"计划。

四、"置换"经济活动与正常经济活动的关系

（一）"置换"经济活动是计划 – 市场经济体制的常态模式

"置换"可以通过契约让有需求但暂时没有购买力的人群能够提前消费，从而实现人生中消费、就业的均衡，实现社会生产消费的计划性，显然是利国利民的举措。

"置换"是一种进入门槛最低的、面向最广大劳动者的惠民举措，是实现社会繁荣、践行共享共富理念的一种创新型的体制机制。在"置换"的实施过程中，虽然参与"置换"的人员在履行契约时会受到一些约束，但"置换"者在选择阶段完全拥有自由和自主的权利；在实施过程中，没有任何环节把产品作为市场商品对待。"置换"的全过程依据"劳动"进行分配，完全符合社会主义的按劳分配原则。从社会生产组织上看，全部组织过程均通过计划实施，有极强的计划性，是社会较好的经济组织形式，完全能够成为计划 – 市场经济体制的常态化运行模式。

（二）"置换"活动不影响正常经济活动

计划 – 市场经济体制下除了"置换"活动外，还有其他常规的经济活动。它们各自可以互不影响地、有步骤地按照自己的规则运行。

（三）新体制宏观计划平衡就是 "置换" 理论的应用

计划 - 市场经济体制通过宏观计划实现了消费、生产、就业的总量平衡，其本质，就是从宏观上践行了 "置换" 理论。即在计划 - 市场经济体制宏观平衡计划组织下，国民用自己的消费需要，"置换" 出了维系自身劳动需要的生产岗位，又通过生产岗位的国民就业获得了满足消费需要的产品和收入，这些产品的消费和收入又筑牢了新一轮宏观计划平衡的 "置换"。可以说，"置换" 理论不仅可以理解为在时间序列上存在差距的现在与未来的 "置换"，还可以理解为没有时间序列差异或者说时间序列差异不大的计划平衡 "置换"。

五、"置换" 的可行性

（一）"置换" 具有内在的实施动力

对于数亿等待 "置换" 的准市民而言，"置换" 是提前实现较高水平消费的现实途径，是实现稳定城市就业和成为新市民的难得机会，是实实在在的利好。"置换" 必然得到人民的拥护。

对于生产者来说，虽然 "置换" 不会有暴利，但有政府信誉做保证的 "置换" 肯定能获利，在市场经济激烈的竞争面前，在市场严重不景气的情况下，保证能够获利的任何项目都是生产者的首选。特别当 "置换" 成为经济活动主流时，对于生产者来说 "置换" 是必须选择的。

对于政府来说，面对有消费需求却没有钱消费，有积压在仓库的商品却卖不出，有订单时找不到生产者却有大量劳动者找不到工作的困局，"置换" 就是一个缓解这种矛盾的有效举措，是政府的一项常态化工作。

（二）"置换" 无筹措资金的困难

"置换" 过程全部都是政府担保的有计划运作过程，资金方面只需要筹措第一次的启动资金，后续资金会在 "置换" 过程中自行周转，所以不存在筹措资金的困难。

第六章 | **计划－市场经济体制的特征及历史地位**

　　直观地看，计划－市场经济体制不过是政府通过地区"枢纽"完成了宏观平衡计划向微观活力计划的传导，不过是政府通过地区"枢纽"管控了消费者和生产者之间的供需契合控制点，它能给经济社会带来革命性变革吗？答案是肯定的。因为有了这个控制点，市场竞争就受到了政府宏观平衡计划的有效管控，市场竞争就完全受到了计划行为的利导和约束，不规范行为就得以去除，收入分配差距就得到了相应的缩小，地区均衡发展得到了保障，机制制约就有了实施的途径。计划－市场经济体制由此将带来各个领域的极大改变。

　　本章将对计划－市场经济体制的特征、战略理念、效应做出总结，同时就计划－市场经济体制的历史地位做出判断。

一、计划－市场经济体制的特征及战略理念

（一）计划－市场经济体制的特征

1.竞争性和计划性——以可验证方式实现统一

（1）有比其他经济体制更公平的竞争。在计划经济体制下，所有的经济

活动都依赖于计划，可以说没有竞争。而完全的市场经济体制，表面看竞争激烈异常，但深入看市场经济体制却存在着大量的影响竞争公正的黑洞。比如竞争前的审查体制。创办企业有注册审查，生产产品要产前审查，产品进入一个垄断企业要加入这个企业供应商名录，等等。问题是所有这些审查都是把一个变化着、运动着的经济活动硬性地将其静止化和固定化，而且用这种僵化行为作为竞争的门槛，把原本不该挡住的竞争者阻挡在竞争场外。

举例来说，一个企业注册时资本有1000万元，当时肯定是真的，但经过1年、2年或更长时间的变化，企业资本还是1000万元吗？或许更多，或许已经资不抵债，但注册资本仍然是1000万元，注册者说我只对注册时的资本情况负责。再如，汽车制造厂要生产一辆新型号的汽车，需要生产前审核，要做审查前的测试，要派审查员现场考核，过程似乎规范严格，但一旦汽车通过考核取得生产批号后，若后来生产的汽车在使用中真出了问题，审查者会说，我只对审核时候的情况负责，检测者说我只对被检测那个产品的结果负责。

这就产生了一个值得深思的问题：对于注册这件事来说，现在的企业财产也许已有2000万元，也许已经负债累累；就生产汽车投产前审查这件事来说，实际生产的汽车和审查时的汽车也许有了很多的不同。如果我们所有的事前考核和审查都只对审查的过去负责，而过去已经是过去的，现在所有的情况都不再是过去的重复，那么这些事前审查有多大意义呢？这个企业有多少资本，有没有能力生产汽车，这些审查过程无疑是需要的。计划 - 市场经济体制并不排斥必需的资质能力审查，而是将这些审查通过体制的制度化安排，在过程中实施常态化有制约的监管。在新体制中入门审查少了，限制公平竞争的门槛降低了，但实时监管却通过有长效监管机制的"监管事务所"的监管而强化了。

计划 - 市场经济体制无论对消费者还是对生产者而言，都保留了市场经济体制中的竞争功能。消费者对消费品有充分自主的选择权，生产者需要通过完全自主的竞争得到订单。也就是说在竞争阶段，新体制不仅不限制竞争，而且"拆除"了市场经济体制下限制竞争的门槛，实现了更加公平和充分的竞争。

（2）计划功能和计划性贯穿有投入有消耗的整个生产过程。就计划功能而言，计划经济体制理论上应该最具优势，因为这种体制是以"计划"为核心。但实际上计划经济体制中有很多计划是违背经济规律的，无法做到客观、准确。

市场经济体制原本期望用"无形的手"实现资源合理配置。甚至有人认为竞争中胜利一方生产的产品正好满足消费者需求的现象，认定为市场经济体制具备精准的计划能力。但这里显然忽略了参与竞争过程中，失败方造成的浪费。无计划性和盲目性是市场经济体制无法医治的"癌症"。

唯有计划 – 市场经济体制通过政府对供需契合枢纽的计划管控，不仅能保证"供—需"契约在签订前的公平竞争，而且生产者在投标竞争过程中，若没有中标，就不投料、不投入资源去生产，避免了浪费，这也是新体制中具有良好计划性的重要体现。如招标竞争中取得了订单并签订了由政府权威担保的供货契约，就可以放心生产，也就有了确定的生产计划，不用担心中途会取消，不用担心货款收不回来。显然，这对生产者而言，是一种可靠的生产计划。这两种计划形态贯穿有资源投入的整个生产过程中，确保了全过程"需求"和"供给"的精准平衡，而且通过公平公正的竞争过程，优化了资源配置。

（3）竞争和计划过程可操作、可验证。在计划经济体制下，死板的人为计划，排斥了任何形式的竞争，资源配置实际上被官僚化。市场经济体制过分自由的竞争排斥了计划管理，违背了各经济部门有计划按比例发展的客观规律，造成了经济各个方面的严重失衡。于是，在经济体制上出现了：要竞争性就排斥计划性，强调了计划性就影响竞争性的矛盾现象。在一定程度上，计划和竞争成为互相排斥的矛盾方。

有人提出过既要计划又要竞争的方案。但要将这种至少表面矛盾的组合运用于一种要实施的体制建设显然是有困难的。因为它很容易成为掌权人的工具：当需要"计划"时就说按计划，需要"竞争"时就说搞竞争。这就是规则含糊造成的不可操作性，或者说从第三方监管角度看，这些规则执行得好坏有不可验证性。计划 – 市场经济体制则不同，在签约前的竞争阶段就是完全公平的竞争，而签约后的实施阶段以契约做保证，有严格的计划性，是以国家的强制力做保证的计划性。而且即使出现经济活动意外，也是首先由责任者赔偿损失，完全破产无力赔偿时还将由国家预设的赔偿基金处理，显然具有明确的架构、机制、程序、管理、衡量标准，具有可操作性和可验证性。

2．总体平衡发展——宏观、微观均可落实

社会经济运行在相互影响的历史阶段中是个经济运行系统，而经济活动则是相互依存又相互影响的系统活动。由于这个系统的宏观经济平衡计划，反映社会发展的总要求，所以，宏观经济计划对于微观经济的计划干预无疑是必需的。如果微观经济活动不接受宏观平衡计划的管控，那么整体经济活动一定会失衡，最终导致微观经济混乱，宏观经济计划平衡也无法实现。

计划经济体制全部宏观和微观计划都通过人完成，不可避免带进编制者的主观愿望与判断。结果，表面看计划覆盖了全部的经济领域，而实际上并非如此。首先，经济活动是一个动态的变化着的经济活动，而这种计划编制方法，却试图用人的现在计划去规划变化着的未来发展，这种计划本身就不能算是科学计划，因而也就不能认同为宏观实行了符合客观经济规律的计划平衡。其次，就计划经济体制下人工计划的范围而言，其计划也仅仅给生产企业下达了一个与去年计划差不多的类似僵化的、静态的"计划"而已。

市场经济体制强调自由竞争，没有留出政府干预经济的通道，市场经济体制的设计大师亚当·斯密在市场经济体制中也只给政府留了个"守夜人"的职位。很多国家在市场经济体制中伸进了一只政府"有形的手"，但往往是不干预不行，一干预就违背市场经济的自由竞争原则。

唯有计划 – 市场经济体制，以明确的方式给政府留出了计划管控"职位"——按地域建立的交换环节控制点供需契合枢纽。通过"枢纽"对交换的全面计划管控，将消费者和生产者的经济活动纳入宏观平衡计划中。在该经济体制中，宏观平衡计划不是通过政府"有形的手"实施，而是由全国规划中心根据消费、生产、就业、环境和资源的宏观平衡计划应用各种宏观调控工具参数经过"枢纽"的管控自动传递和实施。计划 – 市场经济体制通过体制机制的固定构架、明确流程实现宏观经济的计划平衡和微观经济的竞争活力。

第一，全国规划中心首先完成了劳动力就业总量、收入总量、消费总量、生产总量、环境可承载、资源可持续的计划平衡，并将宏观经济平衡计划转化为宏观调控参数，通过政府内部网络下达到各地"枢纽"。各地"枢纽"会在招标中自动把这些调控工具参数，传导并贯彻到各个企业和消费者的"供—需"契约中，实现宏观计划平衡和微观经济竞争活力的融合和统一。政府对经济的干预是对于计划信息流的机制化传导，这种干预方式也保证了整个平衡计划的科学性。

第二，政府根据经济发展计划通过地区"枢纽"发布招标计划。比如社会公益计划、"置换"招标计划等。政府对经济的这些主动干预通道也是机制化的，可以保证这些干预符合宏观平衡计划的要求。

计划 – 市场经济体制既不会像计划经济体制那样直接为生产者制定计划，也不会像市场经济体制那样放任市场无序、盲目竞争，而是通过政府对交换环节控制点的强有力计划管控，将企业签订契约前的一段竞争变得更公平公正，通过竞争进行资源优化配置，更符合宏观发展要求；而在履行"供—需"契约的阶段，通过有保障的契约，让整个经济活动更加有序。比如在市场经济体制中，盲目竞争导致大量商品积压浪费。在计划 – 市场经济体制下，通过供需契合管控，生产的产品一定被消费，而不消费的产品不会投料，结果真正实现了供需的精准计划平衡。

计划 – 市场经济体制不仅对机构消费者的消费实施交换环节管控，还对非机构消费者实施"惯性"管控和汇总统计意义上的管控。通过地区招标的需方多数是机构消费者，也是经济活动的主要部分。但还有通过零售环节实现的生产和消费交换也不可忽视。比如，零售产品（包括网店交易产品）数额巨大，而且有增长的趋势，但这类商品具有很强的"惯性"，这些"惯性"就是"计划"基础，新体制还将严格区分新产品、常规产品、淘汰产品并对此进行管理，将会极大提高零售产品的计划性。特别是计划 – 市场经济体制在加强了地区"枢纽"对交换信息的管理力度后，可以从"惯性"消费中向生产者提供更精准的计划信息。再从另一方面看，当零售产品通过管理系统进入信息系统后，又会汇总转化为生产者的批量采购，成为汇总统计意义上的计划管控。

计划 - 市场经济体制中还有用未来劳动置换来提前消费的大量消费也可转换为批量的计划消费。

第三，计划 - 市场经济体制通过其中的制约机制来保证竞争有序和计划平衡的实现。计划 - 市场经济体制中处处都有制约机制的身影，比如，地区"枢纽"的工作模式；比如，监管事务所等。这些措施保障了整个经济运行免受人为干预影响，保证了计划平衡的科学性。

3．差距激励和共享管控——同步兼顾

（1）降低资本作用与收益，将贫富差距和地区差距限制在共享的范围之内。从人类历史上看，计划经济体制是控制贫富差距和地区差距最好的体制。在个人收入的差距上，1% 最高收入者和 1% 最低收入者的收入比最高估计也只在数百倍的水平之内；而在自由市场经济体制下，1% 最高收入者和 1% 最低收入者的收入比，据估算可达 10 万倍或以上。计划经济体制的最大问题，不仅在于国民收入"吃大锅饭"，而且总体收入水平过低，是一种"贫困"型公平体制。而自由市场经济体制则是一种容易造成收入两极分化的体制。其重要原因是自由市场经济体制不是以劳动为主要分配依据，而是按资本生产要素分配。在资本的积累性杠杆推动下，特别是在不断加剧的垄断推动下，贫富的两极分化正给社会稳定带来越来越大的挑战。

计划 - 市场经济体制降低了资本的作用及其收益，使资金拥有者不再分红而只能获得利息收入，而且是一种"关键帮助劳动"的配酬，这对限制贫富差距有非常大的作用。因为资本分红一直是市场经济体制下最富裕人员收入的最重要来源。新体制同时提高了智慧劳动贡献在国民收入初次分配中的地位。这不仅可以达到充分调动劳动积极性实现劳动致富的目的，而且还可以通过劳动差距的有限性限制总体的贫富差距。可以设想，随着智慧劳动和智慧资产地位不断提高，更多的智慧资产拥有者成为老板、股东，更多的智慧劳动分配到更多的酬劳，将极大地提升智慧劳动的地位，同时有效控制贫富差距。

计划 - 市场经济体制还通过有目的、有计划的宏观地区调控，从体制机制上保证了地区发展的相对均衡。

（2）通过宏观计划平衡，保障普遍就业。消费是生产的出发点和归宿，生产则通过支付工资创造消费者，生产和消费都离不开劳动者的就业。在计划经济体制下，计划不仅包含了生产产品的计划，也同步编制劳动力计划，人也成为计划的对象。从总体上看，在计划经济体制下，人只要参加了计划经济体制下的"工作"，也就端上了计划经济体制中的"铁饭碗"，得到了就业终身保障。但也正是计划经济这种僵硬的人事管理制度，把经济中最活跃的劳动者"物"化了，也正是这样的"计划性"封杀了人的流动，扼杀了竞争激励，限制了人的积极性和创造性的发挥。

在自由市场经济体制下，企业主追求的唯一目标就是利润，劳动者就业只为创造利润服务，能少用工就少用工，能用机器人就不用工人。当劳动生产率越来越高后，劳动者就业必将越来越难解决。未来的就业问题不仅威胁到社会稳定，同样也威胁到这些老板的生计，因为这些劳动者本身就是企业主赖以生存的"上帝"——消费者。

计划 - 市场经济体制始终把消费、生产、就业放在一个计划体系中，在宏观层面是完全计划平衡的。新体制通过四层架构，持续实现宏观层面劳动者充分就业。保证收入总量构筑的潜在消费总量、生产总量、劳动力供给总量的计划平衡。宏观平衡计划又通过将调控工具参数由政府管控的"枢纽"自动导入企业的"供—需"契约得以落实。最终实现劳动者普遍的、充分的就业。这就可以大大缩小贫富差距水平。

（3）从有激励的"奔头"（奋斗目标）中实现共享中的激励。计划经济体制下，人、企业、产品都成为计划者手中的"物"，成为计划的对象。人的奋斗目标也被纳入这个系统中成为计划的对象，只留下非常有限的可以由个人选择的目标。这种体制下，人的目标"奔头"被计划掉了，由"奔头"构筑的激励减弱了。自由市场经济体制下，竞争结果的红利不断积累，各个行业不断走向少数企业的垄断和准垄断。产品竞争的擂台越搭越高。如果说过去还有县级比赛、地级比赛，现在差不多就剩下省级比赛和全国比赛了。竞争的每个擂台对于竞争者来说就是一次竞争机会，就是一个竞争目标，就是一个"奔头"。擂台提高就意味着"奔头"的数量减少。当所有的比赛只剩下全国赛时，社会成员如果不能在全国性单位工作，就没有了前途和"奔头"；学子上学如果不能进入"名牌大学"就进不了全国性单位，也就失去了"奔头"。这种发展趋势显然在加剧和固化已经严重的贫富差距。

体育比赛的一个成功之处就是分世界、全国、省、县等多级比赛，还有青年、老年、少年多类比赛，每个比赛的集聚构建了一个接近于全民都可以参与的比赛目标系。计划 - 市场经济体制通过均布于全国的"珍珠"，由各地区"枢纽"的交换管控招标和其中计划管控措施，构建了分级分类的竞争标的，形成由各地各级构成的多元竞争目标体系，也创建了由多目标体系构筑的共享氛围，使更多的国民有机会成为竞争者，有机会参加更多竞争，有机会在竞争中用劳动致富，以此形成更多的人生"奔头"。这无疑会在共享中缩小贫富差距和地区差距，成就更加和谐的社会，又在各自"奔头"的竞争中产生强烈的激励力量。

4. 依需尽能、按劳配酬——创新分配机制

在计划经济体制的历史阶段，基本实现了生产资料公有制，分配上也带有按劳分配的标签。但实际上很多情况下，多劳并不能多得，少劳也不会真正少得，是一种分配上的"大锅饭"，挫伤了劳动者的主动性、积极性和创造性。自由市场经济则主要是按资本多少分配，比的主要是你有多少资本，结果不仅造成了过大的分配差距，而且在很多情况下出现"不劳动者得食""劳动者反而少得食"的现象。不可否认，其中还有可能存在经济剥削现象。

计划 - 市场经济体制的"依需尽能，按劳配酬"机制，可以适用于多种所有制形式并存的历史阶段，还可以让国有企业、私有企业、混合企业处在相同的竞争起跑线上，成就真正公平公正的竞争。这种收入分配机制，不仅体现了劳动在分配中的基础地位，还首次把国民收入的初次分配纳入到宏观计划平衡中；不仅通过将全生产要素的劳动内核化改造而全面实现按劳配酬，还通过劳动的有限差异限制了收入分配的过大差距。新体制还根据有平衡性

的劳动化配酬对股东和劳动者进行分配，避免经济剥削的产生。

在计划 - 市场经济体制的"劳动力要素"中，一般劳动者和智慧劳动者都实现直接按劳动"配酬"。传统的"资本要素"，则由于新体制使用"资金资本"时的计划性而大大降低了它的作用和地位，仅起到了"催化剂"的作用，或者说仅起到了"关键帮助"的作用，因而最终获取仅仅是由"关键帮助劳动"决定的利息水平的回报。与此同时，在新体制中生产要素的"智慧资本"要素逐步拥有主导地位。"智慧资本"要素的内核是一种由智慧资本在再劳动使用中产生与价值增量等效的"智慧劳动"。当我们在企业可分配利润中给"智慧资本"要素配酬时，也将等效的"智慧劳动"作为"配酬"尺度，那么"按劳配酬"就得到了全面实施，而且通过生产要素的劳动内核化改造已经适用于多种所有制形式。

在计划 - 市场经济体制分配机制实施中，资本生产要素仅分配利息。这对于私人企业来说，要支付资本利息，但对公有制企业来说却要上缴利润，如果宏观设计合理，完全可以实现两者的平衡合理。而当公有制企业和私有制企业有完全一致的"资本"成本时，不同所有制企业的竞争便站到了同一个起跑线上。

5.创建自运行机制——实现自我监管

计划经济体制讲"人"的计划，讲"有形的手"的计划，一切靠庞大的管理队伍进行计划，而且除去计划分配的那份收入，也没有别的收入可以争取，因而制约机制的客观需要不那么明显。市场经济体制有由"无形的手"构建的制约机制。关键是这个制约机制以"利己心"为驱动力，因此在"己"的需要与"公"的需要发生矛盾时，往往是为"己"行动，很多时候还有可能突破做人的底线，因此监管对市场经济体制更显重要。由于市场经济体制下"利己"伴随竞争到处存在，自然也会渗进监管队伍，因而，市场经济体制下，监管、监管的监管、监管监管的再监管，常常陷入无法自拔的监管悖论循环中。

体育比赛如果没有裁判全过程监管，比赛就失去公平公正。在新体制中也一样，没有过程监管，就不会有新体制的生命力。由"人"来监管，是传统的监管思路，不仅需要大量的人力支撑，而且还容易产生监管中的利益输送。

计划 – 市场经济体制通过机制设计,充分利用人最本原的本性,通过矛盾性、依存性和统一性设计,建立起由机制制约的运行机制和机构设计,形成了有长效机制的监管体系,成为区别于其他经济体制的重要特征。

6. 创新与代谢同步规划——破立有序推进

产品新陈代谢本质上是一种创新能力和发展机理的反映。计划经济体制是产品新陈代谢的拦路虎。计划经济体制最喜欢重复做和过去一样产品,甚至喜欢一辈子不变地做同一种产品,因为对于计划制定者而言,这是最方便、最省力的。一种缝纫机一做就是 10 年,一种自行车一做就是 20 年,没有多少创新的动力。也许计划经济体制被其他经济体制打败,其中最大原因就是计划经济体制的核心机制太保守、僵化、不创新。市场经济体制则不同,单纯就创新而言,市场经济体制,特别在产品供不应求、行业垄断不很严重的经济发展阶段有极大的优势,因此市场经济体制一直尊享"创新机器"的美誉。但在经济发展到行业垄断严重、产能过剩成为常态后,市场经济体制却会从原先的推动创新变为阻碍产品创新:其一,新产品上市受到竞争对手的阻击,而通常这些竞争对手拥有垄断权力;其二,垄断大企业从创业时的鼓励创新,到垄断后本质上会反对创新,因为变化对大型企业而言成本巨大;其三,市场经济条件下的淘汰完全是无计划的,必然会造成巨大过程浪费。

产品的新陈代谢速度决定一个国家竞争能力。计划 – 市场经济体制对产品新陈代谢给予了极高的重视,在经济体制的机制层面,进行了专门的规划和设计,建立了一套支持新产品发展的机构和制度,突出了新产品的开发支持和入市开放。新体制还建立了老旧产品计划淘汰机制,突出产品淘汰的计划性。新体制形成了推动产品有序新陈代谢的机制和体制。

(二)创建计划 – 市场经济体制的战略理念

计划 – 市场经济体制提出并在体制机制建设中践行了十个比较重要的战略理念。这些理念代表了新体制的思考,也代表了新体制对未来发展的战略期待。之所以说这些理念是战略理念,是因为所有的理念都会影响整个计划 – 市场经济体制的实施,都将对后续经济活动产生重大影响。新体制总体上都以这些战略理念为基础，推动体制机制实行有别于其他经济体制的变革，从这点意义上说，这些理念也是计划 – 市场经济体制的实施宗旨。

1. 以系统思维解决系统问题的战略理念

计划 – 市场经济体制是个系统，无论是构架系统，还是机制系统，无论是中观系统还是微观系统，都受到来自宏观系统的支配，也都会反过来对宏观系统产生影响。

计划 – 市场经济体制贯彻了以系统思维解决系统问题的战略理念。比如在收入分配机制设计中，充分注意到劳动者的微观劳动必须符合宏观就业总量、劳动收入总量、潜在消费总量、生产总量的平衡。因为劳动者的劳动是受宏观约束的：没有宏观总体的平衡，就会出现有劳动者没有劳动机会和有生产没有劳动力供给的不平衡。如果出现这种不平衡，无论对于政府，对于劳动者，还是对于消费者都将是一种危机。反之，以系统的观念进行了系统设计，用主动的计划平衡，事先进行计划预防，就会是平衡有序的劳动就业秩序。

2. 事前禁入转变为机会均等的战略理念

计划 – 市场经济体制始终贯彻将事前的淘汰管理转变为过程管理的战略理念。在市场经济体制下，处于支配地位的经济体包括一些政府部门，总有愿望利用各种权力建立起壁垒，把很多有机会挑战垄断者的企业拒于竞争场之外。显然，这个竞争资格对于公平竞争是首先的和基础的。新体制首先给每个竞争者一个公平的竞争机会：一个企业能不能在这个订单中标，就看你投标当时的竞争实力是否满足，而不是这个企业过去曾经有多少资本、曾经有多少辉煌。这个战略理念，不仅可以帮助建立一个更加公平的经济规则，还可以把劳动者的竞争注意力集中到解决现实问题中来，而不是把注意力集中到对于过去的"包装"上。

3. "笼外共享，笼内竞争"的战略理念

计划 – 市场经济体制通过宏观计划平衡，将收入分配、资源配置首先关进了宏观平衡计划分配的"笼子"里。在这个笼子里，劳动者可以充分竞争，资源可以通过竞争配置，也可以通过劳动实现差异和激励。但笼子外则是由宏观计划平衡的，而且是通过宏观平衡计划用体制机制的设计导入到企业契约中实施的。

　　这里,宏观平衡计划反映了全社会的共享目标,平衡就是共享理念的规划。这些共享计划通过宏观调控工具的参数传导到企业的"供—需"契约中,代表了宏观"共享"的基因和"笼子"。但这些宏观调控工具参数,仅仅构成"供—需"契约的公共调控部分即反映共享内容的部分,并不是契约的全部约束内涵。而"供—需"契约的其他约定正是共享"笼子"中的竞争激励。无疑,这是社会发展需要的战略理念。

　　4."枢纽"管"流"为核心的战略理念

　　计划－市场经济体制建立的地区"枢纽",放开了生产者和消费者两个由"人"构建的环节,而仅仅管控其中的信息流和其他不包含人的"流"。这不仅充分释放了带有活生生"人"的生产环节和消费环节,保证了这两个有"人"的环节不受外力的干预,从而保护其中的自主竞争活力,还实现了政府对"流"的完全有效控制。这是一种非常重要的战略理念,也是体制机制创新的一个实践。

　　5."现在"决定"现在"的战略理念

　　体育比赛是一种最好最成熟的竞争,其中一点就是体育比赛比的都是现在的水平,而不是过去的水平。计划－市场经济体制也力图贯彻这一理念。比如,普遍按劳配酬,就是将劳动的现在特性加以应用,减少财富的积累影响,由现在的水平来决定现在的分配。

　　由"过去决定现在"是资本主义制度的一个核心思想。资本家赖以获取利润的理论基础是:有由过去积累起来的资本,所以,以后的现在也应该因为有过去的资本而永远富裕。马克思和恩格斯在《共产党宣言》中说过:"在资产阶级社会里,活的劳动只是增殖已经积累起来的劳动的一种手段。在共产主义社会里,已经积累起来的劳动只是扩大、丰富和提高工人的生活的一种手段。因此,在资产阶级社会里是过去支配现在,在共产主义社会里是现在支配过去。"❶

---

❶　《马克思恩格斯选集》第 1 卷第 415 页,人民出版社,2012 年 9 月第 3 版。

计划 - 市场经济体制则倡导用现在的竞争优势决定现在的竞争胜利，提倡逐步实现以现在的劳动决定现在的分配。

计划 - 市场经济体制，无论是强调"过程管理"，还是"按劳配酬"，无论是"地区均衡"，还是建立多"奔头"体系，都内含有"现在决定现在"的战略理念。这个理念不仅可以把竞争引导到"现在"上，而且有利于地区间、经济单元间的均衡发展，让更多"人"有"奔头"。

6. 定价"无暴利又有利"的战略理念

计划 - 市场经济体制落实这一战略理念，首先是让价格受宏观计划的调控，进而通过价格调控实现宏观计划平衡目标。其次这一理念化解了生产产品的经营风险，为降低资本在"计划"管理下的作用提供了前提条件，因为取得"供—需"契约的企业，只要合理合法经营，虽然不会有暴利，但一定会有利润，也就避免了资本投入的风险。再次，它还避免了暴利的产生，将收入差距放进了共享的"笼子"内。

这一战略理念也改变了市场经济体制的价格机制，把市场竞争的主要领域，首先从价格竞争转移到产品创新、服务创新、管理创新的竞争上；其次，造就一种社会计划平衡新理念：宏观层面需要的环境保护投入、产业调控目标，都可以通过价格调控参数实现。

7. "人定机制，机制管人"的战略理念

计划 - 市场经济体制是个系统，整个系统突出用制约机制进行经济监管。这种制约机制充分利用人具有的最本原的本性，经过"人"的精心设计创建，又用这种经过精心设计的制约机制为对"人"的经济行为监管服务。

这种制约机制是由"人"依据"人"的本原性精心设计的。它不仅可以跟随"人"在任何时间到达有"人"的任何地方，而且不需要另外"人"的监管，不仅可以对"事事"实行监管，而且可以"时时"进行监管。这是一种重要的监管战略理念，也是一种监管理论的创新。

8. 收入与消费总体平衡的战略理念

计划 - 市场经济体制提出了一个重要理念，提倡劳动者收入和劳动者消费的平均进行平衡。当然这里的平衡是考虑了各种计划内消费后的收入消费平衡。其中消费包括：养老期间的消费需要，儿童抚养期的消费需要，应对天灾等偶发事件而参加保险的需要，等等。其中的平衡是指：所有的收入减去所有的这些总消费后的平衡。人们长期都以节俭和储蓄作为经济收入不稳定的"定海神针"，也作为一种传统美德。但新体制更提倡收支在一个历史阶段平均上的平衡。因为这种平衡更有利于生产、消费、就业的宏观计划平衡。这种平衡不仅可以实现社会效益的最大化，还可以实现劳动者幸福的最大化。

9. 运用保险机制实现偶发风险计划化的战略理念

每个人都可能遇到计划外的偶然事件，而且这种偶然事件都可能导致计划外的费用支出。对于社会个体的这类偶然事件，从社会整体上看，却是一个有概率的必然事件。对于偶然事件费用支出的处理方式，从经济体制的角度看，反映体制的设计理念和实施宗旨。

在市场经济体制下，经济运行的轨迹既不受人们主观愿望控制，也存在很大的不确定性。从整体上看，明天和后天的经济会是什么情况，多数人就业能否保障等，这些问题都无法预知。还有更严重的风险在于，现在储蓄的"钱"，到了将来还值多少钱，还会有什么不能预见的开支等也同样无法预测。无数个无法预测，产生了一个传统的思路，那就是用每个人尽可能多的储蓄来应对各种可能的偶然支出。除此之外几乎没有其他办法。

计划 - 市场经济体制通过其内在的计划性，可以让每个社会成员拥有对未来的可预见、可计划愿景。首先，在新体制下，每个有劳动能力的劳动者都能普遍就业，保证有劳动收入——而这对劳动者而言是最大的定心丸。其次，新体制下，所有的经济活动都是在宏观计划平衡下实施的，可以保证经济运行的平稳有序，不会有重大的偶然发生。在这种大的偶然事件不存在的前提下，如果还用过去那种用存钱储蓄解决偶然事件，从宏观生产、消费、就业平衡的角度看，就不再是最好的方案。原因是，这些储蓄绕过了平衡计划的管理，浪费了大量可平衡的资源。因此，计划 - 市场经济体制更看重保险在偶然事件计划化上的贡献。原因在于通过保险对偶然事件发生概率的精准计算，可以让投保人有对偶然事件费用支出的计划化安排。

10. 实现兼顾未来保证可持续发展的战略理念

未来就是未来的今天。计划－市场经济体制始终贯彻现在兼顾未来发展这个战略理念。计划－市场经济体制的核心理念之一就是"平衡"发展，而"平衡"本身就是现在兼顾未来的结果。比如，将资源可持续供给纳入到宏观计划平衡之内，将劳动者劳动"依"据宏观"需"要下进行，在一定角度看，都是兼顾未来的理念的应用。

二、计划－市场经济体制的效应：促进社会价值观的升华

新体制的系统运行，必然会产生系统性的效应。前面在论述新体制的整体结构功能和后面阐述新体制的应用子系统时，都涉及新体制运作产生的多方面的积极效应。

在计划－市场经济体制下，宏观消费、生产、就业和环境承载、资源可持续供给的平衡计划将被传递到经济活动的各个方面以至于经济细胞中，在保障每个微观经济细胞协调运行的同时，宏观层面的计划平衡也得到了保证。暴利和暴富将不会再有；社会分配将在保证足够激励的前提下更加均衡；人与人之间的关系更加和谐；地区均衡发展将首次纳入经济体制的固有规则之中得到保证；办企业将是社会成员的乐事，因为办企业虽无暴利但多数也绝不会没利，最大限度保证了企业家的利益；国企、私企、混合企业第一次全部以平等的地位进行市场竞争，谁都不再拥有干预市场竞争的特权，同样，各类企业都拥有真正的企业自主经营权；社会成员的就业将得到最充分保障，有未来劳动能力的人都有机会为更好地满足自己的消费需求提前就近找到一份由自己的消费需求创造的工作，提前过上更美好的生活；政府对经济的管理，其主要部分不再人为通过"有形的手"实施，而是利用"调控工具"通过远程修改调控参数实施，只需在电脑中输入一串认定的数据就可以完成原本复杂的宏观调控任务；国家对经济事务的监管不再靠设"权力庙"、请进"掌权人"来管，而是请来无形的制约机制来管，请来"无形的大圣"忠诚地渗入经济细胞去监管；国家公务员队伍可以实现真正意义上的精简，庞大的政

府队伍"吃掉的公粮"可以大幅度减少，企业税负也可以真正得到降低；财政税收、每年的 GDP 增长率，有可能成为宏观计划的结果；等等。这些还只是可以看到的变化现象，或许还有更深刻的理念变化，会影响生活的方方面面。

计划 – 市场经济体制还有利于价值观的升华。这里，将就新体制促进价值观升华这一重要效应进行重点阐述。

价值观是人们对价值取向的根本看法，是人们经过反复感知、实践形成的与人主观需要相关联的好坏、是非、利弊、善恶的判断和根本看法。一个国家、一个民族要和谐发展都需要有带普遍性的、建立在优秀先进文化积淀基础上的、有利于整体和谐发展的、能反映社会和人类长远利益和未来发展方向的核心价值观。中国在十八大以后，在国家层面提出了富强、民主、文明、和谐、自由、平等、公正、法治、爱国、敬业、诚信、友善共 24 字的社会主义核心价值观，这无疑会对统一全社会的价值观起到积极作用。

这里将从价值观相关理论入手，提出计划 – 市场经济体制推动先进价值观升华的途径，分析了新体制对价值观升华可以起的巨大作用，最后推定新体制创立必然导致的相适应价值观产生的实践效应。

（一）价值观可塑造升华的理论依据

价值观对于一个国家、一个民族的发展所起的作用是不言而喻的。而要真正在国民中建立积极向上的价值观，还必须掌握价值观的特性和规律。价值观至少有这样一些重要特性，是新体制可以促进正确价值观建立的理论依据。

1. 价值观具有相对的稳定性和持久性

价值观具有相对的稳定性和持久性。人经过一个过程建立起自己的价值观后，会相对稳定且持久地保持这种价值观。并且，在其后对人和事物提出看法和做出评价时，总会从这个价值观出发，建立起评价衡量人和事物的标准，进行衡量和判断，从而做出自己的行为决定。价值观也可以认为是个观念体系，其中包括很多的认识子系统。这其中最为重要的是做人的底线，即无论什么情况出现，都不会跨越的红线。

2. 价值观具有可塑性

价值观是可以培养、传播、灌输和塑造的。可以通过社会宣传、思想教育等手段对价值观进行培养、灌输，达到价值观再塑造的目的。我们可以通过对价值观的再塑造，帮助人们确定正确的时代价值观。尤其在青少年阶段，价值观还没有形成，是塑造积极向上价值观的最好时机。

3. 价值观受价值因果环境影响

为了研究方便，这里特别建立价值因果环境的概念。由于价值观是可塑的，因此，在人们的外部环境中，由价值取向之"因"，造成的价值之"果"形成价值"因""果"氛围，就会成为人们的价值观"灌输源"。由于，这种价值因果氛围中，其价值之"果"是切实存在的，与灌输中介绍的画中之果是有区别的：实在之"果"会有更强的影响力。另外，客观存在的价值因果环境一般都有相对的持久性，因此，其中的"价值因果"会成为反复进行灌输的"老师"，最终完成对价值观的再塑造。笔者将价值因果环境定义为：由价值观导向行为之"因"，结出价值之"果"的一系列现象构成的外部环境氛围。

实践已经证明，建立起符合正确价值观确立的价值因果环境，非常重要。比如，有人在学校的培养教育中，建立了做人要诚信的价值观。但一走进现实社会，在应聘中，诚实地推介自己，落聘了；相反，善于包装的同学却被录用了；在神圣的讲台上要求大家践行"诚信"价值观的领导在几个月后因为受贿数额特别巨大被"双规"了；等等。这样一些反面的价值因果环境虽然是个别现象，但对价值观影响却非常具有示范性，会动摇原有的正确价值观，负面价值观就会被塑造。在这种情况下，无论正能量价值观的倡导者，进行怎样的宣传，都很难再完成价值观的灌输任务。

4. 价值观确立需要因果链支持

每个人用价值观审视世界时，总是根据本人内心的尺度进行衡量和评价，并不以别人或者社会宣传的尺度进行衡量和评价。因此，培养、传播、灌输价值观的过程应该是身和心的交流过程，是培育和实践因果验证的一个攻心实践。是"价值观说教"+"说教价值因果环境"+"价值观正面的因果反馈"的重复过程。人类通常都无法仅用几个口号完成价值观的传播和灌输。

5. 价值观具有行动性

价值观是人类比较深层、比较基础的审视世界的标准，是后续行为的初心所在，必然地成为后续行为的出发点和归宿点。一个拥有为他人谋福祉价值观的人，给他人提供的帮助，永远是一种自己的享受和收获，因此无论何时，只要遇见需要提供帮助的人和事，伸出双手去帮助他人，总会有这类人的行动。而自身利益优先价值观的人，任何行动都会追求利益回报。

（二）正确价值观缺失提供的启示

研究价值观缺失，不能不研究以"利己＋自由"为核心诉求的市场经济体制在价值观塑造中的启示。

1. 启示之一：竞争"利己"价值观氛围不利于正确价值观建立

市场经济体制是通过自由竞争配置社会资源的经济体制。其中的竞争动力却源于"我的"或者是"我们的（小集体的）"利益最大化。在竞争中，其"初心"动机，其过程行为，其最终目的，都是将"利己"贯穿始终的，因而其核心价值观也是"利己"的。

在这个价值因果环境中，有一些俗称"发了财"的人，其中既有通过合法劳动"发财"的，也有用权力"发财"的，还可能有少数通过违法乱纪、坑蒙拐骗"发财"的。但无论以何种方式"发"的"财"，都可以尽情享受，都可以挥霍，都可以用财富去"挣"财富。结果，这些案例本身可能是个别现象、局部现象，但每一个"发财"案例，都是一个又一个"利己"价值观之"因"，结出一个又一个"利己"价值观之"果"。这样一些案例很可能会成为一种示范的价值因果环境，不断地把"利己"价值观强化，不断将人们的"利己"心和贪婪性推向新高度。比如，20世纪80年代的中国，普通职工年平均收入也不过几百元，但出现了"淘"得上百万元的"桶金"的先富"竞争者"，继而出现个别的、暴发的"亿万富翁"和"亿万富婆"，虽然都是个别现象，但很容易将"一夜暴富"提升到价值观"灌输老师"的位置上，成为不少人梦中的目标，成为价值观的核心。最关键的在于，在很多时候，市场竞争的结果总是在鼓励"利己"者，而惩罚"利人"者，原因就在于"利人"是需要投入的、需要成本的。从另外一个角度看，通过市场竞争配置资源，用竞争的办法进行利益分配，结果总是竞争胜利者得到利益。显然，这是一个"利于自己的"或者"利于我们自己的"胜利。可以这么说，参与竞争者总是以最终"利己"作为出发点参与竞争，又总是由最终"利己"目标作为竞争过程的策略考量，最后总是以"利己"结局作为激励参与下一轮竞争。这其中可以肯定的是：以"利人"为价值观的人无法成为竞争者，以"利人"为出发点和归宿开展不了相互间的"竞争"。

因此，在这种价值因果环境中，人们到处可以看到"利己"价值观的身影，到处都是"利己"价值观的氛围，到处也都是"利己"结果的刺激。给我们的启示是，"利己"价值环境下就很难建立起正确的社会价值观。

2. 启示之二："自由"诉求易跨越价值观的底线

市场环境过度自由不利于正确价值观建立。自由是市场经济体制对市场环境的另一个核心诉求。对于严格意义上的市场经济体制来说，只有外部环境完全自由，"利己"竞争才能达到极致。但竞争环境的"自由"，带来的不仅仅是竞争优胜劣汰的效率，也带来了"利己"心、"贪婪"心，开启了"不择手段"的大门。在市场经济体制下，衡量人是否成功的标准，只有一个——你拥有多少财富。而在"自由"环境下的"利己"竞争的因果却是：你无论是公平竞争，还是骗、偷、抢、掠，只要能把社会财富放进"我的""我们的"口袋内，就有了比别人多的财富，就成为市场竞争的"成功者"，就成为"唯利是图"价值观的人追逐的"榜样"。更可怕的是，这里的"不择手段"，正在不断地丢弃中华几千年文明留下的优秀文化、优良传统，甚至不断突破做人的底线。

3. 启示之三：正确价值观缺失造成的后果呼唤正确价值观

市场经济体制成为创新机器的同时，也垄断出了一批富可敌国的大富翁，当然，还催生出无数生活在贫困线以下的人口。在锻造这个严重两极分化世界的价值观体系中，抛弃传统优秀文化：亲父母可以不管，亲生子女可以遗弃等社会正确价值观缺失的现象，既在影响着人们的价值观，也为人们带来了反思，更带来了对于正确价值观建立的期盼。

不过，也需要看到，社会发展需要的人类共存共享的崇高价值观、无私奉献、助人为乐的雷锋精神，与市场经济体制的"不利己"就无法"竞争""不恶毒"就无法取胜的价值观之间，存在着严重的价值观冲突。我们有必要通过新体制和新机制建立一种有共享共富笼子的、通过公平竞争和按劳配酬仍然保持活力的价值因果环境。在这个因果环境中推动社会正确价值观的建立。

（三）新体制将促进价值观升华

计划 - 市场经济体制并不排斥宏观计划平衡下的市场竞争，显然，有竞争存在，就一定有贫富差距，而这种差距存在，正是激发劳动主动性、积极性和创造性的驱动力。新体制通过计划确保了生产、消费、就业的平衡，实现了有劳动能力的社会成员充分且有保障的就业，显然，社会成员的充分就业，一定是避免少数人贫困的托底磐石。新体制极大地降低了"资本"在社会财富第一次分配中的权重，进而全面地实施按劳配酬，把贫富差距控制在"劳动能力差距"之内。这种有竞争而不失计划，有激励而不失互助，有差距而不失共享的价值因果环境，为新体制下正确价值观的建立奠定了基础。

新体制本质性地将"劳动"和"平衡"作为自身正确价值观的灵魂。用这两个灵魂，把社会成员带进公平公正的"劳动"中，又通过"平衡"把社会带进繁荣和谐，实现人类美满幸福的生活，可以说"劳动"和"平衡"是新体制的两根价值观支柱。

1. 新体制有助于确立以"劳动"为内涵的系列价值观

不同阶级、不同阶层、不同历史阶段都可能有不同的价值观，但构建共存社会人际关系的基石是价值观上的思想统一。构建人际利益协调关系的核心是价值观在利益上的共享共进，形成人际关系健康交流的关键是价值观上的无障碍沟通，保证人际关系持续融洽的是价值观行动上的一致。价值观可以列举出很多种，那么，哪个价值观对于劳动者个人最重要，最能成为社会个体在这个时代的共同的、最核心的价值观呢？笔者认为，唯有"劳动"为内涵的一系列价值观，比如劳动致富、劳动光荣等能担此任。原因在于：

第一，"劳动创造了人本身"。劳动可以改造人类自身，也可以改造人类生存的自然环境，还可以改造人与自然之间的关系。劳动可以生产维持人类幸福生活的财富，劳动也可以创造人类文明的文化，劳动可以改造自身、引领进化进程适应新的社会空间。"劳动"确立了人类改造自身世界和外部世界中的核心地位。

第二，劳动是每个人都拥有且可以持续拥有的财产。因而"劳动"既是每个人都拥有的权力，也是每个人拥有政治地位的基础、每个人争取最美好生活的平台，还是给社会带来持久公平、正义的源泉。

第三，"劳动"排斥和唾弃"不劳而获"。"不劳而获"就是经济剥削而获、掠夺而获，就是坑蒙拐骗、贪污腐败而获。当社会树立起"劳动"或者"勤劳"价值观时，"不劳而获"就失去了存在的空间和条件，勤劳致富自然地就会蔚然成风。

第四，"劳动"可以与时俱进。劳动本身是一个与时俱进的行为。在劳动生产率极其落后的原始社会中，无论是围捕猎物，还是抵御外敌，都需要集体行动；在劳动生产率有所提高的封建社会，个体劳动得到了发展；进入资本主义社会专业化的大生产，创造了上万人以至于几十万人的协同劳动。显然，在一个各方面联系更加紧密、发展更需配合、谁都无法独善其身的社会中，劳动将弘扬互相配合、协调、互让的美德，营建友好和谐的社会氛围。

第五，"劳动"是一种有主动作为的价值观，是一种落实到行动中的价值观。空谈空想不会致富，唯有去劳动，去进行有智慧的劳动，才能致富。这种价值观将社会成员带进劳动实践，劳动竞争，而不是带进闲聊室、懒人房。

第六，"劳动"是一个永恒的价值取向，永远不会过时，永远不会被淘汰。在生产率落后的封建社会需要"劳动"，在社会主义初级阶段需要"劳动"，在社会发展的高级阶段，尽管产品已经极大丰富，但社会成员仍然需要尽力去"劳动"，通过劳动改造世界的同时改造自身，仍将是社会价值观的基石。

2.新体制有助于确立"平衡"发展理念

"平衡"在计划 – 市场经济体制中有至关重要的地位，也可以说"平衡"是新体制价值观中的一个灵魂。在横向上，"平衡"意味着各个地区、各个部类之间的总体发展"平衡"；在纵向上，"平衡"意味着宏观和微观"生产"和"消费"的整体"平衡"，意味着现在的发展和将来的发展始终处在可持续的"平衡"之中。可以说"劳动"反映劳动者自身价值的最大化，而"平衡"则实现社会整体价值的最大化。"平衡"在新体制中，既是社会共同价值观的灵魂，也是正确价值观确立、辅证、弘扬的保证：

第一，以生产和消费的总体"平衡"，确立以平衡为其魂的新型幸福观。

从社会整体层面上看，宏观生产和宏观消费"平衡"，将带来价值观的新思维。在过去的多数时间阶段内，人类社会都处在供不应求的欠发达状态中，人类创造的物资、财富总体上处在不能满足消费需要的常态中。在那个年代里，社会个体的基本生活还缺乏保障，更缺乏社会个体应急需要的社会保障。勤劳成为增加财富的有效手段，积蓄成为应对不测需要的不二选择，节俭成为有财富积蓄的有效途径，于是"勤劳是穷人的财富，节俭是富人的智慧"就成为真理。节俭成为一种需要、一种美德，将劳动成果——财富，省吃俭用，节省下来存进银行成为一种风尚、一种传统。

但随着社会的进步和发展，今天的劳动生产率已经今非昔比。集约化、专业化、自动化、智能化大生产，将劳动生产率提高到了空前的高度，也许今天已经实现 4 天的劳动可以满足 7 天的消费需要，而将来，也许劳动 1 天就能满足 7 天的消费需要，生产能力已经大于消费能力，供过于求成为新常态。到了这个时候，如果社会成员一味将劳动创造的成果"存进银行"，不把它消费掉，那么这些被存起来的劳动成果就是下轮生产的减少量。虽然存进银行的部分资金也会通过投资进入生产环节（注意不是消费环节，会加剧不平衡），但仍然绕过了宏观的计划平衡。显然，生产出来的物品"节约储存"越多，下轮生产的减少量就越多，经过宏观计划平衡的生产和消费就会偏离计划，社会劳动资源的浪费就越多，与人类的初始愿望背离就越远。

随着社会的发展和劳动生产效率的极大提高，社会对于社会成员应急困难的保障能力也得到了极大提高。如果有社会共识的话，过去由社会成员依赖自身积蓄应对病、急这样一种需要，都可以通过社会保险甚至通过其他计划手段得到圆满解决，不再需要用自己的积蓄解决。

在这个时代，人们所担心的已不再是生产满足不了消费需要，而是担心过剩的产能无消费需求来匹配。到了这个时代，社会期盼的是生产总量和消费总量的平衡，而不是通过"节俭"富余更多的生产能力而使更多的生产能力过剩。于是"平衡"就成为超越其他矛盾的主要矛盾，成为社会需要追求的价值观灵魂。

这里必须说明，这种收入和消费的平衡理念，虽然是计划－市场经济体制理论的重要思想，但绝不意味着这是现在就要实施的行动纲领。这种理念变为全面的行动需要一个较长时间的准备。首先要有物资基础准备。比如，要有充足的消费供给，要有充分可靠的应对偶发需要的完善保障体系。其次，还要有思想理念的准备。总体说，这个理念的形成是个渐进的过程。

从社会个体层面上看，每个社会成员不同经历、不同的生活环境、不同的社会氛围，以及受到的不同教育都会形成不同的人生观、世界观和价值观。社会成员自身特殊的、个性化的生存需要，产生了各自有区别的对于幸福美好生活的向往和追求，从而形成自己的价值观、幸福观。雷锋说："我觉得人生在世，只有勤劳，发愤图强，用自己的双手创造财富，为人类的解放事业——共产主义贡献自己的一切，这是最幸福。"雷锋树立了崇高的价值观和幸福观。

也有人把丰衣足食的小康作为幸福标准，有人把名留青史作为幸福追求，有人认为拥有一生爱你的人是幸福的。但这些大家认可的幸福，多数只是一种"结果"幸福，而不是一个幸福"过程"。比如"丰衣足食"需"辛勤劳动"的浇灌过程，"名留青史"需要孜孜不倦的耕耘过程，"一生爱你的人"需要有日积月累的呵护过程。当我们把整个"过程"的幸福都纳入到价值观、幸福观中去研究、去主动规划时，就会有不一样的价值追求。

首先，在任何一个构建幸福结果的"过程"中，都包括有付出劳动的"生产"过程和享受劳动成果的"消费"过程。如果"生产"出的劳动成果都是存在银行的"钱"，而始终没有"消费"劳动成果的享受过程，那么，"生产"

就没有了对象，"钱"就失去了幸福的意义。因此，只有劳动付出的"生产"和享受劳动成果的"消费"总体是"平衡"的，那么对于每个人的幸福就会在平衡中实现最大化，由之构建的价值观也将促进整个社会幸福的最大化。

其次，在任何一个付出劳动的"生产"过程和享受劳动成果的"消费"过程中，每个过程的幸福是由过程的"平衡"来实现的。"勤劳致富"价值观支配的"生产"过程，将"劳动"作为一种永恒的"幸福"源，将"劳动"作为人类社会永恒的"第一需要"，从而将"幸福"的结果，"平衡"进"生产"的全过程。在享受劳动成果的"消费"过程中，对于劳动成果的"平衡"消费，既实现了"享受"的幸福，又创造出了新的生产需求和激发出新的劳动支付动力。周而复始，实现了整个享受过程的总体"平衡"。

第二，人类的"索取"和环境的"供给"的总体"平衡"，确立人类幸福进步和美好环境共同成长的愿景和理想。

人类的幸福大多建立在向大自然的"索取"上。高楼大厦需要占用大自然的地皮，舒适快捷的汽车需要石化燃料供给，寒冷中的温暖需要燃煤供热。当人类为着自己的"幸福"过度"索取"时，"幸福"就会异化为"不幸福"：当大量的绿地变为水泥地时，气温上升了，水分保持不住了，迎来的可能是干旱、水灾；当公路上的汽车无限增加，除了拥挤的道路，还有不适合生存的雾霾；等等。显然，人类的"索取"必须和生存环境发展保持总体"平衡"。在平衡状态下，人类向自然界的"索取"与自然环境的改善性建设平衡，让自然界受到的破坏与通过人为的修复建设总体"平衡"，并将其升华为一种以环境"平衡"为魂的幸福价值观。新体制的宏观计划，可以将环境的修复、环境的可持续承载，纳入到生产、消费和就业的宏观计划平衡中，并实际地落实到微观合同内，成为这种平衡价值观形成发展的价值因果环境，推动这种价值观的升华。

第三，以近期发展与长期发展的总体平衡，打造追求人类持久发展的重要理念。

古有"今朝有酒今朝醉，明日愁来明日愁"的诗句来形容只顾眼前，没有长远打算的短视者。但在市场经济体制中，"短期竞争结果会积累性地影响后续竞争结果"本质上就是一种"短视"。在市场经济体制的自由竞争中，当竞争对手处于势均力敌的阶段时，任何一方都难以把控竞争的发展进程和方向，只能力求眼前的竞争胜利，再以眼前胜利图谋后续的成败。如果其中的一个竞争者试图用长远利益作为筹码参与由只顾当前利益者参加的竞争，那么很多情况下会成为竞争的失败者，因为长远利益多数要以牺牲当前利益为代价。这方面最典型的例子就是技术偷仿：偷仿者基本没有成本地仿造出发明者消耗了巨额成本而得到的发明产品，最后往往是偷仿者获得了近期胜利和利益，逆向影响和打击的正是社会长远利益需要保护的发明创造积极性。当一个又一个长远利益兼顾者，倒在自由竞争的"血泊"中成为牺牲品时，不仅这些志士试图实现的长远利益目标成为泡影，而且破坏了兼顾眼前利益和长远利益的价值因果环境。尽管在市场经济体制下，强有力的政府可以推行长远目标项目、提倡长远观念，但这些都只能是外在的、强加的单独事件的强制行为，无法让兼顾长期利益成为普遍接受的、受到社会氛围支持的价值观立足。

当市场经济体制经过竞争积累和淘汰，进入一定程度垄断和准垄断阶段后，作为社会经济的主导方——垄断控制者追求的目标主要将是维持长期垄断，因为这是他的全部利益基础。对于其中不少垄断者而言，其内在的、基础的核心价值观，就是不择手段地维持自己已经得到的地位和优势，而这正好与社会价值的需要背道而驰。而从劳动大众一方看，进入垄断阶段后，如果不进行团结一致的革命，一定是一个无助的弱者，除了可以做一下"一夜暴富"的梦，实际上已经成为长远利益的旁观者。

计划 – 市场经济体制通过政府对未来的长期规划，形成一个动态的长期可持续发展的平衡计划。这个近期和远期平衡的计划又通过传导工具落实到微观经济合同中，使得日常的经济活动，都处在近期利益和长远利益的平衡中。在一个交换环节受到政府"供需契合枢纽"严格管控的体系中，仿冒别人技术的产品无法进行交换，追求原始创新的价值观就会生根，社会整体向自然界的"索取"已经通过宏观面的长期"供给"进行了平衡计划，使得社会成员的每一个经济行为都是当前利益和长期利益的平衡行为，使得近期利益始终和长远目标结合的价值观由实践结出成果，成为一种价值因果环境；使得任何经济活动都必须将现实利益和长远发展保持一致成为一种氛围和时尚。比如，当城市高楼拔地而起的时候，与之相平衡的绿色生态系统一定在同步落实中；再如，高效率机器人在普及推广时，容纳被机器人所取代的人的就业岗位一定在同步建设中；等等。总之，在新体制计划下，任何经济活动在总体上总是体现眼前利益和长期利益的平衡，任何经济活动的结果总是在建立平衡为魂的价值因果环境。

3. 通过"劳动"和"平衡"之魂确立共同幸福的价值观

（1）新体制确立的"劳动"和"平衡"为核心的价值观，筑起了可以"利人"的基础。

计划 - 市场经济体制通过自身的平衡机制，确立了经济在宏观面上的计划"平衡"，也确立了经济微观面上的竞争约束。在宏观面上，通过宏观计划确保生产、消费、就业的整体平衡，保证每个社会公民的充分劳动权。劳动权的充分保障，使每个社会成员能有稳定的政治地位、稳定的经济收入、稳定的社会保障等。这些成果本质地确保了劳动者实施"利人"行为的政治基础和经济基础。

计划 - 市场经济体制普遍实施"依需尽能，按劳配酬"机制，把人与人之间的收入差距限制到了宏观平衡后的"劳动"差异水平上。显然，劳动差异既是现实存在的，也是每个人可以理解和接受的。按劳配酬后构成的由劳动结果差异造成的收入差异，是一种可接受的"平衡"。显然，这样的差距是调动劳动积极性所必需的，是克服平均主义大锅饭所必需的，面对它，心理上应该是"平衡"的。由此构建的价值观，一定是真正"依需尽能"的价值观、和谐的价值观。这里的合理劳动差距价值观，其实也是"利人"价值观中不可缺少的价值观因素。其中的一个重要思想是：这里提出的"利人"是承认存在差距的"利人"，是和总体共享、微观竞争目标一致的"利人"。

（2）"利人"正确价值观在计划 - 市场经济体制中的确立。

首先，表现在对"利己"价值观的约束上。"平衡"意味着社会公民，会自觉接受对于"利己"欲望的自我约束。"利己"欲望是社会个体为满足个性需求产生的外在表现，一定意义具有普遍性和本原性。我们既可以在一系列的正激励中，把"利己欲"推向贪婪；也可以将"利己欲"控制在满足基本个性需要的范围内，从而建立起"利人"的正确价值观。在新体制中，对每个社会成员而言，充分的就业保障不仅满足了社会成员的基本需要，还实现了支付劳动的"生产"和对劳动成果的享受的整体"平衡"。它可以极大地降低对后续财富积累的需要，淡化财富积累对"利己欲"的刺激，消除了贪婪生存环境。

其次，表现在对于"自由"的自觉管控。"平衡"这个价值观之魂的确立，意味着社会公民会自觉接受对"自由"行为的管控和限制。市场经济体制为了实现竞争的充分，必然地要求支撑竞争的外部完全"自由"。而在无限制"利己欲"的推动下，外部"自由"必然会强化贪婪。新体制在横向维度上，竞争者在签约前是充分自由的竞争，在签约后则在交换过程"管控"下严格执行契约，实现了"自由"和"管控"之间的整体"平衡"。新体制宏观面上，生产、消费、就业、资源可持续，环境可承载各环节的计划平衡，再通过调控工具落实到竞争"合同"中，最终"供—需"契约又通过有序劳动实现全过程的总体"平衡"。而所有的平衡中都已经实现对"自由"的自觉限制。

再次，表现在"利人"的自觉。"平衡"这个价值观之魂的确立，意味着社会公民会自觉加入弘扬"利人"价值观的洪流中。当社会成员拥有充分的劳动权力、劳动机会，并按劳获取稳定报酬时，自身需求就可以有保证地持续得到满足，"利人"价值观的基础就有了保障；新体制的计划性，提供任何意外需要的社会保障，使得社会成员无须顾虑将来的不测，"利人"就有了后续行动的"后劲"保障；新体制由体制、机制确立的公平机制，可以有计划有目的地创造"利人"受到正向激励的反馈制度，不断创造出"利人"的人在将"好处"让给了别人的同时，还会受到社会的正激励，创造一种"我为人人，人人为我"的"利人"价值观氛围。

4."劳动""平衡"理念和社会主义核心价值观的关系

核心价值观承载一个民族一个国家的精神追求，体现一个社会对是非曲直的评判标准。中共中央提出的社会主义核心价值观，把国家层面"富强、民主、文明、和谐"，社会层面"自由、平等、公平、法治"，公民层面"爱国、敬业、诚信、友善"的价值要求，融合在一个价值观体系中，成为全社会的一种价值导向。

计划 - 市场经济体制的"劳动"和总体"平衡"观的确立，将成为社会主义核心价值观确立的助推器、核心价值观氛围的建设者、核心价值观发扬的激励源。

第一，从国家层面看，如果一个国家的全体国民，都以"劳动"为魂去建设国家，那么，国家的"富强"肯定是可以预期的，因为没有任何东西比劳动者的"劳动"更能推动国家的富强进步。同样，当每个公民有了普遍的劳动保障时，当社会个体还实现了自己的需求"平衡"时，当社会每个人都能在制约机制管控下实现公平公正时，"民主"就有了政治上的保障，"文明"就有了制度保证，"和谐"就有了社会基础。

第二，从社会层面看，新体制创立的制约机制，用"无形的大圣"守护每一个经济活动，以保证任何劳动者"劳动"权利平等和公平，"劳动"过程法治和公平，"劳动"结果平等、公平、法治。计划 - 市场经济体制的体制化安排和制度化设计，保证了劳动付出和劳动成果享受的总体"平衡"。到这个时候，劳动者的任何经济行为已经在"平衡"中实现自我约束，"自由"就是一个自然过程，"平等、公平、法治"就是一种可以预期的结果。

第三，从公民层面看。"劳动"是每个公民持久拥有的财富，也是每个人拥有的最公平财富。每个公民都可以通过"劳动"体现敬业精神，通过劳动和劳动成果的交换践行诚信品行，通过劳动者之间的劳动交流将"友善"带给每一个人。同样，宏观面的经济要素的"平衡"，带来了整体"爱国、敬业、诚信、友善"的氛围。微观面劳动付出和劳动成果享受的"平衡"，把"敬业"的劳动付出，及时转化为幸福的享受，实现了敬业价值观的正激励。在人与人之间，新体制特有的"平衡"发展，使每个人都可在"诚信、友善"价值观支配下，达到自己想实现的幸福目标。至于"爱国"，生活在一个幸福国度内的公民，更将是必然选择。自然而然，"爱国、敬业、诚信、友善"核心价值就成为一种深入人心的核心价值观。

三、计划 – 市场经济体制的历史地位

市场经济体制、计划经济体制和计划 – 市场经济体制有各自不同的功能和特点，每种经济体制都有其运行规律和运行的适用期。笔者根据对市场经济体制、计划经济体制、计划 – 市场经济体制的比较分析，对各种经济体制的所有制形式适用性、内在驱动力、激励方式、激励强度、适用历史阶段等进行了总结并汇总列于表 16 中。

表 16　三种经济体制的适用特点

经济体制	优先适用的生产资料所有制形式	内在驱动力	激励方式	激励强度	政府控制力	适用阶段
计划经济	公有制	精神鼓励和行政手段	竞赛激励	弱	控制力强	经济起步赶超阶段
市场经济	私有制	利益机制驱动	竞争激励	强	控制力弱	经济向上发展阶段
计划—市场经济	多种所有制	有引导的个性需求	满足宏观要求的按劳配酬激励	中	按客观规律的控制力强	经济稳步发展阶段

（一）三种不同经济体制特点的比较

1．优先适用的生产资料所有制关系

三种经济体制优先适用的生产资料所有制形式是不同的。以下是各种经济体制对生产资料所有制的理想需要分析。

（1）计划经济体制要求生产资料公有制。计划经济体制因为需要通过"管"生产者的生产计划来实施对整个经济活动的计划管控，需要企业无条件服从政府的计划。从这点看，只有公有制企业，或者集体企业能够实行这种计划管理。而私人所有制企业，从理论上说，企业应该自主经营，无法满足计划经济体制实行计划管理的要求。

（2）私人所有制企业最适合市场经济体制。市场经济体制基础理念是自

由竞争、自主决策。在私人所有制下，企业主不仅拥有自负盈亏的责任，也同时拥有了企业完全的自主决策权，与市场经济体制的需要一致。因此市场经济体制最适合的企业是生产资料私有制企业。

（3）计划 - 市场经济体制适合多种生产资料所有制形式。主要是因为：

第一，计划 - 市场经济体制中，政府即地区"枢纽"并不去管控具体的生产者和消费者，只"管控"生产者和消费者交换过程发生的具体"流"，是非"人"的"流"。这个"流"本身并没有所有制属性。地区"枢纽"管理的内容是这个经济事件本身是否符合规定，政府宏观计划的传递也仅仅与交换过程的具体契约关联的信息"流"有关，与生产者和消费者这个"人"之间的"事"有关，与"人"本身无关。"供需契合枢纽"管控的是交换中的内容，至于这些内容的主人"姓什么"已不重要。在招投标过程中，一个企业参与地区"枢纽"的投标，比的是投标内容的水平，与这个企业姓"公"还是姓"私"无关。

第二，在收入分配上，计划 - 市场经济体制通过生产要素的劳动内核化改造，突破了按劳配酬对生产资料所有制形式的束缚。

计划 - 市场经济体制，首先通过其中的可靠计划性，使资金不再稀缺，降低了生产要素中"资本要素"在配酬中的作用和地位，达到了"资本"投资人仅仅依据"关键帮助劳动"获得利息的水平；与此同时，新体制提高了智慧资产要素的作用，而且在股权分配中，智慧资产配酬的依据尺度是智慧资产在再劳动中智慧劳动之"果"，是按"智慧劳动"内核配酬的。再加上劳动力生产要素中的一般劳动者和智慧劳动者均已直接按劳配酬，实际上已经全面实现了全生产要素"按劳配酬"的目标，因而也就不再受所有制形式的束缚，适应了多种所有制存在条件的需要。

第三，计划 - 市场经济体制已经关闭了所有国有企业及其他企业通过供需契合环节使用特权干预竞争的通道。"公"有制企业包括行业垄断国有企业都不再拥有自己决定物资采购权、规则制定权、执行权、评价权，确立了多种所有制企业的平等地位。由于这些原因，计划 - 市场经济体制允许多种所有制企业平等共存，拥有平等的权利、责任和义务，进行不同所有制企业间的公平竞争。

2. 三种经济体制的内在驱动力比较

计划经济体制，曾经以最严厉的态度排斥物质刺激。在实行计划经济体制的一个较长历史阶段中，几乎反对一切形式的物质刺激，社会成员积极性和创造性的发挥均以精神鼓励和行政手段为主。在这个历史阶段中，人与人之间的关系比较融洽，但劳动者的积极性和创造性普遍受到压抑。

自由市场经济体制则以"利益机制驱动"作为内在驱动力。市场经济体制以满足自己的或自己集体的利益为出发点和归宿点，几乎事事处处都以满足自己的或自己集体的物质利益为诉求。由于在这种体制下，自己的和自己集体的付出可以直接成为自己的和自己集体的实在利益，因果关系紧密，因而有最强的驱动力，人们可以用尽自己的能力极限去竞争。市场经济体制也有寿命周期。必然会随着垄断的加剧、贫富差距的扩大、竞争者的减少而改变竞争的强度。

计划 - 市场经济体制在竞争过程也是以满足自己的和自己集体的利益去进行竞争，但这种竞争受到宏观平衡计划的制约，在收入分配中还通过真正意义上的按劳配酬，革了"暴富"的"命"。实现了"利己"目标通过地区"枢纽"的计划管控，向"为公"目标的利导。可以认为，这是一种"有引导的个性需求"激励。

3. 三种经济体制的激励方式比较

计划经济体制（至少在中国），主要在生产资料公有制条件下展开，不进行相互之间的市场竞争，而提倡相互开展劳动竞赛，比如中国建设时期开展的"比先进、学先进、赶先进"劳动竞赛等。计划经济体制也还有由行政干预构成的重要激励。

自由市场经济体制则全面开展市场竞争。市场竞争和劳动竞赛之间是有本质区别的。其中至少有：

第一，目标不同。市场竞争目标是要把竞争对手彻底打败；劳动竞赛的目标是比输赢，比高低，目标是让竞赛者更强、更好。

第二，手段不同。由于市场竞争的目标是把竞争对手置于死地，因此方式方法不择手段。而劳动竞赛不同，因其目标是促进参赛者提高自身某方面的技能，因此手段是文明的。

计划 – 市场经济体制也进行市场竞争，就竞争动机而言，主观仍然是想战胜对手；但区别在于，新体制下竞争中的一方在客观上将很难让对手从市场上消失，因为失败方在竞争阶段基本上是不投入资源的，因此经济损失不会很大，还可以再参与下次竞争。新体制在竞争理论上也没有比赛那样文明，仍然需要在谋求自己利益最大化的竞争中获胜，但由于这种竞争受到了宏观共享计划的约束，也已营造供需契合过程的公平公正的氛围，"不择手段"不再有用武之地。总之，新体制构建了新内涵的激励方式，即在满足宏观计划平衡需要的前提下开展竞争，在竞争中"依需尽能，按劳配酬"，再在竞争和按劳配酬中激发每个劳动者的积极性和创造性。

计划 – 市场经济体制的激励方式决定其激励强度不如市场经济体制，但远远强过计划经济体制。

4．三种经济体制的政府控制力比较

从政府对经济活动的控制力上看，计划经济体制是最强的，至少在中国实行计划经济体制期间，政府不仅可以决定企业生产什么，什么时候交货，还可以负责人的工作安排，在经济活动中几乎没有不能触及的。当然这里必须指出的是，这种把企业和人作为附属物的计划控制，具有"官"的随意性，很难有市场活力。

在市场经济体制中，对于政府控制力，经济学大师斯密仅仅给安排了一个"守夜人"的职务。后续不断有人进行了改良，提出了政府干预经济的"看得见的手"。但实践证明，政府的任何调控都会动摇"自由竞争"这块市场经济的基石。因此，政府在市场经济体制下对经济的调控能力是最弱的。

计划 – 市场经济体制则专门设计了"供需契合枢纽"的控制点并交由政府管控。这个"枢纽"是所有生产环节和消费环节必须经过的一个交换点，因此政府对整个经济的管控是全面有效的管控。新体制通过这种管控不仅实现了政府宏观平衡计划向微观经济领域的传递，还实现了政府管控下的中观、微观经济领域的公平公正竞争和难得的计划功能。这其中宏观经济计划平衡和微观竞争配置资源都是客观经济运行的需要。因此新体制下的政府控制是一种符合客观经济规律的最强控制。

（二）三种经济体制适用于不同的历史阶段

不同经济体制模式有不同的适用期。计划经济体制有最好的政府操控性，最适合在社会政治、经济秩序极度混乱时实行，也就是政治经济由"乱"向"治"转变的历史阶段：它可以使国家经济以快的速度走上正轨，但此后就会充分彻底地暴露出竞争力不足的缺点，以至于阻碍生产力的发展。在中华人民共和国成立后第一个五年计划期间,通过计划经济体制的高度集中统一管理,创造出了超过 1949 年以前一百年创造的财富总和，以最快的速度恢复了经济秩序，建立起了独立自主的工业体系。德国、日本在"二战"后的一个时期内，也有过一段类似的计划经济，也都取得了不错的经济发展。

市场经济体制有最强的竞争激励力，特别适合在消费品供不应求和整个社会垄断不严重、竞争者初始条件相对均衡的经济发展阶段实施。在这种经济发展阶段中，立足于同一起跑线的竞争者，通过完全自主的竞争可以激发出最大的竞争积极性和创造性。

从人类发展历史看，人类社会进程中，生产效率低下、物资短缺是一个不可缺少的阶段。从这一点看，市场经济体制也许是经济体制历史发展阶段中一个必须存在的经济体制模式。

当社会经济出现下述现象时，就该实行计划 - 市场经济体制。

（1）行业生产已出现严重垄断。这时，垄断企业已不再关注为更多的人提供稳定就业机会，而只关心自己的垄断地位和高效益。

（2）贫富差距和地区差距扩大已经威胁社会安定。这时继续实行市场经济体制的自由竞争，只会加剧两极分化。

（3）产能普遍过剩，而大量劳动力无法通过市场调节消化。

计划 - 市场经济体制有均衡地区发展差距的能力，有了均衡收入分配的能力。更重要的是,它具备消费、生产、就业、环境和资源供给的计划平衡能力。

计划 – 市场经济体制将人类的自由公平竞争纳入到符合人类未来发展需要的宏观计划平衡之中，建立一个收入差距可控又受宏观经济平衡计划约束且按劳配酬的、和谐而有生气的社会经济体系。显然，计划 – 市场经济体制在社会经济发展历史上有更长的生命周期，是社会经济稳定发展阶段的基本经济体制。

（三）计划 – 市场经济体制实施的历史必然性

从人类发展历史看，伴随着生产力的快速提高，经济发展将由强劲增长阶段步入一个稳定发展阶段。在这个历史阶段中，我们要以马克思主义历史唯物观，审视现有的和过去曾有的经济体制与生产力发展之间的关系，研究计划经济体制、市场经济体制是否不可持续，而计划 – 市场经济体制是否具备经济稳定发展阶段实行的必然性。

1. 计划经济体制不具备在经济稳定发展阶段实施的可行性

计划经济体制在过去的实践中，以政府的全面计划包办去管理动态的、变化的经济，以大锅饭分配机制去适应需要差异激励的劳动者，一定是限制了劳动者的主动性、积极性和创造性，一定会限制生产力的发展。在进入经济稳定发展的历史阶段后，即使政府进行自我改进，即使信息技术发展到可以计划每个人的行为，也仍然不可能通过机械的计划包办千变万化的消费需求。计划经济体制终究不能成为经济稳定发展阶段的经济体制。

2. 市场经济体制不能成为经济稳定发展阶段的经济体制模式

市场经济体制至少有四个本质性的缺陷，决定了它在经过一个历史阶段发展后，必然需离开历史舞台。这四个本质缺陷是：

第一，无法控制和缩小贫富差距。市场经济体制的无限制竞争，无法规避富裕积累富裕、贫穷积累贫穷的积累法则。而这种积累达到一定限度，后果将影响社会稳定。

第二，无法在劳动生产率空前提高的情况下，保证劳动者普遍就业。近年来，新技术、新工艺的涌现，将劳动生产率提到了全新高度，生产产能呈现爆炸式增长。尤其人工智能技术特别是机器人的发展，将从更广的范围抢走人类

的就业岗位。❶

市场经济体制下，面对这种高劳动效率和低用工趋势，企业逐利本质决定企业主一定不会以劳动力的普遍就业为己任去努力——这意味着，市场经济体制在高劳动效率下的必然结果是大批劳动者将失去就业岗位。

市场经济体制下，贪婪带来无节制的欲望，无节制的欲望催生无节制的逐利行为，任何人都无法回避失业的风险，其中包括最富有的人群，因为当他们把别人都赶进失业队伍时，他们同样会因为失去了所有的消费者而失业。

第三，伴随着劳动生产效率的提高，经济业态从"供不应求"转变为"供过于求"，产能过剩成为常态。这种经济业态导致的最直接后果就是市场经济失去了赖以繁荣的消费市场。没有市场支撑，市场经济的自由竞争就失去了竞争标的。

第四，无法推动消费市场和生产能力两个环节全面平衡地发展。比如，房地产行业的逐利行为，把房价炒到不是"让人住"的高度，结果把一批有消费能力的中年"白领"变成房债压身的"房奴"，相当于房企的高利益夺走了其他行业的消费者。再如，市场经济的逐利竞争，使就业岗位集中到大城市，集中到了沿海发达地区，农民工无法就近就业，想就业必须背井离乡到千里之外的大城市去打工。而结果，家庭无法照顾，产生"留守儿童"等一系列社会问题；而在大城市或沿海地区生活成本高，又抑制了其他消费；等等。这种生产和消费的不平衡是市场经济体制无序竞争和无限制逐利行为这个核心缺陷造成的绝症。因此，市场经济体制无法成为经济稳定发展历史阶段的经济体制模式。

3. 计划 – 市场经济体制是经济稳定发展阶段的必然选择

在经济进入稳步发展阶段后，计划 – 市场经济体制通过其中的计划性和

---

❶ 据（引自【IT 时代网编者按】2017 年 01 月叶子）一项最新报告警告称，随着世界越来越科技化，将有大量人类工作被机器人取代。到 2030 年的十多年内，将会有 8 亿人的工作被机器人取代，而最容易被取代的正是工厂中的工人。另外，电子交易平台的完善，在将交易过程远程化、便利化、透明化的同时，将大批的商店、服装店、工具店、数码城、商场关门歇业，即使留下的也是苦苦支撑，难以为继，导致的将是大量人员失去工作。

竞争性结合，可以克服计划经济体制和市场经济体制的本质缺陷，贫富差距、地区差距在宏观计划下得到了控制，行业垄断在代表政府的地区"枢纽"公平管控中失去了存在机会，劳动力就业通过体制机制得到了持续保证，社会生产产能和总消费得到了有效的计划平衡，一定能成为历史发展的最佳选择。

中　篇

计划－市场经济体制的
子系统设计

第七章 | 计划－市场经济体制下的宏观经济计划

上篇的"计划－市场经济体制的理论论证和架构设计"为中篇和以后各章提供了架构设计、系统设计的理论依据。本章将详细论述新体制下的宏观经济计划。

宏观经济计划，是指从经济运行的全局出发，利用数据、模型等紧密结合计划的基本要求，对经济的总体活动进行调节和控制。计划－市场经济体制的宏观经济计划思路有下列重大创新：

第一，宏观经济计划将以"人"为基础的消费计划作为出发点和归宿地。在新体制下，宏观计划应以"人"的消费计划去平衡生产计划和就业计划。比如，经过相对精准的推算，提出国民在下一个规划期内，住房消费、教育消费、休闲消费、生活消费等的消费总量。在计划－市场经济体制中，GDP既是完成指标也是规划指标，还是能够精准计划出多少消费总量的指标。

第二，消费计划将以国民的幸福为目标。幸福不仅有由物质产品提供的幸福，还有社会提供的文化、自然环境、社会和谐等精神方面提供的幸福。

所以，计划－市场经济体制的宏观计划是从"人"的消费出发，继而开展以全局综合平衡为目标的全面计划。

一、宏观经济计划的内容、基本要求和目标

（一）宏观经济计划的内容

宏观经济计划的任务是要将相当长一段时间内"人"的宏观消费进行有目的、有计划的顶层设计，再从消费、生产、就业、环境和资源平衡的角度进行多维度计划。

1．宏观消费计划

这里，首先要进行宏观消费计划。因为消费是生产的出发点和归宿点。尤其是近几十年来，社会劳动生产率迅速提高，人类社会的生产能力得到了空前发展，人类发愁的不再是有消费需求生产不出来不能满足，而是找不到有效消费的出路。对很多消费者来说，住房有了，彩电有了，汽车也有了，消费需求在哪里？因此在宏观经济计划中，一个最重要的任务是要给每个国民设计出未来的消费内容、消费出路。

消费计划要体现绿色环保、人民幸福、社会和谐、持久均衡的社会发展总目标。消费规划就是要在人类生存环境美好的前提下，设计出足够的、能持续均衡发展的消费需求，满足持续发展的生产需要，创造能普遍就业的社会环境。

2．宏观生产计划

宏观生产计划的主要任务：

（1）根据对技术发展趋势的跟踪和对现有最新技术的研究，提出能引发消费新增长点的远期生产计划；

（2）根据已知的和可预见的消费内容、消费方向进行生产计划；

（3）根据生产、消费平衡的原则进行规划期的产能平衡计划；

（4）根据计划实施过程可能会出现的变化，制订计划调整预案。

3．宏观就业计划

在依据宏观消费规划进行宏观生产计划时,同步安排生产过程的就业计划。当消费计划确定后，生产中必须安排的劳动力就业计划将同步体现在生产计划中。将生产和就业计划捆绑的目的在于确保具有自主决策权的生产者在实施生产计划时，有计划地安排相对应的劳动力就业。

生产和就业计划的捆绑，反过来确保持续生产所需要的消费量，最终达到保证宏观消费、宏观生产、宏观就业能持续平衡发展的社会目标。

消费计划优先和以"人"为核心的关系。把消费计划放在优先的位置，原因是劳动生产率高度发展的社会内，人类的幸福不再是个"车到山前再找路"的无目标行为，而将是一个有目的有计划的行为。而要实现这一点就要把每个国民的未来消费优先计划好。显然，这里的消费计划是针对每个人的。但作为宏观计划是从整个国家层面出发的，于是涉及人、全体人、全体劳动力普遍就业，即后续的综合计划又是以"人"为中心展开的。

4．人类经济活动与生存环境协调的计划

地球表层环境的演化，各种气体分子的存在，水在地表面的大量储存，各种物质在大气层的相互作用，为人类的产生发展奠定了基础。长期以来，地球环境以友好适宜的方式与人类之间建立了密不可分的关系。但在现代社会中，人类的消费实践、生产实践在满足人类自身需要的同时，不断地"修理"着地球——这个人类在宇宙中生存发展的唯一家园。虽然人类有能力利用自己发明的科学技术，不断使自己的足迹遍布陆地和海洋,到达了地球的更深层，甚至到达了宇宙，但地球表面仍然是人类正常生存的唯一场地。伴随着人类劳动生产率的提高，人类正以空前的速度改变着地球表层环境；当然，人类也在接受着环境对自己的改造，也不得不承受着由人类自身的过度开发造成的环境对人类的危害。

为此，人类经济活动与生存环境协调的计划尤为重要。这个计划至少应包含以下内容：

第一，近期人类经济活动与生存环境展望计划。提出发展趋势预测评估、治理对策预研，等等。

第二，宏观生产、消费、就业计划和环境保护计划同步计划平衡，其中包括环境治理基础研究投入、生产过程环境治理投入等。

第三，环境保护产业计划。

第四，环境保护规划的计划。主要提出环境计划的顶层设计计划、环境保护规则制定的计划，等等。

5．人类经济活动与资源可持续供给的计划

资源的可持续供给计划，主要有以下几方面：

第一，资源短、中、长期持续供给计划；

第二，资源替代计划。

资源本身是非常广义的概念，包括物质资源、劳动力资源等。可以说，消费、生产、就业、环境承载平衡中都包含了资源供给的平衡。而资源持续供给计划的关键在于"持续"上，是进行预见性计划。这其中有限的自然资源首当其冲。自然资源是在一定的社会经济、技术、发展条件下，可以被人类发现、控制、利用的具有稀缺性的物质、能量、功能的总和。自然资源可以分为两类：一类是不可再生资源，是那些靠自然力量和人的力量无法增加其蕴藏量的资源；另一类是可再生资源，是指在自然力和人力干预下，能够通过生物繁殖、自然界物质循环的方式保持、增加、恢复蕴藏量的资源。

自然资源在人类的努力下可以替代，但自然资源替代涉及技术可行性、成本可行性和时间可行性。

计划 - 市场经济体制完成人类经济活动与资源持续供给的计划，就是要在平衡计划消费、生产、就业和环境承载时，把资源的持续供给纳入总体计划中。通过宏观计划的以下步骤，实现资源供给的持续有效。

（1）通过有计划的勘探增加资源的供给量；

（2）通过外贸途径增加资源的供给来源；

（3）通过技术措施增加资源的产出率与资源的利用效率；

（4）通过计划进行替代资源的研究；

（5）通过宏观控制进行资源有计划的、持续的配置。

（二）宏观经济计划的基本要求和目标

以下目标既是计划 – 市场经济体制宏观计划要达到的目的，也是计划 – 市场经济体制宏观计划的切入点。

1. 总量基本平衡

在劳动者充分就业前提下实现生产、消费总量的基本平衡，也即供给和需求的基本平衡，并赋予平衡特殊的内涵：

（1）生产环节的所有产品产出，都能有效地被消费掉，而不是变成大量的滞销品存放在仓库里，其中包括生产消费品和个人消费品。

（2）社会成员付出劳动获得的收入总量和与社会成员使用收入实现的消费总量基本平衡。社会成员既愿意通过辛勤付出取得收入，也愿意尽情地、无顾虑地将收入消费掉。

（3）对于每一个具体消费者和生产者而言，生产和消费的平衡是在高效率方式下实现的。例如，生产者每周也许只需要 3 个工作日的工作，但在这 3 个工作日内是高效率的，而不是用怠工、低效率的方式用 5 天来完成 3 天的工作量。宏观平衡计划希望用高效率生产，规划出更多的休假时间用于带薪休假，以促进休闲服务业的发展。在这里的高效率不仅仅是针对经济活动的结果，而且也针对经济活动的主要过程。

（4）平衡计划有充分的广度。它是指经济平衡必须在有劳动能力的劳动者得到充分就业的前提之下。在劳动生产效率不断提高的工业革命中，如果不将消费、生产和就业通过国家的强制力捆绑起来统一进行平衡计划，那么，产能过剩进而导致大量人员失业再导致消费萎缩将是一个不可避免的新常态，因此，经济平衡计划有充分的广度显得非常重要。

2. 宏观消费总量和质量保持应有增长和改善

消费量或消费质量出现下降，社会成员对社会未来就容易产生悲观，不利于凝聚社会力量；相反，消费量每年都有所增长或者消费质量每年都有所改善，就会在社会成员中产生一种生活向好的感觉和预期，就可以凝聚出一种向上进步的社会力量，也会提高人们的幸福感。因此，在宏观消费计划中，把消费的增长或消费质量的改善作为宏观消费计划的基本目标加以保证。

3. 宏观消费与生产必须兼顾未来的持续发展

如果宏观消费和生产是建立在不可持续基础上的，那么这样的宏观计划就失去了计划的意义。就像城市规划，如果一开始就不顾城市的长远发展乱建设，把一张无瑕的白纸乱涂乱画，后续的发展就会付出巨大代价，以至于根本就无法进行。所以，宏观消费和生产必须兼顾未来的持续发展。

4. 实现消费差异水平适度与阶段激励力度相适应

宏观消费计划，离不开社会个体与个体之间消费总量差异程度的计划设计。计划 - 市场经济体制是推崇劳动收入与消费总体平衡的经济体制，因此，这里的消费差异水平等同于收入差异水平。

（1）反映消费差异水平的客观需要。社会分配需要有差距，由分配导致的消费水平也应该有差距。这个差距是社会成员劳动积极性的激励源泉。这是这个历史阶段按劳配酬分配机制的要求。这其中的差异水平反映一个时期内社会对于优秀成员的肯定和奖赏，是社会正激励力量或者说正驱动力，是一个非常重要的衡量值和控制量。差异水平过大，导致贫富差距太大，激化人与人之间的矛盾，不符合社会共同富裕的目标。但差距过小，就形成社会财富分配上的"大锅饭"，丧失了社会成员发挥主动性、积极性和创造性的激励力，最后呈现干好干坏一个样，同样不符合社会发展的要求。

（2）建立反映消费差异水平的"收入差异激励因子"。这里将在一个社会历史阶段中，一定比例最优秀的社会人群能够分配到的社会财富总量，与一定比例最低收入人群能够分配到的社会财富总量之比，称为"收入差异激励因子"。

"收入差异激励因子"是一个大于 1 的数。等于 1 就是全体社会成员在分配上完全平均，是真正的完全"大锅饭"式社会分配。为了避免数据因个别数据的悬殊而影响正常的体系规划，这里将"一定比例最优秀社会人群"和"一定比例最低收入人群"来代表这个收入差异激励因子的计算主体。让计算主体占有一定人群比例来代表。在这里的"一定比例"暂时选用总人数中最富裕的 1% 人群作为统计样本，与 1% 最不富裕人群统计代表样本的年平均收入之比来衡量"收入差异激励因子",即定义域内社会总体人群中1%最高收入人群(人群数量)的总平均收入,与1%最低消费群体(人群数量)的总平均收入的比值为"收入差异激励因子"值。"收入差异激励因子"的数值越大,人与人之间的财富差距越大,由差异构成的激励力也越大,但人与人之间的和谐程度可能会降低。从世界范围来看,2014年拥有1300万人口的津巴布韦和有6900万人口的刚果民主共和国人均GDP每天都不足1美元❶,仅这两个最穷国家的人口之和就超过了世界总人口的1%。乐施会(Oxfam)的数据表明,到2016年,世界上最富有的1%的人所占有财富将超过剩下99%的人财富的总和。❷据笔者估算,世界上最富有的这1%的人每天的收入最少在10万美元以上,而且还在不断增长。据此可以算出当前世界范围的"收入差异激励因子"值应在10万倍以上。

(3)用"最低收入差异激励因子"设计历史阶段需要的激励强度。"收入差异激励因子"数值是宏观消费设计的重要参数之一。但社会发展宏观计划最有兴趣的不是"收入差异激励因子"数值本身,比如说现在是10万倍,还是5000倍并不特别重要。特别重要的是,在当前这个历史阶段中,"最低收入差异激励因子"的最低值应该是多少——在这个最低值上,既保留了社会成员进行竞争的积极性,也保证了社会成员收入分配水平仍然处在和谐融洽的范围之内。

"最低收入差异激励因子"数值,在不同思想觉悟、不同物质水平、不同社会氛围下,可以有不同的最低需要值。比如,当物质财富极大丰富时,人们对于物质财富的追求就不再强烈,而是更多的追求精神消费时,"最低收入差异激励因子"数值可以降低。当拜金思想盛行时,可能要更高的"收入差异激励因子"数值才能有效激发社会成员的主动性、积极性和创造性。这可能是一个复杂的渐进实施过程,需要经过实践不断调整。

---

❶ 柯云溪:《世界上最穷的国家排名:刚果、利比里亚、津巴布韦等纷纷上榜》,前瞻网,2014年11月17日。
❷ 葛鹏:《2016年世界最富1%人口所占财富将超剩下99%总和》,环球网,2015年1月19日。

5.刚性消费物资满足计划期的需要

（1）刚性消费物资的分类。

一类是人类生存必需品，像粮食、水、布匹、食盐、干净空气等。人类缺少这些必需品就无法生存，就可能发生动乱以至于发生战争。

人类生存必需的这类刚性消费物资的需要量又可以分为最低需要消费量、改善需要消费量、奢侈需要消费量三大类。最低需要消费量是消费计划必须首先保证的消费量。

另一类是生产刚性必需消费的物资，比如国家购买必需的生活和生产物资需要的外汇资金，制约性关键材料、关键设备等。在很多情况下，缺少它，后续很多生产就无法进行，很多计划就无法实现。

（2）刚性消费物资在计划中的地位。在消费物资中，有的消费物资可以有，也可以没有。而刚性消费物资中的生存必需消费物资，一旦供应不足就可能影响消费生产的主体——人的生存，必然影响计划的实现。因此，在计划期内保持生存必需的刚性消费物资持续充足，决定整个宏观计划的成败。它对于消费计划而言，有最高的优先级，是计划最先需要保证的供给。

同样，生产刚性消费物资在计划中也有同样重要的地位。在过去几年内，某些国家因进口必需品所需要的外汇储备不足，或者债务到归还日期所需要的外汇储备不足造成国家债务违约，几乎导致国家破产就是例证。可见，消费计划保证生产刚性消费物资的持续充足非常重要。

6.环境和资源承载满足可持续消费生产的需要

资源环境承载能力是指规划区域在计划期内，在资源合理开发利用和生态环境良性循环的条件下，能够承载人和经济社会活动总量的能力和容量。从资源来说可以分为很多类，第一种是可再生资源。比如太阳能、风能等，具有无限可供给的特点，但这种资源多数都存在利用方面的难点。比如技术难点、成本难点、利用方便性难点等。因此，宏观计划要就如何利用和利用多少进行计划。第二种是总量有限且不可再生资源。如石油、天然气等，人类生存的地球上贮存量有限，总有一天会开采完。这类资源一般都有可能找到替代方案，但替代方案出现有时间周期。人类宏观计划必须要将这类有限资源在替代周期之内进行计划使用。人类生存的环境与人类的消费规模息息相关，水、空气、土地、森林、绿地等都需要将人、人的消费计划纳入到同一个计划系统中统一计划。

7. 实现国际收支平衡

追求国际收支平衡，是计划 - 市场经济体制宏观计划平衡的重要计划内容。按照宏观消费计划，社会成员的消费水平和劳动收入将逐年得到同步改善，以此带来劳动力工资水平不断提高，必然地推高产品制造成本，并降低出口产品的市场竞争力。这给宏观经济规划带来了如何解决"提高国民消费水平的同时实现国际收支平衡"的难题。

计划 - 市场经济体制可以充分利用政府特有的计划干预能力，选择有国际竞争力的行业、企业，通过选择适当的"国际贸易平衡控制因子"，完成国际收支的计划平衡。

8. 满足消费与生产升级和转移的要求

（1）人类在社会发展中的消费方式和内容总是处在不断变化和变革之中。如果经济计划中没有事先的预案能有计划地应对实施过程中出现的变化，以至于在变化面前无所适从，那么经济计划就可能出现挫折，就可能导致后续的计划无法实施。比如人类现在的计划中，主要交通工具是汽车，将来可能会是"飞梭"。出现这种情况时，原先生产汽车的工人就可能失业，而"飞梭"制造企业则可能急缺劳动力。经济计划就是要同时计划出适应这种变化的制度化管道，实现无间隙的劳动大军有序转移。

（2）每个社会成员的平均社会劳动时间可能会随着劳动生产率的提高而发生根本性的变化。也许现在一个人一年只能生产出 1 个人使用的等值消费品，而未来一个人一年生产出来的等值消费品可供 20 个人的消费使用。宏观经济计划就是要对这种效率变化有预见性进而合理计划。

二、经济平衡的数学模型

（一）计划 – 市场经济体制的独特计划观

宏观经济平衡需要定量平衡，因为这是一门科学所必需的。但计划 – 市场经济体制也不是传统思路上的定量平衡。现在经济界有一种声音，随着计算机技术、网络通信技术、云服务技术的发展，人类的信息处理能力有了空前提高。单纯从技术上看，人类总有一天有能力把每个人的每一个经济活动都纳入到一个计划体系中，接受体系的计划管控。但这不是计划 – 市场经济体制的现实需求。原因就在于这种做法活生生地把劳动者身上"活的灵魂"给抽走了。原本 100 个人有 100 个不完全相同的需求，但计算机编制出完全相同的计划强制让这 100 个人接受，这肯定不是人类需要的体制。

计划 – 市场经济体制要避免曾经走过的计划经济体制老路，要走一条全新的计划道路，其原则是宏观经济要平衡，微观经济要放活，放活要靠竞争。这其中包含许多与传统理念不一样的创新思路。

第一，从微观上看，微观经济所影响的是活生生的个体劳动者，每个人都有差异化的需求，也拥有各不相同的劳动能力，对于涉及具体个人的经济活动，一定不能用硬性的计划去管，也不能用行政命令去管，因为这两种管法的共同之处是所有的管都是由别人强加给他的，内心一定是排斥的。怎么样才能把一个矛盾的分配问题、计划的平衡问题由自己的决定来解决？唯一的办法就是放手竞争。比如通过宏观计划平衡，有三个人分得一个"蛋糕"，三个人通过公平竞争把这个"蛋糕"用大家能接受的竞争方式分配掉了——这里的竞争是竞争者"自己决策"的，而不是外部强加的，因此分配结果是一种愉快的结果。

第二，从宏观上看，宏观计划所涉及的经济数据都是被综合、被均化的，是离开具体的"人"的抽象数据，是不接触具体"人"的数据。宏观所研究的"人"

是抽象的"人"，是抽取其中活的灵魂后的物化了的"人"，是反映定义域平均水平的"平均人"。因此，宏观计划不仅需要精准计算，而且也能进行精准计算。

第三，宏观经济和微观经济的协调。宏观经济要精准计算，而微观经济又不能精准计算。宏观经济中的"人"是抽象的"人"、被物化的"人"，而微观经济中的"人"是有思想有灵魂的"人"。从另一方面看，微观经济的汇总就是宏观经济，宏观经济的细分就是微观经济，是一个不可分割的整体系统。新体制的任务就是要将这些完全不同甚至矛盾的宏观计划和微观计划统一到计划 – 市场经济体制的计划平衡中。

一个国家的经济就像一列巨大的经济列车，中央政府就是驾驶这列巨型经济列车的总驾驶，每个车厢代表一个地区的经济。中央政府将驾驶这辆经济列车奔向美好的目标。每节车厢之间的资源分配的比例由总驾驶组进行了精准计划平衡，但在车厢内部则由互相之间的竞争来配置资源。总驾驶组会时时刻刻接收经济运行信息，然后不断地调整着运行参数，动态调整着微观的配置数据，并保持整个经济列车的平稳且按计划目标运行。这其中，总驾驶组获取的实际运行信息是精准的，然后组织的宏观经济平衡也是经过精准计算的，但传递到微观的是宏观调控工具参数，并不是微观计划的全部，从而保留了微观经济的竞争空间。

经济的宏观计划，提供了用数学模型精准进行宏观计划平衡的可能性。同时，计划 – 市场经济体制由政府管控交换环节控制点的设计，使得全国信息中心拥有动态的、及时的、准确的流通信息，又为建立数学模型提供了详尽的数据支撑。

（二）计划平衡数学模型的简化

宏观经济平衡是个大题目，宏观经济平衡数学模型的建立更需要理论和实践的积淀，当然，这不是本书的主要解决目标。这里探求的是在宏观经济层面用数学的方法实现精准平衡的思路。为了大大简化宏观经济平衡的数学公式，在这里做了很多的简化假定。比如，动态变化的经济数据静止化、每年改变的量值固定化、个性化的数据平均化、差异化的东西标准化。经过这样一系列的简化假定，获得一个最简单的数学公式，再从这个最简单的数学公式中寻找其中的机理和方法。

（三）公式涉及的几个定义及数学模型的简化假设

1. 公式涉及的几个定义

（1）对象域。对象域是这里设计的一个新定义，是指该平衡计划数据模型涉及的范围。这个生产和消费的平衡计划是全国的，对象域就是全国，是生产和消费在全国范围内的计划平衡。如果这个生产和消费的平衡计划是某省的，对象域就是某省，是生产和消费在某省范围内的计划平衡。

（2）标准样本人。在涉及人的宏观数学平衡模型中，其中的"人"都是标准样本人，是被平均化和标准化的人，特指在量值上等于平均值的人。在研究消费支出时，标准样本人的消费支出值正好等于这个集群总消费支出除以集群总人数后的值。类推，标准样本人的各种量值都等于这个集群的平均值。

（3）"生光族"和"年光族"。"生"是标准样本人"一生"的时间简称，数量上等于研究对象集群的平均寿命。"生光族"是指在一生中的收入正好全部被消费掉无任何积累的一个研究中的标准样本人集合。按照同样的定义方法，可以定义"年光族"为每年把全年的收入都消费掉的人群集合。

（4）货币化平衡规划量。在计划－市场经济体制的宏观经济平衡中，数学模型中衡量投入和产出的量全部都用货币化的国内生产总值、消费总值来定义。比如，当平衡计划的对象域是国家境内的量值时，人均平衡计划量中的人均生产量值等值于货币化的人均 GDP；而当生产和消费量上完全相等时，人均消费量值也等值于人均 GDP。

2. 简化规划中的特殊假设

（1）每个人都是"生光族"。平衡计划对象域中的个体都是"生光族"，一生中没有积累也不负债，收入全部被消费掉。

（2）总收入和总支出恒定相等。在规划期内，每年的社会总产出和总收入保持平衡且相等。

（3）抚养支出等于自身被抚养支出。标准样本人在参加工作前由抚养人支付的本人欠款，在数值上等于该人支付给子女参加工作前支付的抚养款。

（4）对象域人口稳定。人口处于稳定状态，既不增加也不减少，即总是每个社会成员抚养一个子女和用自己积蓄完成对自身的赡养。

（5）标准样本人有被"一般"的人生阶段。标准样本人一生消费已被均化为"理想的收入支出平衡个体"，且有归一化的、经过均化了的四个时间段：

①从出生到上小学阶段，为欠费 1 阶段，是标准样本人一生中的第一个欠费阶段，拥有标号为 1 的欠费。其中整个阶段的累加欠费为 A_1。

②从上小学到将要有收入的工作前阶段，是标准样本人一生中的第二个欠费阶段，拥有标号为 2 的欠费。其中整个第二个欠费阶段的累加欠费为 A_2。

③从第一天有收入的工作开始到退休之日止，是标准样本人一生中有收入的阶段，简称为劳动工作时间段。其累计总收入为 T_r，该阶段累计个人消费支出为 Q，累计分摊的社会消费支出为 P。

④从退休起至生命终止的阶段，其中"生命终止"按平均寿命定义。该阶段是标准样本人一生的养老消耗阶段。这一阶段的累计消费支出为 C。

（四）劳动者负担系数的推算

标准样本人在劳动工作时间段内的收入要承担很多的支出。首先要偿还在出生到参加工作有收入这段时期的欠款，要预留自身退休到生命终止期间的养老费用，要支付有劳动工作时间段的消费，要承担社会消费支出，这些支出的总量应该等于标准样本人获得的收入总量才是平衡的。由于劳动者最容易衡量的数值是劳动者在劳动工作时间段自身消费的费用，因此，这里定义的劳动者的负担系数是标准样本人获取的收入总量和劳动工作时间段的自身消费 Q 的费用比 k_1。劳动者的负担系数 k_1 是一个大于 1 的数。

若标准样本人应该获取的总收入是 T_r，则总收入应正好支付从出生到生命终止间的所有支出，如果不考虑社会消费支出，那么下述等式可以认为是成立的。

$$T_r = k_1 T_o Q = T_o Q + (T_1 A_1 + T_2 A_2 + T_3 C) \qquad (7\text{--}1)$$

式中，T_r——有收入阶段的累计收入总量；

$\qquad k_1$——劳动者的负担系数；

$\qquad Q$——有收入阶段的个人年平均消费额；

$\qquad T_o$——有收入阶段的年份数；

$\qquad A_1$——从出生到上小学阶段的个人年平均消费额；

$\qquad T_1$——从出生到上小学阶段的年数；

$\qquad A_2$——从上小学到将要有收入阶段的个人年平均消费额；

$\qquad T_2$——从上小学到有收入阶段前的年数；

$\qquad C$——从退休起至生命终止阶段的个人年平均消费额；

$\qquad T_3$——从退休到生命终止的年数。

通常情况下消费额 A_1、A_2、C 与有收入阶段的累计个人年均消费额 Q 多少是有关联的。一生中有收入阶段个人消费额多的人，用于养老阶段的消耗和用于下一代工作前的投入会更多一些，相反亦然。于是，下列公式可以认为是成立的：

$$A_1 = n_1 Q \qquad (7\text{--}2)$$

$$A_2 = n_2 Q \qquad (7\text{--}3)$$

$$C = n_3 Q \qquad (7\text{--}4)$$

其中，n_1、n_2、n_3 分别代表各个阶段消费额与有收入阶段个人平均消费额 Q 之间的关联系数。

于是，式（7–1）可以改写为：

$$k_1 T_o Q = T_o Q + T_1 n_1 Q + T_2 n_2 Q + T_3 n_3 Q$$

$$k_1 = (T_o + n_1 T_1 + n_2 T_2 + n_3 T_3) / T_o \qquad (7\text{--}5)$$

再假定下述数据是合理的：标准样本人在每一个人生阶段中消费都是均衡的，且下列统计数据也是恒定的：平均参加工作年龄先设定为 18 岁，中国人平均退休年龄 56.1 岁，平均寿命为 74.9 岁，这里主观地设定 $n_1 = 0.6$，$n_2 = 0.8$，$n_3 = 0.8$，

且：$T_o = 56.1 - 18 = 38.1$

$T_1 = 7$

$T_2 = 18-7 = 11$

$T_3 = 74.9-56.1 = 18.8$

说明：这些数据在这里是估计的，但计划 - 市场经济体制建立起来后，可以提供精准数据，这里仅作为一种思路来演示。

将这些数据代入式（7-5），可以计算出劳动者的负担系数 k_1 为 1.74。相当于一个劳动者在劳动阶段除去生产出满足本人的消费外，还需要留出 0.74 个自身消费量用于支付参加工作前的欠费和负责自己的养老支出。

（五）收入总量和生产总量的平衡

若劳动者 i 的收入是 M_i，且，收入 M 是劳动 L 的函数，有公式：

$$M_1 = f(L_1)$$

$$M_2 = f(L_2)$$

$$M_i = f(L_i)$$

那么，总收入可以表述为：

$$M = \sum_1^i f(L_i) \qquad\qquad （7-6）$$

若劳动者 j 的产值是 Y_i，且：产值 Y 是劳动 L 的函数，有公式

$$Y_1 = f(L_1)$$

$$Y_2 = f(L_2)$$

$$Y_i = f(L_i)$$

那么，总产值可以表述为：

$$Y = \sum_1^i f(L_i) \qquad\qquad （7-7）$$

（六）平均社会劳动支付强度的计划

如果这一年劳动创造出来的总产值都被劳动者消费掉了，实现了生产与

消费的完全平衡。按中国当前的法规，全年有 11 个法定假日；1 年有 52 周，每周 2 个休息日，全年共有 104 个休息日；每天按 8 小时劳动时间计算，人均每年工作小时数为（365–104–11）× 8 = 2000 小时。若对象域有总劳动人数 N_L，总劳动人数所有的理论工时就有 $2N_L \times 10^3$（小时）。

若平均社会劳动的支付强度用 K_L 表示，那么：

$$K_L = \sum_1^{i=N_L} f[L_i]/(2N_L \times 10^3) \qquad (7\text{--}8)$$

平均社会劳动支付强度的计划实际上是劳动就业和生产总量之间平衡的计划。平均社会劳动支付强度的倒数就是单位总产值需要安排的劳动力就业小时数。如果社会每个经济合同都能按企业产值增加量安排出其数值所要求的劳动力就业，那么，从宏观角度看，劳动力一定得到了充分的就业。

（七）动态平衡公式

将式（7–6）、式（7–7）、式（7–8）改写为时间的函数，就成为动态的平衡公式（7–9）、式（7–10）、式（7–11）。在计划－市场经济体制中，各地"枢纽"拥有现在完全不同数量级的实时经济运行数据采集能力，数据上传到全国信息中心，其又具有空前的数据汇总、计算、分析和处理能力，这种动态平衡不再是梦想。

$$M(t) = \sum_1^i f[L_i(t)] \qquad (7\text{--}9)$$

$$Y(t) = \sum_1^i f[L_i(t)] \qquad (7\text{--}10)$$

$$K_L(t) = \sum_1^{i=N_L} f[L_i(t)]/(2N_L \times 10^3) \qquad (7\text{--}11)$$

三、消费在宏观经济计划中的特殊地位

人类经过近代几百年的发展，劳动生产能力有了空前的提高，尤其是智能设备的出现，机器人有可能代替越来越多的体力劳动者。我们已经处在这样一个时代：社会生产能力已经大大高于社会消费能力，特别当人类的环境

和自然资源供给也限制消费和生产的时候，人类已经不再需要为生产不了和生产不出需要的消费品而担忧，担忧的将是宏观上能够为国民寻找出多少消费需求，再根据消费需求推算出能为多少人提供工作机会。宏观规划就是要从这个现实情况出发，首先把人的全面发展作为消费规划的基础，落到实处，把人类的消费需求规划好、安排好；在安排好消费需求的过程中，精心设计，精心规划，让消费者用最小的消费消耗获得最大的消费满足感。

消费在宏观经济计划中的特殊地位，要求我们在宏观经济计划中拿出专门的篇章研究消费的计划。

（一）实现人的全面发展是宏观消费计划的出发点

人类的进步发展围绕着人的全面发展展开的。人的全面发展包括人的发展、人的能力的发展、人的社会关系的发展、人与自然关系的发展和人现在与未来的发展。这些发展需要涵盖了经济发展的全部需要，也是宏观消费计划的出发点。

人的全面发展理论在马克思主义理论中有十分重要的地位，也是计划 - 市场经济体制宏观规划的重要方向。

1．人的劳动活动的发展

人的劳动活动的全面发展是人自身发展、人能力发展、人平等地位发展的关键。恩格斯指出，"政治经济学家说：劳动是一切财富的源泉。其实，劳动和自然界在一起才是一切财富的源泉，自然界为劳动提供材料，劳动把材料转变为财富。但是劳动的作用还远不止于此。劳动是整个人类生活的第一个基本条件，而且达到这样的程度，以致我们在某种意义上不得不说：劳动创造了人本身。"人类社会发展的历史已经证明，人类在劳动中产生，因劳动的异化而异化，因劳动的解放而解放，因劳动的发展而发展。

劳动既是人类自身发展的基础，也是每个人取得平等地位实现幸福的基础。人的全面发展必须建立在人的劳动活动全面发展的基础上。为了实现劳动活动的全面发展，计划 - 市场经济体制不仅要保障人的劳动权利、劳动机会、劳动配酬，还规划好消费需要。保证每个人能够实现全面发展。

2. 人的有约束自由发展

社会的发展归根到底是要实现人在规则约束下的自由发展，其中关键就是人的自由发展始终置于总体的计划平衡之内。人的有约束自由发展还在于对支付劳动阶段和劳动后享受阶段的不同对策，实现高效率的劳动付出和高自由度的充分享受。

计划－市场经济体制将把人的工作阶段和工作后的享受阶段分别纳入人全面发展的视野，进行深度研究和规划。

3. 人与社会关系的和谐发展

人依赖社会而存在，依赖社会关系的发展而发展。人与社会关系的和谐发展实际上决定着每一个人能够发展到什么程度。个人的全面性，就是他的现实关系和观念关系的全面性，而这些方面的全面性既决定社会关系的全面性，也受到社会关系的深刻制约。因此，也可以说，人的全面发展就是人的社会关系的全面发展。宏观消费规划就是要规划出有利于社会关系全面发展的消费环境、消费内容和生产内容。

4. 人与自然环境关系的协调发展

人的发展离不开与自然环境的协调发展。自然界不仅提供人类的生存环境，还源源不断地提供了生存发展的资源。人类每一个向自然界索取的行为、每一个有目的改造行为都在改变着自然界的发展轨迹。人类只有自始至终把人与自然环境的协调发展置于突出的位置，才能确保人的全面发展。计划－市场经济体制在宏观规划中把环境承载作为常态工作进行落实。

5. 人类现在与未来的平衡发展

人的全面发展还包括人类在时间维度上的全面发展。人类不仅要保证现在可以得到全面发展，还应保证未来以至于千秋万代仍然可以得到全面发展。这个现在与未来的平衡发展，就是计划－市场经济体制进行宏观规划的又一个立足点。

人的劳动活动的发展、人的有约束自由发展、人的社会关系发展、人与自然环境关系的发展、人类现在与未来关系的发展，构架出人的全面发展需要，也构架出人的全面发展的内涵。它们本质地反映了人的物质需要、环境需要及精神文化需要，这些需要本身就是消费计划的需要，也是由此设计的生产计划的基础。

（二）消费中两个有各自特征的生活阶段

研究发现，消费者一般都有两个最重要的生活阶段，而且两个生活阶段有完全不同的特点和需要。

第一个生活阶段是劳动付出阶段（通过劳动付出完成任务阶段），以工作为主要形式。在本书中将它定义为劳动付出阶段，如劳动时间、学习时间、开会时间等。这个阶段的特征是，其一有明确任务，如上学、工作；其二在完成目标任务上要付出劳动，如上学和工作都需要为完成目标任务付出劳动；其三是都有收获。如学到知识，得到报酬，等等。劳动付出阶段也有休息，劳动付出阶段的间隙休息仅仅是工作的延续，仍然包括在劳动付出阶段中。

第二个生活阶段是劳动成果享受阶段，是指在一个经过计划的生活时间段内，其基本任务是享受劳动成果，是消费由劳动付出的收获。享受当然也包括劳动成果享受阶段中的休息。劳动成果享受阶段以消耗劳动阶段获得的收入为主要目的。

在现代人类社会中，有工作学习能力的人都普遍拥有这两个时间阶段。最关键的是，其中一个时间阶段都有区别于另一个时间阶段特有的消费特点和需要，而且都有自身特有的计划需要。

（三）计划－市场经济体制消费"乌托邦"——消费的示范形式

在消费规划中，社会个体的消费量不仅与社会个体的产出相关，还与人们的消费方式、消费内容相关。比如，对家中没有健身房的个体而言，涉及健身房内用品的消费是不存在的。因此，个人消费规划的一个任务是要提出最能满足社会要求的、对社会群体而言是健康的消费内容和消费方向。

人类生活中的"住""行""食"等是社会成员最重要的个人消费内容。当然消费内容还很多，这里不是试图罗列全部的消费，而是试图从这些典型消费中寻找解决消费计划问题的答案。

"住""行""食"等这样一些个人消费既影响社会成员的工作，也影响社会成员的享受；既影响当前的心情，也影响后续的行为。这些个人消费互相穿插、互相渗透、互相影响、互为伴侣，但所有消费内容的汇总，可以构建每个社会成员一生的生活。

这里试图用一种理想化的"乌托邦"绘制一个可以想往的消费理想世界。以"乌托邦"形式提出这样一些理想化消费形式，不是试图给出一种定式，而是提出一种思路；不是一种立即使用的蓝图，而是提供一种参考借鉴；不是试图立即用这些示例去代替已有的建筑，而是把这些示例作为思路去设计今天和明天的大厦。它不是终点，而是创立一个消费规划设计的新起点。它是可以追求的，但也可能在这些理想消费的追求途中被其他新的消费形式所替代。

四、劳动付出阶段和劳动成果享受阶段的消费计划

（一）劳动付出阶段的消费计划

1.劳动付出阶段的特殊要求

劳动付出阶段是社会成员付出劳动以获取劳动收获的阶段，是人的全面发展的最重要需要。这个阶段的目标是要通过劳动创造出满足消费需要的产品和服务，同时获得满足个人消费所需要的物质和精神收获。最大的要求是高效率、低成本、高质量、快节奏。让社会成员用最小的投入、最快的速度、最高的效率创造出最好最多的产品和服务，获得最多的个人收入和收获，并为社会做出最大的贡献。劳动付出阶段既是生产要素的投入阶段，也是社会财富的创造阶段，还是产品的产出阶段。这个阶段的特殊要求主要有以下几点：

（1）高效率。高效率是劳动付出阶段最核心的要求。这个高效率不仅要体现在该阶段内的劳动付出时间中，还要体现在非劳动付出时间中。比如，在上班时间之外的上下班途中依然需要高效率。

（2）低成本。劳动付出阶段是创造社会财富的阶段，也是消耗社会资源

的阶段，低成本是该阶段规划自始至终的指导原则。这里的低成本不应该单纯理解为生产产品中的低成本，还应理解为人在整个劳动付出阶段全过程都需要低成本。比如，劳动过程的低成本。

（3）易流动。首先，在计划 - 市场经济体制规划体系内，总是以人的全面发展为出发点，由消费需求决定生产，再由生产来影响消费。而消费需求总是在不断变化的，其变化不仅有消费者求变心理的影响，也有生产技术发展造成的应变影响，还有环境变化造成的连带影响。由变化的消费需求造成生产者对生产需要的变化，造成了劳动力需求变化必然存在；由于生产过程竞争的存在，依附于生产过程的劳动者竞争淘汰、竞争性流动也必然存在。因此劳动付出阶段的消费规划设计，把"方便人力资源流动"放在基础性规划位置上，为人力资源可能的跨部门、跨区域流动做好准备。

其次，让人力资源易于流动，有利于社会成员就近上班，有利于节省上下班时间、减轻城市交通压力，有利于节省社会资源。

新体制把易于劳动者流动作为劳动付出阶段消费规划的重要基点。

（4）工作主题区配套齐全。劳动付出阶段消费计划要为工作主题区域提供集约的、配套的工作环境和生活环境。这个环境为劳动付出阶段的社会成员提供高效率、低成本、集约配套的外部条件。

比如，某一个主题生产中心（信息产业生产中心、汽车产业中心等），在其周围设计了围绕主题产品生产的加工服务业、零部件配套业、物流业、公共检测支援平台等。

比如主题科研中心（光学中心、互联网中心等），在其周围设计了围绕主题科研的主题人才资源、客座人才资源的支撑系统，规划了科研实验的公共服务平台，科技人才个性化生活区，等等。

除了上述工作配套条件外，还有围绕工作主题配套设置完善的生活设施。如幼儿园、小学、医院、超市、快餐店等，以形成一个满足快节奏、高效率工作需要的生活环境。

2.劳动付出阶段工作地的"乌托邦"

（1）地址选择考虑。城市的工作区将选择有利于技术支持、有利于配套、有利于集约、有利于物流的城市近郊区。

（2）配套建设考虑。有以下几个方面：

第一，围绕工作主题配套建设生产集中区。比如，围绕机械设备制造主题区配套建立机械加工中心、部件制造集群等；围绕电器设备制造主题区配套建设电路板加工中心、贴片元件加工中心等。

第二，配套建设围绕工作主题的人力资源支援体系，就近建立综合服务性人力资源培训中心、劳动力基地等。

第三，配套建设围绕工作主题的技术支撑系统，如检测体系、实验保障体系、公共实验室等。

第四，配套建设与需要相适应的物流服务业，如物流集散地、快递服务站、配送中心等。

第五，配套建设工作主题集中区与劳动付出阶段生活区的快捷交通系统。

第六，配套建设工作区后勤保障体系，如幼儿园、小学、医院、快餐店、旅馆、超市、健身房等。将这些适合劳动付出期间劳动者本人及其家庭生活的设施和条件，配套带进工作区，以解决社会成员在高效率劳动付出期间的后顾之忧。

第七，建立中学以上以住宿制学校为主的城市大龄儿童寄宿教育体制，进一步减轻劳动付出期间劳动者的生活及其他负担。

以上所有配套建设不仅解决主题工作区生产、科研集群化管理所需的高效集群区和物流链，而且也进一步延伸了配套服务链和消费链，扩大了整体的消费市场。

3. 劳动付出阶段"住"的"乌托邦"

（1）劳动付出阶段"住"以租赁为主，适应"变"的需要。在这个"乌托邦"中，劳动付出期间社会成员的居住将以租赁为主。历史经验证明，无论人类如何对消费进行规划，由需求多变性所决定的消费多变性是必然的，由消费变化导致生产内容和形式的变化也是必然的，由此导致的劳动者在工作地间的流动是必然的，而且也是必需的。

社会成员在组建家庭过程中，由于婚姻一方或双方生活居住地和工作地的不确定，不能满足工作对住所的高效率要求，导致要实现劳动者就近居住，就要求"住房"能跟随劳动者的工作地而及时迁移。如果劳动付出期间的住房采取劳动者个人所有的"购买住房"消费计划，必然会极大地限制人员的流动，不可避免地会产生如下情况：

第一，劳动者为了就近"住"而迁就工作，不利于人尽其长、人才尽用，客观上阻碍了人员的优化配置和流动。

第二，劳动者奔走在住所与工作地的路途上，极大地浪费了劳动者本人的时间和精力，也极大地浪费了有限的社会交通资源。

第三，将交通拥挤这个"城市病"推向极致。

在这个"住"的"乌托邦"中，劳动付出期间工作者的住房，将以租赁公共住宅为主。每个工作地都将配套建设不同档次、不同规格的租赁用住房供工作区劳动者选租，以此解决工作者"住"的问题。

（2）劳动付出期间"住"以租赁为主，有利于劳动者长期就近工作。劳动付出期间"住"主要以租赁为主，不仅有利于每个企业或单位劳动者短期就近居住、就近上班，还可以保证劳动者长期在企业或单位就近居住、就近上班。

中国在计划经济时代，居住房屋是作为一个工作单位的福利，分配给职工居住。而且还有一个非常重要的特点，这些居住用房屋都离单位很近，因此住进这种工作单位住房，职工就能就近上班。这个设计、这个制度，不仅方便工作单位职工工作，还有力地缓解城市的交通压力。由于这种体制中，职工分配得到的住房是使用权，房屋产权仍然是工作单位的。在这种制度下，在这个工作单位上班的职工因工作调动，离开了这个工作单位，或者由于病亡离世，房屋还可以由工作单位收回，再分配给单位另外的职工——保证了这个工作单位的在职职工始终都能居住在这些离单位很近的住房中就近上班。

后来，在市场经济体制下，多数决策者为了带动经济高速增长，把私人购买住房作为一项立竿见影的经济政策全面推进。显然，这些政策没有区分劳动付出期间使用的住房和劳动成果享受期间使用的住房之间的区别，一股风地在全国范围内把单位住房出售给当时的在职员工。表面看，领导为当时的职工做"好事"，但长远看，这将给未来的领导留下了巨大的隐患，也给未来的居住计划和城市交通造成巨大的困难。

（3）劳动付出期间"住"的周围配套建设。在这个"乌托邦"中，为了解决年幼儿童需要家长陪伴的问题，工作区将建设小学和幼儿园。社会成员找到工作岗位后，就近租赁住房，有入园适龄儿童者就近上幼儿园，有小学生的就近上学。人们在劳动付出期间就近融合到一个配套完善的生活小区中，满足高效、快捷、便利的快节奏"住"的要求。

如果这个劳动付出期间"住"的"乌托邦"得以实现，那么，它将是人类第一次用有目的计划形式，依据自身的客观规律，解决人类家庭居住地、工作地、城市规划的协调发展问题。

4. 劳动付出阶段"行"的"乌托邦"

（1）从现有交通系统的问题中寻找未来"行"的解决方案。

目前的交通系统中，为了满足乘客随机乘坐的需要，需要在交通线路途中建立公交车站，以站点的固定克服乘客目的地的不固定。同时，为适应乘客乘车时间的不确定性，只能定时间隙发车。这种交通系统，后果至少是：其一，乘客有可能要经过多次换乘才能到达目的地；其二，乘客必须消耗很多时间在车站等待公交车的到来；其三，乘客乘车和下车地点只能选择已经有的车站。总之，目前的公交出行耗时长，易拥堵，效率低，资源浪费严重。

（2）从劳动付出阶段"行"的特点上寻找灵感。解决劳动付出阶段上班族的出行问题，需要抓住其特点。其实工作阶段中的"行"，至少有这样几个规律性的特点：

第一，社会成员在劳动付出阶段都有确定的工作单位和确定的居住地。由于这期间的"行"，多数围绕职工的上班和下班，而上班和下班的出发地和目的地有极强的规律性，甚至多数是固定的。比如：星期一上班，在早上6点从A生活区到B工作区，星期二至星期五上班在早上7点从C生活区到B工作区，下班时每天下午5点从B工作区到C生活区，等等，有极强的规律性特点。

第二，"乌托邦"中的工作地集中设计在临近城市的核心区位置上，公路交通容量受到了限制。

（3）计划 - 市场经济体制将提供"为乘客量身定制设计的新交通方案"，解决劳动付出阶段"行"的难题。在这个"乌托邦"中，劳动付出阶段"行"的计划将以快速、便捷的公共交通为计划基础，而且以交通理念上的重大变革为基础。这将是一种理念不同的城市自动轨道交通系统。

"乌托邦"城市公共交通的新理念。将至少有以下几点质的变化：

首先，主导地位互换。现在是乘客适应已有的城市公共交通，而"乌托邦"的城市公共交通系统则是公交车辆去适应乘客的个性化需要。

其次，由"等"公交车辆为"预约"公交车辆。现在是在车站等公交车辆，"乌托邦"的城市公共交通中则是乘客"预约"专用公交车辆，公交出行全部都是"专车"。

（4）"乌托邦"中城市交通系统将是一种全新系统。有以下几个基本特征：

第一，新交通系统是一种轨道系统。采用轨道系统是因为它不仅可以封闭运行避开交叉道口管制，而且道路只占用有限的空间，可以充分利用空中和地下的空间。特别重要的是该公共交通系统可以不占用原有的道路。

第二，新交通系统是完全封闭且全自动化运行的系统。运行车体无人操作；所有车辆编组、路线、速度、时间完全由城市交通集中控制。

第三，新交通系每个车厢一般由双人座为宽度设计，以2的倍数设计出4人座、6人座等基本车辆单元，需要更多人乘坐时，由城市交通控制中心按需要由若干个基本单元编组而成。

第四，新交通系统中，乘客的所有乘用车出行都是提前预订的，即提前通过手机等终端预定和计划。提前预订的时间将随着城市公交系统的技术发展而缩短。当城市公交非常发达时，完全有条件将提前预订时间缩短至10分钟甚至5分钟以内。乘客要乘车时，只需要用电脑、手机等终端设备，通过专用软件登录到乘用车官方网站，将乘客代号、同行人数、出发时间及允许范围、出发地、到达地信息进行乘用申请。交通管理中心计算机根据乘用申请进行实时编组和调度，确认后通知乘客上车时间、上车地点、车次号码及上车验证方式。城市交通系统会自动为乘客量身定制一个"专用"乘车方案通知乘客。乘客只要按照这个被确定的乘车方案，在确定的时间、确定的地点就一定有一辆为乘客定制的专车在等候。车辆到达后，乘客在指定的车辆上使用手机或专用乘车卡刷卡（码）上车。乘客上车后专车将在城市大型计算机的科学管理下，根据交通控制中心的运行规划直接以最快的速度把乘客送达目的地，中间不停车，也不换乘。

这个"乌托邦"公共交通系统，车辆只有2人座的宽度，体形窄，重量轻，可在居住区间穿行，也可直接在住宅小区停靠，给乘客以最近的乘车距离。届时，乘客经过方便的乘用预约，全程都是量身定做的"专车"，不仅快捷，而且不占用现有的道路。由于劳动付出阶段最主要的目标是快捷，这个"行"的"乌托邦"最符合劳动付出阶段上班族的要求。

（二）劳动成果享受阶段消费计划

1. 劳动成果享受阶段消费的特殊需要

劳动成果享受阶段，与劳动付出阶段的消费需要有很大的不同。在这个时间段主要任务是充分地去享受劳动后的收获，满足个体对生活的全部享受需求，积累下一阶段进行竞争和工作的能量。

劳动成果享受是满足个性需求的关键环节，是人的全面发展的需要，是社会个体体验幸福的关键时段，是烦恼不舒心甚至怨气的化解期，还是下一个奋斗过程被激励的新起点。把劳动成果享受环节的消费规划好，是实现社会个体幸福美满和社会总体和谐的关键工作。

劳动成果享受阶段消费与劳动付出阶段消费有完全不同的任务和目标，有特有的需要。这些需要主要可以归纳为：自由、个性、群约、宣泄、舒适10个字。从本质上看，这些需要也反映人的全面发展的需要。

（1）自由消费。劳动成果享受阶段消费首先应由社会提供在法律允许范围内的充分自由。消费者在刚刚过去的劳动付出阶段内，经历的是群体协同的约束、劳动工作的纪律，是渴望自由的阶段。宏观经济计划有意识、有目的地在劳动成果享受期间创造自由的消费条件，是用制度去满足社会个体的消费需要。消费计划将为社会成员在劳动成果享受阶段提供完全自由的消费环境和条件。

（2）个性化消费。个性化、差异化消费享受是人类本能性的需求，必然成为享受消费的一种追求。社会成员在经历了劳动付出阶段受集体活动纪律约束后，需要有充分自由地享受空间和时间来满足个性化享受需求。宏观消费计划就是要为每个个体设计出充分实现个性化享受的消费环境、消费条件和消费内容。

（3）群约消费。劳动成果享受阶段消费规划要充分允许和满足社会个体对群约性享受的需要。群约性享受是由社会个体自愿组织起来以群体方式开展集体性的娱乐、锻炼、旅游等活动而实现的消费享受。群约活动所实现的享受作为个性化活动的另一面也是人类的本能需求。群约活动与个性化活动的重要不同点是，群约活动除需要参与活动人的意愿外，还必须有参与群约活动的时间和外部条件。劳动成果享受阶段消费计划就是要给国民提供一定数量的、可以自由选择的休假时间，提供可以进行群体活动的场地条件。

（4）宣泄性享受。社会成员的享受消费阶段还需要有一个不被人重视的宣泄自身不适的宣泄性享受。人类既需要在一定时间阶段内通过一种方式将内心喜悦、取得成就的愉快心情进行表达，也需要在一定时间阶段内通过一种方式将内心压抑的郁闷、烦躁、愤怒等不愉快的情绪情感进行宣泄释放，达到心理调适的目的。在享受消费期间，有条件地放纵宣泄，是人类用主动的、无害的方式释放喜悦情绪和压抑情绪的必要措施，是建设和谐社会的有益补充，宣泄也可以认为是一种享受性消费，是宏观消费计划的一个重要内容。

（5）舒适享受。在享受消费期间，宏观消费计划应根据消费者的不同消费水平设计不同层次但尽可能舒适的享受设施和条件，真正实现以人类享受为目的的消费。

2.劳动成果享受阶段"住"的"乌托邦"

在这个"乌托邦"中，劳动成果享受阶段的"住"房将主要由自购房为主，以满足享受型"住"的个性化需要。

（1）享受型生活片区的地址选择。城市中心将留给为全体市民作公共活动的场地，而享受型生活区则规划在远离城市且宜居的地方。这里有足够的空间满足社会成员的个性化需求，有足够的设施满足社会成员的各种需要。

（2）住房和住区的设计。人们经过紧张的工作后，可以在休息时间、节假日在享受型生活区的"私家的房子"中享受全家的快乐和幸福。在享受型"住"中，每个社会成员都可以根据自己的消费能力购置满意的、属于自己的住宅，享受自己的空间，按自己个性化要求进行装修设计，以满足个性化的需要。

随着社会生产力的提高，社会成员的劳动付出时间将越来越短，可以用于自主决定的休假时间将越来越长。一家人可以经常在一起享受人生的快乐，也可以聚邀亲朋好友集体休假，进行群约性享受活动。

享受型生活区将配套建设足够的交通工具停放区、集体活动区、专为老年人服务的养老区、为残疾人服务的康复区和释放积怨的宣泄区等，以满足人类个性化的居住消费需要。

3. 劳动成果享受阶段"行"的"乌托邦"

由于劳动成果享受阶段的"行"是社会个体以充分的自由为目标的"行"，其"行"的出发地、目的地均呈现自由化、个性化的特点，其目标不是寻求社会成员"行"的一致、有序，而是寻找个体化享受"行"的乐趣。"行"将是劳动者享受性消费的重要内容。因此，"乌托邦"中劳动成果享受阶段的"行"将主要由自有的私家交通工具来承担。在这个"乌托邦"中，社会成员根据收入的不同而拥有不同档次的私家车、私家船和私家飞机。在这个阶段，社会成员或约伴旅行，或全家度假，或个人畅游，在充分个性化的氛围中享受快乐"行"的消费。

4. "乌托邦"中的城市设计

城市的中心区，将是城市政治中心、文化中心、商业中心、反映城市特色的精品中心以及市民集聚中心。它将成为市民集聚、文化享受、体现城市权威的核心地区。

城市的次中心区是城市的工作区和工作配套区，提供快节奏、高强度、配套的工作环境。

再外圈是享受型生活区。在这个生活区，规划出充分的享受空间。在这里，每个社会成员都可以充分享受收获的快乐、人生的快乐和自由的快乐。每个市民在生活享受区，沐浴大自然的恩赐，回味收获的乐趣，宣泄竞争中的不愉快，积蓄参与新竞争的能量。

五、宏观经济计划的制定与实施

（一）宏观经济计划制定的流程

计划－市场经济体制通过各地区"枢纽"全面管控消费者和生产者之间的交换，掌握了最直接、最全面、最及时的交换信息。这些信息通过经济信息专用通道由地区"枢纽"直接上传到全国信息中心进行分析处理，以掌握最权威的经济实际运行情况。通过对这些信息的汇总、分析可以得到宏观经济计划的实际执行情况和当前的运行情况。这些信息将提供给"全国未来发展趋势预测与战略规划中心"（简称"全国未来中心"）、"全国规划和规则制定中心"以及其他部门共享；"全国未来发展趋势预测与战略规划中心"会根据对社会发展趋势的研究，定期提出未来规划的建议。"全国规划和规则制定中心"将来自各地区"枢纽"的微观经济运行信息和来自"全国未来发展趋势预测与战略规划中心"的规划建议一起，按照宏观经济计划总体要达到的目标，经过决策部门的决策形成宏观经济平衡计划，并将宏观经济平衡计划转换为宏观调控工具中的参数，通过经济信息专用通道下传到地区"枢纽"；再通过地区"枢纽"在监管生产者和消费者交换的契约中贯彻实施。图 14 是经济规划的制定及实施示意图。

图 14 中与全国未来中心连接的有一个"未来论坛"的机构，这将是有关未来研究的、完全开放的内部讨论平台。在这个平台上，无论什么观点都允许发表，无论什么奇思妙想都可以拿出来讨论。为了这种开放的、未来的讨论不干扰正在进行的经济建设和正常的理论环境，可以考虑设置一些区隔措施，比如进入论坛者需要一定的程序，讨论也仅限于论坛内部。在论坛形成共识的内容，以及全国未来中心认为有价值的内容都将直接成为全国未来中心的建议，并送到全国规划和规则制定中心应用。

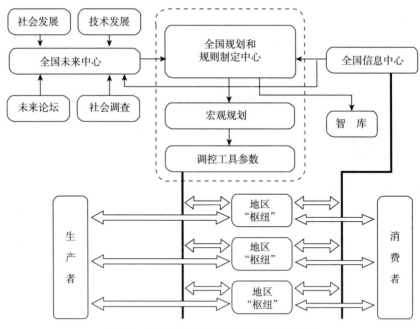

图 14　宏观经济规划制定及实施示意图

（二）宏观经济计划的调控工具

计划－市场经济体制制定出宏观经济计划后，不再是通过行政命令或者强制性的计划贯彻落实，而是转换为控制参数下达到各地区供需契合枢纽，由各地"枢纽"通过调控工具贯彻落实。这种流程目的在于建立无外部人为干预的自运行系统。

第 八 章 | 计划－市场经济体制的评价指标体系

对一个国家、一个地区、一个机构或部门如何评价和考核？对一个领导、一个 CEO、一个职工的工作好坏如何评价和考核？如何实现评价指标体系既能全面衡量一个"整体"的发展水平，又能通过指标的归一化处理，使不同部门、不同行业"整体"都能一目了然地进行比较，还能通过评价指标体系的拆分和分解，将评价指标细化到考核评价的"具体人"，一直都是理论工作者、实际工作者长期求解的课题。人们之所以如此重视评价指标体系建设，原因就在于评价指标体系可以解决人们追求什么、反对什么、支持什么、抑制什么——解决社会激励的方向问题；也在于评价指标体系的建立和落实，就是最高决策层将应完成的历史任务落实到"具体人"的过程——解决任务落实的问题；还在于指标评价结果可以帮助决策者、领导者改进工作、调整决策方向和实施方向——解决"该调整什么，怎么去调整"这个执行实施的问题；还在于指标评价过程和评价结果可以帮助研究者和分析师找出未来指标评价体系改进和发展的方向。

每一个历史阶段都有它的主要任务和主要矛盾，评价指标体系的内容，也总是围绕解决这些主要矛盾，完成这些主要任务而规划、设计、实施的。可以说，评价指标体系是促进完成一定历史任务的有效工具。

创建评价指标体系，是理论课题，也是实践课题。因为评价本身不是目的，为完成历史任务服务才是目的。而要实现对被评价对象产生持续的、有效的、成正比例的激励，评价指标体系需要在实践中不断发展和完善。本章不试图建立一个完整的评价指标体系，而在于创建一个适应计划 - 市场经济体制新特点、新目标的评价指标体系架构。

每一种经济体制，都有不同的评价指标体系来适应。在市场经济体制下，评价指标体系的重心在"竞争的结果"上，通俗地说是重心在"谁挣的钱（财富）多"；在计划经济体制下，评价体系的重心则在"计划的完成率"上，即"完成了多少计划"。而计划 - 市场经济体制，则有本质上区别于市场经济体制和计划经济体制的评价指标体系，研究和阐述适应这一经济体制的评价指标体系正是本章的目标和任务。

一、计划 - 市场经济体制评价指标体系的内涵

（一）计划 - 市场经济体制评价指标体系的相关定义

计划 - 市场经济体制为评价指标体系带来许多本质的变革。为了比较准确地阐述新体制下的评价指标体系，需要明确评价指标体系建立的理论依据，在此基础上，建立起相关基础范畴，最终说明评价指标体系的内涵范围及定义。

1. 评价指标体系建立在责、权、利统一的基础上

评价指标体系建立的基础，是评价主体为完成目标任务，实现评价对象在责、权、利上的统一。这里首先要明确的是评价对象要完成的任务是什么，而这个被明确的任务就是被评价对象在评价中应该承担责任的指标。为了被评价对象能够全面承担起完成任务的责任，评价主体应该向被评价对象授予完成任务所必需的、充分的权力。评价指标则是依据责任和权力科学地建立起综合量化的评价考核指标体系，用于对评价对象从任务确立之时起，到任务完成全过程的评价和考核，再以评价考核结果为依据进行奖惩激励，最终为完成任务服务。

　　责任和权力是评价指标的最重要依据。这里的责任是由要完成的任务直接转换过来的。因此，该责任不仅是授权的基础，也是确定指标的出发点。权力则是承担责任的保证和前提条件。如果评价对象完成任务的权力不充分，会直接导致评价对象本身无论如何努力都完不成任务，因而也就无法承担没有完成任务的责任，也无法承受由此带来的后果，使评价考核指标成为不起作用的脱离实际指标。对评价的任务拥有完全的责任，也就意味着评价对象对评价任务的完成必须拥有完整的权力和能力。

　　当然，由于社会活动的内在联系均存在复杂性，将评价对象的责任绝对化也是不现实的。比如，在评价某年粮食产量指标时，遇到了百年不遇的大旱（天灾），管理"老天爷"的权力人间显然暂时没有。但是，人类仍然需要在无法有效管理"天灾"的情况下制定涉及"天灾"的粮食产量评价指标。如果试图把这些"偶然"因素都纳入到评价指标系统中作为条件，那么：其一，任何人都无法将"偶然"列举齐全；其二，必然会把常态性的评价复杂化；其三，导致评价陷入细节争议的"泥潭"，从而转移解决主要矛盾和主要问题的注意力。因此，制定评价指标体系整体应是抓主要矛盾和主要任务，而将过程中的"偶然"留给评价对象，促进评价对象采用有预见的决策来减少"偶然事件"对任务完成的影响。

　　被评价对象"责、权、利"中的"利"，则是以评价指标体系为考核工具实现的科学激励量，是评价指标体系评价结果的兑现量。换言之，评价指标体系的好坏，就取决于能否依据评价对象的"责任和权力"，通过指标体系的科学评价，把"利"算好、算准。

　　2. 有关计划 - 市场经济体制评价指标体系的几个新概念

　　计划 - 市场经济体制的评价指标体系有很多特点，为了更准确地阐释，需要重新明确和定义一些概念。

　　（1）评价主体。评价主体是为评价对象设定任务的设计人和提出方，是对评价对象进行评价的评判者，是对评价对象按评价结果进行奖惩的激励提供方。特别需要指出的是，评价主体为评价对象设计和提出的目标任务，本身就是评价主体的目标任务。从这点上讲，评价主体也是评价的终极评价对象，是该目标任务的第一责任人。

（2）评价对象。评价指标体系必须有明确具体的评价对象。评价对象是评价指标的实施主体。

（3）对象集群。评价对象的边界越清晰，责任就越明确，评价效果就越好。因此，在设计评价指标时，总是将责任边界是否清晰作为确定评价对象的原则。换句话说，如果这个指标系统是针对某个目标任务而设置的，那么其所选择的评价对象，在完成此目标任务上所拥有的权力一定是充分的，因而责任也是明确的。为了实现这一点，总是首先根据目标任务将有关联的权力和责任所有人，纳入到这个指标系统的集群对象中，建立起这个指标体系的"对象集群"。

（4）政治权力集群。政治权力集群是在国家的某个历史阶段，建立的两个基本"对象集群"之一。政治权力集群至少拥有以下充分的权力：其一，拥有该国政治制度、经济体制的选择权和决定权；其二，拥有对国有财产的支配权和处置权；其三，拥有其他行政权。可以说，拥有对国家进行管理的一切行政权。因此，政治权力集群对国家的发展和国民幸福拥有完全的责任。在现代，有些国家通过宪法确立了最高权力的相互制约架构：政治权力集群中除去有行政权力的总统（元首）之外，还有制约行政权力的议会和法院。在这种权力架构下，政治顶层中的任何一个权力极，要承担国家的全部责任，其权力是不足的。为了避免这种状况，在这里，将政治权力集群的定义域扩大，即将可能的制约权力群全部包含在这个政治权力集群中。

为了保证权力对承担责任的充分性，可以对政治权力集群的定义做这样的界定，即涵盖所有拥有政治行政权力的人群，不仅包括各个权力极，还包括从中央到地方的所有政治权力集群。

（5）经济竞争集群。经济竞争集群是一个国家的另一个评价"对象集群"。它与政治权力集群的本质区别有三点：其一，经济竞争集群只能在政治权力集群规定的规则下从事经济活动；其二，经济竞争集群能够支配的财产只能是属于自己的财产；其三，政治权力集群在行使权力时是主动而且自主实施的，而经济竞争集群则是根据竞争规则通过竞争评价行使权力的。经济竞争集群由于受到这些权力的限制，其责任是只承担自主决策经济活动的后果，评价指标系统也仅限于自主决策经济活动的范围。

（6）评价对象中的"具体人"。对象集群是按照"目标任务"划分的、由众多"具体人"组成的集体总称。"具体人"是目标任务中的最基础任务的完成者，是有名有姓的执行者。评价指标只有落实到了"具体人"才算真正被落实。

（7）客观评价指标。客观评价指标是评价对象完成任务的状况，可以用客观存在的评价计量手段进行度量的指标。这些指标通常可以量化、统计和比较。

（8）主观评价指标。主观评价本身是由具体人根据评价人的评价认识进行的评价，普通主观评价均有很大的主观随意性。但这里仅指经过科学设计、有科学评价方法的主观评价。它通过对问卷、内容等细节的科学设计，以抽样调查方法及概率计算统计等技术方法为手段，实现由不同人来主持评价，结果误差在允许范围之内的主观评价。最著名的有盖洛普民意调查等。在计划 - 市场经济体制的评价指标体系中，可以用这种科学主观评价方法对"幸福感"指标进行评价和考核。

（9）引领指标。评价指标体系中的评价指标，可以是单一的，也可能是多元的。俗话说，"牵牛要牵牛鼻子"。在众多指标中，会有少数评价指标具有关键作用和引领作用。比如，在市场经济体制下的"效益"指标、在计划经济体制下的"计划完成率"指标，都可以认为是评价指标中关键性的指标，是起引领作用的指标。各国间经济发展的比较惯用国内生产总值（GDP）指标，尽管其中存在着一些不合理因素，但在反映一个国家经济运行与发展的最终成果上，还没有其他指标可以替代。而GDP也是一个"牛鼻子"式的引领指标。在这里，笔者将这类具有"牛鼻子"作用的指标称之为引领指标。

3. 计划 - 市场经济体制评价指标体系的内涵

计划 - 市场经济体制的评价指标体系至少涉及评价、指标、体系三部分内涵。评价至少涉及评价对象是谁、由谁来评价、评价的目的是什么、评价的内容是什么、评价结果对于评价对象会有什么影响等诸多问题和方面。而"指标"的存在，则将评价成为现实评价，成为有客观量化指标的评价。"体系"则是将单一的、片面的、互不制约的评价，组合成能互相制约、互相促进的、由众多评价指标构成的评价指标体系。

关于计划－市场经济体制评价指标体系的内涵，它既不简单地限定在评价对象范畴，也不限定在国家层面、宏观层面范围，而是将评价指标的对象扩展到"对象集群"上，还将指标评价范围从"对象集群"一直通过"拆分"落实到完成任务的"具体人"上。很显然，这里的评价指标体系有更宽广的内涵。

在评价指标体系中，特别要看重评价对象和评价主体。比如，领导层对下层的评价指标系统，人民大众对各级领导的评价指标系统，这些针对不同评价对象、不同评价主体的评价指标系统，是为完成不同的评价目标任务服务的。

计划－市场经济体制评价指标是用于评价对象的，但在同一个对象集群中，不同的"具体人"在完成目标任务上的权、责、利是不同的。显然，要落实到"具体人"的评价指标一定要与"具体人"所拥有的权、责、利相适应。

4.计划－市场经济体制评价指标体系的定义

计划－市场经济体制评价指标体系，是评价主体对"对象集群"或"具体人"完成任务程度进行评价的规范化指标系统的集合。所谓规范化指标系统，是指经过深入研究、综合平衡、科学设计建立的指标体系。这个评价指标体系至少有五大要素：其一，有相对明确的评价主体；其二，有明确的评价目的性；其三，有责、权、利相对应的评价对象；其四，有可以进行比较评价的量化指标；其五，有依据评价结果进行奖惩的措施。

（二）评价指标体系的发展脉络

了解评价指标体系的发展脉络，对设计新的评价指标体系很有借鉴意义。在历史上，有很多组织、很多专家学者建立了各有特点的指标体系。比如，经济指标体系、社会指标体系，"包容性发展指数""和谐社会指数""幸福地图"，等等。可以说，历史上形成了评价指标体系的多种思路和脉络。

计划 - 市场经济体制评价指标体系将充分研究评价指标体系发展的脉络，通过科学全面的规划，以任务目标作为出发点和归宿点，定位评价指标体系的内容。

1. 评价指标体系由经济指标向幸福指标发展的趋势

从评价指标的发展脉络看，从单纯经济指标向幸福指标体系发展是十分明显的。

（1）经济指标及经济指标体系。经济指标是经济活动的各种量的指标。经济指标体系则是以目标任务为对象的系统化经济指标集合。经济指标体系"主要是通过经济指标从反映和研究生产力及生产关系方面认识社会"；从测量方法上看，"经济指标为了反映和研究物质资料的生产、分配、交换和消费的社会扩大再生产过程，经常使用度量衡单位、货币单位和劳动时间单位等这一些计量单位"。❶

经济是政治的基础。任何执政者维系社会治理，都需要财政收入支撑。财政收入的基础在于国家和地区的经济状况，而有保证的财政收入取决于经济指标的制定、落实和完成。由于经济指标是完成经济目标的激励源和动力源，是财政收入上缴国库的定量指标，因而经济指标本能地受到历代统治者的重视，成为最早存在的评价指标。

在历史上，只要中央统治是稳定的，那么中央层一定会给地方制定经济指标，并通过指标实现稳定的财政收入；尽管与现代相比，过去的统治者对各地区的经济指标主要集中在最终上缴国库的税赋数量，而不一定关注产生税赋的经济运行指标，更不一定会涉及与税赋相关的经济运行情况、环境状况、资源可持续供给等指标。可以说，用现在的标准衡量，过去历史上的经济指标，内容简单、形式不标准，但作为评价指标的基本要素是具备的。按照这个思考，经济指标有最久远的历史。

随着经济的发展和社会的进步，经济指标发展到经济的综合数据集合，最终构成价值指标体系。

---

❶　陆学艺主编：《社会指标体系》，第 16 页，中国社会科学出版社，2001 年。

（2）社会指标体系。社会指标这个词，是在 1966 年由美国学者雷蒙德·鲍尔（RaymondBauer）在《社会指标》一书中提出。❶ 社会指标体系的出现，是人类社会现代化发展的结果。

人类劳动生产率在近代以极快的速度提高，物质财富供应也出现了快速甚至爆炸式的增长。消费物资的供应，由常态短缺变成常态过剩。人类对于物质的追求也从最基本的谋求"温饱"，走向谋求物资丰富的高质量生活。按照美国心理学家马斯洛的五层次需求说，依次是：生理需求、安全需求、社交需求、尊重需求、自我实现需求。可以说，现今人类已不再满足于基本的生理需求，更在追求高层次的安全需求、社交需求和尊重需求。人类社会进入这一历史时期，需要从单纯提供物质财富转为提供更高层次的精神财富。

但是，在传统市场经济体制的自由竞争下，过度和利己的竞争，造成了社会的严重不平等、不公平。而其评价指标，本质上忽略了"挣钱"的合法性和合理性，其结果必然对片面追求物质利益起到推波助澜的作用。由此，越来越唤醒人们对于传统市场经济指标体系的反思。如何创建一种更全面的评价指标体系来衡量、激励社会公平正义，抑制贫富悬殊的社会收入分配，就成为一种对评价指标体系变革的急迫追求。

（3）和谐包容指标体系。在传统市场经济体制下，经济发展了，但人与人之间的关系并没有伴随经济的发展而趋于和谐；物质条件好了，但不少人的道德底线反而缺失了；反映物质财富的社会指标系统化了，但人们实际感受到的幸福感却不如过去了，等等。这让人不得不反思，过去建立的社会指标体系为什么无法反映人们实际感受到的幸福水平、和谐水平、包容水平？为此，很多国际组织、智库的专家学者提出很多涉及和谐包容指标体系的研究成果，把和谐包容的内涵以指标的形式纳入到评价体系中，成为经济社会发展过程中的一种指标体系演进。

2. 幸福指标体系是评价指标体系发展的更高目标

指标体系归根结底是为人类完成目标任务服务的，而人类的最终目标是

---

❶ 陆学艺主编：《社会指标体系》，第 3 页，中国社会科学出版社，2001 年。

要实现所有人的幸福。因此，以幸福为核心的指标体系代表了评价指标的未来追求，也应该是评价指标体系的目的地。那么，何为幸福？有人定义的幸福是"一声温暖的问候，一次深情的祝福，一个健康的身体，一份平淡的生活，一份快乐的心情，一生简约的知足"。这当然不能是幸福的准确定义，但类似植根于民间的幸福理解，反映了人们对于精神领域幸福的渴求。似乎可以这么认为：低层次幸福在物质世界里，是对于生理、物质需要的满足；而高层次幸福在精神世界里，是对于人类崇高愿景追求的满足。幸福具有物质性，特别当物质丰富程度仅能满足人类生存需要时，物质的满足度可以成为幸福的最重要指标，但当物质的基本需要被普遍满足后，幸福更多来自精神需求的满足。

英国新经济基金会提出了生活满意度、人均预期寿命、生态消耗三个指标，进而以生活满意度和人均预期寿命的乘积作为分子，由生态消耗作为分母，计算得出"幸福的资源效率指数"，并在 2006 年首次对世界各国进行排名。英国莱斯特大学教授阿德里安·怀特以健康、财富和教育为要素绘制了"幸福地图"，提出了涉及幸福的评价指标，在全世界产生了不小影响。

习近平总书记说过，"人民对美好生活的向往就是我们的奋斗目标"，而"美好生活"就是幸福的依托。

我们是否可以这么认为：无论你拥有多少财富，有多么高的地位，有多么大的名气，最终都会落实到你是否幸福上。在人类世界上人人幸福了，或者说绝大多数人幸福了，人类一定会进入一个美好的新世界。由此，将幸福为核心内容的指标体系成为指标体系的核心指标，应该是理所当然的。

3. 评价指标体系正不断由简洁变为烦琐

评价指标体系演进的另一个脉络和特征是由"单一指标"向"指标体系"发展，亦即由单一的"经济指标"向"幸福指标"体系发展。这是一个不断进步和提升的发展演进。与此同时，也还有一个经济指标体系由"简洁形式"向"烦琐形式"的发展脉络。比如，市场经济体制原本的评价指标很简洁，那就是"利润"或者叫"效益"。用指标评价你"挣到钱了"，就是成功者、胜利者，而挣的"钱"就是评价的奖励。但实践中发现，利润或者利益既可以通过合法劳动获得，也可以通过坑蒙拐骗获得，于是，指标体系设计者就在评价指标中增加限制非劳动所得的内容。再后来，又发现利润或者效益可以通过牺牲环境为代价获得，于是，设计者就再在评价指标体系中增加环境保护的评价指标……当面对一个以"利己"为目标的不可信任的世界时，除了在对评价指标不断"完善"中，将指标体系推向更复杂外，没有别的出路。而越来越复杂的评价系统，除了让"具体人"无所适从外，并不能带来预期的激励力量。显然，这个发展脉络是需要终止的，这样的思路是需要摒弃的。

（三）计划 – 市场经济体制评价指标体系的内容定位

计划 – 市场经济体制评价指标体系的内容定位既需要与时俱进，也需要符合当前的客观任务。应在掌握评价指标体系发展脉络的前提下，依据历史阶段的目标任务来进行定位。

1. 评价指标体系在很长历史阶段内仍将以物质性指标为主

幸福是人类追求的目标任务，自然也应成为评价指标体系的核心，但不可否认的事实是，长期以来都没有人把"幸福"作为评价指标的核心内容考核过。即便有机构、专家学者提出过幸福指标也没有被落实。究其原因，不仅因为幸福指标不好量化，还在于过去的历史发展阶段中，还都处在物质财富不够丰富的阶段。在这个阶段里，说到温饱时，有"钱"就意味着有了"温饱"幸福，说到居住时，有"钱"就意味着拥有"乐居"的幸福。在这样一个历史阶段中，人们对于幸福的评价大致可以通过"财富多少"这个中间"量值"来衡量。"幸福"的最重要尺度，仍然是你拥有多少财富。可以推想，物质财富的多和少，仍将在一个相当长的时间内成为评价指标体系中的引领指标，仍将以你拥有多少物质财富确定你有多少"幸福"。

2. 社会整体的"平衡"与"和谐"是幸福的基础

财富只有能够被"消费"掉的，才是人类需要的财富。也许在不远的将来，人类实现了生产和消费的完全平衡，每个人拥有的财富都在"度"内，必然地，现今这种"财富 = 幸福"的评价体系就会进入历史的博物馆。从这一点说，或者从历史发展的必然规律上说，财富作为人类评价指标中的引领指标，总有一天会终结，财富的平衡充足将成为人类最重要的追求，而以多数人的幸福为引领的指标体系的时代总会到来。

计划－市场经济体制应根据社会历史发展进程中的阶段任务，抛弃不需要的烦琐，不断推进幸福指标的比重，建立起满足新体制独特需要的评价指标体系。

二、计划－市场经济体制评价指标体系的作用和意义

建立科学合理的评价指标体系，并以此为尺度构建评价考核制度，再根据评价结果进行奖惩，将产生完成发展任务的强大激励力量，对实现国家富强、民族复兴的历史任务具有重要的作用和意义。

（一）促进完成目标任务的工具

任何目标任务的完成，都取决于与该任务相关的每个"具体人"在各自职责范围内的任务完成的好坏。评价指标体系就是要将目标任务的关键要素指标化，有步骤并细化落实到每个"具体人"。其运行的途径是：先要将任务转化为可以评价的尺度，再以此尺度为总指标拆分细化落实到"集群"中的"具体人"，最后，将整个评价指标集合通过科学规范的措施体系化，形成评价指标体系。评价指标体系建立后，评价者按照评价指标，评价考核被评价对象，然后根据评价考核结果进行奖惩激励，使评价指标体系成为每个"具体人"完成各自任务的激励力。由此，可以认为：

第一，建立评价指标体系就意味着目标任务已经被指标化，且任务已经被落实到完成任务的每一个"具体人"。

第二，评价指标体系建立后，以评价指标为尺度进行过程评价考核可以督促"具体人"全过程完成指标确定的任务，从而成为完成任务的过程督促力量。

第三，建立评价指标体系本身不是目的，根本目的在于通过评价指标体系把目标任务指标化，通过以评价指标体系为尺度的评价考核和奖惩，使评

价指标转化为完成任务的强大激励力。

第四，评价指标体系是评价主体自我激励的源泉。评价指标的评价主体，对于评价指标的确定，反映出评价主体对于任务的信心和自信，反映评价主体对于完成任务前景的判断。尤其当评价主体是一个国家的执政者时，评价指标的确立过程可能就是给自己"加码"的过程。执政者通过设置的高指标，督促自己去努力、去奋斗，从这个意义上说，评价指标体系也是评价主体的一种自我激励源泉。

第五，执政者勤政善政的动力。在一个国家，人民大众才是对执政者施政的评价者。当评价指标体系将领导人的政绩也纳入其中时，评价指标体系就可以成为人民大众评判领导人的尺度，成为选民投票选举领导人的依据。公民这种投票选举领导人的权力，就是用公共、大众的力量对领导人的政绩给出的奖惩激励。从另一个角度看，如果领导人能够有意识且主动地制定考核自身的评价指标并努力实现，那么，这个执政者一定是执政为民的典范。

（二）决策与实施过程判断的尺度

评价指标体系的建立，不仅形成了衡量评价对象完成任务好坏的尺度，也相当于建立了检测任务进程的动态标准。比如 GDP 年度指标为 12 万亿货币单位，过去了一个季度后，评价结果显示已完成超过年度指标的 1/4，表明经济运行的基本面良好。反之，过去了一个季度后，评价结果显示任务完成不足年度指标的 1/4，表明经济运行出现了问题。这样一些实际数据与评价指标的比较，不仅是对完成任务过程趋势的评估，也成为判断任务实际完成状况的依据。而这些不仅是对评价对象的诊断依据，也同样是对评价主体的诊断依据。

评价指标体系本身不是一个僵化的不变的数据集合，而是一定历史任务指标化、可评价化的尺度。随着历史任务的变更和发展，评价指标体系也会变化和发展。评价指标体系的建立，使指标体系的制定者有了与实施进程进行比较的客观依据。通过比较既可以检验任务完成程度，也可以检验评价指标是否合理。因此，评价指标体系的实施过程，也是完善和发展评价指标体系的过程。不仅如此，有很多评价指标还是国家进行宏观重大决策的依据。最典型的是国内生产总值 GDP 年度变动值，它是中央金融部门制定和调整货币政策的主要依据。

（三）实现社会全面均衡发展的激励条件

评价指标体系与评价指标的重要区别在于它的系统性和体系性。评价指标实现体系化后，由各个评价指标构成的激励向量形成的向量合力，保证可以向着完成目标任务的正确方向发力，成为目标发展方向的正能量。而这其中的向量合力，正是评价指标体系保证的内部计划均衡性，也正是内部系统均衡条件下由指标评价构建的竞争差异所激发出来的动力。

第一，通过评价指标体系下的竞争实现优胜劣汰。

只要有竞争存在，竞争胜者积累优势、竞争败者积累劣势的趋势就不可避免。这其中，保持一定强度的竞争，实现优胜劣汰是发展的需要。而评价指标系统本质上就是竞争评价的尺度，是保持竞争活力的有效工具。

第二，通过评价指标体系实现平衡发展。

人类殷切希望将竞争积累构成的贫富差距，控制在人类共享共富发展的限度之内，实现有适量差别的均衡——这是评价指标体系需要的平衡功效。评价指标体系，可以将实践存在的严重不合理的评价领域，通过评价指标进行科学的均衡，从评价源头根除"暴利"的产生。在这里有一点非常重要，即从评价指标体系的制定原则上，须以平衡和均衡作为出发点和归宿点。在这样支撑平衡和均衡发展的评价指标体系下，产生适量差别的结果是合理的，是保留竞争活力所必需的，要实现绝对均衡是不可能的。但是，评价指标体系确定的有意识的均衡行为，对实现社会公平、公正有非常大的现实意义。

评价指标体系在均衡发展中的意义，还可以从这样一个角度观察：通过评价指标体系的建设，首先实现了评价对象到达了"具体人"，达到了"普遍性"直接评价，实现了评价对象的均衡。其次，规范的评价指标体系本身一定包含同等劳动支付获取等同利益的评价基准，是一种相关方利益平衡的"压舱石"。在这样的公平条件下，最终由评价结果决定好坏差距，一定是"具体人"

在竞争范畴的合理差异。

（四）为专业部门提供分析预测依据

评价指标体系的建立，首先可以用于对评价对象的业绩考核——这或许是主要目的。如果再把整个体系评价比较的一手资料放到专业分析师手里，便有可能变成一个含金量高的"金矿"。因为在专业分析师眼里，这些评价指标的综合不仅仅是对已经过去事件的评价，更是发现未来发展趋势的第一手资料——而这正是人类从必然王国走向自由王国的关键之处。

三、计划 - 市场经济体制评价指标体系的构架

计划 - 市场经济体制依据自身特点，形成了评价指标体系的新思路，并依据此思路对这一新体系进行构架。具体构架阐述如下：

（一）评价指标体系的五步骤构架及落实方法

计划 - 市场经济体制在构架评价指标体系时，将广泛应用以下提出的五步骤评价指标体系构架及落实方法（以下简称"五步骤法"）。该方法是一种普遍适用的评价指标体系构架办法。它不仅可以运用于计划 - 市场经济体制宏观评价指标体系的建立和落实，还可以运用于微观包括企业经济指标的落实。五步骤评价指标体系构架方法为：

第一步，以任务定指标。确定目标任务，再根据目标任务制定出量化的评价总指标和总指标体系。

第二步，将指标落实到"对象集群"。以目标任务的完成责任为边界，将与责任、权力相适应的评价总指标和总指标体系落实到评价"对象集群"。

第三步，通过指标拆分落实到"具体人"。由"对象集群"的领导者（层）充分运用自身拥有的管控权力（包括由体制明确的权力和由评价指标体系携带的权力），通过将评价指标拆分形成的拆分指标落实到下一层"对象集群"，或者将指标拆分时新建的配合保障指标系统落实到下一层"对象集群"；再

由下一层级"对象集群"的领导者（层）运用下一层级自身拥有的管控权力，将通过评价指标拆分形成的拆分指标落实到下下一层"对象集群"，或者将指标拆分时新建的配合保障指标系统指标落实到下下一层"对象集群"中；以此类推，一层一层地一直将"对象集群"的总指标体系拆分并落实到所有"具体人"。由于评价指标体系的实施，均有后续的奖惩兑现，因此，伴随着评价指标体系的落实，还携带着对下一层级的管控权力。比如完成指标可以奖励一万元，这个奖励本身就是一种管控权力。在现实中，"对象集群"的领导人一定都拥有对下一层级的足够管控权力，可以顺利完成评价指标的拆分。

第四步，指标在任务完成的全过程运用。评价指标体系自目标任务确定之日起，至目标任务完成之时止，全过程发挥评价监管作用和评价效果信息反馈作用，实现评价指标体系对完成目标任务的全过程运用，实现对评价指标体系评价过程的全面反馈。

第五步，指标通过评价奖惩形成激励力。运用评价指标进行评价和考核，再根据考核结果进行有"因—果"关联的奖惩，形成完成下一个目标任务的动力。

这个"五步骤法"中，除第三步骤外，其他步骤都容易理解。为此，下面对第三步骤中的指标拆分和配合保障指标系统指标加以详细说明。

（二）评价指标自"对象集群"到"具体人"之间的拆分

评价指标的拆分是计划 - 市场经济体制评价指标体系的最重要步骤，是"对象集群"总指标落实到"具体人"的关键步骤。在评价指标体系建立时，为了保证"评价对象"主体拥有完整的责任，将评价对象人群的边界进行了扩大设计。但这个扩大首先造成的后果是评价指标所对应的"对象集群"，离"具体人"越来越远。"五步骤法"解决这个难题没有采用常见的评价指标分层分级办法，而是采用指标拆分的办法。

评价指标的拆分利用了这样一个原理：当一个必须完成的指标落实到一个"对象集群"时，这个集群的领导者都拥有足够的权力将这些评价指标进行拆分，分解给下一权力层级的"对象集群"；再由拥有足够权力的下一权力层级"对象集群"对已拆分评价指标再拆分给下下层级"对象集群",直至将评价指标落实到"具体人"为止。这个拆分过程既是各层级权力的权威行使,也是评价指标携带权力的自然传递,还是评价指标的拆分落实。

用一个假设的例子。若一个国家确定了年度完成 10 万亿货币单位的 GDP 指标,拆分到了 20 个下一级的"对象集群"中,后又通过再次和再再次的拆分,一直拆分到了最底层的"具体人",最终,完成了集群指标的全面拆分。在这个指标拆分过程中,各层级"对象集群"中的领导者,通常会在指标拆分中留有一定的富余量,以确保总体指标的完成。评价指标拆分过程本质上就是指标的落实过程,当评价指标的拆分全面完成时,实际上意味着评价指标已经全面落实到"集群"中的"具体人"。而每一个"具体人"对于指标的全面完成,就意味着这个"对象集群"对于评价指标的全面完成,而且即使其中有少部分"具体人"没有完成指标,仍然可以通过拆分过程从指标的富余量中调剂,从而确保整体指标的完成。

(三)在拆分中创建配合保障指标

评价指标的拆分本质上是通过评价指标不断拆分接近和落实到"具体人"的过程。但当评价指标在拆分中不断接近"具体人"时,会遇到很多间接参与目标任务完成的"具体人"。这些"具体人"的工作任务会影响评价指标的完成,当然影响的是间接指标。以目标任务为基础的评价指标并不适用这些具体人。比如,某一级地方政府拆分到了年度完成 1 万亿货币单位 GDP 的评价指标,而要完成这个指标,需要社会综合治理这个权力口的"具体人"提供一个安定的社会环境,需要交通建设部门的"具体人"完成道路保障工程,需要气象管理口"具体人"提供准确的天气预报,等等。于是,地方政府的拆分指标中就派生出了安全保障指标、交通配合保障指标、气象服务配合保障指标。很明显,这样一些依据拆分指标派生的配合保障指标是完成拆分指标所必需的。在实际实施过程中,只有在指标拆分时,同时完成配合保障指标系统的建设,整个评价体系才算真正被落实。最终,只有在全体"对象集群"的"具体人"都完成了各自的拆分指标和配合保障指标所规定的任务,才能完成"对象集群"总的评价指标任务。可以说，拆分过程中有效建立和落实配合保障指标，是整个指标体系落实到每一个"具体人"不可缺少的另一个重要任务。

拆分中建立的配合保障指标系统，除了前面提到的横向权力维度上的权力主体需要建立外，在权力的纵向维度上，即上下级维度上也有需要。在一个任务中，总有一部分人拥有决策管理权力，一部分人拥有执行管理权力，还有一部分人拥有实施权力。从权力责任统一的角度看，拥有决策权力的决策者应对整个评价事项决策的正确性负全责；对于拥有执行管理权力的管理者来说，只对执行决策的后果负全责；对于只拥有实施权力的权力人来说，仅对具体实施过程的结果负责。比如，某个企业在落实经济收益指标时，决策者决定生产某个新产品来完成全年经济收益指标，并完成了决策层的指标拆分（评价指标是经济效益指标本身）；执行管理团队按照决策者的决策，按时间要求落实到了技术研发环节的"具体人"，也落实到了生产环节的"具体人"，还落实到质量控制环节的"具体人"，完成了执行管理者的指标拆分（评价指标主要是任务落实率）；实施团队则按照管理团队的指标拆分完成了实施任务（评价指标是产品的产量）。在这里，决策层拆分的指标是评价指标本身，而执行管理团队和实施团队在评价指标拆分中落实的拆分指标均不再是评价指标本身，而是经过转换的"配合保障指标"。指标变了，评价考核方式也随之改变，评价后兑现的利益也将完全不同。显然，如果决策层决策错误，这个新产品卖不出去，尽管执行管理团队和实施管理团队都完成了各自的评价指标，后果仍然可能是这个企业破产；而决策正确，即使局部执行、实施环节有人未完成配合保障指标，只会导致企业的局部损失。

评价指标拆分，既是评价指标的落实过程，也是利益的再分配过程。因为指标意味着"评价对象"后续劳动量投入的多少，也代表着评价结果带来的利益多少，很容易成为一种博弈。要避免出现这种情况，就需要：

第一，评价指标制订要科学合理，符合由权力作保证的责任。

第二，应尽可能用机制自动实现指标拆分，而不是靠人之间的商谈完成。计划 - 市场经济体制就是在极其广泛的指标领域实现了利用体制给予的机制，科学而准确地落实了指标的任务。

第三，评价指标的拆分，在无法利用体制形成的机制时，应该创造制约机制来实现。

（四）计划－市场经济体制经济总指标的拆分和落实

在计划－市场经济体制条件下，凡是纳入宏观计划平衡的经济社会总指标，均通过体制特有的机制完成评价指标的拆分。当国家的经济、社会发展的目标任务转化为宏观平衡计划指标后，将通过转换层将宏观平衡计划转换为宏观调控工具参数，再通过调控工具参数导入到企业中标后签订的"供—需"契约中，最后落实到劳动者这个"具体人"，整个过程本质上就是利用体制中特有的机制力量进行评价指标拆分落实到"具体人"的过程。

计划－市场经济体制通过体制特有的机制，已经将属于政治权力集群需要完成的经济社会评价指标动态地进行了拆分落实，实现了动态的过程管理。而所有这些指标的落实过程都是通过体制的机制自动进行的。这其中，只要代表政府的全国中心机构、各层级地区"枢纽"能够按时完成各自的任务，经济社会的各项指标，就会动态地、持续地、不打折扣地、不需外力干预地被落实。

（五）计划－市场经济体制其他经济指标的拆分和落实

在计划－市场经济体制中，除了已经纳入宏观计划平衡的评价指标外，还会有其他任务。比如，企业内部评价指标的拆分和落实，地区"枢纽"内部工作任务评价指标的拆分和落实，一个小集体内部评价指标的构架和落实，等等，都可以通过评价指标的"五步骤法"进行构架和落实。

四、计划－市场经济体制评价指标体系的实施

计划经济体制、市场经济体制和计划－市场经济体制对经济活动的组织有本质不同的功能和架构，对经济活动的评价主体和对象也有本质不同的激

励方式。可以说，计划 – 市场经济体制带来体制机制变革的同时，也给评价指标体系建设带来了创新性的变化。

（一）平衡度将成为计划 – 市场经济体制的引领指标

如果说市场经济体制的引领评价指标是"效益"，计划经济体制的引领评价指标则是"计划的完成率"，那么，计划 – 市场经济体制的引领评价指标是"平衡度"。"平衡"是贯穿计划—市场经济活动全过程、全空域的引领性指标。

第一，从宏观上看，计划 – 市场经济体制通过宏观计划平衡，始终保持宏观面的生产、消费、就业平衡。而且这种平衡通过转化为宏观调控工具的参数下达到各地"供需契合枢纽"，再通过企业的竞争合同落实到每一个合同中。而在这个平衡过程中，还通过新体制的内部机制确保了以下关键问题的解决：

（1）人与人之间的收入差距已经控制在"最低收入差异激励因子"调控的范围之内，不再需要使用其他指标进行调节和管控。

（2）新体制通过"劳动时间比"这样的宏观调控工具，已经确保国民中就业人口的充分就业，而且即使劳动生产效率达到一天生产可供七天消费时也能充分保证。评价指标体系不再需要涉及劳动力就业的评价指标。同样，劳动力人口的充分就业，也保障了劳动者的生存权和幸福权。

（3）由于新体制的制约机制已经保证了交换过程的公平，已经将权力晒在阳光下，已经杜绝了腐败的存在，从而不再需要依赖评价指标去发现和控制不公平和不公正。

（4）由于新体制已经实现了总体平衡，国民之间的竞争，被限定在一个合理的强度内，因而社会的和谐得到了保障。比如在市场经济条件下，竞争的失败者可能是破产，也可能是失业；而计划 – 市场经济体制下，这一轮的竞争失败，并不会破产和失业（宏观平衡保证每个人的就业），还可以在另一个竞争中争取成功。而这些保证是新体制的内在机制决定的，从而评价指标体系不再需要为类似问题设计指标。

第二，计划 – 市场经济体制还实现了经济发展全过程与环境承载的动态平衡，使新体制下的环境评价指标有了根本性简化。

新体制在宏观平衡时，发展生产所需要的环境代价，已经通过环境修复计划得到先期安排；环保技术措施已经在企业的每一个合同中得到了事先处理。在这种情况下，涉及环境的评价指标，就不再是评价被评价对象的指标，更多的是执政者为了掌握环境状况而进行的统计反馈。

第三，计划 – 市场经济体制在宏观层面实现了全进程资源可持续供给的计划平衡，新体制在任何时候都不再需要在经济运行过程中担忧后续的资源供给。如果在资源的可持续供给上发生了问题，那一定不是在过度浪费资源的当下，而是在资源耗尽的未来。过去的评价系统要评价和预见未来一直是个难题。新体制在宏观层面进行了制度性计划平衡，使得评价指标体系也避免了预见未来发展的评价难点。

（二）计划 – 市场经济体制将产生更可信的 GDP 指标

GDP（国内生产总值）定义是：在一定时期内，一个国家或地区的经济中所生产出来的全部最终产品和劳务的价值。其实，大家都看到了 GDP 在统计中存在很多问题，但其仍然是目前世界上普遍认可的衡量国家和地区生产总量的评价指标。这似乎已成为全球的共识，看一个国家的兴衰，就看 GDP 的增衰。

GDP 指标，在现实社会里，尤其在市场经济体制下，确实带来了很多问题。比如，它只管最终产品和劳务的价值，不管生产的产品是什么。在 GDP 里，生产有害健康的烟草和生产儿童用的奶粉，只要价值一样，那么 GDP 是一样的。而且从 GDP 的角度讲，生产对健康有害的烟草可能更好，因为生产烟草不仅所含的利税占比高，人为的 GDP 价值也高，更要命地是，烟草可以让人得病，再让你看病消费，还会创造新的 GDP。

GDP 还会鼓励短视的经济行为。有的地区领导人在任职期间靠无计划举债发展生产。结果钱进来时，生产建设轰轰烈烈，GDP 大幅增长；要还债的时候，经济一片凋零，透支了一个地区的经济，而此时，这个地区领导往往又被调到其他地区任职了。

　片面追求 GDP，还会鼓励不顾环境承载，以牺牲环境为代价的过度生产，成为造成长远经济损失的帮凶。世界上，就有很多类似的典型案例，为追求局部的 GDP，大量接收发达国家转移的高污染产业，结果，造成了一个区域的重金属污染，寸草不长。而要恢复当地的生态，需要投入数倍以至数十倍创造 GDP 的代价。

　GDP 的不合理，还发生在垄断条件下，由垄断企业对市场的不正常操纵。在垄断或者准垄断情况下，处于垄断地位的企业，通过背后的价格垄断操作，虚抬价格，自身获取暴利的同时，也虚增了 GDP 总量。

　在计划 - 市场经济体制下，市场经济体制所导致的 GDP 失真，几乎全部可以克服。

　第一，新体制的生产和消费的交换是通过政府管控的"地区供需契合枢纽"实现的，是受控而不是放任自流的。生产和消费始终处在"平衡"之中，生产者无法随意生产消费不掉的 GDP 产品。

　第二，新体制实现了社会生产、消费、就业以及环境承载、资源的可持续供给的全时域平衡，所有片面追求 GDP 的行为都将失去实施的机会，必然还原去除水分的 GDP 真正价值。

　第三，新体制坚持没有暴利但一定有利的定价理念，可以保证 GDP 指标真正能够体现人类的劳动价值。

（三）实现了机制制约的计划 - 市场经济体制评价指标体系

　计划 - 市场经济体制大量引入了机制制约原理，用"无形的大圣"监管着经济活动的每一个环节。这种制约机制的广泛应用，不仅按照目标要求约束了经济活动的全过程，同样也约束了构建评价指标体系的统计数据。

　新体制宏观全时域的计划平衡，"无形的大圣"在经济活动过程的全时域尽责监管，使得评价指标体系设计时不再需要把功夫下在"防止不信任"上，使评价指标更加接近于目标任务对于评价指标的要求上。用制约机制管理经济使评价指标体系摆脱了"监管—再监管"的思维悖论，也使评价指标体系更能准确抓住完成目标任务的"牛鼻子"。

（四）评价指标体系内容设计探讨

这里只列举评价指标的大类架构，具体指标确立留给实践者、理论研究者去进一步探索。

1. 以政治权力集群为评价对象的评价指标

（1）引领指标：平衡度。

这里先对引领评价指标平衡度进行论述。

始终保持总体"平衡"是新体制的关键特征，也体现新体制驾驭经济、引导经济、平衡经济的能力，还体现了新体制评价指标体系实现的几个重大转变：

第一，各部类经济任务拥有了自我完善和发展的原动力，不再需要进行逐一评价，而只需要关注总体的平衡。这表明评价体系已经从较低级的人为管控，迈向了较高级的自我平衡。

第二，社会资源利用从不平衡利用走向完全平衡利用。比如生产和消费的平衡，表明了物态资源的无积压、无废弃利用。因此，这也表明新体制的宏观计划性已经在经济管理的源头实现了资源的最大程度节约。

第三，经济运行中的各个经济体，由经常相互摩擦向和谐状态转变。它可以表明社会内部运行处在协调之中，不再需要通过评价指标对内部和谐性进行约束。

引领指标平衡度还可以再细分为：经济平衡度、经济环境平衡度、经济资源平衡度。

其一，经济平衡度。经济平衡度是在一定时间内，一个国家或地区（或称评价域）生产、消费、就业的总量平衡的程度指标。其中包括两个层级的平衡含义：首先是生产和消费在一定时间（比如年度）内，以消费总价值占生产总价值比的偏离量绝对值表示；比如消费总价值和生产总价值的比值为105%，或者为95%，其与100%的偏离值均为5%，那么平衡度可以认为是95%（100%-5%）。其次是以人时（每个人投入1小时工作时间）为单位计算的生产环节用工总量和就业年龄人口人时总量占比偏离量绝对值表示。

其二，经济环境平衡度。这里首先涉及环境优良度的界定。这是一个需要进一步探索的问题。但至少可以从三个层面研究：其一，从深海到太空由人类活动影响造成的环境品质改变量。包括水质、土质、空气等客观指标。其二，人类在改造环境中的投入强度。将由人类投入环境改造的价值总量，与经济总量（主要是 GDP）的比值，反映人类对建设优美环境的投入强度。其三，人类感知的环境舒适度改变量。包括绿化程度、优美程度、舒适程度等。通过科学的方法，将这些带主观性的评价内容指标化，再与环境变化趋势结合在一起，寻找其中的平衡变量，建立起评价函数进行评价。该值应该有正值性平衡度和负值性平衡度。正值性表明环境在改善。

其三，经济资源平衡度。这是生产和消费中使用的关键性资源在未来一个考核周期中可持续供应的保障指标。这个指标涉及资源内容的认定，涉及资源替代时长，涉及资源可持续供给时间的确定。一个稀缺资源在耗尽前有了新的替代资源，那么这个资源可以认为是可持续供给的。假定，任何一个稀缺资源，人类都可以用其他资源去替代，而且平均替代研发周期是 Y 年，那么，资源只要能保证可供应 Y 年，便可认为可持续供给。于是，经济资源平衡度可以定义为：目录资源（重要资源）在未来可持续供应的年数量累计与目录资源总项目数与 Y 的乘积之比。

（2）分类指标。评价指标在这里细分为：人自身、人的劳动、人与人、人与环境、现在和未来的兼顾五个大类指标。

①围绕人自身的指标。

人自身无疑是社会评价的重点。包括预期寿命、人口增长率、教育和学习、有收入劳动时长、健康和医疗五个方面的客观指标。

第一，人类自身的预期寿命是一个综合指标，包含人类自身衰老基因的进化水平，也就是寿命极限水平的进化；包含营养合理水平、医疗保健水平、非正常死亡水平等。

第二，人口增长率。

第三，教育和学习是国民接受知识的程度指标。其中教育是被动方式接受知识的程度指标；而学习则是人主动接受知识的程度指标。主动接受教育指标比如，"初中以上文化程度人口占总人口比重""每万人在校大学生人数""人均教育经费"等教育指标均可以根据需要选择；而"每百人每年订阅报纸数""每人每年购置图书数""电视人口覆盖率""广播人口覆盖率"等，均可以列入学习范畴的教育指标。具体内容还需要进一步探索。

第四，平均有收入劳动时长是反映国民自身劳动得到保障的指标。劳动既是生产的基础，也是获得收入的基础，当然也是消费的基础。有收入劳动时长不能简单定义为工作的小时数。在实践中有收入的休息时间往往也认定为工作的继续，是工作时间的一部分。比如每天工作 8 小时，休息和自由支配 16 小时，每周工作 5 天，休息 2 天。这其中，一天中的 24 小时和一周中的 7 天实际上都被定义为工作时间，因而都是有收入的劳动时间，都是有收入劳动时长的计算范围。以此推理，退休带薪（退休金）期间，也可以认为一生中工作后的休息时间，仍然纳入有收入劳动时长中。至于在劳动年龄时间段中的学习、培训时间应主要看是否有收入。人类为了鼓励无收入学习，可能需要增加平均受教育时长的指标。国民在劳动年龄内出现的失业时间，肯定在有收入劳动时长计算的口径之外。按照这样的内涵定义，平均有收入劳动时长，越接近人的预期寿命，国民的劳动保障就越好、越富裕。

第五，健康和医疗是人自身状态的指标。人通过体育运动和锻炼及预防等措施实现自身健康的评价指标。而医疗则是反映人有病后，接受治疗的评价指标，反映国家的医疗事业水平。比如，平均健康年龄——正常学习、工作、生活的平均年龄；平均失能年龄——需要护理才能生活的时间等，还需要进一步探索。

第六，围绕人自身的主观指标：幸福度。用科学的抽样调查方式获取。

②围绕人的劳动成果的指标。

劳动才能创造社会财富，劳动才能获取社会财富，劳动才能改造人类自身。在人类自身的发展上，在改造世界的进程上，在协调社会总体关系上，劳动都有着举足轻重的作用。同样，在评价指标体系中，劳动同样有特殊重要的作用。这里需要指出的是，围绕劳动的评价指标不是简单评价劳动本身，而是评价由劳动创造的成果和价值。

反映劳动成果的指标主要有：GDP 和人均 GDP、人均可支配收入、收入差异水平、劳动时间比、社会保障水平。

第一，GDP 和人均 GDP。由于计划 – 市场经济体制已经实现了宏观经济平衡，还实现了对非目标劳动的制衡，因此，GDP 在新体制中将能全面反映目标所需要方向上的劳动成果，成为国内劳动总产出的最佳评价指标；而人均 GDP 在国与国间比较时受汇率、实际购买力等影响，只具备参考意义，但在一国内对不同发展阶段进行比较时，还是有重要意义的。

第二，人均可支配收入指标。GDP 反映劳动创造的价值总量，而人均可支配收入则是劳动成果分配的评价指标。劳动者的收入有不可支配部分和可支配部分。不可支配部分可能已经成为税金、保险金扣除了，只有可支配收入是国民可以消费的收入。

第三，收入差异水平指标。这是反映一个国家或地区，在一定时期内，1% 最富裕人口的收入总额与 1% 最贫穷人口的收入总额比的评价指标。它反映贫富差距水平，可以从宏观调控工具参数中直接采集。

第四，劳动时间比指标。这一指标反映社会生产能力和消费需求之间的不平衡度。劳动时间比越大，表明完成消费品供给的时间越少。

第五，社会保障评价指标。社会保障是依据法律，通过国民收入的再分配进行保障资助行为的总称。反映国家对于需要帮助人群的托底帮助，是一种劳动成果的特例分配。这个指标反映一个国家的文明程度。

③围绕人与人相互影响和关系的指标。

这里主要是涉及人与他人的指标。设计有价格、服务、居住和安全四个方面的指标。

第一，价格。消费品和服务的价格可以改变人与人之间获取社会资源的比例，需要通过评价指标进行监管。可以通过消费物价指数 CPI（Consumer Price Index），反映消费者购买消费品和服务时的价格变动。

第二，服务。包括餐饮、家政和交通等，有人为人服务的条件、设施指标。反映人类生活的便利程度、舒适程度。

第三，居住。在很长的历史阶段中，解决居住之所，一直是人们一生中的一个主要投资，房产是一个国民的主要资产储存地，也是反映社会中人与人幸福生活的重要指标。因此，居住在评价体系中作为一个专门的种类分列出来。当然，将来有一天人人都有了住房保障时，就不需要了。

第四，安全。这里主要有人与人相处的安全和人们所处的环境安全两方面的安全指标。

第五，围绕人与人的关系，还可以设立主观评价指标，如和谐度指标。

④ 围绕人与环境的指标。

人类生存的"地球村"里，空气质量、水的质量、食物的质量都在影响着人类的健康。特别是环境具有破坏容易、修复难的特点。因此，通过评价指标体系的考核，确保环境与人和谐共存十分必要。在人与环境的和谐指标中，至少应包含两个层面的指标：

第一，构成环境要素的实测质量指标，用以反映人类对环境的保护水平。环境质量指标。根据当前环境的主要矛盾和主要问题设置指标。比如说当前主要环境问题是空气质量不好，那就专门针对空气质量设置评价指标。若空气质量好了，土壤中的重金属超标，那就专门就土壤重金属含量设置评价指标。当然也可以将所有被认知的环境指标全部进行评价，以达到全面治理的目标。比如，空气质量中的PM2.5等指标。

第二，构成人类对环境的主动改造指标。环境改造指标，用以反映人类对环境改造的动态。这是一个需要进一步探索的课题。该指标试图反映人类主动改造环境的能力。比如，向干旱少雨地区调水，在阻挡山脉开凿风洞，等等。对这样一些由人类在科学研究基础上，主动实施的改造环境能力设立评价指标，进行连续的客观评价。

⑤围绕现在和将来关系的指标。

人类在完成历史任务中发现，有大量的人类活动并不是马上产生效果的，需要经过一个历史过程才能呈现出来。比如一个举债行为，一种好的结果，所举债务实现了生产的进行，获得了可持续的发展；也可能是另一种结果，举债时轰轰烈烈，还债时，走上了破产之路。因此围绕现在和将来关系的评价指标非常重要。这里设置透支、资源可持续供给、偶然事件计划三方面评价指标。

第一，透支指标。透支是将未来的资源提前使用。显然，这是一个需要严格监管的指标。因为它可能给机构、地区甚至国家带来重大损失。具体评价指标的内涵、口径都需要进一步探讨。

第二，资源可持续供给指标。一种资源在未来是否可持续怎么评价？在这里是通过关键资源的可利用时间来衡量的，但这个值如何转换为科学指标仍有待研究。这是列入关键资源目录的资源项目，未来可用时间的评价指标，用以对不可持续资源及时做出警示评价。

第三，偶然事件计划指标。对于未来可能发生的偶然事件，任何人都无法进行有效预见。人类发明的保险业正是将这些有概率的偶然事件实现计划控制的有效途径。偶然事件计划指标目的就是通过建立指标，监督社会把偶然事件管理起来，实现人类社会真正可持续发展。具体指标形式也需要进一步探索。

2. 以经济竞争集群为评价对象的评价指标

引领性指标和评价指标：经济效益。

计划 - 市场经济体制通过特有的计划平衡能力和特有的制约机制，将经济行为纳入一个十分规范的经济运行环境中。社会成员不用再担心其中的坑蒙拐骗；不用再担心有人操纵市场，谋取暴利；不用再担心不公平不公正事件的发生；等等。这就使得评价对象为经济竞争集群的评价指标拥有最简单的形式：那就是通过合法竞争，获得更多的经济效益。

第九章 | 计划－市场经济体制下的国家行政管理体制

国家行政管理改革是一项系统工程，涉及面很广，也比较重大，是一个渐进过程。

本章将通过对中外行政管理体制的评判与比较分析，构建计划－市场经济体制的行政管理体制蓝图，实现如下行政改革愿景：中央政府用异常精简高效的行政机构，全面管理好、用好经济政治信息，做好宏观经济计划平衡，做好经济运行中的宏观调控；地方政府用精干高效的地方政府机构，做好地区发展规划，完成好体制规定的地区"枢纽"工作，为当地经济发展提供优质服务保障；企业和消费者在拥有充分自主权的前提下，通过地区"枢纽"搭建的公正竞争平台，进行完全公平的竞争。广大劳动者则在"依需尽能，按劳配酬"中激发出空前的劳动积极性和创造性，为社会创造更多财富，为自身增加更多收入。

一、行政管理体制的实践和变革

（一）西方行政管理理论的实践及其发展

自由资本主义时期的经济特征就是"自由"发展，政府对社会和经济事务的管理是相当有限的。政府以"守夜人"的角色为自己定位。19 世纪末到 20 世纪初是世界资本主义从自由资本主义向垄断资本主义发展的时期，与经济的发展相一致的是国家行政权力的集中、政府职能的扩张。这个阶段国家的权力重心逐步向行政权转移，政府的地位日益上升，政府需要管理的国家和社会事务急速增加，政府的机构急速扩大，内部的管理事务日趋复杂，行政公务人员的数量不断增加，产生了行政管理理论的客观需要。

美国威尔逊 1887 年发表了《行政学研究》。一百多年来，行政管理学的理论由美国古德诺、怀特，法国孟德斯鸠等不断完善和发展，不断推动着行政管理的改革。有人提出了西方行政管理科学可以划分为传统行政管理阶段、行为科学管理阶段、系统理论管理阶段、公共管理和公共服务五个发展阶段。这些变化反映了国家行政管理的一些趋势，即从机械的科学管理到综合的系统管理的转变，从把人当工具的管理到把人当有思想的行为管理的转变，从"管卡压"的管理向"服务"的管理转变。当今世界，政府改革与治理转型已经是一个具有全球性的普遍要求与实践。面对经济全球化、科技信息化、政治多极化、社会多元化的国际新形势，世界各国都在进行不同程度、不同方式的政府改革和管理创新。

西方以撒切尔夫人主导的英国政府改革和里根总统主导的美国政府改革为代表，发动了一场号称"新公共管理运动"的政府改革运动，从政府治理理念、政府组织结构，到政府运行机制和运营方式诸层面，对建立在马克斯·韦伯的科层制、古德诺和伍德罗·威尔逊的"政治与行政二分原则"基础上的传统公共行政学理论和实践进行了一次较大改良。这一波以私有化、公共服务的付费制、竞争与合同制、内部市场、分权与权力下放以及自由化与放松管制为主要特征的政府改革浪潮，对传统的政府公共管理模式进行了重大调整。新公共管理运动取得了一些成效，对世界各国的政府改革和管理创新产生了很大影响。

（二）中国行政管理体制的改革与评价

中华人民共和国成立以后，由于长期阶级斗争，我国经济上实行计划体制，政府高度集权，体制僵化。改革开放以后，中共中央先推动了 1982 年和 1988 年的六轮政府改革，从精简机构入手，通过"简政放权"，解放劳动生产力。2018 年 2 月 28 日，中共中央十九届三中全会又开展了新一轮党和国家机构改革，进一步合理配置宏观管理部门职能，深入推进简政放权，完善市场监管和执法体制，改革自然资源和生态环境管理体制，完善公共服务管理体制，强化事中事后监管，提高行政效率。

不断进行的国家机构改革，从侧面反映出社会发展对行政体制不断提出了新要求，也反映出其中存在的深层矛盾。

综观行政管理改革经验，简政放权，理顺部门与部门之间的关系都是改革的目标，但改革后的结果有时也会有些不如人意的地方。比如，每次改革后"吃公粮"的公务员队伍依然庞大，各部门机构重叠、臃肿制约着行政权力的执行效率，"想作为而无处作为，要作为而不允许作为，能作为而不作为"的现象仍然不同程度的存在。

这些行政管理体制中存在的问题正是改革的动力，也从一定意义上提出了改革的目标和方向。

二、行政改革预期达到的目标和观念创新

计划－市场经济体制通过宏观调控工具中的参数调整实现宏观的计划平衡，没有了人的"有形的手"，自然就不会再出现由"人"管带来的所有问题；新体制中凡是有直接经济利益的权力都由割断了关系链的、随机请来的专家完成，"权""钱"不再有直接的交汇点；权力的制度化、程序化行使，信息采集的全面、及时和精准，官员之间不信任已经没有了基础。在新体制中，中央政府对地方政府基本上不再有直接的经济干预，这就意味着地方政府有充分的权力完成地方事权规定的任务，使地方经济发展的量化数据可以直接与地方政府的努力挂钩，以量化对地方官员的评价。

计划－市场经济体制通过其中的体制机制创新，实现其中的行政管理理念创新。

（一）摆脱行政必须靠 "人" 管的传统看法

行政管理是靠人来管的。当我们顺着这个思路去研究行政管理出现的问题时，必须靠政府人员去 "管"，是通常的想法。我们过去很多理论都在研究 "人" 如何高效率去管、怎样才能管好。沿着出现问题要靠人去管这个思路，一旦在实际经济运行中出现了一个社会性的问题，例如，婴儿奶粉出现了重大问题这样一个事件，掌握权力的领导首先想到的一定是找人管起来，组织落实，"组建个管这件事的庙，请进管事的人"。于是，在 "领导" 的推动下，为解决这个具体事件建起了一个管该事的 "庙"，安排了管事的 "人"；但已经出现的 "事" 并不经常发生，于是 "领导" 就需要为新设 "庙" 中的 "人" 找 "事" 做。找要做的 "事"，又与其他 "庙" 的事不仅有关联，还有交集，于是 "庙" 与 "庙" 之间就开始暗中争权，开始扯皮，等等。最后这样的 "庙" 越建越多，"庙" 里的人也越养越多，扯皮也越来越严重。可见，我们如果什么事都要管，而且国家的事必须用人去管，那么管理这么一个机构庞大、官员众多的国家，就更加困难。笔者认为，只有从理论设计及观念设计上就摒除必须 "人" 去管的观念，才能真正实现减 "庙" 又精 "人"。

（二）使行政管理者摆脱非正常心理需要的束缚

美国亚伯拉罕·马斯洛有一个著名的 "人类五层次需求说"，提出除了少数病态的人以外，社会上所有的人都有五个层次的需要，其中最高层次是 "自我实现的需要"。马斯洛是这样定义这种需要的：即使所有这些（指其他需要）都得到了满足，"我们仍然可以（如果并非总是）预期：新的不满足和不安往往又将迅速地发展起来，除非个人正在从事着自己所适合干的事情。一位作曲家必须作曲，一位画家必须绘画，一位诗人必须写诗，否则他始终都无法安静。一个人能够成为什么，他就必须成为什么，他必须忠实于他自己的本性。这一需要我们可以称之为自我实现（self-actualization）的需要。" ❶当某一个行政管理者和一种行政权力结合在一起的时候，行政管理者管 "人"

---

❶　马斯洛：《动机与人格》，许金声，等译，第 29 页，中国人民大学出版社，2012 年。

和要求"被管的人"对官员权力敬畏的需求，是不是相当于其中"一位画家必须绘画"一样的"自我实现"的需要？从基层看很多官员的"指导"很外行，有些很小的"官"本身并不专业，但还要"自我实现"一番去"管"权力的实施对象，不内行的"自我"总还要摆出"内行"架子去教育真正的内行，在过程中还希望再得到被教育者的吹捧。这其中的启示在于：掌握一定权力的人，当其权力不能被他人制约时，这种"管"的意识可能是"自我实现需要"的自然反映，是自发产生的，只有在体制设计时有意识、有目的地进行预防才能减弱。

（三）实现行政管理中的权钱分割

行政管理中的"权"很多都与后续的经济利益有关。从管理角度看，后续的经济利益是与这个"权"力有无关系其实并不重要，重要的是使用这个"权"是否公正，是否已经避免"钱"和"权"有交易，是否符合权力的目标利益。以调控钢铁过剩产能为例，说明权与经济利益混淆时会出现的行为畸形。中国由于过分依赖投资和出口，各级政府又执着于 GDP 的增长，造成了钢铁、水泥等传统产业产能的严重过剩。一直以来，中央政府进行了多次强力干预，先后推出了一系列以淘汰落后产能为目标的宏观调控措施：每次调控都有一大批项目"紧急叫停"和"关停并转"。然而，几番调控下来，钢铁产能过剩问题并没有被控制住，甚至在一段时期内有愈演愈烈之势。2003 年 12 月，国务院下文"制止钢铁等行业的盲目投资"，2004 年一季度钢铁行业投资增幅仍达 107%。在这期间发生了轰动中外的"铁本事件"：企业老板戴厚芳于 2003 年 6 月动工兴建工程概算达 106 亿人民币的"铁本钢铁项目"。在江苏省常州市地方政府的操纵下，由老板成立了 7 家公司，在建设用地权证审批过程中"化整为零"，把项目分切成 14 块报批，由江苏省政府特事特办，火速批准上马。最后，中央政府对铁本钢铁项目的定性是"一起典型的地方政府及有关部门严重失职违规、企业涉嫌违法犯罪的重大案件"。当我们翻开这些历史旧账进行反思时，不难发现，当权力与经济利益关联，且存在可以违规实施的漏洞时，违规行为拥有极大的可能性。

在新体制中，所有有利益盈余的事务都建立了严格的制约机制，政府具体"官"员实际上已经没有直接干预有"钱""权"利益事务的权力，也没有了干预的渠道。新体制通过严格的割断关系链的权力制约设计，已经把权力放进了玻璃屋，晒在阳光下，可以避免"钱""权"交易的发生。

（四）摆脱行政管理中的信任危机

行政管理中，由于行政权力很大，需要"信任"作为基础，又需要"监管"作为信任的保障。

这里杜撰一个假设的信任故事：乙君是甲君非常信任的在朝官员。为了治国的需要，乙君被派往外地担任了一个地区的"太守"。太守的权力很大，在当地一人说了算。其实乙君对甲君非常忠心，但甲君仍然要派自己身边的丙君经常到乙君属地进行督查。结果乙君始终生活在一种压力之下，缩手缩脚做不好工作。这个案例中至少有几点值得在体制设计中关注：其一，在这里甲君与乙君之间的关系显然已经超越了传统意义上的双方平等关系范畴。甲君对乙君不放心关键在于，乙君拥有的自主权力已经可以摆脱对于甲君的依赖或者对甲君构成某种威胁，而丙君之所以能代表甲君对乙君进行督查，是因为丙君对甲君仍然有足够的依赖度。也就是说，互相之间的依存度决定互相之间的信任度。因此，提高体制中各个部门之间的依存性是行政管理体制设计的优先方向之一。其二，甲君已无法完全掌控乙君的行为，信任危机在所难免。其三，由于表现出甲君对乙君的不充分信任，结果甲君和乙君不是陷入对抗，就是一方陷入消极。显然，出现这种结果对于双方来说都是具有消极影响的。行政经济管理体制的设计就是要建立一个既有矛盾又相互依存的、有共同目标的稳定体制架构，再通过这个稳定架构建立起权力层级间稳定的信任。

信任问题还需要解决上级对下级放手的问题。一个国家要搞好，既需要中央政府的积极性，也需要地方政府的积极性。只有大家各司其职、共同努力，国家才能稳定快速发展。在行政权力上由于缺乏科学管理理论的指导，中央政府和地方政府的事权边界不清晰，往往导致中央政府和地方政府在经济领域权力上存在很多的矛盾，而且中央政府方面始终处在矛盾的强势方。结果，在改革时大都包含有简政放权、发挥中央、地方两级政府积极性的表述。这就像行驶在道路上的汽车，不停地重复着"踩油门"和"踩刹车"的操作，不仅浪费了资源，还打击了地方政府的积极性。

（五）摆脱行政管理工作评价中的困局

行政官员怎么评价考核，自古至今都是难题。其中，至少包含以下方面的问题：其一，对于一个特定的官员来说，对他进行评价的考核者主体并不一定来自同一个"源"，可能是来自多个"源"。比如，官员首先要接受来自领导他的上司方向的评价，也许这对于多数官员来说是最重要的评价"源"。其次，官员至少还要接受来自用权方向即下层的评价，而下层是做"官"的基础。如果下层处处不配合，这个"官"一定做不好。问题就在于这两个方向的评价标准有时一致，有时又不一致。比如一个地方"主管"只顾为全局做贡献而不为当地发展做出贡献，那么也许来自上层的评价不错，但来自下层的评价会很差。其二，官员评价如何量化。官员政绩的评价又离不开以下几个环节：首先，官员的职、权、利要明确。只有职责范围清楚、权力足够、利益明确，那么这个"官"一定想当好，也一定能当好；其次，要有评价量化数据采集系统支持。现在很多的评价都是"关系分""人情分""印象分"，这种评价方式客观地助长了拉帮结派、吹吹拍拍的不正之风。

三、计划 – 市场经济体制下的行政经济管理变革

（一）政府在计划 – 市场经济体制下的管理变革

1. 管理理念的升华

计划 – 市场经济体制以完全不同的管理方式给政府的管理理念带来极为深刻的变革和升华：

第一，政府将不再具体地干预企业的投资审查、入市审查，不再需要不断发布经济管理的红头文件。某个行业是鼓励还是限制，某个项目能不能上马，某个产品是否允许生产，某个生产者能不能准其生产，等等，这样一些原先需要由政府红头文件管理的内容、需要政府的"官"审核批准的内容，在计划－市场经济体制中，政府将只需要通过"产品扩张价格调节因子"这样的宏观调控工具进行参数调整就实现了。对于没有创新竞争力的项目在"产品扩张价格调节因子"小于1的制约下，让生产成本高的生产者无利可图，用经济规律自然地让生产者下马停产，而在政府管控交换环节的前提下，没有旁门左道可以绕行。反之，如果投资人在"产品扩张价格调节因子"小于1的制约下仍然愿意投资，就一定意味着其已经获得了全新的仍然可以盈利的技术方案，而新的技术方案不断地去替代旧有的生产技术本身就是一种生产技术的吐故纳新，是一种时代的进步，不应该为保护某些企业维持低效率的生产而阻止新技术企业进入。其他像一个工程应该由谁承担，一个经费投资项目应该由谁承担则全部由受权地区"枢纽"通过公平竞争完成。

第二，中央政府的管理重点要集中在：①关注未来发展。中央政府将会把主要精力放在全国未来发展的研究上，全国信息的采集、处理、分析和披露上，宏观经济的规划和调控上。②通过宏观调控工具进行调控。国家宏观规划的实施并不靠下达具体的计划来贯彻，而是转化为调控工具参数，下达给各地"枢纽"实施。

这些间接管控、科学理论管控的新思路所涉及的领域不仅包括了中央政府要加强的管理领域，也包括了要放弃的管理领域。

第三，中央政府的很多经济监管已经交由各地监管事务所完成，行政执法已经交由执法所完成。中央政府的主要精力将不需要放在这类具体的监管行政事务上。

2. 行政管理工作重点的强化

当然，计划－市场经济体制的创立和完善是一个历史过程。在这个过程中，中央政府不仅要完成新体制的创建，还要不断推进新体制的完善，保障新旧体制的衔接，同时还要满足国与国之间贸易、投资的需要。新体制将强化下述政府的重点工作：

（1）未来研究。计划 – 市场经济体制特别关注国家经济发展的未来、未来走向，特别注重对未来的预见及对未来的把控。随着科学技术的发展和劳动生产率的提高，社会成员个体越来越依赖社会提供的系统服务，越来越与过去的单打独斗剥离，越来越成为社会系统中的一个组成部分。这也意味着一个大的政策、一个大方向的改变所要涉及的将不再是一个孤立的群体而将是整个系统的方方面面。只有中央政府始终引领一个国家走在社会发展、经济发展有预见性的、领先的位置上，成为先进生产力的代表者，这个国家、这个民族才能昂首屹立于世界民族之林。

（2）信息管理。计划 – 市场经济体制特别关注国家信息的集中管理。信息主要有四大来源：①源自各地"枢纽"的经济信息。通过各地"枢纽"采集上传的实时的经济信息。由于各地"枢纽"管控了交换控制点，这些信息是经济运行中最直接、最全面、最及时、最可靠的信息。②源自中央政府与各地方政府之间行政通道的信息。③源自舆情信道的信息。其中包括专业智库进行的专题研究，还包括各种论坛、调研机构、报刊、网站等构建的反映学术界、情报界、公共舆情分析界的信息。④来自未来研究中心的、更权威的未来信息。

中央政府将全面负责信息的集中采集、储存、处理、分析、共享和披露。

（3）发展规划。规划是未来方向确定后的最重要任务。现代社会是个大系统，消费决定生产，生产需要就业，就业关联分配，分配又影响消费，一环扣一环；同时无论生产还是消费又离不开地球资源的供给，离不开环境的承载，这些正是政府宏观计划平衡的任务。政府通过宏观计划平衡实现计划发展和平衡发展，再通过新体制特有的方式实施宏观平衡计划，保证整个国家经济列车在中央政府设计的轨道内有序运行。

（4）协调修正。协调是中央政府根据实际经济运行情况进行的微调措施。包括：①宏观经济过程调整。开汽车的时候，驾驶员会根据前方道路情况和车辆的运行情况进行方向微调。当实际经济的运行轨迹偏离预设的计划时，中央政府需要进行过程中的经济微调整。当然，这个微调整也不是通过

"人"对"人"的干预完成，而是通过对宏观调控工具中的参数进行修正来实现。这种微调修正是中央政府"协调"的内容之一。②政府间的协调。地方政府在经济运行中可能会遇到各种未能预见的问题，这时中央政府也还有"协调"这些不可预见事件的责任。最后根据"协调"结果进行宏观调整，以改变不适合实际需要的规则、程序。当然，政府间的协调更多的将不再是新的"人"对"人"的协调，而将是运行规则对运行规则的补充性协调。

（5）例外管理。这是新体制留给中央政府通过"人"对"人"直接进行管理的唯一职能。在经济运行中，由于不可预见性的原因，发生了需要国家出面的严重事件，需要由中央政府直接处理。中央政府将设置由少量精干的利导性管理机构负责处理。管理是一种"例外管理"，是针对体制机制设计不完善的一种弥补。因此，当特殊事件处理结束后，应该以该事件作为案例，重新完善体制设计，从体制机制上堵住漏洞，以便于以后出现相同问题时，不再需要人去管，而是由系统机制解决。当然，最终的目标是全部取消这种由专门部门"人"管的管理。

（6）国际交往。国际交往将继续按照国际惯例进行。新体制将按国际惯例稳健地推进涉及国际交往的改革。

（二）地方政府在计划 - 市场经济体制下的经济管理任务

在新体制中，中央政府和地方政府将有更加清晰的事权界限。总体上中央政府的行政管理将更侧重于宏观规划、宏观平衡和宏观管理；地方政府更务实，更侧重于微观经济的运行保障和服务。在新体制中，地方政府经济管理任务主要是：

1. 做好地区发展规划

地方政府将负责制定本地区的经济社会发展规划建议。这些发展规划建议将上传全国中心作为地区发展的计划依据，最终经过全国规划和交换规则制定中心平衡后，成为全国反映各地区不同要求的宏观平衡计划。接着，再将反映地区发展要求的宏观计划转换为符合该地区发展、反映该地区平衡的宏观平衡计划调控工具参数。由于这些宏观调控工具的参数是按地区、按产品设计的，每个地区、每个产品可以有不相同的数值，使之可以反映各地区的规划要求。其中，所有的调控工具都可以成为实现地区发展规划的调节工具。

地区发展规划建议的主要内容应有：

（1）地区发展平衡规划建议。它涉及整个地区的消费、生产、就业、资源供给、环境承载平衡计划。

（2）产业布局规划建议。前一项侧重于平衡，这里侧重于合理布局，即研究本地区发展的优势产业、重点产业及其布局。地方政府应定期提出产业布局规划建议上报全国中心。

（3）劳动力就业目标规划建议。劳动力就业在这里单独提出是因为宏观地区规划归根结底是对劳动力安排的规划、当地人民的幸福规划。人安排妥当了，社会就安定了，消费、生产自然就解决了；消费、生产、就业平衡解决了，地区人民的幸福就会有保障。地方政府应根据本地的人口规模、人口素质特点，提出劳动力就业优化规划建议。

2. 管好"供需契合枢纽"

"供需契合枢纽"是地方政府特有的当地经济管理机构，也是实现横向经济竞争性和经济计划性统一的关键"枢纽"，还是实现纵向宏观计划性（平衡）和微观竞争性（活力）统一的"枢纽"。"枢纽"对计划－市场经济体制的落实起着关键的和决定性的作用。地方政府管理好、服务好、保障好"枢纽"的正常运行是经济工作重心之一。管理"枢纽"的工作对于地方政府而言是一个既"无边"又"有边"的工作，地方政府的工作好坏都在这"无边"和"有边"之中。

"无边"是指"枢纽"工作中有大量无止境的工作等待地方政府去做。比如，"需方"的需求方向、需求困难、需求指标、需求扩展；"供方"的供应信誉、供应困难、供应创新、供应效率；这个企业的创新产品值不值得去推广，这个产品该不该淘汰等。这些都是地方政府调查研究、掌握第一手资料的"无边"范围。这些"无边"内容正是下一步地区规划和地区经济调控建议的原始资料，也是下一步服务保障工作的前提条件。

"有边"是指"枢纽"工作中有地方政府不能越界的规矩：最关键的是不要离开"枢纽"用"权"去直接干预生产者和消费者的决策和经营，不要试图用"权"去改变"枢纽"的工作流程和运行规则。

3．当好服务员

地方政府并不需要用"权"去干预生产者和消费者，但不妨碍也不限制地方政府为生产者和消费者提供服务，为本地区经济运行提供的保障。地方政府为生产者和消费者的服务，最重要的是实现对地区消费和生产的引导。比如，如何发挥地区的优势，如何做大地区的强势产业，如何有计划地淘汰落后产业和落后产品。当然，所有这些引导都是经过宏观平衡以后，通过"枢纽"按程序实现的。

四、计划 - 市场经济体制下的政府架构和功能

新体制下的政府系统架构研究，自然离不开现有的政府架构，但计划 - 市场经济体制就行政管理而言，无论是权力分配、架构设计、权力传递、权力监督，还是其中的规则、流程、方法手段都有本质性的改变。另外，行政管理是个复杂系统，新体制所涉及的行政管理主要是经济运行范畴的行政体制管理内容，因此，在政府架构中只把涉及经济领域的经济计划机构、未来管理机构、信息管理机构、地区"枢纽"、生产者、消费者纳入其中，且忽略其他的所有机构。为了突出这些本质差别，本节分两部分阐述。即先介绍新体制下的行政体制架构，再说明新体制架构与现有行政体制的关系。

（一）计划 - 市场经济体制下政府的系统架构

图 15 是实施计划 - 市场经济体制后，主要涉及经济运行领域的行政架构设计示意图。图中主要列出了新体制六个行政子系统。

1．中央政府经济子系统

按新体制的特殊设计，图中只简列了中央政府涉及经济管理的功能性机构。其中包括：未来发展趋势研究及未来发展规划（未来研究）、全国信息管理（信

息）、宏观经济规划和宏观经济调控（规划）、国际贸易及国际交往（国际交往）、涉及全局的例外行政事项管理（协调）等部门。

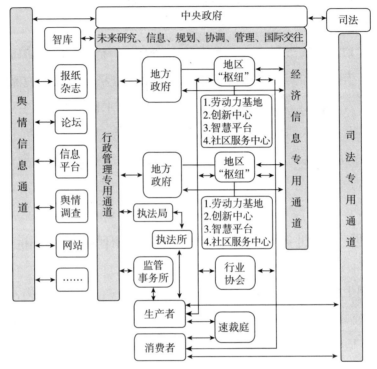

图15　新体制下政府架构设计示意图

这里特别增加了"智库"。国际实践发现，"智库"自身拥有的竞争性可以把"智库"自身的智慧创造力推向极致，在对未来的预测研究等方面往往比国家在编研究机构更有效率，更有深度。因此，新体制在中央政府经济机构设计中专门增加了"智库"设计。"智库"是自负盈亏的智慧劳动单位，中央政府将有偿购买"智库"的报告，实现中央首脑机关的智慧延伸。

2．由三个主要管理通道子系统构成的行政管理通道

（1）经济信息专用通道。这是一条连接中央政府和各地"枢纽"的经济信息通道。主要传递着经济运行信息和经济调控信息。

（2）行政管理专用通道。这是一个中央政府和地方政府之间的行政管理通道，是现在的主要行政管理通道。

（3）舆情信息通道。将这个通道独立出来，是因为舆情信息既可能是对政府的肯定信息，也可能是对政府自身反思的信息，需要有它的独立性。舆情通道主要传递报纸杂志、网络网站、信息平台等专业机构中专家、学者、志愿者的声音，也传递反映民意的舆情调查信息和其他的民意信息。

3．地方政府子系统

主要机构是：地方政府和地区供需契合枢纽。

4．消费者子系统

地区"枢纽"管辖域内的消费者集合构成的子系统。

5．生产者子系统

地区"枢纽"管辖域内的生产者集合构成的子系统。

6．其他子系统

与地区"枢纽"管辖域内的消费者、生产者有关联的经济服务体集合构成的子系统。包括监管事务所、执法所、行业协会和速裁庭等。

（二）计划－市场经济体制下政府行政管理的功能定位

新体制下政府在经济领域的行政管理功能定位可以有很多的内涵，在这里仅将新体制特别需要说明的内容列举如下：

1．行政管理功能定位之一：关注未来

新体制十分关注未来。原因是新体制是可以主动计划的经济体制，而主动计划的依据，就是对于未来发展趋势的把握。一项重要的政策不应该只反映当前的民意，还应该反映长远的未来需要。一项经济规划要为长远发展着想，一项机构设计要为将来可能出现的问题服务，等等。

2．行政管理功能定位之二：不用"有形的手"直接干预经济运行

突出政府不用"有形的手"直接干预生产者和消费者。政府对生产和消费的管控只有一个各地区的"枢纽"通道，而且有规范的办事程序，理论上除规范程序外没有任何的"后门"。

3．行政管理功能定位之三：生产者和消费者自主决策

生产者和消费者拥有完全的自主权利。生产者的生存发展完全决定于自

身在公平竞争中的优势，消费者也拥有自主选择阶段完全的选择产品权利，当然大家都必须接受地区"枢纽"在计划实施阶段的计划管控。

4. 行政管理功能定位之四：经济运行过程的监管由制约机制完成

监管的具体工作主要将通过设计在体制内的制约机制、有制约的监管事务所和执法所实施，政府将会站在监管更高的位置上，而且多数时候将以再监管者的身份对监管进行监督。

（三）计划－市场经济体制下政府的行政管理架构与现有机构的关系

这里提供的行政体制架构，是一种行政功能架构，不是具体的机构设计。这其中，既包含适应新体制要求的变革，也包含现存体制已有功能的延续。比如其关联性表现在，新体制提到的很多行政内容，现行的行政体制中也有。如对于未来的研究，中央政策研究中心、国家发改委、国务院发展研究中心等都在做；再如信息管理，国家统计局、央行及各部委等，也有专门的信息管理机构；等等。这些可以表明，新体制中的行政体制与现行的行政体制，在所要完成的任务上有很大的一致性。

同时也要看到，计划－市场经济体制是一个正在研究探索中的理论，提出的是一个政府行政管理的框架，一个行政体制改革的思路，并不代表一个具体的机构，也还没有具体职能可以对号入座。将来实施时，一定会有更切实可行的具体实施方案。只有到那时，才会涉及现行体制中的机构如何向计划－市场经济体制中的方案过渡的问题。

第十章 | 计划 – 市场经济体制下的财政体制

　　财政是国家治理的基础保障和重要支柱。科学的财政体制是优化资源配置、维护市场统一、促进社会公平、实现国家长治久安的制度保障。中华人民共和国成立近70年来，财税体制大体经历了"统收统支""包干制""分税制"三个阶段。三个阶段财政政策的贯彻和落实，有力地促进了社会主义改造、社会主义建设和改革开放等各时期经济社会的发展。但随着国际、国内形势的变化，现行财税体制已面临着诸多矛盾，已不足以适应当前经济社会发展的需要。财政体制必须完善、必须改革，才能适应新时期的发展要求。本章将主要阐述在计划 – 市场经济体制下财政体制变革思路。

一、中国财税体制的演进历程与评析

（一）统收统支的财政体制

　　1949年3月，党的七届二中全会决定建立中央财经委员会，其后相继组建全国财经管理机构。1950年3月，政务院通过《关于统一国家财政经济工作的决定》，统一全国编制和待遇、财政收支管理、物资调度和现金管理。

统一全国财经工作后，开始实行统收统支、高度集中的财政管理体制。

第一，财政管理权集中在中央。一切财政收支项目、收支程序、税收制度、供给标准、行政人员编制等，均由中央统一制定。

第二，财力集中在中央。除地方税收和其他零星收入充抵地方财政支出外，其他各项收入均属于中央财政收入，一律解缴中央金库。在支出方面，各级政府的财政支出，均由中央统一审核，逐级拨付，地方组织的财政收入同地方政府的财政支出不发生直接关系。

第三，除地方附加收入外的各项财政收支全部纳入统一的国家预算。

从 1953 年起，我国开始了大规模的经济建设。其间，经历过"大跃进"导致国民经济比例关系的严重失调，财税体制改革也出现失误，财政指标被抬高到惊人的程度，出现了财权分散、财经纪律松懈等问题。针对这一严峻局势，从 1961 年开始中央决定对国民经济实行"调整、巩固、充实、提高"的八字方针，财税体制也随之进行了强化调整：确立大区财政，税权向中央集中，加强企业的财务管理，恢复和加强财政监察。实施上述各项措施后，中央直接调控的财力资源增加，有效保证了财政资金的集中使用，促进了各项调整措施的落实，较快扭转了国民经济困难局面。

中华人民共和国成立后一直到 1977 年，中国高度集中的计划经济体制决定了高度集中的财政体制。

从财政收入上看，以低价收购农副产品和职工低工资为基础，国有和集体经济税收收入居于次要位置。在这一时期，国有企业利润、折旧基本上全额上缴，国家财政收入处于"超常"积累，财政收入占国内生产总值的比重在相当长时间内保持在 30% 以上。

从财政支出上看，基本上是"大而宽"，体现"全能政府"的特征。财政职能横向涵盖了政府、企业、家庭在内的几乎所有部门；纵向延伸到各类具体财务核算。财政成为社会投资的主体，建立了"高就业、低工资"的社会分配格局。

从管理体制上看，中央、地方都按统一要求编制财政收支计划，税收管理权主要集中在中央，地方权限较小，国有企业利润全额上缴，亏损由国家补贴、投资由国家拨付、福利按工资比例计提。

在这个历史时期，中国实施的高度集中的财政体制，为社会主义建设初期迅速恢复和发展经济做出了巨大贡献。正是凭借高度集中的体制，在短时间内建立了社会主义政治经济制度，建立了比较完备的国民经济体系。但问题也日益显现：（1）中央高度的集权，抑制了地方、部门和企事业单位的主动性、积极性和创造性；（2）长期"重积累、轻消费"的指导思想，导致城乡居民收入水平较低，人民生活水平提高缓慢，消费始终处在低水平上；（3）财税体制不够规范，地方收支指标、分成比例等重要财税指标基本上一年一变，经济发展背离了客观规律；（4）缺乏整体平衡，像农村居民很少能够分享到社会公共服务的红利。

（二）"包干制"财政体制

1978 年 12 月，中共中央十一届三中全会认真总结历史经验，以扩大地方和企业财权为起点，开始了经济体制的全面改革。从 1980 年起，国家下放财权，实行"划分收支、分级包干"的"分灶吃饭"财政体制。

为了解决"分灶吃饭"暴露出来的体制问题，1983—1984 年，企业实行两步"利改税"，税收成为国家财政收入的主要形式。在此基础上，中央决定从 1985 年起实行"划分税种、核定收支，分级包干"的财政管理体制，地方多收多支、少收少支、自求平衡。

"包干制"打破了中央高度集中的僵化体制，更多地释放了地方和企业的积极性，有力地支持了各领域围绕权责利的改革，财政管理体制实现了从集权型向分权型的历史性转变。但与各地积极性在"包干制"中提高相对应，财力分散和包干中互相制约等问题也不断显现，国家财政收入占国内生产总值的比重下滑，中央政府的行政能力和调控能力下降，甚至出现中央财政向地方政府"借款"的窘境。

（三）分税制财政体制

1992 年 10 月召开的中共十四次全国代表大会，确立了建立社会主义市场经济体制的改革总目标，提出了实施合理划分中央和地方责权基础上的"分税制"改革要求。从 1994 年 1 月 1 日起，全国各省、自治区、直辖市以及计划单列市开始实行分税制。按照"存量不动、增量调整，逐步提高中央的宏观调控能力，建立合理的财政分配机制"的原则，在原包干体制确定的地方上解和中央补助基本不变的前提下，结合税制改革，对财政收入增量分配制度进行了重大调整。

第一，按照中央政府和地方政府各自的事权，划分各级财政的支出范围。中央政府主要承担国家安全、外交和中央国家机关运转所需经费；调整国民经济结构、协调地区实施宏观调控所必需的支出和由中央直接管理的事业发展支出。地方政府主要承担本地区政权机关运转所需支出以及本地区经济、事业发展所需支出。

第二，根据财权事权相统一的原则，合理划分中央和地方收入。将维护国家权益、实施宏观调控所必需的税种划为中央税，将与地方经济社会发展关系密切、适宜地方征管的税种划为地方税，将涉及经济发展全局的主要税种划分为中央与地方共享税。

第三，在认可地方既得利益的前提下，分省确定税收返还数额。

之后，为了"分税制"能配合实现中央与地方事权与财权的结合，按照"统一税法、公平税负、简化税制、合理分权"的原则进行了税收制度的全面改革：

第一，建立以增值税为主体的流转税制度。改革后，形成了以增值税为主体，消费税和营业税为补充，以公平、中性、透明和普遍征税为特征的现代流转税体系。

第二，统一企业所得税。改革后，实现国企、集体企业、私营企业以及股份制企业和各种形式联营企业的统一所得税制。

第三，简并个人所得税。此项改革适用于有纳税义务的中国公民和从中国境内取得收入的外籍人员。

第四，把农林特产税改为农业特产税，并双环节征收农业特产税。

第五，进行其他税收制度的改革和调整，特别是划分国家税务局和地方税务局，加强了税收的征收管理。

"分税制"改革是中华人民共和国成立以来调整利益格局最为明显、影响最为深刻的一次财政制度创新。分税制运行 24 年来，除 2018 年进行了国税地税合并外，保持了相对稳定，促进中央政府和地方政府之间分配关系的规范、科学、公平，奠定了中国特色市场经济体制下的财政制度基础。❶

二、现行财政体制中的问题及改革的理由

现行财政体制中的问题及深化改革的理由，站在国家层面看和站在基层角度看，得出的结论是有差别的。

（一）从国家层面看财政体制中存在的问题及改革理由

财政部原部长楼继伟主编的《深化财税体制改革》从高层的、宏观的角度提出了我国需要深化财税体制改革的如下理由。

1. 国际形势变化对财政体制改革提出了新要求

（1）国际社会围绕全球治理、气候变化、粮食安全、能源资源安全等的斗争日益激烈，各国的经济利益与政治利益矛盾和斗争相互交织，政治交锋和经济合作中的矛盾更加复杂，要应对这些挑战，需要更加强大稳固的国家财政基础。

（2）经济全球化需要财政体制与之相适应，要求我国深化财税体制改革，完善相关税收和财政制度，进一步提高我国参与国际竞争的能力和参与制定全球规则的能力。

（3）新科学技术革命要求财政提供支持。面对新技术革命，世界主要发达国家纷纷加快发展新兴产业，加速数字技术和制造业的结合，推进再工业化，力图始终占领未来科技和制造业的制高点。这就要求改进我国现行财税体制，支持企业创新生产技术和经营模式，加快追赶世界新技术革命的速度，尽快走到科技发展的最前列。

---

❶ 楼继伟主编：《深化财税体制改革》，第 1 章，人民出版社，2015 年。

2. 国内经济发展的新特点要求财政体制改革

（1）经济增长从高速转为中高速要求财政体制改革。要在经济发展新时代保持我国经济健康协调可持续发展，实现经济发展的转型，就必须以新时代经济发展的新特点、新要求、新趋势为遵循，对财税体制进行重大改革，以保证我国经济跨越新关口、迈向新台阶。

（2）经济结构不合理对经济的影响日益显现。财税体制也应适应经济增长方式的转变和产业结构升级的需要。

（3）社会矛盾尖锐化趋势明显。经济减速、贫富差距扩大、社会矛盾加深、生态环境在恶化，需要通过财税体制的改革，构筑更加完善的社会管理和服务体系，调节收入分配关系，增强社保体系能力，保护和改善环境，促进社会和谐。

3. 财政可持续发展面临挑战

（1）财政收入增速放缓。我国税制结构以流转税为主体，第二产业是主要税源，也是经济减速影响最大的产业。为了促进产业的发展，不仅不能加税，还有减税的强大需要。

（2）财政支出刚性增长。经济减速，有更多的人、更多的方面需要政府提供公共服务，从而有财政支出不断膨胀、财政收支矛盾加剧的趋势。

（3）政府债务风险加大。截至 2017 年末，政府性债务余额为 29.95 万亿元，其中地方政府性债务接近 16.47 万亿元。可能还有很多隐蔽性债务。这些都需要通过财税体制改革，改善财政赤字和债务风险的积累。

总之，需要可靠增长的财政收入，来满足改革和发展的需要。

（二）从基层角度看财政体制存在的问题

1. 非直接生产人员即"吃公粮"的人太多

中国到底有多少非直接生产人员即"吃公粮"的人，没有确切的官方数据。从网络上可以查到两个版本的说法：其一是中国经济体制改革研究会副会长、北京改革和发展研究会会长陈剑提供的最新数据，依据的是"吃公粮"三部分说，即指需要由财政来支付个人收入以及办公费用的三部分人员数量：

一是党政群机关人员，主要供职于党委、人大、政府、政法机关、政协、民主党派及群众团体等机构的人员；二是各类事业单位人员，供职于教育、科研、卫生等诸多领域的人员；三是党政群机关和事业单位的离退休人员。

据财政部 2012 年出版的《2009 年地方财政统计资料》数据显示，到 2009 年底，全国不包括中央的财政供养人口为 5392.6 万人，这些都是有公务员编制或者事业单位编制的体制内人员。此外，中国还存在大量的准财政供养人员，包括数十万个村委会和城市居委会的工作人员。这些人员本身不属于上述三种人员中的任何一种，但是在中国，分布各地的居委会和村委会干部大多由财政发工资，参照事业单位管理。据陈剑介绍，中国准财政供养人数超过 1000 万。基于此种统计，陈剑称，到 2014 年底，中国财政实际供养人数超过 6400 万，超过英国人口总量。❶这个数据意味着我国大约是 21 人供养 1 个"吃公粮"的人。

据国际劳工组织网站公布的数据显示，美国 2009 年不包含军队在内，公共部门的雇员人数为 2255.5 万人，美国人口总数约为 3.12 亿人，其供养比例约为 14：1。世界第三大经济体日本的公共部门雇员约为 524 万人，日本人口为 1.278 亿人，其供养比例为 24.4：1；8172.6 万人口的德国 2009 年的公共部门的雇员约为 439 万人，供养比例约为 18.6：1。

显然，中国"吃公粮"的人员并不算少。

2. 企业负担过重

民企老板在一起时，有时也能听到一些怨言。有一个老板说："我们才是活雷锋，办工厂没有白天黑夜，天天还得当很多管我们'官'的'孙子'，而这些官多数是很小的官。我们也就是养活些工人，挣了一个老板的头衔，到办不下去时，除了工厂中的烂铜废铁，还有一屁股债"。现在除了垄断企业、有"关系"的企业，有不少的民企生存面临很大困难。

中国现在企业的税负不仅太重还不一定很合理。表 17 是企业挣 100 元纯收入主要税负一览表，其中还没有包括其他很多的税种。从表 17 可以看出，

---

❶ 《中国有多少人在吃财政饭——2014 年有 6400 万》，搜狐网，2015 年 9 月 22 日。

一个企业，如果要合法地从盈利中获得100元的分红，至少要挣出近196元的纯利才有可能，税负接近49%。

表17　第二产业私营企业产生100元纯利应交纳的税负合计

序号	税种	纳税比例	计　算	应纳税额	余额（元）
1	增值税	0.16/1.16	100×（0.16/1.16）	14.53	85.47
2	附加税	1%	100×1%	1	84.47
3	企业所得税	25%	84.47×25%	21.12	63.35
4	个人所得税	20%	63.35×20%	12.67	50.68

而表17中还没有将印花税、房产税、车船使用税、水利基金、职工水利基金、职工教育基金列入，也没有把为职工交纳"五险一金"、残疾人保障金等支出列入。问题是要挣这个196元纯利对于没有"关系"的小企业来说并不容易。现在普遍产能过剩，竞争可以说非常激烈，都是微利和薄利。企业挣到钱首先要支付职工工资，而又要根据职工工资总额必须刚性地先交16%的增值税，还要缴职工的"五险一金"及残疾人保障金。这些应缴费用接近应付职工工资额的1/2（见表18）。

表18　企业"五险一金"及残疾人保障金负担表

序号	险、金名称	单位缴纳比例（%）	个人缴纳比例（%）	说明
1	养老保险	19	8	
2	医疗保险	10	2	
3	失业保险	0.8	0.2	占工资的比例
4	工伤保险	0.7[①]	—	
5	生育保险	0.8		
6	住房公积金	12	12	是一个范围值
7	残疾人保障金	……		与有无安排残疾人有关[②]
	合　计	43.3	22.2	

①：根据行业分类进行核定。以第三类行业为例，基准费率为0.7。

②：残疾人保障金＝（单位上年度在职职工总数×1.5%（北京地区）－已安排残疾职工人数）×本地区上年度职工年平均工资。

3. 税负存在不公平状况

实体经济是国家发展、振兴的基础，只有企业好办了，劳动力就业充分了，劳动者的收入才能增加，财政收入也才能增长，消费市场才能扩大，才能推动企业的再发展，实现经济良性循环。可是现在的财税政策，却使承担着多数劳动力就业的第二产业实体经济企业税负沉重，综合税负达到了企业增加值的 40%～60%。

4. "取之于民用之于民" 不足

国际上，有不少国家税负很高，但国民能感觉到税负高带来的福利，比如，儿童上学福利、养老福利、医疗福利等，实实在在落到纳税人的身上；而我们的税负也不能算轻，但基层感受到的福利却非常有限。

从基层的角度看有降低税费和更好运用财政收入的期待。

三、计划 - 市场经济体制下的财政体制构想

众所周知，国家治理属于一定生产力基础上经济基础与上层建筑相互作用的范畴。从一般意义上讲，国家治理无非是组织代表国家的社会公共权力机构与社会成员之间以一定方式结合互动，从而执行公共事务和解决社会问题的管理过程。其核心是社会公共权力机构运用各种必要的工具和手段处理社会各方的政治与经济关系，协调各种利益矛盾，实现社会经济的稳定与繁荣发展，财政则是处理这种关系的枢纽。因此，建立新颖和臻于完善的财政体制就十分必要了。在计划 - 市场经济体制下，新型的财政体制有以下构想。

（一）合理确定财政收入规模

计划 - 市场经济体制在财政收入上有极强的计划性，而且财政收入高低直接影响劳动者个人分配水平在初次社会分配中的占比。财政收入在社会总收入中的占比提高，劳动者个人初次分配的收入水平就会降低，财政收入用于公共事业的投入就会增加，社会成员收入通过公共费用的稀释，收入分配趋于平均化，劳动刺激力就会降低。如果财政收入占比降低，劳动者个人第

一次分配的收入水平就会提高，劳动激励力增强，用于公共事业的投入减小，贫富差距会增大。因而合理确定财政收入的规模十分重要。鉴于新的财政体制将财政收入目标囊括在宏观平衡计划中，因此其规模不仅会合理，且是执政者治国理政理念的反映，亦反映着执政者对现阶段主要社会矛盾的评估。

（二）财政收入的征缴方式创新

从一个国家来说，财政收入有很多办法征缴。比如用征税的办法，也可以用上缴利润、上缴设备折旧等非税收的办法征缴。而以税收筹措财政收入，由于是以法律做保证，其征缴力度最强。但用税征缴也有缺点，最主要是缺乏针对性和灵活性。用其他方法征缴，其针对性和灵活性较强，但征缴量的保证性不足。计划－市场经济体制在财政收入上有自己全新特点的四种方式。

1. 税收——实现财政收入完全计划化

税收既是国家获得财政收入的工具，也是执政者调节国民收入分配水平的工具，还是执政者进行消费、生产导向管理的工具。比如，对烟酒类消费品征税，对富人常用而不是寻常百姓常用的奢侈品征收消费税，都是执政者执政意图的反映。再如对资源的开采征收资源税，有节约资源和均衡地区发展水平的意图；对收入超过一定数额的国民征收所得税，有缩小收入差距之功效；等等。这些既能增加财政收入，又可以实现执政者某种执政目标。

在计划－市场经济体制中，税收可以有极强的计划性。

（1）新体制中的计划流转税——增值税。增值税承担财政收入保障任务，一般不承载政策调节任务（只在国际贸易平衡控制因子中应用，额度很少，可以计划），是一种按企业生产的价值增加值（简称企业增加值）比例征缴的税种。由于全域内企业的增加值在新体制计划平衡下接近等于国内生产总值 GDP，因此增值税是与 GDP 紧密关联的计划税种，是新体制中最有保障、计划性最强的税种，也是财政收入中的保障性税种。

● [举例 1]：

税收计划依据：某国某年国民经济的发展计划。

税种：增值税。

税率：16%。计算征税额公式是 0.16V/1.16，其中 V 是企业增加值。

若：某国今年全年国内生产总值 GDP 为 Vz。

由于：新体制是计划平衡的，GDP 总值与所有企业增加值之和相等，即所有企业增加值之和亦为 Vz。

还因：新体制贯彻"没有暴利但有利"的理念，税负已经纳入精细价格中，企业一定有能力交纳增值税。

则：全年有计划保证的增值税征税总额为 0.16Vz/1.16。

结论：增值税在计划 - 市场经济体制中是计划值，因为当全年 GDP 总量计划后，宏观平衡计划会将 GDP 总计划量间接通过地区"枢纽"落实到每一个企业的"供—需"契约中实施，进而使增值税有最强的计划性。

（2）新体制中的调节税——所得税。所得税承担财政收入和贫富调节的双重任务。由于计划–市场经济体制已经通过共享理念的贯彻，控制了收入差距，因此，这个税种应在经济发展中逐步淡化。所得税在新体制中，也将有很强的计划性。所得税是与人的劳动相关的，在新体制下劳动力的普遍就业得到了宏观平衡计划的保障，包括企业股东在内的所有人都将依据劳动和劳动内核进行配酬，且其中配酬的内核劳动都是由价值增量对应等效的。因而按劳配酬的量仍然是与企业增加值关联的量，也同样是与 GDP 关联的量，随 GDP 的计划性而拥有计划性。

●［举例 2］：

税收计划依据：某国某年国民经济的发展计划。

税种：所得税。

税率：按收入累进征收。

若：某国今年全年国内生产总值 GDP 为 Vz。

由于：新体制已经确保了消费、生产、就业的宏观计划平衡，企业中与人有关的指标和企业增加值指标是计划的；

还因：新体制贯彻"没有暴利但有利"的理念和"依需尽能，按劳配酬"机制，国民收入初次分配的差距已经受到限制。

所以：所得税按个人收入累进征收。因个人所得与劳动和"内核劳动"

有关，且劳动标准又与企业增加值关联，因而，所得税也是一

个与 GDP 关联的计划量。

（3）新体制中的调节税——其他税种。如资源税、消费税、关税等，均按照国家调控需要设置。由于新体制实现了宏观经济的平衡，又实现了宏观平衡规划向微观经济的有效传导，实际上其他税种的征收也都将有很强的计划性。

2. 包含在"溢价"中的财政收入

为了有效实现持久均衡的消费、生产增长，国家对有特殊调控需要的消费品会按计划生成"溢价"。比如住房，通过未来劳动量置换时，国家的收购价和消费者支付价之间有差价，而且多数是消费者的支付价大于政府的收购价。这里将消费者的支付价与政府收购价的差价暂称为"溢价"。这部分"溢价"可以被用于公共服务支出，而这些公共服务支出原本是由财政收入支付的，也就相当于一种新形式的财政收入。由于"置换"是计划性极强的经济活动，因而，"溢价"总量是可以精准计算的，或者说这部分财政收入是可以精准计划的。

3. 隐含在宏观调控参数中的财政收入

比如在现行体制中进行产能扩张，必须使用国家财政投入才能实现，而在计划 – 市场经济体制中，使用价格调节因子便可以调整产能供需矛盾。选择大于 1 的价格因子，实现产能扩张。同样，进行产能压缩时，按市场经济体制下的办法，国家财政也是要投入的；而在新体制下，只要选择小于 1 的价格因子进行调整，便可完成任务。由于这些因子的调整是中央政府和地方政府有目的、有计划的主动行为，因而同样是可以精准计算的。

4. 留存在企业的"创新基金"

在新体制中，企业的投标报价中都包含有按比例留存的"创新基金"。创新基金原先都是由财政提留的。新体制作为一种国家战略，给每个企业进行了制度化提留。企业按制度要求使用创新基金进行有普遍性的创新创造，而这一部分投入原本也可能是需要国家财政投入来完成。

（三）财政收入的充足性保证

在现行市场经济体制中，国家财政收入高度依赖第二产业。在 GDP 高速增长的时期，国家财政收入快速增长，收支平衡的矛盾不突出。但经济发展进入"增长换档期""结构调整阵痛期""前期刺激政策的消化期"即"三期叠加"阶段后，国家财政收入矛盾显得尤为突出。而地方政府长期以来都严重依赖所谓的"土地财政"。有专家提供的数据，2003—2012 年 10 年间，中国土地出让金对地方财政贡献相当于地方财政收入的 52%，2010 年最高达到 72%，可以说患上了严重的土地财政依赖症。

计划 - 市场经济体制，将通过自身的计划性彻底改变这种局面，保证财政收入的充足：

第一，新体制从体制机制上压缩了公务员的数量，可以实现国家"吃公粮"队伍的大幅度减少，也许每年节约万亿人民币以上的财政支出不是难事。

第二，新体制通过体制设计既保证企业"无暴利，也不会没有利"，使得办企业将会是国民寻找职业的首选，可以真正促成万众创业的局面。在新体制中，消费、生产、就业得到了充分的保障，以增值税为主要税种以及其他财政收入都可以实现极强的计划性，以确保收支平衡。

第三，其他调控工具的配合运用实际上可以实现动态的收支平衡。

实际上，计划 - 市场经济体制的财政收入与其他经济体制的本质不同，在于新体制的财政收入是计划出来的而不是靠征管出来的，因为当把很多计划环节的参数确定下来的时候，财政收入的总量也就大致确定了。

（四）财政支出预算的创新

在现有的财政体制中，政府预算系统拥有十分重要的地位，要求政府收支全部纳入预算管理，全面反映政府收支总量、结构和管理活动。国家的整个预算由政府编制，并依照法定程序报国家权力机关批准，是有法律效力的政府年度财政收支计划。财政预算一经批准，即具有法律约束力，执行机关必须照此执行，非经法定程序不得改变。正因为如此，财政工作的一个重要方向是加强预算管理和加强财政经济的预测能力。计划 - 市场经济体制的财政收支管理，将由现在被动管理转向主动的计划管理，从无法能预测结果的接受管理转向实时收支平衡管理，财政预算也将从约束性"神算"管理转向计划性为主的目标管理。新体制下预算管理仍然是需要的，还可能是人民政府向人民负责、接受人民监督的重要内容，也还是建设阳光政府、责任政府的需要。但新体制在财政预算方向上将在以下三点上做出本质性的变革：

第一，从现在的精细化预算向总量化预算过渡。由于现在的预算具有法律效力，要便于监督，就需要精细化。新体制的财政支出，由体制和机制保证了支出的公开、透明和公正。而且如果需要的话，新体制完全可以做到财政支出全过程透明。从社会监管角度看，公众不再需要用预算作为标准对财政收支进行精细监督，而是可以用实际经济运行是否符合总的发展目标进行监管。

第二，由约束性预算向计划性目标预算过渡。现在的政府财政预算是依法实施，具有极强的约束性。但这种约束性并不十分科学，因为它就相当于把一个变化着的世界静止化，财政收支的运作显得僵化。新体制将预算引导到目标计划上。比如在新一个年度中，政府将在某些领域目标上投入多少，达到什么目标作为预算目标提出来，具体实施时则根据实际需要在总目标之内进行具体项目投入（财政支出）。

第三，从预算的事后监督向过程监督转变。现在预算执行情况的主要监管，是在一年后的预算执行情况报告开始进行的，是事后监督，是弊端可能发生后的监督。新体制在财政收支管理上是个接近实时的运行系统，实际财政支出不仅限定在预算目标之内，而且总保持在财政总体收支平衡之中，还可以保证全过程公开透明，最终实现将预算目标的实施过程动态实时告诉国家权力机关进行过程监督的目的。

（五）节流减源藏富于民

"开源节流"历来都是财政工作的一个宗旨。计划-市场经济体制由于其在财政收入上的计划性，改变了"开源"的内涵。财政收入的增减不再是财政本身决策的基点，而将是宏观国民收入分配比例的顶层决策。其根本原因是财政收入多少很大程度上不再靠"开源"流出来，而是靠"计划"流出来，是从国民收入的"大锅"里"分"出来的。财政收入多了，国民收入就会减少，反之财政收入减少，国民收入就会增加。新体制下，"开源节流"中只有"节流"是永恒的财政工作宗旨，而且新体制的设计还为财政"节流"提供了理论依据、体制依据。新体制将通过"节流"节约财政支出，节省下的钱反馈民生，"藏富于民"，或者根据上一年的"节流"结果，通过"减源"降低企业的税负，进一步促进生产型实体企业的发展。

（六）财政体制改革子系统构架

计划 - 市场经济体制中财政体制与市场经济体制下的财政体制的一个本质不同点在于新体制是一个可以进行宏观实时调控的计划系统，也是一个可以动态实现收支平衡的系统。如图16，财政这个分系统大致由三个子系统组成。

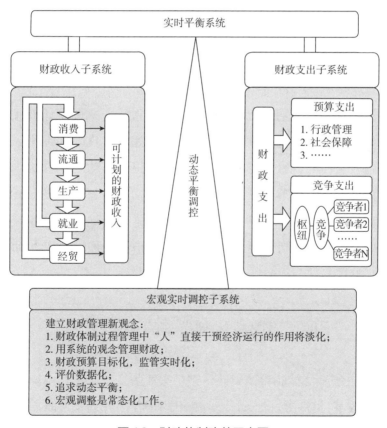

图16　财政体制改革示意图

1．财政收入子系统

在消费、交换、生产、就业、外经贸构成的宏观经济系统中，每个环节都会有宏观设计比例化的财政收入源。只要消费、交换、生产、就业、外经贸宏观系统运行正常，那么财政收入就会按照预先计划实现。在这个宏观系统中，也可能包括有境外系统，即国际贸易收支平衡和由国际贸易过程中的财政收入，比如关税等。各级政府的一个重要服务功能就是要确保宏观经济系统按计划运行。

2．财政支出子系统

支出子系统主要又分为两部分：一部分是财政预算控制的计划性财政支出，包括政府管理支出、社会保险基金支出、一般公共预算支出等，这部分财政支出通过预算计划支付；另一部分为竞争性配置财政支出，包括重大基础设施建设财政支出、加强经济社会发展薄弱环节财政支出、促进战略性新兴产业发展用财政支出等。这部分支出则通过地区"枢纽"招标以完全公平竞争的方式完成支付。

3．宏观实时调控子系统

这是新体制给予政府的实时调控能力的子系统。中央政府和地方政府可以根据财政的实际收支情况进行计划调控。比如，财政运行动态反映出财政收入大于财政支出时，就可以将财政支出项目提前启动、提前拨付资金，也可以通过降低生产招标节奏，减缓经济流的流动速度进行调节。如果财政运行动态反映出财政收入不足时，则既可以通过推迟启动待建项目、滞后拨付财政支出资金实现，也可以通过提高生产招标节奏，加快经济流的流动速度实现。

四、新财政体制带来的观念变革

计划－市场经济体制将给财政体制带来质的变革，是与中国特色社会主义财政体制改革目标一致的变革。它既不同于我国计划经济时期形成的高度集中的财政体制，也不同于传统市场经济国家纯经济和技术化的财政体制。

新体制下的财政体制既具有解释中国当代财政问题的具体指向性和适用性，又具有反映财政运行一般规律的科学性和普适性。没有前者，就无所谓中国特色，没有后者，就难以立足于科学之林。两者吻合一体，理实贯通，则是新体制下的财政体制具有的科学品质。这种变革体现在各个方面。

（一）财政体制管理中"人"的作用将减弱

在市场经济体制下，很多财税收入要靠人去征缴，要用大量的人去管；一般思路，想到财政收入怎么实现的时候，总是会想到建立起税务局的"庙"，请进征税的"人"。当想到财政需要做预算时，首先想到的是设一个预算局、建一个预算处，请一班人马来管；当想到财政预算中有创新基金需要安排时，首先想到的是预算局中设个创新基金管理处，招聘一批懂行的人来管。"人"，总是"组织落实"被首先想到的对象。而新体制将直接通过计划的办法实现。国家用不着再担心财政收入完不成计划，因为新体制建立了极强财政收入的计划能力。领导者也用不着用市场经济体制"一对一"讨价还价制定考核指标，用大量的人力物力去进行绩效考核，用大量的力量去进行财政支出的分配。因为在新体制下，所有能通过竞争实现资源配置的财政支出都将交由公平竞争解决，凡是现在管着怕"死掉"、放开怕"乱掉"的工作都交由"制约机制"去完成。所有这些都将不再是市场经济体制思维方式的重复，而是一场思维方式的变革。进一步说，计划 – 市场经济体制反映在财政体制改革上，至少将引领以下观念的变革。

1．财政收入已在预定执行的计划之中

在新体制下，消费、交换、生产、就业、外贸是捆绑在一起安排的，其中宏观财政收入实际上已经计划在其中。只要消费、交换、生产、就业、外贸按照预定的计划运行，财政收入就肯定有保障地被缴进指定的财政账户。这就好像一辆大型水车，其中有一套按比例分配的水管，只要这辆水车在正常运转，水就会自动经过这个比例分配管流进中央政府财政收入池，同样，该流入地方政府财政收入池的水也会自动流出，政府只要保证这辆水车正常运行就可以了。

2．财政支出通过宏观计划和微观竞争完成

在新体制中，财政支出首先被纳入宏观计划平衡中进行计划平衡。因此，在新体制下，宏观层面的财政收入和支出始终（相对）是动态平衡的。

在微观层面，属于可以竞争确定的财政出支项目就是靠公平竞争进行配置。国家每年都有投入创新课题的财政经费。市场经济体制下的办法是先通过"人"将科研单位、学校、企业分出三六九等级，你是"中央级"的企业，他是"985工程"的学校；然后设置什么"委"，什么"办"，再由"人"组织"人"进行评定发放，再组织什么"人"进行"评定"验收。在新体制中，所有这些步骤都将改变：一旦有国家项目资金，会由"全国规划和规则管理中心"通过专门信息通道将项目的目标、要求、规模下达到各地区"枢纽"。由"枢纽"发布招标标书。所有有志于创新研究的人和单位都可以参与竞争，最后按照割断关系链的评标机制选择中标者。显然，这个过程不需要用另外专门的"人"来做。

3．地方政府管好地区"枢纽"，做好政府的服务

地方政府还有什么项目可以管，什么事情可以做？地方政府中的"人"，按照现在的观念，最好在"我"这个领导的任上能为当地留下点可圈可点的政绩。在新体制中，地方政府中的领导"我"还是有作为的，但这个作为不再是直接干预经济事务的能力，而是当好规划师、管好地区"枢纽"，做好服务员的工作。因为新体制要求地方政府首先发挥制定地区发展规划时的创造力，是反映管理者——地方政府能力和水平的时候，是地方政府对经济的主动干预政务。做好这些工作就相当于保障系统运行，就可以保证财政收入指标的完成。

在新体制内，"人"的作用，将不再是亲自去完成经济运行中的具体任务，而是维护好计划－市场经济体制这个系统正常运行，保证生产者和消费者进行公平竞争，让体制机制去完成具体的任务。"人"真正成为服务的人，解决系统还未预见的任务的人。

当我们真正实现了不用人或者少用人就能完成政府管理任务时，真正意义上的精兵简政就有了可能，"节流"就有机会落到实处。

（二）用经济系统自动运行机制管理的财政

计划 - 市场经济体制是一个"系统"，财政体制则是这个系统中的财政系统，也可以认为是一个子系统。无论中央政府财政还是地方政府财政，都是"系统"中的"子系统"，是系统的一个组成部分，受系统的管理和制约，都不能独立于系统之外单独随意组织财政收支的运行。为什么说计划 - 市场经济体制下的财政体制是一个"系统"，而市场经济体制下的财政体制就不是一个系统？这是因为计划 - 市场经济体制下的财政体制，其消费、生产、就业等方面的财政收入与支出，都是经过精心平衡计划后实施的，一环扣一环，环环紧扣，具有严格的系统运作规律，遵循严格的运行程序。任何人在财政子系统上进行人为干预都可能引发全局的不协调和连锁反应。比如原本需要安排 1000 人就业，结果行政干预没有安排人就业，那么就可能出现有 1000 人找不到工作，1000 人没有工作又可能少掉了 1000 人的消费市场，反过来又使企业少掉了安排 1000 人就业的生产，财政收支就会不平衡，动态运行系统就会及时反映出来。而市场经济是以"自主和自由"为主轴，以孤立竞争为战场，企业愿不愿意安排人是企业的事，生产不生产也是企业决策的事，因此政府干预一个企业不一定会引发连锁反应，即便有反应也是一种非系统性反应。

从另一方面看，在市场经济条件下，中央政府有中央政府的财政，地方政府有地方政府的财政，二者有时候会有利益矛盾，所以需要用大量的精力去调整、平衡中央和地方的关系。而计划 - 市场经济体制则通过信息通道、制约机制通道、宏观计划干预调控通道，把财政纳进了一个整体协调运行的经济系统之中，中央政府财政和地方政府财政都成为这个系统中的一个"子系统"、一个服从于系统运行规则的单元，区别仅仅是在系统中的位置不同。在这个系统中，无论中央政府的财政还是地方政府的财政，都有明确的系统位置，明确的内在层次性，相互财权事权界限清晰，而且离开这个系统都将失去手中的财权和事权。要想独立去干预一下财政系统的运行，即使中央政府的领导也找不到通过哪个渠道可以干预，因为所有的财政系统中的办事程序中都没有留出这个"后门"。

（三）财政预算目标化与财政监管实时化

财政预算历来都是财政工作的重中之重。各级政府根据预算安排来年的工作，又根据预算完成来年的工作，还以预算为依据监管考核预算的执行情况。预算既是一个未来的计划，又是一个任务的"令箭"，还是一把监督的"尺子"。问题是，年度预算既要为今后一年变化着的情况进行"神算"，又要在变化着的一年后对"结果"进行"秋后算账"，显然很不科学，但谁也没有更好的办法来改变这个年复一年的不科学做法。

计划 – 市场经济体制可以为政府提供宏观实时信息的把握能力和实时调控能力，其中信息把握能力中还包括财政收入和财政支出的实时管控能力。这些能力给财政监管部门实时监管提供了可能。财政预算的目的是什么？其中最重要的目标就是权力部门（比如人民代表大会）需要对掌握行政权力的政府进行监督，需要对预算和预算执行情况进行监督。新体制的财政收入支出信息的实时化，为权力部门的监管提供了新途径和新思路，使之具备了将预算目标化、监管实时化的条件。

新体制建立后，只要把预算总体目标化，比如制定出收入总量、支出总量、分类收入总量、分类支出总量等，权力部门就可以实时监督其目标的实施过程，彻底告别"秋后"才"算总账"的预算思路。

（四）财政业绩评价定量化

财政指标历来都是政绩考核最重要的内容之一。但过去大都习惯在"指标"上做文章，把问题说得严重点，留出余地足够点，预算池中深藏点，等等，总之离不开一些应对考核的"经验"。最根本的无非是把考核"指标"压低，以便考核时成绩更优秀。计划 – 市场经济体制将通过以下措施使财政业绩评价方法有重大的改变。

1. 政府通过地区"枢纽"对经济运行信息实现全面掌握

政府通过各地区"枢纽"对交换环节控制点的全面计划管控，实现了对经济运行信息的全面掌握。在新体制中，各地区"枢纽"可以用最直接的方式把经济运行中的信息包括财政运行信息及时、全面、准确地采集和上传到全国信息中心，借助全国信息中心最先进的系统设备的计算、处理、分析和汇总，不仅可以提供经济运行的全面信息，还可以提供用于内部评价的评价信息。过去无法实现的对财政业绩考核评价数据化，在新体制下不再是不可能的了。

2. 中央政府和地方政府有清晰的事权边界

计划 - 市场经济体制的管理模式，使中央政府和地方政府之间的事权边界更加清晰。在新体制下，制定和颁布调控参数是中央政府的职能，地方政府没有这项职能；而组织招标、管理供需契合枢纽的权力只有地方政府有，中央政府没有。日常管理已经交由经济系统的运营程序和运行机制，没有人进行额外干预的机会。这些措施把各级政府的事权界限分割得清清楚楚，没有了过去的事权接合部。事权边界清楚后，财政收支运行的动态数据也清晰透明了，以数据论英雄就有了基础。

3. 评价考核业绩和政府工作付出有更明显的因果关联

计划 - 市场经济体制的管理模式，使各级政府日常工作和各层级经济最终结果包括财政运行结果的因果关系更加紧密。过去的经济管理过程中，各级政府的人为干预行为是主要的日常工作，而这种人为干预往往造就了千变万化的、不相同的考核影响因素，从而使以人为干预为基础的经济活动包括财政运行活动考核无法数据化。在计划 - 市场经济体制下，各级政府的日常工作都将直接围绕本地区未来发展规划和当前工作服务，每个行为都直接影响本地区最终的财政经济指标，而且这种影响是在规范的运行程序和非人为机制制约下实现的。因此，工作的好坏可以直接从最终的财政经济指标中获得，为数据化评价打下了基础、提供了可能。

（五）实现财政收支动态平衡

财政管理最讲究预算。预算就是今年要为未来一年的支出预先制定计划。到了来年，列入预算的开支就好办，没有列入预算的开支就不好办。若说一年后的"命"不好算，但也得算，因为财政预算在国家综合计划中处于主导地位。于是深谙预算意蕴、熟知预算技艺的预算专家会在预算中留有余地。因为只有合理预算收支并留有余地，对于未来一年经济社会发展的变化才能得以应对。新体制则不同：它是个追求动态实时平衡的系统，从实时平衡的本质上讲，新体制系统除去对新一年总量预算值和目标方向规划值以外，并不需要今后一年具体做什么事项的精细化预算。预算所需要的仅仅是一种预期目标，可以彻底摒弃市场经济体制下那种"预算"，进而改变为总量控制下实时计划行为，也就是政府根据社会发展出现的新变化和新任务，动态地去计划将要完成的经济任务。当然，财政预算仍然还需要，但新体制中的预算将不再是来年需要严格执行的预算，而是一个执行的总体目标，是一个总量指标。预算也不是接受权力机关监督的标准，因为监督将由预算监督转向实时宏观经济运行监督。新经济体制不再是靠预算平衡的经济系统，而是全新的、直接实现动态平衡的实时系统，是一个根据现实变化动态计划未来的系统。在新体制下，宏观经济会根据总体经济的发展目标，提出年度经济的增长目标。国民经济系统会根据这个增长率，自动平衡消费、生产、就业、环境承载、资源供应、外经贸，而且在这个平衡规划中，自动把财政收入目标的量值包含在宏观平衡计划之内。财政收入会在经济按规划的运行中，自动解缴进国家指定的财政账户。财政支出将根据实时的收入进行规划，以满足最新的经济发展需要。这其中预算似乎还存在，特别对那些有规律可循的财政支出（比如养老金、工资、国防支出等）。但有关部门的理念上不应该再认为是市场经济体制下的预算，而应该将这视为动态按预定目标进行收支平衡的特殊形式，是经济运行中的实时再计划。

在传统市场经济体制下,财政收支计划的调整是件不容易和不提倡的行为。因为它往往是财政赤字的原因,往往是非正常事项非正常实行的结果。在计划 – 市场经济体制下，宏观经济运行过程需要财政预算的调整就像开着的汽车行进在公路上，司机会不断调整汽车的行进方向，"调整"将是新经济体制的常态化工作。经济系统通过这种调整始终保持着财政收支的总量平衡，保持着经济运行严格按照宏观预定的计划发展。

第十一章 | 计划－市场经济体制下的 国家金融管理体制

金融是推进国家现代化、维护国家经济安全的重要保障，是服务实体经济、防控经济风险的重要力量。为此，立足于对 21 世纪新时代的深刻洞察和当代中国发展方位的科学判断，在决胜全面建成小康社会，实现"两个一百年"奋斗目标的进程中，改革完善金融管理体制是极其必要的。

市场经济的竞争性必然促使金融业对经济利益的狂热追逐，从而造成作为交换媒介的货币不断地从财富的契约中独立出来，离开创造社会财富的实物生产，成为可以"钱挣钱"的"商品"，挑战人类劳动创造财富的公理，创造出一个个所谓"金融创新产品"获取暴利的神话。

计划－市场经济体制通过其计划性，降低了货币资金在生产活动中的权重。使市场经济条件下最稀缺、最宝贵的货币资金改变了在经济活动中的地位：对能得到竞标合同的企业，货币资金将成为容易获得的资产之一，从而也自然改变了金融在经济活动中的定位。那么在新体制下，金融的作用是什么，哪些金融功能需要，哪些金融产品应该废弃，就都成为新课题。本章将从金融业几十年的改革历程出发，寻找新体制下金融变革的途径。

一、中国金融体制改革的历程与评析 ●

自 1978 年我国进行改革开放以来，金融的改革和发展与中国经济体制改革同步前行，成功实现了由"大一统"银行体制向现代金融体制的历史性转变，逐步完善了金融宏观调控体系、金融监管体系、金融机构体系、金融市场体系、金融产品体系以及基础金融服务体系，使金融服务能力大幅度提高，有力地促进了社会主义市场经济体制下的国民经济发展。

（一）建立和完善中央银行体制

中央银行在金融机构体系中处于统帅和中枢的地位，是现代金融体制的核心。1983 年以前，中国人民银行承担中央银行发行货币和商业银行发放信贷等多重职能，从而并不是真正意义上的中央银行。1984 年，中国人民银行专门行使中央银行职能，标志着在金融业的发展上放弃了计划经济条件下以社会簿记功能为特征的、集货币发行与信贷发放为一体的"大一统"银行体制，开始实行与市场经济发展相适应的中央银行体制。1993 年开始逐步完善现代银行体制。1995 年《中国人民银行法》颁布实施，中央银行独立性逐步增强，银行管理体制不断健全。1998 年，中国人民银行根据地域关联性、经济金融总量和金融监管的需要撤销省级分行，在全国设立 9 个跨省分行，作为中国人民银行派出机构，强化了中央银行实施货币政策的独立性。金融宏观调控逐渐从直接调控转向间接调控。

（二）通过货币政策的制定和实施实现金融调控

中央银行为实现预定的经济目标，运用各种政策工具调节货币供给和其

● 本节内容参考了吴晓灵主编：《中国金融体制改革 30 年回顾与展望》，人民出版社，2008 年。

他金融条件。货币政策通过最终目标、中间目标、传导机制以及货币政策工具，通过金融机构的经营活动和金融市场传导到企业、居民，影响和制约生产、投资和消费。货币政策工具包括信贷总量控制、再贷款（中央银行放贷）和再贴现（银行持有未到期汇票由中央银行贴现）、存款准备金政策、利率政策、汇率政策、公共市场操作（中央银行在公开市场通过买卖有价证券投放或收回基础货币）。

在市场经济体制下，中央政府可以通过直接干预的金融工具影响宏观经济，有效地进行宏观经济调控。如 20 世纪 90 年代末，为支持公众的汽车消费和住房消费，中国开始发放消费贷款，1998 年允许国有独资银行试点开办汽车消费贷款业务；1999 年 2 月，允许所有中资商业银行开办所有消费信贷业务；2005 年，对房地产价格上涨过快的城市或地区提高首付款比例；2007 年，又提高第二套住房贷款首付比例和利率水平；等等。这些消费信贷政策的实施，不仅支持了居民消费，同时也在一定程度上促进了房地产业的快速发展。

改革开放以来，我国一直都在试验运用货币政策治理通货膨胀和通货紧缩。比如，1993 年零售物价上涨 13.2%、1994 年高达 21.7%，中央政府为此实行适度从紧的货币政策，而主要运用的则是货币政策和金融手段，实行综合治理。到 1996 年底，适度从紧的货币政策收到明显成效。再如，为了抵御1998 年亚洲金融危机的冲击，我国政府实施了稳健的货币政策，应对通货紧缩。正是由于包括稳健的货币政策在内的各种宏观经济政策的综合运用，遏制了我国经济下滑的势头，使通货紧缩趋势减弱。2000 年、2001 年，国内生产总值分别增长 8.4% 和 8.3%，实践证明了稳健的货币政策实施的成效。

诚然，我国运用金融工具进行的宏观调控，多数都产生了明显效果。但随着产能过剩、消费市场萎缩，依靠金融工具对宏观经济的调节作用趋于减弱。特别是最近几年，通过利率、存款准备金率等金融工具实施的宏观调控，对宏观经济影响明显在减小。

（三）外汇管理和外汇市场

中华人民共和国成立以来，我国实行比较严格的外汇管理，建立的是高度集中、计划控制的外汇管理体制。1979—1993 年采用计划与市场相结合，以双轨制为特征，实行外汇留成制度，建立和发展外汇调剂市场，实行官方汇率与调剂市场汇率并存的双重汇率制。这一阶段伴随着改革开放的起步和展开，外汇管理不断走向专业化、制度化，在外汇收入与分配制度、人民币汇率决定、外汇管理机构设置与职能、外汇市场的培育与发展、外汇管理立法等方面取得了突破性进展。随着我国外汇储备的不断增加，外汇管理体制开始尝试由外汇资源的计划配置逐步转为市场配置，初步形成了市场化的机制和基础，对于促进吸引外资、鼓励出口创汇、支持国内经济建设发挥了积极作用。从 1994 年起，对外汇体制进行了重大改革：（1）实行银行结售汇制度，规范外汇买卖；（2）实行人民币经常项目下有条件兑换；（3）人民币官方汇率和市场汇率并轨；（4）建立统一、规范、有效率的外汇市场，在上海成立外汇交易中心；（5）禁止境内以外币计价、结算、流通和私自买卖外汇；（6）实行短期资本流出管制，抵御亚洲金融危机。2002 年后，通过完善经常项目外汇管理，将经常项目外汇账户的开立、变更、关闭由事前审批调整为由银行按外汇管理要求和商业惯例直接办理，提高贸易便利化程度；稳步推进资本项目可兑换，完善有管理的浮动汇率制；加强资金流入流出管理防范金融风险。

特别重要的是，人民币在国际贸易中的地位不断提高。2017 年，人民币已经是全球贸易使用的第六大货币，全球贸易中的使用比例越来越高；在国际结算中，美元的使用范围仍然排在全球第一，支付结算所占比例高达 40%，人民币在全球交易和支付结算中所占比例为 1.78%。截至 2016 年，我国央行已与 37 个国家和地区签署了双边货币互换协议，额度超过 6.7 万亿元。从 2016 年 10 月 1 日起，国际货币基金组织（IMF）已经正式将人民币纳入特别提款权（SDR）货币篮子，使人民币成为继美元、欧元、英镑、日元后第五个货币篮子中权重仅次于美元、欧元的国际储备货币。

（四）银行业改革和监管

我国的银行业，一头是国有大型商业银行，5 家的资产就占去银行总资产的 50% 以上；另一头是数量多、资产量不大，但在农村发挥作用很大的农村商业银行，还有一些其他商业银行。此外，尚有数量众多的非银行金融机构，如信托公司、金融租赁公司、财务公司等。1979 年以后，国家首先对专业银行进行了商业化改革，将商业银行和政策性银行分离。1994 年，国家相继成立了国家开发银行、中国进出口银行和中国农业发展银行三家政策性银行。这类政策性银行坚持自担风险、保本经营、不与商业性金融机构竞争的原则；分离政策性金融和商业性金融，明确商业银行是"自主经营、自担风险、自负盈亏、自我约束"的市场主体，并对国有商业银行进行了股份制改造。除此以外，经过 40 年的改革发展，还建立了全国性其他股份制银行、城市商业银行为代表的我国中小商业银行和非银行业金融机构。这些机构的加盟，有力地引进了竞争，发挥了健全金融体系、改善金融服务、支持国民经济发展的重要作用。

40 年来，我国金融业经历了向综合经营、分业经营方式演变的过程。1994 年提出分业经营的原则，银行业与证券业、保险业、信托业进行了分业经营，确立了金融业分业经营体制。2003 年中国银监会成立，标志着金融业分业经营、分业监管体制开始建立。从 2005 年开始，银行业又开始了综合经营探索。截至 2007 年年底，我国商业银行共设立了基金管理公司 5 家、金融租赁公司 5 家、参股成立信托公司 1 家，还考虑投资设立证券公司和保险公司等金融机构。

与银行体制改革相适应，还进行了金融监管体制的变革。首先加强了中国人民银行对金融业的分业监管；1992 年 10 月，成立国务院证券委员会（证券委）和中国证券监督管理委员会（证监会）；1998 年 11 月，成立中国保险监督管理委员会（保监会）；2003 年 4 月，成立的中国银行业监督管理委员会（银监会）标志着金融分业经营、分业监管体制形成。监管系统通过资本充足率的监管、信用风险监管、市场风险监管、商业银行操作风险监管、公司治理和内控监管等，控制和化解风险，提高了银行的运行安全性。银行业还通过规范审慎的市场准入管理、高效的银行监管信息系统建设、规范的非现场监管与现场检查制度，进一步完善了银行监管体系建设。

（五）货币市场和衍生产品

市场经济体制中的金融把资金也作为商品，不仅褪去了资金按所有者计划分割、调配、使用的经济流通色彩，还产生了建立货币市场的动力。货币市场不仅成为国家货币政策传导的渠道，成为促进利率市场化的渠道，成为扩大资金融资和调剂资金使用的渠道，更为重要的是将原本不是"商品"的货币转变为可以用"货币"谋利的"商品"。

在货币市场体系中，包括为金融机构调节流动性的同业拆借市场、以债券担保融资的债券回购市场、短期融资融券市场等子市场。

自 1984 年中国人民银行开始独立行使中央银行的职能后，各专业银行、其他金融机构之间就产生了相互融资的需要。1988 年，为调剂资金余缺，加强货币信贷调控，进行了组建融资公司的试验，并根据出现的问题于 1990 年3 月颁布《同业拆借管理试行办法》。1992 年下半年，股票、房地产投资出现失控，出现非法集资和乱拆借，拆借市场开始陷入混乱。1993 年，中国人民银行相继下发《关于进一步加强对同业拆借管理的通知》和《关于进一步整顿和规范同业拆借市场秩序的通知》，对同业拆借市场进行整顿。最重要的举措是在组织构架上撤销了省级以下金融机构违规办理的有形拆借市场，各省市成立一家由人民银行牵头的资金融通中心，执行人民银行宏观金融政策，调剂本地区各金融机构之间的资金余缺。1995 年，中国人民银行参照意大利屏幕市场网络模式，决定建立一个全国联网的拆借网络系统，以形成全国统一的同业拆借市场；1996 年 1 月，全国统一的同业拆借市场网络开始运行。1998 年 3 月后，中国人民银行陆续批准了商业银行可以授权分行加入全国同业拆借市场，批准经营人民币业务的外资银行、保险公司、部分信用联社成为同业拆借市场成员；1999 年，又陆续批准国家开发银行和中国进出口银行、部分证券公司成为同业拆借市场成员。2007 年 7 月，中国人民银行颁布新的《同业拆借管理办法》，把拆借市场参与者范围扩大到保险公司、保险资产管理公司、金融资产管理公司、信托公司、汽车金融公司、金融租赁公司等非银行金融机构。

随着我国经济的快速发展，金融业又延伸出了包括信贷资产证券化市场、利率衍生产品市场和外汇衍生产品市场为主的金融衍生产品市场。

1. 信贷资产证券化市场

金融创新者认为，资产证券化具有加快金融机构资产流动、转移和分散信贷风险的特殊功效，有利于金融机构加强资产负债匹配管理，有利于防范信用风险并提高金融资产效率。由此自 20 世纪 70 年代在美国首先出现后，资产证券化在世界范围内广泛发展。自 2004 年开始到 2005 年，中国借鉴国际经验结合国内具体情况制定和颁布了多部管理法规，其中有中国人民银行和中国银监会颁布的《信贷资产证券化试点管理办法》、中国人民银行《资产支持证券信息披露规则》、中国银监会《金融机构信贷资产证券化试点监督管理办法》，其后国家税务总局、中国人民银行、银监会等不断颁布完善、规范信贷资产证券化的管理法规。

持积极看法者认为，信贷资产证券化试验首先丰富了金融机构资产负债管理手段。金融机构不仅可以根据证券化业务的规模和结构来制定相应的负债目标，增加主动调整贷款资产地区和行业结构的能力，还可以从原来单纯将信贷资产持有到期转型为信贷资产的提供方、交易人和做市商。其次，通过信贷资产证券化，发起金融机构在让渡传统贷款利息的同时，获得了贷款服务收入、持有次级档证券的投资收益和交易资产支持证券的收入，赢利模式实现了从传统的利差收入到中间业务收入的转变。再次，还提供了金融机构的创新动力，如汽车金融公司通过发行汽车抵押贷款支持证券开辟了新的融资渠道。不过这个信贷资产证券化市场的推出为"货币"真正成为"商品"提供了工具和操作空间，也为金融暴利提供了可能。这些市场是"利"还是"害"还需要接受时间的检验。

2. 利率衍生产品市场

20 世纪 70 年代，由于一些西方国家纷纷放松或取消对利率的管制，利率风险日益显现，利率衍生产品在国际金融市场上应运而生。现今国际金融衍生产品市场上，利率衍生产品交易可达全球金融衍生产品交易的 60% 以上，成为规模最大、影响最大的市场。2005 年 6 月，中国人民银行在《全国银行间债券市场债券远期交易管理规定》中率先推出债券远期（债券远期，是指交易双方约定在未来某一日期，以约定的价格和数量买卖标的债券），逐步引导投资者利用衍生产品去管理风险。2006 年 2 月，中国人民银行发布《关于开展人民币利率互换交易试点有关事宜的通知》，在远期交易的基础上，推出人民币利率互换试点。利率互换是指交易双方约定在未来的一定期限内，根据约定的人民币本金和利率计算利息并进行利息交换的金融合约。2008 年 1 月，中国人民银行发布《关于开展人民币利率互换有关事宜的通知》，扩大了参与者范围、取消了对利率互换具体形式方面的限制，使投资者可以更灵活地利用利率互换进行风险管理。2007 年 9 月，中国人民银行发布了《远期利率协议业务管理规定》，明确了远期利率协议是指交易双方约定在未来某一日，交换协议期间内一定名义本金基础上分别以合同利率和参考利率计算利息的金融合约。

3. 外汇衍生产品市场

2005 年 7 月，中国人民银行发布《关于完善人民币汇率形成机制改革的公告》，决定自 2005 年 7 月 21 日起，中国开始实行以市场供求为基础、参考一篮子货币进行调节的、有管理的浮动汇率制度。2005 年 8 月，中国人民银行发布《关于扩大外汇指定银行对客户远期结售业务和开办人民币与外币掉期业务有关问题的通知》，扩大了人民币对外币远期业务主体，并允许开办远期结售汇业务 6 个月以上的银行对客户办理不涉及利率互换的人民币与外币掉期业务。2006 年，国家外汇管理局开始研究在银行间外汇市场推出人民币外汇的掉期交易。2006 年 4 月 24 日，银行间外汇市场正式推出人民币与外汇掉期交易。

（六）资本市场

中国自 1999 年 7 月实施《证券法》，以法律形式确定了资本市场的地位，规范了证券发行和交易行为。2004 年《证券投资基金法》实施，促进了证券投资基金的发展。2001 年 11 月，中国正式加入世界贸易组织，资本市场加快了对外开放和国际化发展的步伐。2004 年 1 月，国务院出台《关于推进资本市场改革开放和稳定发展的若干意见》（俗称"国九条"），将大力发展资本市场提升到了完善社会主义市场经济体制、促进国民经济发展的战略高度。2005 年 5 月启动的股权分置改革，使市场早期制度安排带来的定价机制扭曲得以纠正，打造了一个股份全流通的市场，拓宽了市场的深度和广度。至今，我国已经建立了主板、中小板、创业板、新三板等多层次资本市场体系，以适应多元化的投资和融资需求。中国资本市场在短短的 20 多年时间内，成为全球第二大资本市场。截至 2018 年 6 月 30 日，中国一共有 6842 家上市公司（不包括新三板、B 股），总市值合计 92.03 万亿元。❶

（七）保险市场

中国自改革开放以来，保险业是国民经济发展最快的行业之一。1995 年《中华人民共和国保险法》颁布实施，标志着中国保险业进入有法可依、依法管理的阶段。1998 年中国保险监督管理委员会（保监会）成立，标志着保险监管体制的完善。保险业总资产从 2010 年的 5 万亿元，增长到 2017 年 8 月的 16.36 万亿元。现在，中国的保险市场规模是亚洲第一，全球排名仅次于美国。

二、现行金融领域存在的问题

作为货币，本身是资产所有者进行市场交换权的契约。货币，理论上应该是一种实在财产的镜像物，是以实在的财产为基础的。货币只有走出银行，走进实体经济单位，经过劳动才能在资金的"关键帮助"下真正创造社会价值。如果货币完全在银行之间转移，那只不过是数字的移动，不会而且也不可能创造社会财富，因此货币的真实意义不应该成为可以直接产生利润的"商品"。但自从市场经济体制多次进行金融"创新"，把货币从物态的财产中剥离出去、独立成为一种"商品"以来，金融业就成为很多贪婪者实现暴富的场所。如果说市场经济体制曾经在实体经济领域创造过"创新机器"的美誉，也曾推

---

❶　《2018 年上半年中国上市公司市值 500 强排名榜及行业分布》，搜狐网，2018 年 7 月 4 日。

动过生产和消费的繁荣和发展的话，那么市场经济体制中金融业中的很多"创新"，更多的则是在制造着非劳动的暴利，制造着国际货币发行国对输入国的掠夺。因此，金融业应该是计划－市场经济体制最需要变革的领域。

为了说明许多金融产品的不公平性质，有必要关注几个被人们忽视的定律。

（一）无限发放"垄断贷"定律

说银行可以无限制放贷，而且什么问题都不会发生，很多人一定不相信。但这是一个可推理成立的事实。条件：银行避开监管，且满足一些特定条件；结论：成立。

在这里先作这样的假定：全世界只有一个银行，银行自有资本只有20亿美元，但单位和个人的存款总额有20万亿美元，而且所有的人只能通过这个银行使用货币。也就是说，在这个理想世界上所有人、所有单位花钱都用这家银行的"银行卡"刷卡消费，支出的货款从这家银行支付，收到的货款也会立即存进这家银行，总之在这个理想世界里，所有人、单位的收入和支出都通过这家银行完成。

这时A公司向该银行贷款10亿美元，当然A公司贷到的10亿美元肯定也存在这家银行中。对于银行本身来说，虽然出现了这样一个贷款的用户，但该银行的货币总量既没有增加，也没有减少。只是从账面上看A公司多出了10亿美元。此后又有B公司、C公司等很多公司都从该银行贷出了累计远超存款总额20万亿美元的100万亿美元的贷款，甚至更多，当然，所有的贷款都是放在这家银行中。这时，虽然贷出的贷款总量已经远超这家银行的自有资本总量，但这家银行的真实货币总量仍然没有增加，也没有减少，变化的仍然只是B公司、C公司等账上增加了一些可以使用的货币存款。由于所有公司的货款收和支均通过该银行，而且所有资金都不会流出该银行，因此对于在该银行存款的公司、个人来说其经营活动都不会受到影响。从银行的角度看，超越其能力给的贷款只是账本的数字变化而已，只是给每个贷款后的公司记上贷款的金额、可以使用的金额。而从收到贷款的公司角度看，却是实实在在地获得了贷款。在这里，这个银行的"垄断"地位非常重要，因为银行"垄断"保证了所有储户发生的交易都在这个银行内部，也不可能挤兑。这个银行不被挤兑就平安；如储户挤兑，那么这个银行破产是毫无疑问的。

　　上面的描述也许太抽象，用下面更浓缩的系统可更清楚地表达这个定律。这是一个唯一负责这个社会成员交易结算的银行。银行有自有资本 1 个货币单位，有名为 1、2、…M 的人总共存款 100 个货币单位，真实总资产为 101 个货币单位。银行有 m+1 个储存货币的存物柜，分别将 1、2、…M 顾客的存款保存在各自的存物柜中，而银行的自有资本存放在第 m+1 号存物柜中，如果属于顾客的货币放在各自柜中是不能动的，那么银行可以向外发放的贷款只有银行的自有资本 1 个货币单位。由于货币单位是个通用的交易媒介，银行采取给每个储户记了一本各自独立的账，而把货币集中在一起使用，而且使用了电子交易系统，用"银行卡"结算。货款交易都通过通信网络完成，支付时货币的减少和收款时货币的增加可以通过银行支付系统同时完成。由于每个顾客货币通过这个银行支出后立即又回到了该银行的账上，因此无论客户在实际上进行过多少次的交易，数额有多大，反映到银行上的总资金数量上都不会有任何的变化，有变化的仅仅是各个顾客的账户余额，而且总是一部分顾客的账户资金减少等于另一部分客户账户资金的增加。

　　如果这个银行老板很贪婪，通过这个银行给 A、B、C 等 N 个客户发放了总共 1000 个货币单位的贷款。这时，A、B、C 等 N 个客户的账户中总共增加了 1000 个货币单位的可用资金，原来的 1、2、…M 个顾客还存有 100 个货币单位的可用资金，从资金总量看，真实总资产仍然还是 101 个货币单位，但这时的账面总资产实际上已经有了 1101 个货币单位。而从资金流通角度看，由于其中的任何人、任何单位支付可用资金，都会同时在该银行的其他账户实现收入，因此，无论交易量有多大，交易次数有多少次，银行的总资金数保持恒定，不会影响其中的任何人使用，变化的仅仅是"账面上的数据"。当然如果发生客户挤兑，每个客户都准备把自己的存款取出来，存到其他银行去，那么银行老板的贪婪就会暴露在顾客面前，这个银行可以倒闭很多很多次，问题是整个这个地域内就只有这么一个银行，挤兑当然不可能产生。

　　有人可能会这样认为：这个定律在现实世界中是不存在的，因为即便在一个国家也有很多的银行，更不用说是全世界了。但事实却可以证明这种想法过于简单了。看看以下三种情况：

第一，如果这个国家是相对封闭的。国家在银行间推行了比较彻底的"同业拆借业务"，而且同业拆借业务有极高的拆借效率：能够实时地实现资金在这个内部圈子中的快速无障碍转移，当可以在这个国家范围内做到像在同一家银行一样时，这个国家的那个"垄断银行"事实上已经以虚拟的形式诞生了。这个虚拟的"垄断银行"已经接近定律中的"垄断银行"，唯一的区别是这个虚拟的"垄断银行"内部不是铁板一块，存在着各银行的利益矛盾。

第二，如果一家银行规模足够大，足可以把大部分顾客的资金收支业务封闭在这个银行之内，那么这家银行就具备有限度地实施这个定律的条件。

第三，银行充分利用政策空子，成立完全由该银行控制的一条"操作工具"链：信托公司、债券公司等，且：

（1）在该银行开户，其业务的对象也被要求在该银行开户，实现业务收支封闭在该银行之内；

（2）接受该银行的完全控制，需要时可以随时实现资金拆借；

（3）内部拆借的速度满足不被用户发现的条件。

如果这些条件满足，那么银行和作为"操作工具"的信托公司等公司之间就可以实现定律所需要的部分条件，而这些"操作工具"并没有流失太多存款，但却都是可以再次盈利。

这个可无限发放"垄断贷"的定律可以这样描述：当所有顾客的收入支出都只能在同一家银行内完成且能确保任何顾客货币收支都不改变该银行货币总量时，只要不发生挤兑，这个银行就可以无限制放贷。

（二）市场经济体制的通货膨胀隐瞒定律

按照经济理论，货币资产应该是实物资产交换权的契约。货币的总金额从宏观上应该等于实有资产的总金额。假如在没有实际存在资产增加的前提下，直接印制钞票一定意味着单位钞票所等值的实物资产减少了，结果必然是通货膨胀。

但事实上，并没有发生这种因果关系。欧元区这几年搞了上万亿欧元的量化宽松，不仅没有出现严重的通货膨胀，反而再陷通货紧缩。欧元区 2016 年 2 月整体通胀率由 1 月的 0.3% 降至 0.2%，远低于欧洲央行设定的 2% 的目标。有些国家表现出一些通货膨胀数据，也不是因为货币上的量化宽松，而是供需矛盾调整的结果，与印钞票搞"量化宽松"关系不大。

究其原因，这里还有一个市场经济条件下的通货膨胀隐瞒定律在起作用。在市场经济体制下，生产者的积极性得到了充分的调动，因而"总体上的生产能力"始终大于"总体上的消费能力"。在这种情况下，银行滥印了很多"真币"投入市场，其中多数钞票装进了既得利益者的口袋，还有一部分构成了新的消费能力；最后发现任何消费能力的增加都可以通过"过剩"的生产能力填补，就好像增发的货币原本就有这么多实物资产一样。结果产生的外在效果是："过剩"生产能力填补了"滥印钞票的空缺"，把真实的通货膨胀"隐瞒了"。这是市场经济体制供过于求特定条件下出现的一种特殊规律。通货膨胀被隐瞒并不意味着通货膨胀真的不存在，而是被暂时的供需平衡隐瞒了。特别需要指出的是，在这种"通货膨胀被隐瞒"的"风平浪静"表面下，社会成员之间的社会财富占比已经在"量化宽松"中被大大改变了：既得利益者（银行、财团、大企业中的部分群体或个人）在每次"量化宽松"的印钞票中，分得了大量的不当利益，获得了丰厚的收益，而多数实体经济企业、多数劳动者并不能在量化宽松中与利益沾边，其中的沾边者也仅仅是缘于必须支付自身劳动而获得报酬的机会而已。社会总财富的占有比例进一步偏离均值，属于劳动者的真实财富被稀释掉了。这个定律是市场经济体制生产能力远超消费能力这个特殊性打造出来的。但值得注意的是：在这个定律下，通货膨胀是被隐瞒而不是没有，社会分配新的不公正性其实没有被隐瞒但却不被重视，或者根本就不知道背后发生的事实，有时候还可能认为很正常。

（三）单纯的"货币"作"商品"必然导致国民买单定律

货币资产应该是实物资产交换权的契约，能成为商品的应该是货币所代表的"物"，而不应该是货币本身。货币资本只有作为生产要素加入劳动者的劳动才能创造社会可以使用的新的价值。当把货币本身当成独立"商品"时，货币作为资产的实物基础就被剥离了，随之而来的一定是贪婪者的掠夺，一定是打着"货币商品"的旗号谋取"金融特权"之利。

金融业机构以单纯的"货币"作为商品，用不断的"钱生钱"圈内周转，造成机构内"暴利"，而"货币"原值被瓜分成为"呆账"，再由于银行在市场经济体制中的特殊地位，银行出现流动性不足时，多数都由国家出面救助（本质上的国民买单），客观上践行"个别金融机构谋利，最终国民买单"定律。为了说明这个定律的原理，在这里先讲两个故事。

● ［故事1］这是一个商店盈利的故事。笔者曾在中国改革开放不久的1985年担任了一个大型国企非主业电子实业公司的总经理。当时公司决定投资200万元人民币成立一个电子商店。为了调动商店经营者的积极性，制定了从商业盈利中提成30％由经营团队分配的奖励办法。结果第一年电子商店一下子购进180万元的货物。一年下来，大约有55％的商品比较好销，按照财务科的结算，第一年电子商店盈利25万元，按规定兑现奖励7.5万元，要知道这在当年可是不小的数字。问题是其中有45％约81万元商品滞销。三年下来，商店共按公司规定分取奖金19.8万元，库存滞销物资164万元。最后电子商店经理找上门来了，如果商店还要继续经营下去必须另外注资，否则已无现金购进商品了。

在这个例子中，有以下几点应该引起人们的关注：

第一，这个商店的存货中有大量的商品实际上已经成为价值大打折扣的"滞销品"，但这些"滞销品"存货在账面上仍然保留着原有的不实在的价值，扭曲了商店的真实资产。

第二，掌握着权力的商店管理者，总有办法从货币资金采购的商品中产生经营"业绩"，这些"业绩"其中既有真实的也有管理层"做"出来的。但所有的"业绩"从账面上看都是"真实"的，都是可以放在阳光下获取利益分配的。

第三，当商店"滞销品"的资金占去大部分流动货币资产后，投资人要么继续投资维持商店开业，要么关门清算，如果这个"店"（比如银行）是不能停业的，那么投资人已经被"店"的管理层绑架，只能向这个无底洞输血。

第四，"店"的管理层是主要赢家，过程中所有按规定应该支付的"提成"都已经装进口袋，而损失全部都是投资人承担，如果投资人是国家，那就是由国家承担，由国民承担。

银行也有很多相似之处。有些款贷出去后本金利息都收回来了，实现了盈利，但也有一些贷款成为呆账。这些呆账不仅利息难以收到，即便是本金也收不回来。但银行盈利的部分，按照政策银行管理层按比例拿走分配掉了，而呆账则不断被积累，以至于到银行货币流动性达到危机程度时，国家总为了金融稳定而用一定的呆账核销机制买单。

●［故事 2］有一家中型银行按政策规定成立了一家由自己控制的（委外）券商，又成立了一家由银行控制的（委外）信托公司。券商首先发行一只自己的债券，（委外）信托公司用委外支付资金购买由该券商控制的债券，然后（委外）信托公司又通过所持有的债券通过质押回购，融取资金继续购买该券商的债券，继续实现"债滚债""利滚利"。在这些运作中，其实所有的操作都是在一个总指挥策划下，有计划有步骤地实施的，都是将数字形式的货币作为"商品"在这些关联机构的账面上"周转"，每一次"周转"都产生巨额"利润"。到最后，当原始的货币资金都变成"货币商品"的利润被瓜分后，暗处的"货币商品"变成明处的"呆账"，再经过核销机制，从国民口袋里"核"回来。所有行为都在电脑操作下完成，业绩显著、利润丰厚，很多时候还是暴利，当然所有的周转没有实业参与，不会也不可能创造真正的社会财富。

金融产品商业化的操作和实物资产盈利操作有很多本质的不同点，正是因为金融产品的这些不同有可能更隐蔽、更具危害性。

第一，货币和实物相比，实物制造有时间有周期，需要生产设备、投料、检验等很长的生产过程，要变为可分配的货币还需要银行的配合；但由金融单位实施的"货币商品"过程则完全是"数字搬家"而已，而且把货币当成商品时，这个商品无论数额有多巨大，都可以方便地转移、分配，尤其对于管理货币的银行来说更不需花多少气力。

第二，货币转移迅速。对于管理货币流通的银行而言，如果想把货币转移就一定能转移，而且能用更快的速度转移，而实物就不容易了。

第三，当货币可以而且仅仅是货币本身就可以成为商品的时候，货币的管理者——银行就有了偏离业务正轨的驱动力。如果掌握银行权力的人有了超越界限的贪婪心，那么在银行监管还有漏洞的情况下，金融业所特有的下述优势就可以转换为谋取不合理暴利的工具。

（1）金融业拥有不合理收入的无阻拦获得权。俗话说"拿到钱是关键"，如果是一个企业，想拿到"钱"至少还需要过银行这道"关"，而对于银行这类金融机构来说就没有了"关"。

（2）金融业拥有风险优先规避权。当银行通过"债滚债"或其他经营使"货币商品"成为呆账、死账时，又当银行拥有呆账核销建议权力时，对金融业自身有风险的呆账一定会得到优先的处理，因为整个过程的信息只有金融业自己知道，监督当然地非常缺失。也就是说，如果允许把货币当成"商品"，又允许在自己设置的"局"中倒买倒卖，还能以金融创新的名义从中谋求暴利，那么，当缺乏有效制约手段，且其中的信息根本就不透明时，问题必然严重。

（3）内部信息封闭权。信息透明是治疗"违规病"最好的药方。而金融业正好是信息内部封闭最严重的行业之一。对于银行这样的封闭行业，当只存在自己约束自身的制约机制，且主管部门又允许把货币再一次独立成为合法"商品"时，这种信息封闭权极有可能成为非法暴利的助推器。

当银行把其管理的货币当成合法"商品"，而不是通过金融服务获取合理利润时，且掌握这些"货币商品"的人失去职业底线而成为无限贪婪人的时候，金融的管理方又允许这些贪婪的人离开实体经济，用"债滚债""贷滚贷""利滚利"，用"货币商品"去谋利时，社会实际上已经缺乏有效阻挡其"成功"的能力。最终，一些有权的贪婪的金融业者仅仅利用"账上的数字移动"就有机会获得暴利。而这些"暴利"的背后，却是"货币"这个商品中价值被瓜分后剩下的"商品空壳"。这些少数机构的"暴利"和等同的国民损失，严重改变了社会资源在人与人之间的配置比例关系，从而让众多国民为这些贪婪者的财富买单。

三、计划 – 市场经济体制对金融业的再定位

（一）计划 – 市场经济体制给金融业带来的变革

1. 银行支持实体经济有内在动力

计划 – 市场经济体制的一个基本思路就是在每个社会发展目标上设计出它的内在动力。银行作为一个独立核算的法人，投资安全当然是第一位的。由于市场经济条件下经济活动具有自发性和无计划性，企业尤其是小企业成为最不稳定、最不可靠的投资主体。银行要给中小企业发放贷款，是金融风险最高的领域之一。正因为如此，"中小企业融资难"成为经济领域的必然话题。

在计划 – 市场经济体制下，政府对供需契合环节实施了计划管控。实体经济运营企业只要在地区"枢纽"主持的招标中签订了"供—需"契约，就获得了政府信誉的担保，契约的风险接近于零风险。因此在新体制下，银行最踏实的贷款对象就成为在地区"枢纽"招标中签订有生产契约的实体企业，不会出现中小企业贷款难的现象。

2. 单纯的货币"商品"不再需要

在计划 – 市场经济体制下，社会收入将实施按劳配酬，将向国民收入有差距但差距不太大的目标推进，不符合这个目标方向的金融理财产品将受到限制。市场经济体制所创造出的将"单纯的货币作为独立商品"的活动，是一种纯粹的数字游戏与不当的利润抢劫，将会在新体制中被禁止。

3. 金融暴利不应再有

计划 – 市场经济体制一个重要的理念是政府计划管控流通，通过管控供

需契合枢纽控制暴利的产生。金融业作为一个为国民经济服务的行业，只要其中有业务交易，那么交易中的金融供需契合也将是计划管控的节点。而当政府真正实现对金融交易供需契合的管控后，所有的暗箱操作都不再可能。于是，随着政府对金融中生产者和消费者交换环节控制点的管控，便防止了金融暴利的出现。

（二）计划 - 市场经济体制下金融业的新定位

列宁是世界上第一个社会主义国家的缔造者，同马克思一样，他也非常重视金融特别是银行对经济发展的作用。他在《帝国主义是资本主义的最高阶段》和《关于帝国主义的笔记》等著作中有大量关于金融作用的论述。列宁提出了要把银行建设成为全国性的簿记机关，全国性的产品生产和分配的计算机关，运用银行调节全国按社会主义生产方式组织起来的经济生活。列宁关于金融作用的论述已被当代实践所证实，对计划 - 市场经济体制建设也具有重要的指导意义。

早在 1917 年 9 月底，列宁在《布尔什维克能保住国家政权吗？》一文中，强调指出"没有银行，社会主义是不能实现的"[1]。在 1918 年 3 ~ 4 月间，列宁在他写的《关于银行政策的提纲》中指出："银行政策不限于把银行国有化，而应该逐渐地、但是不断地把银行变为统一的核算机构和调节机构，调节全国按社会主义方式组织起来的经济生活。"[2] 在列宁领导下，1918 年 4 月，苏维埃政府建立起了统一的苏维埃共和国人民银行。列宁之所以非常重视银行的作用，是因为银行能极大地保障经济活动中的正常秩序。

新体制不会再把金融当成是一个经济生产部门，而是让它成为社会经济活动的保障和服务部门。因为金融业一旦把自己当成是创造利润的生产企业时，便一定会用足自己的权力去挣钱，很容易会偏离自己应有的任务方向和目标方向。而新体制把金融业定位为一个为社会经济发展提供保障、提供服务的

---

[1] 列宁：《布尔什维克能保住国家政权吗？》，《列宁全集》第 26 卷，第 87—88 页，人民出版社，1990 年。

[2] 列宁：《关于银行政策的提纲》，《列宁全集》第 27 卷，第 204 页，人民出版社，1990 年。

行业，禁止所有"用数字获取暴利"的"创新"。新体制就是要迫使金融业齐心合力、一心一意去修正金融业之路。

1. 做好金融服务

现代经济离不开金融服务的支持。金融服务与其他服务相比拥有众多的不同，第一是对象的广泛性。金融业的对象是全体国民、全体单位，差不多所有的交易，还包括境外国民和境外服务对象。第二是服务的重要性。它涉及每个人生活所需要的金钱，而且是人类获取通用货币的最后一个环节，要求拥有安全、快速、转移的能力。第三是交易的便捷性。因为金融涉及的时空非常广大，要求有更好的便捷性。

2. 做好二次资源配置工作

金融业从功能角度定位，则首先是社会资源配置的二次优化者。在计划 - 市场经济体制中，第一次的资源配置优化是在消费者在地区"枢纽"的管控下通过竞争选择生产者的过程中实现，而第二次资源配置优化则要通过调控金融环节的资金流向来实现。在新体制中资金的作用下降了，但仍然重要。金融货币资金投向什么行业，仍然是宏观资源的再一次优化分配。

全国规划和规则制定中心还将专门为金融业设计一个宏观调控工具——资金配置因子。通过这个因子的针对性使用，完成宏观调控第二次资源配置。

银行向需要资金的企业发放贷款，贷款利率反映对贷款风险水平的判断，也可以成为宏观第二次资源配置的工具。在计划 - 市场经济体制中有两种资金需求，第一种是正常的消费需求竞争中的资金需求。企业只要取得由"枢纽"参与签订的契约，风险就可以控制，而且其资源配置中的优化已经在竞争过程中完成，不再需要金融业再优化。第二种是投资建设项目中的资金需求。其中有国家财政支持的投资，也有其他人投资的项目，这些项目都可能需要金融支持。当投资人有项目投资需要银行的资金帮助时，政府就会使用资金配置因子进行宏观调控。资金配置因子是一个系数，每个行业甚至每个产品都可以不一样。为了地区的平衡发展，同一产品不同地区也可以不一样。当银行向一个企业提供贷款时会有一个贷款利息的约定，但实际结算的利息需在银行约定利息基础上再乘资金配置因子后才能得到。由资金配置因子计算出的实际利息额与银行约定贷款利息是增加还是减少，由国家财政专用账户结算。也就是当资金配置因子大于1时，说明该行业国家限制投资，如果资金配置因子小于1，表明国家对该投资行业是鼓励的。资金配置因子由全国规划和规则制定中心制定并通过专门信道发布和自动实施。由资金配置因子产生的利息增加额或利息减少额由国家财政专款账户核转，不由银行承担。

3．创造大众投资平台

大众投资是计划－市场经济体制给予金融业的特殊任务。在有竞争的经济体制中，如果大众都能成为竞争者，那么经济建设必然是轰轰烈烈的和有生气的；反之，只有少数人成为竞争者，多数人成为旁观者，那一定不是执政者的愿望。计划－市场经济体制已经在制度中设计了兼顾地区发展、兼顾人与人公平竞争的机制，但仍然会有大量的社会成员不能成为企业老板。新体制下的金融业将建立一个资本市场，提供一个大众投资的平台，让人们可以在竞争中通过多种多样的劳动投入获得不一样的收获。当然，在这个平台一夜暴富是不会有的。

具体方案将通过实践摸索，但目标应该是：

（1）大众有机会参与。

（2）没有暴利，一般也不会没有利，但肯定有差距。

（3）参与投资的大众有机会贡献资金，也有机会贡献智慧劳动。

（4）有规范的加盟机制也有规范的退出机制。

4．为经济偶然事件提供计划服务

经济活动中有很多的偶然性灾害，如各种自然灾害及人身事故等不可预见的偶然事件，是人类无法规避的。计划－市场经济体制将在金融体制改革中保留和发展保险业解决这类偶发问题的业务。通过保险，将很多不可预见的灾害、偶然突发事件，使用概率计算进行平均化，从而把不可预见的经济事件计划化和可控化。新体制不仅在现有的领域继续推进保险业的发展，还在科技创新领域、预报预测领域和其他有概率的偶然经济事件中推进保险业的发展，实现经济在可控制领域计划发展的同时，在不可控的偶然概率领域也同样能够计划发展。

5．推进新技术在金融业的应用

金融服务有两个支柱：第一个是安全性支柱，第二个是便捷性支柱。安全是金融服务的基础。安全性又可以分为交易环节安全、持有环节安全、后台管理环节安全、信息披露环节安全、信息传输过程安全等。安全性和便捷性有时候还表现出矛盾性，照顾了安全性有可能损失了便捷性。计划 - 市场经济体制将充分关注科学技术发展对金融服务的革命性影响。在当下，至少应关注下述技术对金融服务发展的影响：

（1）互联网通信。如果有一天克服全部的安全障碍，那么金融业的服务平台有机会直接搬到服务对象的屏幕前。

（2）区块链技术分布式管理思路。通过其中的群管的思路，摆脱对于少数人、少数设备的依赖，从而实现一种系统管理的机制。因此，应该探索从系统管理机制中寻找安全性和便捷性的统一之路。

（3）量子技术。据报导及介绍，量子具有不可分割性和不可克隆（复制）性，量子纠缠，即一对具有量子纠缠态的粒子，即使相隔极远，其中一个状态改变，另一个也会发生相应的改变。这种不可克隆性正是金融安全所需要的，而量子纠缠如果该技术在科学上成立且能够在实践中应用，也是金融安全求之不得的特性，因为它可以发现任何非正常态的改变，而且无论距离有多远。其中的本质理念，在金融业发展中可能会起革命性的影响。

（4）人体特征识别技术和生物特征识别技术。现在很多的安全设计都基于手机的互动上，显然，其中仍然存在巨大的风险。而人体特征识别技术的发展可以在更高级层面上设计出更安全的验证措施。比如，指纹识别技术，虹膜识别技术，还可能有基于生物基因的更复杂有效的人体特征识别技术，还有植入芯片识别技术，等等。这些技术的发展有利于用快捷的方法核实验证金融服务对象，以确定金融服务对象的真实性，而这点正是实现安全性和便捷性统一的关键环节之一。

（5）手机、终端远程支付结算技术。这个技术依托高速通信网络，充分利用支付结算方可以管控终端（比如手机）自身安全的特点，集合加密技术、二维或三维图像码技术及其他新的加密和识别技术，完成远程实时支付清算。

比如，支付宝支付系统、微信支付系统等结算技术。不过，从计划－市场经济体制的角度要求，在这些结算技术中，都应该有地区"枢纽"管控的节点。

6．为金融供需管控提供管控环节

金融也是计划－市场经济体制实施计划管控的领域。只要金融业内部存在"生产"和"消费"之间的交换或流通，那么同样需要留出管控环节由地方专业"枢纽"管控，以保证交换环节管控在经济领域的全覆盖。当然，这是个新课题需要专题探讨。此外，在新体制涵盖金融业后，其中的信息涉及宏观经济规划的内容，将在管控中直接通过专用经济信息通道上达全国信息中心。

7．赢得国际话语权

金融是世界性的，计划－市场经济体制又是一次体制革命。赢得国际话语权不仅要立足原有经济体制，更要立足于创立的新体制。新体制将创立有别于市场经济体制的金融业，创立更加公正和安全的金融业，这必将引起国际上的争论或赢得共鸣。这些都将给我们提供全新的主持规则制定的话语新位置。这将本质地区别于过去那种仅仅的"参与"，本质地区别于过去那种仅仅的"照搬"。

第十二章 计划－市场经济体制下的对外经贸体制

对外贸易的产生和发展是与社会生产的发展及社会分工的细化紧密相连的。世界各国对外贸易构成的国家间的商品流通，即国际贸易。对外贸易很长时间以来都是拉动经济增长的动力之一。中国进出口贸易总额从 1978 年的 206 亿美元增加到 2017 年的 4.105 万亿美元，成为世界第一贸易大国。❶

然而，必须正视的是，国际贸易格局正在发生深刻演变。随着世界经济结构的调整，全球价值链进入重构期，传统消费大国尤其是美国正大力推进再工业化，跨国公司也有从离岸生产转向近岸、在岸生产，即正在将一些高附加值生产环节转回国内。在经贸规则领域，多边贸易体制在美国的"退群"下，面临空前的挑战；在美国国内，"反全球化"思潮蔓延，单边主义、贸易保护主义得势。全球贸易碎片化风险大幅上升。为此，需要重新审视过去的对外贸易规则、组织、方式。计划－市场经济体制通过其特有的计划性、市场竞争性机制及平衡理念，在实现社会各部门之间资源配置的同时，建立起促进国际贸易发展和保证国际收支平衡的体制和机制。

---

❶ 李云龙：《中国推动形成全面开放新格局　为世界增添新活力》，中国网，2018 年 5 月 25 日。

本章将提出新体制下如何促进国际贸易发展的体制机制措施，阐明新体制如何在国际经贸活动中保证国际收支平衡的原理，阐述新体制保证在国际经贸领域实现国际收支持续平衡的方案。

一、计划－市场经济体制与经济全球化

（一）从政治殖民化到经济全球化

15世纪初，西方列强像荷兰、法国、英国等开始了政治殖民地化的进程。直到20世纪初，全球殖民地国家和殖民地已占世界陆地面积的85%，西方几个主要的强国完全控制了世界的政治和经济。第二次世界大战结束后，民族独立解放运动方兴未艾，殖民地国家陆续开始独立，到20世纪60年代末，绝大多数殖民地国家都获得了独立。至此，政治殖民主义已经不得人心，并以不得人心的形象逐步走进历史的博物馆。

西方资本主义国家在市场经济体制竞争中，劳动生产率不断得到提高；而在不断繁荣市场的同时，贫富差距扩大，又限制了国内消费市场的扩大。一方面，商品产能不断扩大，资金不断积累；另一方面，消费市场又不能同步扩大，资金无处流动，致使资本主义世界有大量的商品无法找到买家，大量的资金需要找到投资对象，以至于不时产生周期性的经济危机。

政治殖民地的退缩，堵住了资本主义国家通过殖民化政治控制实现消费市场延伸的通路。而资本主义国家产能过剩、剩余资金急于寻找消费市场的需求并没有消除。于是，输出产能、输出资本就成为一种必然需要。事实上，世界经济发达国家向全球输出产能、输出资本的过程自政治殖民化过程中就已开始，而且从来没有停止过脚步。因此，经济全球化就其过程而言一直可以追溯到15世纪。但真正把经济全球化作为概念采用的还是1990年经合组织（OECD）经济学家S.奥斯特雷，他首先正式采用这一概念。T.莱维1985年提出的经济全球化概念，也有人把他作为提出者，把这一年作为提出日。

（二）不同理念下的经济全球化

1. 殖民理念下的经济全球化

世界上确实有带着经济殖民理念和幻想来推动经济全球化的国家和人物。在他们看来，世界上很多国家虽然在政治上已是主权独立的国家，拥有了联合国宪章确立的地理国界，政治殖民不可能再实施，但可以在"经济全球化"大旗下以完全自由"竞争"为规则，让各国彻底开放经济边界，曲线实现自己的殖民梦。这些人非常清楚，占据资本优势、技术优势、管理优势的发达国家，只要绝对"自由竞争"，就可以把经济统治通过绝对的优势跨越国界，占领欠发达以及不发达国家的市场，完成政治殖民不能完成的经济殖民目标。在这种殖民理念下推动经济全球化，其结果一定是发达国家永远发达，欠发达和不发达国家永远成为被压榨的对象，而永世都不可能翻身。很显然，由这种理念推动的经济全球化不可能被多数国家接受。

2. 当权人谋私利理念下的经济全球化

世界上也有个别国家，长期处于内部分裂状态，一旦成为执政者总会迫不及待地谋求自身及小集团的利益，在经济全球化过程中也不例外。这种理念的经济全球化，当政者一定会在谋私利中出卖国家利益和主权。作为资本、技术、管理的输入方也一定会抓住机会从自己能控制这个国家出发，把经济全球化变成为施以小恩小惠而实施控制的工具。以这样的理念来推动经济全球化：结果必然欠发达国的重要资源以至于经济命脉被人控制。最终，这个国家不仅陷入极度贫困，而且还陷入极度无奈之中。国家还不了债、债权人受到了损失，而且还会酿成政变、动乱，最终是个多输的结局。

3. 共赢理念下的经济全球化

人类共赢理念下实现的经济全球化。在这个理念下形成的经济全球化，没有任何人在其中拥有绝对的支配地位，没有一方对另一方的剥削和掠夺，没有只能由"××第一"的规矩。全球经济形成的是一个在公平竞争中发展变化的产业链，每个国家的劳动者都可以在这个产业链中找到适合发挥自身长处的位置，都可以在全球化经济大协作中实现各自利益的最大化。

各国在现阶段的发展水平是不同的，如果发达国家要求欠发达国家无条件开放市场，就意味着欠发达国家永远无法发展，无法共享人类发展的成果。因此共赢理念要求发达国家容忍欠发达国家的有限保护措施，国际社会特别是发达国家有义务支持欠发达国家获得先进的技术和管理，帮助欠发达国家缩小发展差距，乐见欠发达国家通过自身的努力向高端产业扩展，实现经济全球化过程中的人类命运交融和共同幸福。这样的经济全球化自然会受到各国的共同欢迎。

这个理念下的经济全球化不能不提到中国的经验。中国是在经济全球化过程中最成功的发展中国家，是最值得总结研究的国家。中国在改革开放初期，一方面将巨大的市场潜力开放给发达国家，吸引发达国家的资金、技术和管理，另一方面以坚强政府的执行力为经济开放释放效率和活力，再一方面通过有序的市场竞争激发了原本勤劳节俭的中国劳动者，产生了未曾预见的全球化共赢结果：

第一，中国以低价和高素质的劳动力、较高的工作效率、极强的政府执行力及中国自身拥有的巨大消费市场，吸引发达国家的资金、技术、管理到中国，建立了包括中外合资在内的实体生产企业。经过几十年的积累，中国已经成为名副其实的"世界工厂"。在全球产业链中找到了适合自身长处的位置，而投资者也在中国的投资中分享了盆满钵满的真金白银，实现了各方的利益多赢。当然，这其中也有经验教训。比如，有些发达国家除保留了高利润的高技术产业外，把极大的注意力放在花力气少但能挣大钱的非实体产业上，比如金融业等非实体企业。这类行业不仅挣钱多，而且花力少，但长远看，国家不能没有实体产业。

第二，中国国民从开放交流中大开眼界，一下子缩小了自己与发达国家在理念、技术、管理上的差距，以至于在某些领域超越了西方。形成了中国和各国在经济全球化中的合理竞争，总体推动了世界经济的发展，也形成了一种合理竞争下的共赢。

第三，发达国家生活富裕，不太需要考虑明天还有没有饭吃的问题，而像中国这样的发展中国家则不同。长期以来过着今天要为明天着想的日子，如果不为明天和后天做点备用，真有问题可能日子就过不去。久而久之，中国人民积累起了更勤奋节俭、更愿意储蓄的优良品质。当勤奋节俭的中国人在改革开放中释放出积极性和创造性时，由"勤奋＋储蓄"累加起来的财富就是一个巨量"金库"。中国将这个"金库"运用在经济全球化中，为各国提供了价廉物美的中国商品，也为全球经济持续增长做出了巨大贡献。

第四，在经济全球化过程中，人员的流动不仅提升了流动中的国民在技术、管理方面的水平，还推高了非流动国民的水平，将国民的整体素质跃升到新高度。中国在改革开放中开启的留学深造潮、学者之间的交流潮，极大地缩小了中国与西方发达国家在思维观念、技术和管理水平上的差距，实现了经济全球化中更高层次的交融。

4. 共赢理念与反经济全球化挑战

很令人深思的是，经济全球化是由发达国家最先提出来的，而当今，反对经济全球化的声音更多也来自发达国家。究其原因，有两点特别需要重视。

第一，经济全球化中，国家有国内平衡的职责。从经贸平衡的角度看，一个国家只要在经济全球化的进出口中，贸易额大致相等，那么这个国家一定会在经济全球化中实现优势项目上的利益最大化。但问题就在于不少发达国家出口的往往是大企业、大财团的产品，而进口的却是普通劳动者可以生产的产品，导致经济全球化受益的是富人，受害的却是更广泛的普通劳动者。

出现这个问题的责任并不在经济全球化本身，因为经济全球化中各国应该拿出有比较优势的经国内就业平衡后的产品去贸易，并没有让国家牺牲普通劳动者的利益去贸易。

第二，反对经济全球化的人提出的绝大多数诉求和问题，比如抵制外来商品、排斥外来民，等等，都不能简单归罪于经济全球化。因为外来商品之所以有市场是因为价廉物美，外来人之所有被雇用是成本核算。所有的选择是通过自由市场经济体制"自由竞争"这个机制决定的。在自由市场经济中，只要竞争是自由的，缺少优势的竞争者一定会被淘汰，而这里的优势并不一定是劳动者的自身能力差，而是这种经济制度下，所有的优势都是由资本优势来统领的。换言之，即便不进行经济全球化，普通劳动者仍然无法摆脱面临的同样问题。

（三）计划－市场经济体制追求的经济全球化目标

计划－市场经济体制追求全人类的共同富裕，追求国与国之间的公平公正，追求各国国内积极因素的发挥，追求建立人类命运共同体。新体制将让我们站在全人类共同利益角度看待经济全球化，再用全人类共同的立场去推进经济全球化，让经济全球化真正造福于全人类。新体制的经济全球化将追求以下目标：

第一，追求发挥各国各自在经济产业链中的优势。各国都有自己的优势，如果经济全球化能为各国发挥自己的优势服务，那么它就值得推动。比如，有个国家很穷但有个十分美丽的沙滩，发达国家把资金借贷给他们，并向他们介绍管理经验，用这些资金和管理经验同该国合作管理这个美丽沙滩，再用美丽沙滩带动旅游服务业发展。这样，在实现国际收支平衡的前提下，将应付欠款及分红支付给发达国家，实现了收支平衡略有节余——结果既帮助这个国家发展了经济，又让发达国家实现了利润回报。再比如，有一个国家没有太好的自然资源，但有十分廉价的劳动力资源。如果在经济全球化过程中，发达国家用技术和资本把他们组织起来，生产他们需要的产品，服务于当地百姓，在留下足够的发展资金后自己再获取利润，实现了国际收支平衡，那么这个经济全球化，不仅帮助这个国家脱了"贫"，还实现双赢的、有持久力的经济发展。这显然是人类命运共同体的共同需要。但如果发达国家不这样做，而是试图拿走在这个国家获取的绝大部分利益，那么经济全球化就缺乏了共同的利益基础。

第二，追求最新技术成果的全球应用，服务于全人类。人类现在每天都有成千上万的发明创造，但数量巨多的发明还只能服务于少数人，包括很多与人类生命相关的药品。如果不是因为高额专利费的原因，有很多的药可以医治无数的生命。当然，从药品制造者和发明者来说，研制出一个能治病的药品实属不易，需要大量的投入。如果研制出一个专利药品，都是无偿使用，那就不会有人再搞发明创造，也就不会有能治病的新药。

换一个思路看，每个人有的财产是什么？劳动能力。全球每个有劳动能力的人至少都拥有未来劳动能力，我们可以通过经济全球化，让需要专利技术的人，用他们所拥有的未来劳动，通过经济全球化这个平台，来"置换"这些专利技术产品。这其中不仅使得专利技术得到了更广泛的应用，还使"置换"者享受到专利技术的成果。最终，专利发明者得到了回报，专利使用者享受了专利技术的成果，真正实现了人类的共享共赢。当然，跨国置换短期内还难以实现，但不管怎样这总是个思路。

第三，追求最新管理理念的全球分享。在地球村这个人类大家庭中，管理的理念、管理的体制、管理的方法很大程度影响着其中某个特定国家的方方面面。人类的全球竞争很大程度是管理理念的竞争，因为只有先进的经济管理才能孕育出强大的经济实力。而在经济全球化过程中，首先的交流也必然是管理的交流，因为各国间进行交流、合作、谈判、协议过程首先接触的就是管理体制、办事流程、办事理念。在经济全球化过程中，只要秉承双赢和多赢的良好愿望，那么管理理念的全球分享是可以逐步实现的。

第四，追求通过经济全球化实现全人类的交流、交往，增进各国人民的友谊。在人类命运共同体中，通过经济全球化，把人类每个国家的优秀基因，都根植到产品生产的全球链中，实现国家间的交融。让世界上少一些仇恨、多一些博爱，少一些拆台、多一些合作，少一些贫穷、多一些共享共富的愿景。

二、计划 - 市场经济体制下的国际经贸收支平衡

（一）国际经贸只有收支平衡才能持久

"进口与出口是一对孪生兄弟，进出口平衡是外贸发展的基本目标，鼓励进口，降低顺差，可以减少贸易摩擦，优化外贸发展环境；进口先进设备和技术，其实是在为未来提升出口商品结构，夯实国内产业根基；进口国内稀缺日用品，让国内生产厂家看到新产品的巨大消费需求和自身产品的差距，激

发创新动力，早日实现进口替代；降低部分日用消费品进口关税，还可以引导境外消费回流。"❶ 这一段话是 2016 年 5 月 9 日国务院发布《关于促进外贸回稳向好的若干意见》中的一段叙述。它说明了中国政府对于进出口贸易平衡已有深刻认识。

如果一个国家的国际收支不平衡，那么至少会出现以下三种情景：

第一种是美国情景。近些年来，美国的国际贸易始终是进口大于出口的逆差状态，然后四处借钱，用外国人的钱维持美国人的消费。如果美国不是国际货币的发行国，那么美国可能破产好多次了。可是美国是国际通用货币——美元的发行国，不怕逆差，一旦支付不了货款，只需要"量化宽松"印美元就是了。目前，国际上很多对美国的贸易顺差国，试图以买美元国债形式保值升值。2017 年，美国的国债已经达到 20 万亿美元的水平，而其他国家持有美国国债达 6.004 万亿美元。❷ 当下，美国经济虽然也有问题，但和其他国家比还算是不错的。不仅如此，美元在量化宽松中还日趋坚挺，还是一种很不错的经济态势。但这个时候美元没有问题，不等于以后不出现问题。就像 20 世纪 70 年代初，原本按照"布雷顿森林"货币体系的协定，有 35 美元可以兑换 1 盎司黄金的官价，但当美国经济因越南战争出问题时，尼克松总统一道令就废止了。而一旦美国经济出现问题，当美国的国家利益需要时，随时可以通过贬值、降息让美国国债持有人承担巨大经济损失，从而把美国自身的经济灾难转移出国界。

第二种是非洲一些小国家的情景。由于这些国家经济实力太弱，没有与发达国家投资方进行谈判的实力。其结果是很多的资源所有权、部分国家经济命脉的控制权在经济全球化的过程中丧失掉了，导致的最直接后果就是失去了经济上的独立性和自主性。这些国家债务无法按期偿还、货币不断贬值、国家信誉评级不断下降、融资难度不断增加，经济不断恶化。有些国家最后到了只能采取强制国有化措施，致使当事国家和投资人都蒙受巨大损失。

第三种是一般性小国家的情景。这类国家比第二种情景国家的情况要好

---

❶ 《2016 年外贸新政：创新与挑战》，搜狐网，2016 年 5 月 20 日。
❷ 《有多少美国国债在美国国内？》，腾讯财经，2017 年 10 月 10 日。

一些。国家还拥有很多资源的控制权，国家的经济命脉也还掌握在政府手里。但由于投资国只注意挣钱，不注意所在国自身的造血功能，结果面临投资国在这些国家表面上挣到了钱，但这些挣到的钱，如何汇出国境却困难重重。通常这些国家对货币都进行管制，也往往利用这些国外投资人资产转移中的困难，不断贬值本国货币，变相把还在本国境内的外币强行夺走一部分，最典型的是非洲的津巴布韦。2015 年 6 月，贬值后的津币是 175 千万亿津巴布韦元可兑换 5 美元。而这些不得已而为之的措施，实际上是个"多输"的行为，国家陷入危机、外国人不敢再投资、境内外贸易受阻，根本谈不上国际收支平衡。外国商人不再做津巴布韦国内的业务，只做一些国际组织投资、捐款这类项目。显然，这个结果不是人类经济全球化的目标。

　　这里说的国际经贸平衡是一个国家、一个独立经济体，在国际经贸的总量上平衡。由于国与国之间存在着优势和劣势的区别，甲国的 A 产品对丙国有竞争力，甲国与丙国的国际贸易中，甲国是顺差，丙国是逆差；但在另外的产品上，乙国的 B 产品对甲国有竞争优势，结果甲国对乙国是逆差。对于甲国而言，平衡是国际经贸总量的平衡，而不是对某一国贸易总量的平衡。当然，收支平衡是一个时间段中的大致平衡，而不是绝对平衡。此外，还应该关注这样一种情况：一个国家有应急需要，需要用国际认可的硬通货资产支付一批应急需要物资的货款。这种应急需要对于经济强国来说是没有问题的，因为他们拥有更多的国际通用资产，有黄金，有美元，还有其他国家急需的技术，等等；但对于弱国而言，这种支付应急需要的资产在要求国际收支平衡的情况下，根本就没有。于是，就产生了一种看似不合理但本质上很合理的需要：国际社会在建立国际收支平衡的基石同时，应允许发展中国家、欠发达国家有一定比例的国际收支盈余，以备应急需要，而且还应该把这种欠发达国家的应急储备作为平衡的补充。

（二）国际收支平衡可以避免国家间的经济剥削

1. 国际上已形成保护贸易强国的制度体系

现代的国际经济制度和规则体系，是在处于支配地位的发达国家支配下建立的。这个规则体系总体上是一个保护主要经济强国利益的完整规则体系：

第一，投资可以取得投资企业的所有权。通过投资可以控制投资对象的一切，为经济剥削以至于政治压迫提供了基石性的理论依据。

第二，国际仲裁。国际上还根据资本所有者的要求制定了多层次、多级别的国际仲裁机构和机制。世界贸易组织（WTO）建立了自己的争端解决机制，建有常设上诉机构。通过仲裁，用国际上贸易国的集体行动对付国际上的个别经济体的违约行为。从总体上看，WTO的仲裁机制还比较公道，可以说，这类仲裁手段和措施是维护市场经济体制的有效工具。现今，有些不自信的美国，单方面挑起贸易战，屡屡被自己主导制定的规则打脸。

第三，国际信用评级。有很多经济问题不太好量化。比如，这个国家有几次违约行为，这个国家的企业出现了一些问题，等等。对这样一些零散的、不连贯的违约行为，对这样一些很难量化的违约结果，国际上主要是西方国家也建立了一套比较规范的制度化处置办法，其中之一就是国际信用评级。国际上拥有话语权的国家创建了几个国际信用评级机构，以西方发达国家信用最好为基础标准，以发达国家的法理标准、道德标准、价值标准为评判依据，建立起了一套比较完整的信用评级办法。国际信用评级不仅对某企业、团体，还针对国家，几乎对评级对象没有限制。某个国家有一次国际间的借款没有按时归还，那么立刻降低这个国家的信用评级；某个关键性的民族企业有了一个把柄被逮住，就降低这个民族企业的评级。信用属于"道德"范畴。西方通过这种信用评判，将资本主义核心价值观，从"法治"管理的领域延伸到了"道德"领域，成为资本主义管理体系的重要组成部分。这些国际评级机构的信用评价，可不是一种说说而已的虚评。这个国际信用评级不仅是世界各大金融机构、投资人投资风险评判的依据，还是很多国际机构运用的风险评估依据。投资人要不要投资，利息定多少合适，全部依据这个信用评级。一旦一个国家、一个企业的国际信用评级降低下来，那么要贷款的利息就会高，融资的困难度就变大。

第四，用双边和多边贸易协定约束。在经济全球化的过程中，双边和多边贸易协定不断被各国接受。那么，这种双边和多边协定的作用和意义在哪里呢？双边和多边贸易协定本质都是一种促进和保护国外市场的措施。由于各国的经济发展水平不同，经济领域中的优势项目内容和劣势项目内容不同，双边和多边协议的作用就是实现更多的双边、多边贸易。比如甲、乙国家通过谈判签订了双边贸易协定，甲国家通过低关税向乙国家的优势项目 A 产品开放，而乙国家通过低关税向甲国家的优势项目 B 产品开放，而且 A 产品和 B 产品的贸易总额接近相等，那么这个双边协定可以实现双赢和互补。这样的双边和多边协定当然好，但问题是还有不少多边协定不完全是这样。现在国际贸易格局中的实际情况是各国经济发展严重不平衡：发达国家的经济总量、国际贸易总量、消费品需求总量都远远大于发展中国家和欠发达国家，这就决定了在双边和多边贸易谈判中，各方的权重是不同的，特别当经济强国还有国际货币发行权做配合时，在国际贸易的多边谈判中的地位更高。而双边和多边协定的核心是：参加协定的国家享受低关税，产品贸易畅通，而没有参加协定的国家则要交高关税而被协定国边缘化。在多边协定中，贸易强国会在其他多数国家的集体制衡下，起主导作用，但不一定起决定作用，多边协议的内容也会兼顾各国的利益。双边协定则更多反映协定国之间的地位。如果协定国地位比较平等，协定内容也会平等。如果是一个强国和一个弱国之间的协定，一定难言公平。贸易强国要求弱国接受强国占优势的知识产权保护，以便永久地让弱国成为强国知识产权的进贡者，还会让弱国放弃很多国家主权，放弃对于民族工业的贸易保护。最终，对于弱国来说只有很少的选择权：要么接受条款，接受强国的价值观，放弃部分国家主权加入协定，以换取本国的产品、服务与发达国家进行贸易；要么你就被协定国边缘化。

第五，控制国际贸易规则制定的话语权。现在国际有效的贸易规则多数都是强国制定的，或者说由强国主导制定的。问题是制定规则的人、能够参与制定规则的人都是这些规则的拥护者，甚至是背后这些利益集团的代表者。他们独享了这些领域的话语权，而欠发达国家唯一的选择，不是你想和规则实施者谈谈是否合理，而是要么接受这些不合理规则，要么离开这个世界贸易体系。当然，这些年来，随着发展中国家的崛起，经济发达国家实力的相对衰落，世界多边贸易中的各国地位平等化趋势有所增强，但不可否认的是，欠发达国家仍然还处于国际社会的弱势地位。

2．国际收支不平衡的不良后果

一个不拥有国际货币发行权的国家，如果国际收支不平衡，特别是总量上出现支出大于收入时，在拥有成体系维护资本投资人利益的国际经贸体系内，要么被剥削、被制裁，要么丧失国家主权，实际上没有多少路可以选择。

比如一个国家经济实力比较弱小，在国际收支上总是支大于收，其结果有三种可能：

第一种可能，完全丧失国家经济独立管理权力，执政者可以直接从经济控制者那里拿到好处，而国民则本质地成为"新奴隶"。这些"新奴隶"除去能出买劳动力以外，实际将完全被人控制、被人压迫，自己实际上已经一无所有；而如果反抗的话，国际规则可以将这个国家送进国际经济的"孤儿院"。

第二种可能，比第一种可能稍好一些，国家多少还控制着一部分国家资源，还能偿付一部分借款，但总是支出大于收入，为了应付其中的资金缺口，只能大量举债。在举债期经济增速很快，举国高兴，但由于国际收支不能实现平衡，到了还债期，不是违约就是更大规模举债。最后，债滚债，本息越来越多，成为不折不扣的"被剥削"者。

第三种可能，这个国家资源丰富，国际总是收大于支，国库充裕，有太多的国际资金盈余。但这么多的盈余并不能留在自己国家的"金库"内保值，外币仍然只是个契约符号，仍然需要有国际货币发行国的信用作为保障，这些盈余资金才是财富。而一旦国际货币发行国不讲信用，随意地贬值，那么同样也会受到变相的经济剥削。

对于任何一个国家来说，只有国际收支总量都是平衡的，才能有可持续的国际经贸活动，才是所有国家的国家利益的最大公约数。国际收支平衡应该成为国际社会的共识。

可以想象，如果世界各国的国际贸易收支都是平衡（"因"）的，那么，一定可以通过这个"因"收获以下的收支平衡之"果"：

（1）收支平衡意味着不会负债，不会违约，信誉非常好，大家都愿意跟你做生意。

（2）不会有存放在其他国家国际收入盈余而时刻承受着受到其他国家的决策控制的风险，是一种最放心的状态。

（3）由于国家的国际收支平衡，完全不受制于别的国家，因此各国政府可以拥有制定和规划自身经济的自主地位。

（4）有利于获得国际经贸规则制定的话语权。

一个国家的国际收支平衡将逐渐成为国际经贸规则的基础，这对于全体主权国家来说，将是最大公约数；同时，国际收支平衡也应该是拥有国际经贸规则话语权的基础。可见，在国际经贸活动中，无论收大于支还是支大于收，对于不是国际经贸主导的国来说都存在被剥削、被掠夺的风险。唯有始终保持国际收支平衡的国家，才有持续健康的国际经贸发展前景，才有各方共赢的经贸结果。

（5）国际贸易收支平衡才能真正守住各国的国界。国之"界"是国家存在这个历史阶段的最神圣的主权界限。国际贸易收支不平衡的积累，对不是当今的强国而言，最可能被侵袭的就是有形和无形的国界。

（三）计划 - 市场经济体制下国际经贸持久平衡发展的基石

计划 - 市场经济体制至少以下述五个目标作为国际经贸平衡发展的基石，并以此作为新体制追求的目标。

基石之一，国家主权。每个国家应该是一个主权独立的经济体。任何试图通过经贸控制这个国家的经济、通过经贸去奴役这个国家人民的行为都不被允许。当然，每一个经贸协议都会在获得利益和好处的同时，失去一部分权利，但这是以不撼动国家主权为限度的。

基石之二，利益多赢。经贸应兼顾各方的利益，实现多赢和共赢。

基石之三，收支平衡。任何国家都应拥有采取措施实现国际经贸总收支平衡的权利，其中包括采取特殊的补贴、保护措施，因为经贸总收支平衡是经贸各方利益最大化的根本保证。国际经贸的任何一方都不应谋求利用双边或多边协定中条款寻求过多的国际经贸不平衡。发展中国家和欠发达国家为应对紧急需要而保留一定比例的盈余应视为平衡的延续和补充。

基石之四，国际经贸信用。在国际经贸中把诚信和信用贯穿在所有的经贸合作中。

基石之五，各国国内市场成为平衡工具。一个国家的"国内市场"目前都是国际经贸谈判中被动的"筹码"。而在计划 - 市场经济体制中，"国内市场"是作为国际收支平衡的工具存在的。也就是谈判国市场的开放度是国际收入和支出平衡的动态计划量。什么样的开放度能够保证该国国际收支平衡，应该被认可。

三、计划 - 市场经济体制实现国际收支平衡的措施

计划 - 市场经济体制在保证国际收支平衡上有由体制机制保证的特有设计，其中包括保证国际收支平衡的国内措施，也包括保证国际收支平衡的国外措施，还包括参与双边多边协定的思考。

（一）国际收支平衡：计划 - 市场经济体制的国内措施

在过去的年代里，中国这样的发展中国家用足了低成本劳动力的红利，拼足了勤奋节俭的民族精神，使国家从国民低收入国家行列成功迈进中等收入国家行列。社会成员在提高收入改善生活的同时推高了产品制造成本，降低了中国制造业的国际竞争力，步入了"中等收入陷阱"或"快速收入增长陷阱"阶段。这带来了如何战胜"提高国民消费水平的同时实现国际收支平衡"的难题，计划 - 市场经济体制将通过下述措施来破解这个难题。

1. 通过新体制下的规模化生产提高竞争力

中国当前出现了国际贸易增速急剧下滑势头，原因很多，比如，目前中国加工制造业成本持续上涨，特别是东部沿海地区的人工成本已是周边国家的 4～6 倍，而中西部地区的人工成本与东部地区的差距正在缩小，加工贸易持续向中西部地区转移已不太现实。一些低附加值、低科技含量的、在国际市场上不具备竞争力的出口商品，面临要么去产能、要么产能向外转移、

要么就地转型升级的选择。这些附加值不高、产能严重过剩的产业是否应该在去产能之列？这些选择在现今的市场经济体制内没有答案，因为很多选择已陷入完全的决策矛盾中，要用简单方法提高竞争力、降低收入待遇不可能，而培育新的增长点、推动外贸转型升级在近期实现也面临种种困难。

计划 - 市场经济体制为跨越这道相互矛盾的"坎"提供了可能。与市场经济体制的一个重要的不同点，是新体制给中央政府提供了极强的宏观计划能力，也给各地区"枢纽"提供了以非直接方式计划干预经济活动的能力。

通过新体制的计划性和管控能力，把规划中的外贸产品通过有利于集中的宏观调控工具参数设计，把国内消费计划和出口贸易消费计划集中组织到少数企业内，借助本国巨大的内需市场和计划性管理，形成集成化、自动化、规模化的大生产。通过这种大规模生产，极大地提高劳动生产效率，弥补劳动力成本上涨对出口竞争力的影响。

2. 通过新体制的创新提高出口竞争力

计划 - 市场经济体制给产品新陈代谢以前所未有的重视，表现在：

第一，企业每一次招标都有固定的"创新留成"留给企业，为万众创新提供了宝贵的资金支持。同时，可以把更广泛的人力资源组织到创新体制中来，释放束缚社会成员发挥创造性的种种限制，激发社会成员的创造性。

第二，各地区"枢纽"设计了促进新产品投用、推广的办事流程，可以促进新产品更快进入市场，还能通过地区"枢纽"将经过专家认定的新产品进行政府层面的推广。比如，新产品的入市、新产品的晋级、新产品的推广等都有新规则。

第三，各地区无"关系链"的招标设计，使市场竞争更加公平公正，排除了现在这种"关系"方式对落后技术的不公正保护，可以真正激发全社会的创新竞争，推动创新奔向更高层次。

第四，有条件的地区"枢纽"创建的"创新中心"可以保证不断涌现一批又一批有水平的创新成果，将万众创新推向新高度。

第五，新体制设计了新产品升级和老产品淘汰的制度，有利于产品的新陈代谢。

新体制通过这样一系列的创新设计，可以充分解放生产力，必然地激发出一个国家、民族的创新激情，为国家生产出更多高技术含量、高附加值、有竞争力的出口产品。

3. 和谐的社会氛围释放出经济发展动力

人类竞争力的充分发挥是需要和谐环境与和谐氛围作支撑的。如果在一个社会共同体中，贫富差距巨大、地区差距巨大，人与人之间没有信任、没有理解、没有互助、没有配合，那么无论如何也凝聚不出一个国家、一个民族的团结力量，也就不可能创造出超越外国的好产品。计划 – 市场经济体制宏观经济规划的贯彻，真正按劳配酬的实施，实现了社会成员比较均衡的收入分配，降低了收入差距，必然地促进社会和谐，社会和谐反过来减少内耗并增加国家竞争力。

4. 通过政策调控保证国际收支平衡

计划 – 市场经济体制给予政府强有力的政策调控手段，专门设计了用于干预进出口贸易平衡的"国际贸易平衡控制因子"，可以根据总体进出口收支平衡情况，选择有出口竞争优势的产品、服务，设定鼓励性"国际贸易平衡控制因子"值，进行宏观政策的针对性扶植，至少确保国际贸易部分产品具备国与国之间的竞争力，以实现国际收支的平衡。

5. 推动国家间收支平衡成为国际共识

（1）推动用国际收支平衡阻止跨境剥削。可以用作国际流通货币的国家实施货币量化宽松，实际上是通过印假的"真钞票"掠夺贸易顺差国家的财富。这显然可以看成为一种经济剥削，一种经济掠夺，是一种国际社会的不公平。一个国家宏观经济规划的重要目标之一就是要实现国际收支平衡，避免国内措施造成的经济伤害跨国界输出。要实现这一点，只有每个国家都做到国际收支平衡，才可以避免通用货币国家转移这种"宽松"印制的假"真钞票"对其他国家造成的经济影响。

（2）推进国际收支平衡是国家间可持续经贸发展的需要。人类开展国际经贸的目的，至少要在世界的范围内实现先进技术、先进管理的互通交流，实现资源的互补，实现优势产品和服务的交换，以实现人类的共同富裕。开展国际经贸的目的不是也不应该是实现一部分国家对另一部分国家的控制、掠夺和剥削。而要实现这一点,关键是要保证国家与国家之间的国际收支实现平衡。国际收支平衡不仅是各国的需要,也应该成为国际大家庭的共识。因为只有这样,国际经贸活动才具备可持续性,才能真正造福于各国的人民。国际收支平衡是国家间可持续贸易、投资的需要,必然是各个国家国家利益的最大公约数。各国都应该接受这样一个事实:为了实现本国的国际收支总量平衡,对某些有优势产品和服务加以政策保护和必要的补贴是合理的。

(二)国际收支平衡:计划 - 市场经济体制的国外措施

计划 - 市场经济体制特别在意对供需契合环节的计划管控,这种管控在国内是通过在各地区建立"枢纽"实现的。那么在国际格局内应该如何设计呢?这里提出一个大胆设想,可以将国内地区"枢纽"建到各个国家去,建成分布于世界各个国家的国家计划管控"枢纽",也可以称作"境外管控中心",这是国际经贸交换管控的国家队。

在国外的各国经贸系统内也有"生产者"和"消费者",也有由国家派遣和管控的供需契合"枢纽",但与国内有不完全一样的定义。为了区别,在新体制中对境外机构在前面添加"国贸"二字,成为"国贸 - 生产者"和"国贸 - 消费者",交换管控中心则命名为"境外供需契合枢纽"。"境外供需契合枢纽"应该严格执行外交和外贸、外资政策,尊重所在国风俗,遵守所在国法律,不干涉所在国内政,用诚信、友好、合作、共赢处理各种境外经济事务。

国际经贸还要加大对外贸新业态的关注,特别是电子商务的发展对国际经贸提出的新思路、新挑战。需要深度研究跨境电子商务对各国主权、各国的市场保护、交易产品服务的可靠安全等有持久影响的内容,还需要研究其在新体制中的地位、作用和如何进行供需契合管控。

1.境外贸易的现实乱象

国际贸易按内容分,有货物贸易、服务贸易(服务贸易又分为技术贸易、金融贸易、旅游贸易、运输贸易、文化贸易等);按有无第三者参与区分,可以分为直接贸易、间接贸易、转口贸易。这些贸易在现在的市场经济条件下，都是由市场竞争主体——企业、商人、中介等自主完成的。他们中的各个利益体有时合作，有时竞争，有时互相帮助，也有时互相拆台。总之，他们所有行为都与各自的实际利益有关，而很少考虑与身后的国家利益相关联。

由于市场竞争日趋激烈，在境外竞争也日趋激烈。结果呈现出很多的乱象。以中国为例：

第一是重复劳动。往往有很多利益体为了同一个项目在做类似的公关工作、调研工作。有时在国外可以看到好几帮中国人马在运作同一个项目。

第二是内斗内耗。为了自己得到生意，国人和国人互相拆台、互揭短板，竞相杀价。特别是竞争对手都是国人，知根知底，文化背景相似，谋略运用相近，内斗起来更为惨烈。结果内斗内耗，不是生意最后在内斗中被别的商人捡走了，就是所有国人全部都在内斗中伤痕累累——不是损失很大，就是都无法盈利。

第三是信息、资源不能共享。由于境外生意缺乏协调，缺乏统一管理，经济信息都互相封锁，不能共用共享；有些仓库、展室不能互通有无；有些服务资源、技术资源不能调剂，造成了信息和资源的极大浪费。资源当然还包括人脉资源、经营渠道资源等，现在都缺乏有效方法实现整体利益的最大化。

第四是不能实现最佳目标。"团结就是力量"既是古训，也是现实真理。现在很多方面都只顾自己不顾别人，表现的就是不团结，最后都实现不了最佳目标。

如果一个国家的政府能借助自身的权威把境外的交换环节也管控起来，在国家管控中严格、公平地兼顾各方的利益，使每个参与者都能从中获得比较稳定的、最佳的收益，那么，这种管控就符合多数人的利益，就有机会践行"团结就是力量"的格言，实现共赢的最佳目标。

2.境外供需契合枢纽

在计划－市场经济体制下，通过组建"境外供需契合枢纽"，构建全球性国际营销网络体系来克服这些乱象。在国内，地区"枢纽"是由地方政府管理的，至于"境外供需契合枢纽"，首先当然要接受所在国本国大使馆的领导。由于国际经贸活动比较复杂，专业性要求很高、政策性很强，因此就中国来说，业务上由商务部归口管理是合理的。

"境外供需契合枢纽"见图17。主要由工作部和扩展工作部构成。与此同时，还有与之关联的"国贸 - 消费者"和"国贸 - 生产者"。

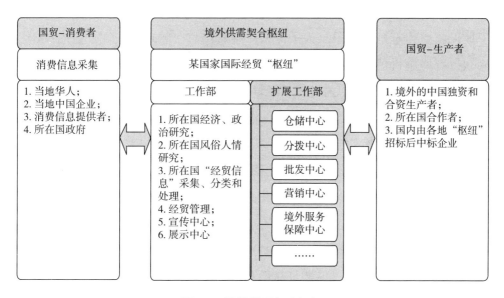

图 17 境外供需契合枢纽

（1）"境外供需契合枢纽"的工作部。这是政府派驻境外的主要业务机构，主要从事：

第一，所在国经济、政治研究。通过这一研究，掌握所在国的政治倾向、政治结构、政治趋势。外贸、投资风险很多源于所在国的政治不稳定，由政治不稳定转化为经济贸易不稳定。把所在国的经济、政治研究透彻，就可以一定程度地把握未来的经济风险和政治风险。

第二，所在国风俗人情——文化的研究。由于文化是渗入国民内心的基础内涵，是传承最久远相对最稳定的东西，研究它可以预测更可靠的经济、政治发展趋势。

第三，所在国"经贸信息"采集、分类和处理是最重要的工作之一。但这里需要说明的是，"经贸信息"中有一部分是由"境外供需契合枢纽"自己去采集的，但还有很大一部分是通过"境外供需契合枢纽"对"经贸信息"进行有偿处理以后采集的。在境外管控系统中，"国贸－消费者"中的所有人，都是"经贸信息"的提供者。"境外供需契合枢纽"工作者将对每一个"经贸信息"进行归类登记，而且替提供者保密。当"经贸信息"产生经济效益时，"境外供需契合枢纽"将以政府的信誉作保证，按事前的约定兑付利益——形成以收益为基础的竞争。为了保证"经贸信息"管理的统一，国内派出机构获得有实施价值的"经贸信息"后，即使是自己企业使用，也得在"境外供需契合枢纽"备案，以避免该"经贸信息"进入招标程序后出现内斗。"境外供需契合枢纽"采用经贸信息抢注制，即同一信息不再接受重复登录。当然如果出现后登录者实施比先登录者实施更合理时，通过有偿的方式，由"境外供需契合枢纽"组织有关方进行协商确定。

第四，经贸管理。这是将"经贸信息"变为现实经济贸易行为的管理机构。"境外供需契合枢纽"采集到"经贸信息"以后，至少在符合所在国法律和规定的前提下，通过下述步骤来实现：

①进行"经贸信息"前期可靠性和可信度认证。根据可靠性和可信度进行类似信用评级的认证分级。比如，可靠性和可信度有AAAAA级，是高度可信级，一般是大型机构，像世界银行援助项目；比如BB级，低度风险级；C级，高度风险级；D级，未经审查级；等等。这些项目可信度等级会在招标时公示，以供"国贸－生产者"投标时参考。

②在国内有关地区"枢纽"和"境外供需契合枢纽"发布境外"经贸信息"招标公告。

③具备资质的境内"国贸－生产者"，境外中国独资、合资生产者，所在国合作者等，在相关地区"枢纽"或"境外供需契合枢纽"进行投标。

④与国内定标相似，由随机组成的境外招标专家库专家负责无关系链的定标，确定"国贸－生产者"，并由"境外供需契合枢纽"签订确认交易协议。再由确定的"国贸－生产者"与"经贸信息"提供人见面进行后续的实质性经贸活动。其后，国内任何人都不得再插手该经贸业务。如有违反，将受到国内的联合惩罚。

⑤过程管理和服务。"境外供需契合枢纽"将在后续经贸活动中提供全方位服务，同时跟踪经贸进程，体现国家经贸理念。需要国家扶持和帮助的直接通过系统信息通道，传送相关部门，实现办事的高效率，需要回复的事项应限期回复。

⑥完成后有总结、有兑现。做到任何一个"经贸信息"的运营都有头有尾，有始有终。按照事前协议需要奖励的要按约兑付。

第五，宣传展示中心。有条件的"境外供需契合枢纽"要按需要建立本国产品和服务产品的境外宣传展示中心，为所有的国内企业服务，成为本国在境外的公共宣传展示中心，以期降低企业的宣传展示费用。

（2）"境外供需契合枢纽"的扩展工作部。这些机构既可以直接由中央政府投资兴建，也可以利用已经有的条件通过商业措施成为扩展工作部的协作伙伴。这部分机构、单位不一定是中央政府派外机构的组成部分，而可能是国内其他企业或机构的现有机构，通过协议的方式或通过购买其服务的方式成为"境外供需契合枢纽"的扩展工作部之一，充分利用这些未被充分利用的潜能为国内境外的企业和单位服务。主要有：

第一，仓储中心。有些国内企业在境外拥有仓储设施，可以由"境外供需契合枢纽"通过订立协议将这些仓储设施得到更充分的利用。

第二，分拨中心。境外经贸活动通常地域很分散，需要对货物进行分拨，发送到所在国各地。国内境外机构也可以通过协议加以利用。

第三，批发中心。为境外零售店、商户提供商品批发服务。

第四，营销中心。国内单位派出机构专门从事营销的单位，其信息将成为"境外供需契合枢纽""经贸信息"的重要来源。

第五，境外服务保障中心。当境外有投资、有建设工程时，会有一些服务保障费用高、实施起来比较困难的业务。境外保障服务能否做好，很多时候是国际经贸交易能否谈成的关键之一，特别对于中小企业更是一个大难题。有些大企业在境外建立起服务保障中心，工作量往往不饱满。"境外供需契合枢纽"通过协议或购买服务的方式，将这些机构收编成可以为境外国人服务的"境外服务保障中心"。

3. 有助于增加进出口的国贸－消费者

"国贸－消费者"在内涵上和境内的消费者有很大区别。"国贸－消费者"主要是境外消费信息的提供者。"国贸－消费者"是从其提供的信息是生产者生产的对象这一点上定义的。"国贸－消费者"本身并不是真正的消费者，而是他们身上承载有境外消费者的信息。这些"国贸－消费者"也不一定由于自身有消费需求才出现在"境外供需契合枢纽"，而可能是奉当地政府的命令提供信息，或者期待从"经贸信息"中获取经济利益才出现。其中除去官方信息外，很多经贸信息在严格意义上是一种试图获得利益的信息源或者信息中介。

市场信息作为一种资源，根据其价值进行商业化有偿处理应该没有问题。风险在于，试图通过提供信息获取利益的"经贸信息提供者"有可能是在违反所在国法律的前提下（比如窃取国家机密）获得"经贸信息"的，还有可能提供信息者是涉及腐败的政府官员。作为一个国家在境外的经济机构，其活动首要的应该在是严格遵守所在国法律，严格遵守不干涉所在国内政的基础上诚信、友好地推进与所在国的经贸发展。

当地华人、中国在境外的企业、商人、信息提供者以及当地政府等，都可以成为"国贸－消费者"。"境外供需契合枢纽"对"国贸信息"提供者提供的信息应有严格的管理办法，包括登记、核实、移交、实施和反馈等环节。

4. 有助于增加进出口的国贸－生产者

"国贸－生产者"在内涵上和境内的"生产者"也有很大区别。"国贸－生产者"是指从国际经贸过程中接受"国贸－消费者"提供的信息，有能力完成"经贸信息"要求的任务的机构、单位和个人。这其中既包括最终完成生产的生产者，也包括有能力提供产品的中介及个人。这些人中不仅可以包括在境外的，也可以包括境内的。"国贸－生产者"要在境外开展经贸活动，代表了国家的一部分形象，而且因为在境外开展经贸活动涉及语言、交易知识、经费等条件，因此"国贸－生产者"需要经过专业事务所认证，取得"国贸－生产者"资质。"国贸－生产者"获得信息的渠道在新体制内是单一的，即由政府控制的供需契合枢纽，包括"境外供需契合枢纽"和国内地区"枢纽"。

"境外供需契合枢纽"在获得有价值的国际经贸信息后，首先进行了必要的可信度认证，然后通过政府管控的专门信息渠道向"境外供需契合枢纽"的专门信息平台、国内专业的地区"枢纽"信息平台代表官方进行竞争性招标。有资质的"国贸 - 生产者"可在就近的"枢纽"按要求投标。特别需要说明的是，"境外供需契合枢纽"发布的招标书，其标的不一定是生意，而很可能还仅仅是一个经贸活动的"经贸信息"，还需要"国贸 - 生产者"的后续努力。定标过程将参照国内无关系链的定标流程，但将充分考虑境外贸易、投资的特殊性。比如历史形成的供应者、所在国最终消费者的意愿等。"国贸 - 生产者"中标后，在"境外供需契合枢纽"的管理下与信息提供者见面并开展后续的经贸活动。"境外供需契合枢纽"将以国家的信誉作保证，保证与该信息有关的经贸不再由其他境内经营者插手。如果有人干预该经贸活动，一经查实将在政府管控供需契合"枢纽"的大环境下，惩罚干扰者让其接受自己承受不了的损失——以此实现境外经贸的后阶段计划性。

（三）国际收支平衡：参与国际双边多边协定的考虑

1. 从多边贸易中寻找国际收支平衡切入点

从宏观上看，如果一个国家的国际收支是顺差态，那么就相当于国内产能是输出的。它带来两个不好处理的后果：第一，在产能普遍过剩的情况下，国内产能的输出就意味着另一些国家的产能被排挤，一定会引起反弹，甚至反抗。第二，顺差盈余的存放和出路。在全球治理体制中，缺乏不受个别国家操控的、有效的、能保值的储存顺差资产手段。在现有由少数铸币权国家提供世界货币的国际货币体系中极易受控或受损失。但是，如果一个国家的国际收支是逆差态，而且是持久的逆差状态，那么，除非这个国家拥有印制国际货币的能力，否则不是沦为经济奴隶，就是经济破产。

由此看来，唯有国际收支平衡才是持久的、良性的。如果国际收支是平衡的，那就意味着国内产能既无输入也无输出，那么对经济的贡献在哪里？

从发达国家角度看，首先，积累了领先于其他国家的知识产权，因此力图把保护知识产权作为获取国际利益的手段。其次，发达国家在过去资产的积累过程中以及国际规则的制定过程中，积累了他们定义的货币资产，这些货币资产需要寻找下家，再用这些资本"钱生钱"，永远地成为用不完货币的富人。因而他们需要有国际贸易、国际投资。再次，发达国家也不都是富人，也不都是拥有知识产权的老板，也不都是腰缠万贯的银行家，也还有一大批需要找普通工作的中层和下层劳动者，也需要工作岗位，也需要通过国际贸易、国际投资寻找工作。但从西方发达国家来看，政府肯定是大资本家利益的代表，前两条是根本的，是任何时候都不会放过的内容。

从欠发达国家的角度看，首先，要实现劳动力能力的输出、产能的输出，把外汇赚回来，以进口国家更需要的国外产品和服务，并把国民经济发展起来。其次，希望在国际贸易、国际投资中学习到发达国家先进的技术、先进的管理，实现迈入发达国家行列的理想。

从以上分析可以看出，发达国家和欠发达国家在国际经贸的需求上虽然有矛盾的一面，但也有巨大的、互补的一面。因而本质上都有意促成国与国之间的经贸活动。

对于任何一个国家来说，如果自身本意就是谋求国际收支平衡，那么国际经贸的目的就是"用我的优势通过国际经贸这个工具置换境外的优势"。于是，寻找各个国家自己的优势就是国际经贸中的关键。

各国产品和服务的优势程度是有区别的，是有梯度差的。举例说，有一个 A 产品和 B 产品，甲国生产的 A 产品和 B 产品比乙国和丙国都要好，但乙国的 A 产品又比丙国的 A 产品好，但 B 产品没有丙国的好，乙国和丙国的整体经济实力都比甲国差。乙国通过和丙国签订双边协定，降低了 A 产品和 B 产品的关税，反而把更好的甲国排斥在两国的市场之外，实现了 A 产品和 B 产品的国际贸易。这其中，通过这样的双边贸易协定实现了相对劣势贸易产品的双边贸易，表现出了双边贸易协定的特有优势。同样的原理可以用于多边协定场合。

在收支平衡的国际贸易中要想多出口，就需要寻找到能出口的优势产品和服务，还需要寻找到比国内更具优势的进口产品和服务。如果一个国家各方面都找不到有优势的产品和服务，消费和生产的周转都在国内体系内完成，理论上并没有什么问题。因为若不能进口别国的产品和服务，同样别国也进口不了该国的产品和服务，区别就在于这个国家不能在外部交流中获得更优化的产品和服务，经济思维和经济活动只能被锁定在国内圈子中。

2. 关于双边和多边贸易体制的考虑

与国际贸易发展相对应，双边和多边贸易体制也在不断完善，也在不断成为国际博弈的战场。其中，世界贸易组织（WTO）是多边贸易体制中最重要的国际经济机构。由于它是多边的，因而影响是最大的。最重要的是在制定和执行全球贸易规则上已经产生了巨大的有约束力的影响。

（1）世贸组织作为负责国际经济贸易政策、法律与争端解决的国际组织，成为全球多边贸易体制得以有效运转的世界公认的权威机构。它与国际货币基金组织和世界银行一起构成世界经济的完整体系，形成三足鼎立、各司其职、协调配合的国际经济机构。

（2）世贸组织的规则被世界上绝大多数的国家和地区接受，成为世界各国从事国际贸易所不得不遵守的国际规则，即使不是世贸组织成员的国家，只要从事国际贸易活动，也要敬畏这套规则。

（3）世贸组织扩大和拓宽了多边贸易体制的协调领域和范围，不仅调整和进出口贸易有关的关税、非关税的边境措施，而且还涉及各成员的宏观调控措施，并将协调范围从传统商品领域发展到高新技术产品和电子商务以及环境保护等领域，还在不断地向新的与国际贸易有一定直接或间接关系的领域拓展。

（4）确立贸易争端解决机制。世贸组织的争端解决机制健全，适用范围广泛，负责审理争端的专家条件严格，具有明确的、统一的程序、规则和时间限制，审理较为公正、迅速，呈现出多边化和司法化趋势。特别是建立了"反向协商一致"（即不是一致的反对，该事项就通过）的争端解决机制后，有利于专家组的成立和上诉机构裁决的通过，还相当于其中的报复和补偿裁决自动通过和生效（因为不可能一致反对），增强了世贸组织争端解决机制的权威。

（5）强化贸易政策审议制度。世贸组织进一步强化了贸易政策审议机制，使之更加制度化、法制化，增强了各成员贸易政策的透明度，减少贸易摩擦，维护了多边贸易体制的稳定性。

（6）兼顾发展中成员国的利益。世贸组织是世界上有区别对待发展中成员方利益的国际贸易组织。世贸组织的各项协议，在一定程度上反映和体现了发展中国家特别是最不发达国家在经济发展水平和资金贸易方面的需要，就发展中国家的特殊和差别优惠待遇做出了较明确的法律表述。

世贸组织的这些优势吸引了世界各国的参与，贸易总额达全球贸易总量的 98% 以上，是名副其实的"经济联合国"。当然，世贸组织实现了成员方广泛性的同时，也不断产生新的发展难题。最主要的是由于成员方的贸易利益不一致，要达成新的协议非常困难，特别是在世界产能过剩、贫富差距悬殊、经济发展不平衡的今天，成员方的利益诉求越来越矛盾，达成共同协议越来越困难，这使得很多议题一拖再拖。特别是近些年来，贸易保护主义思潮抬头，反对经济全球化的声浪日趋高涨，世贸组织的影响力有下降势头。这导致各国纷纷远离这个全球贸易组织，在其他地区性双边和多边贸易组织中寻求出路。

根据 WTO 的最新数据，截至 2018 年 3 月 5 日，向 WTO 通报的区域贸易协立有 670 个，其中已经生效有 456 个。大家都发现，参与方太多时，分歧太大，无法达成各方都满意的协定，相反，通过区域自由贸易协定则顺利得多。❶

计划－市场经济体制把实现国际收支平衡作为政策基石，而把参与双边和多边贸易体制作为实现国际收支平衡的重要步骤。这里特别需要提出的是，假如各国都能接受新体制提出的国际收支平衡的原则，认可本体制理论的平衡理念，那么，无论双边还是多边协议都将是容易达成的，因为在国际收支平衡下，不会有输家。比如说，发达国家想多获得专利费，那就得减少其他产品的出口，要从资本中"利滚利"多挣，同样需要减少其他商品出口，否则收支就会不平衡。这里"平衡"就是一把公平的"尚方宝剑"，可以将各国的利益分割得清清楚楚。

---

❶ 陈建：《遏制全球贸易体系碎片化趋向》，《经济日报》，2014 年 1 月 21 日。

（四）提高话语权，推动国际收支平衡理念国际化

国际经贸话语权是指在涉及国际经贸规则制定和实施全过程的知情权、表达权、参与权、表决权和裁量权。话语权包括规则制定中的话语权、规则执行中的话语权、规则裁判中的话语权、国际舆论上的话语权等。

制定规则的话语权，既与贸易实力有关，也与道德实力有关。计划 - 市场经济体制创新体制和机制所激发出来的创造力，以及由此带来的经济实力，一定可以转换为话语权所需要贸易实力；其国际收支平衡的理念，一定可以转化为话语权所需要的道德力量。

1. 新体制将提高贸易实力中的话语权

话语权当然不只是有和没有话语权的问题，还在于话语有没有用的问题。其中最重要的是：你说话的分量有多大，你最终能否影响形成的规则条文。这种影响力总体上源于贸易实力。中国自 1978 年以来，经过近 40 年的改革开放，至 2010 年经济总量达到了世界第二位，进出口贸易总值稳居世界第一。2016 年，中国成功以主席国身份主持 20 国集团（G20）杭州峰会，主导通过了"杭州共识"，实现了国际经济治理话语权的突破。由此得出一个结论，发展中国家、欠发达国家要想真正获得规则制定的话语权，需要自身努力，发展经济，发展国际贸易，增强自己的实力，用实力提高话语权。

计划 - 市场经济体制提供了一个增强国家经济实力的体制方案，可以提高话语权所需要的经济实力。

2. 新体制将提高道德实力中的话语权

所谓道德实力就是指话语内容是否站在道德制高点上，既为自己着想，也能为别人着想。计划 - 市场经济体制虽然也鼓励竞争，但总体上是一种提倡共享共富的体制，对待国际经贸同样也秉承这样的共享共富理念。

国际经贸体现共享共富的关键就在于各国国际经贸应实现国际收支总量平衡。因此，作为计划 - 市场经济体制话语权中道德力量的核心诉求，就是在国际经贸中实现"收支平衡"。

这与现今贸易规则的自由竞争核心理念是有区别的。

首先，"收支平衡"中包含有"计划性"内涵，没有一定意义的计划很难实现比较好的平衡。而现今的国际贸易规则的内涵主要集中在开放哪些领域、关税降到多少的问题上，主要放在估算贸易额上，然后就完全靠市场竞争。新体制则允许通过"供需契合枢纽"的计划管控来保证国际收支平衡。

其次，"收支平衡"包含公正性内涵，国与国之间的经贸只有收支平衡才是共赢的最大公约数，是持久经贸的最大公约数，也就是其中的公正内涵。

再次，"收支平衡"包含共享共富的内涵。它可以使跨境剥削、掠夺成为不可能。

计划－市场经济体制力图用收支平衡理念争取规则制定的话语权，又通过话语权推动国际收支平衡理念的国际化。

四、计划－市场经济体制下的国际货币体系

国际贸易和国际投资离不国际货币体系的支持。一个公平合理的、可靠稳定的、不受具体国家支配的国际货币体系对于国际经贸的健康发展有着决定性的意义。计划－市场经济体制为了追求自身的公平理念将探索具有更公平、更安全、更稳定的国际货币体系目标。为了探求这个目标先就当前国际货币体系进行简单回顾。

（一）国际货币体系的简要回顾 ❶

1. 布雷顿森林体系

（1）布雷顿森林货币体系的建立。

为了适应国际贸易与国际支付的需要，1944 年 7 月，世界 44 个国家的经济特使在美国新罕布什尔州的布雷顿森林通过了《国际货币基金协定》，又于 1945 年 12 月由 22 国代表签署了《布雷顿森林协定》。至此确立了"美元与黄金挂钩，其他货币与美元挂钩"的布雷顿森林货币体系。

---

❶ 刘舒年主编：《国际金融》，第 487—493 页，对外经济贸易大学出版社，2005 年。

布雷顿森林货币体系稳定需要有三个基石:

第一,美国国际收支保持顺差,美元对外价值稳定。

第二,美国黄金充足。

第三,黄金价格能维持在官价水平。

(2)布雷顿森林货币体系的崩溃。

但以美元为中心的国际货币体系建立不久,美国的财政经济状态就逐渐相对衰落,国际收支发生危机。20世纪60—70年代,美国深陷越南战争的泥潭,财政赤字巨大,国际收入情况恶化,美元信誉受到冲击,爆发了多次美元危机,大量资本出逃,各国纷纷抛售手中的美元,抢购黄金使美国黄金储备急剧减少。1971年7月第七次美元危机爆发,尼克松政府于8月15日宣布停止履行外国政府或中央银行可以用美元向美国兑换黄金的义务。这实际意味着支撑布雷顿森林体系一根支柱已经坍塌。西方国家因此要求美元公开贬值,取消美元的特殊地位。到1973年,主要西方国家的货币对美元都实行了浮动汇率制,至此,各国货币钉住美元、与美元建立的固定比价制度完全垮台,支撑布雷顿森林体系的另一根柱子也坍塌。

(3)美国依靠布雷顿森林货币体系获取了大量不当利益。

第一,美国利用美元储备货币的地位,大量创造派生存款,以此对外发放贷款或投资,控制其他国家,获取高额利息收入。

第二,美国利用美元储备货币的地位,进一步增强其国际金融中心的作用,通过各国用美元储备本国外汇,牟取巨额利润收入,巩固美元的霸权。

第三,由于美元等同黄金,美国通过其纸币发行而不动用黄金,对外直接用美元纸币支付,攫取大量国际物资,满足美国当时的生产和对外扩张需要。

第四,在确定战后国际货币体制时,美国低估黄金"价格",高估美元价值,坚持35美元=1盎司黄金,使美国有机会用低价获得了国际上的大量黄金。

第五,以美元为中心的布雷顿森林货币体系还规定,各国货币必须保持与美元的固定比价,限制了世界其他各国实行外汇管制,成为美国争夺销售市场的工具。

美国通过美元地位的上述不合理收益，从一个反面证明了一个道理，那就是国际货币只能由国际组织发行和管理，不能用具体国家的货币作替代。

总之，这个体系的建立为美国霸权的建立起到了极其重要的作用。在这个货币体系下，美国以外的国家实际上已经受到了掠夺和剥削。

2．牙买加体系

布雷顿森林体系顿崩溃后，国际金融形势动荡不稳，为建立一个新的国际货币体系进行了长期的讨论和磋商。1976年1月，"IMF国际货币临时委员会"在牙买加首都金斯顿召开会议，签署了《牙买加协议》；同年4月，IMF理事会在《牙买加协议》的基础上又通过了《IMF协定第二次修订案》使国际货币体系进入了牙买加体系（亦称后布雷顿森林体系）新阶段。该体系规定：

（1）浮动汇率制度合法化。IMF成员国可以自由做出汇率安排，IMF同意固定汇率制和浮动汇率制并存，但必须接受IMF的监督。

（2）黄金非货币化。废除黄金官价，取消成员国间以黄金清偿债权债务的义务。

（3）扩大特别提款权（SDR）的份额和作用。确定SDR为今后货币体系中的主要储备资产。允许持有SDR账户的国家以SDR来偿还IMF的贷款，使用SDR作为偿还贷款的担保，成员国还可以进行SDR借贷。

（4）扩大对发展中国家的资金融通。IMF利用出售黄金所得的收益建立信托基金，以优惠条件向最贫穷的发展中国家提供贷款，帮助发展中国家应对国际收支危机和金融危机。

牙买加体系与布雷顿森林体系的不同在于，牙买加体系体现了汇率制度多元化、国际储备资产多元化、国际收支调节机制多样化的特点。站在现在的角度看，虽然牙买加体系这些多元化变化克服了由美元一个国家货币作为货币体系本位的不合理性，但并没有剥离国际货币体系中具体国家对国际货币体系拥有的利益特权：过去可能是美国一个国家独占国际货币体系的特权，现在可能改由几个国家享有国际货币体系中的特权。同时，该体系也没有从根本上解决货币特权国借国际贸易、国际投资输出本国货币的通货膨胀，没有遏止随意印制假的"真币"输出国境。

（二）计划 – 市场经济体制将推动建立国际货币体系

国际贸易和国际投资都离不开国际货币体系。计划 – 市场经济体制在寻求社会经济发展中，寻求国际经贸的平衡发展，追求国际货币体系公正、公平、稳定和可靠，使之能为人类命运共同体服务。为了实现这些理念，提出以下四条作为新体制对国际货币体系改革的基本诉求。

1. 国际结算货币国际化

国际结算用货币不应该使用某具体国家的货币，而应该使用国际认可的由国际组织而不是一个国家控制的国际结算货币。它的印制、发行、流通、使用等均不受某个或某些具体国家的控制。国际结算货币应该由不受少数国家影响的国际组织控制。比如使用国际货币基金会（IMF）的特别提款权SDR。

历史经验说明，无论一个国家这个时候有多么强大，多么高尚，当国家利益、民族利益与其他国家利益发生矛盾时，很难用道德的力量保证其不做出不利于国际大家庭的决定。因此，国际结算用货币应该而且必须由国际组织负责发行、管理。

假如，国际社会经讨论同意用特别提款权SDR作为国际货币或者重新设计一种类似的国际货币，用于国际支付和结算，由一个国际货币机构（或者就是IMF），那么这个结果对全世界来说一定是一个福音。在这个体系内，各个成员国拥有多少数量的SDR，可以按上一年的GDP总量作"计算基数"，也可以用上年的进出口总量作"计算基数"。按照"计算基数"乘上一个固定比例，计算这个国家可以兑换为本国持有的SDR总量指标。然后，由各国用当前各国认可的硬通货（比如黄金、美元、欧元、人民币、日元、英镑等）按指标购买SDR。而SDR就是这个国家拥有的国际流通货币。久而久之，具体国家的货币（比如美元等）就应该逐步退出国际货币的舞台，而不受具体国家控制的SDR就会成为真正通用的国际货币。到了这时，谁也不用担心有人会进行SDR的"量化宽松"。

2.用国际收支平衡机制决定各国汇率

计划－市场经济体制推动国际收支平衡决定汇率的汇率制。在这个汇率制度下，国际货币体系要求成员国保持国际货币收支总量平衡时的汇率作为固定汇率依据。这是根据一个国家如果要保持国际收支平衡的话，汇率会通过市场竞争机制自动调整到一个合理值的原理（暂称"平衡汇率原理"）。

"平衡汇率原理"用一个例子来说明：甲国，货币名称为 A 币，国际结算货币就是 SDR，国际结算货币管理机构是国际货币机构（笔者虚拟的一个机构）。甲国开始定的汇率是 B1 方案，即 1 元 A 币兑换 1 个单位的 SDR，但用这个汇率，甲国的产品显得很贵，在国际市场上没有任何竞争力，没有出口产品因而也没有进口产品；后来甲国将本国货币大幅度贬值到 B2 方案，即 5 元 A 币兑换 1 个单位的 SDR，结果商品在国际市场上的竞争力大大增加，出口量大幅度增加，由于国际货币机构规定国际贸易收支必须平衡，否则会有经济处罚，甲国还是用 B2 方案保持了国际贸易收支平衡。最后甲国家计算了一下，发现折算回国内价时，非常不划算：由于汇率是 5∶1，换算成国内效益时不划算，出口很多产品但不值钱，进口花了更多钱但数量少。后来甲国对汇率调整为 B3 方案，即 2 元 A 币兑换 1 个单位的 SDR，结果既实现了国际收支平衡又实现了利益最大化：同样的进出口额，用 B3 方案少出口了一半还多的产品却进口了一倍还多的进口产品。可见只要能通过外力约束成员国保持国际收支的平衡，那么就有一种自然的制约力保证这个国家制定出由市场竞争机制精算出来的合理汇率。

国际收支平衡是对一个统计阶段来说的，比如一个年度，在过程中可能是不平衡的，因此国家需储备一些 SDR 用于过程支付和结算。国际货币基金组织可以制定一些大家同意的规则，以促使各国通过调整汇率保证国际收支保持基本平衡，比如有一个允许的比例值范围，超过时有一个处罚规则，等等。

3.建立欠发达国家的造血保护机制

欠发达国家国内生产总值 GDP 数量不仅少，而且即使有 SDR 指标额度，也拿不出硬通货来购买 SDR 指标。这样一来，这些国家实际上就被抛弃在国际贸易大家庭之外。过去对欠发达国家多数采用援助的办法，但通过"输血"

的援助办法往往年复一年地需要"输血"。因此，实施国际性的"造血"援助机制十分重要。国际社会应该提供当地能生产、能够自己消费的技术和管理，帮助他们建立起自我造血功能，而国际货币体系就是要配合和支持这种"造血"功能的实现。

4. 特殊资源输出国长周期平衡保护机制

世界上有这样一类国家，他们拥有其他国家急需要的资源，比如石油。第一，从国际社会共同利益角度上看，鼓励这样的国家出口资源，满足需求国的需要是国际社会的共同利益所在。第二，从资源出口国的角度看，资源总会有枯竭的时候，在一定出口的历史阶段积累一部分财富用于资源枯竭时使用符合这个国家的长远利益，也符合国际大家庭的利益。其中，用现在的贸易顺差储备用于将来资源枯竭时候贸易逆差使用，实际上相当于在一个更长周期内的收支平衡（比如枯竭期 100 年，100 年后每年都会用掉一部分盈余，以至于最终实现收支平衡）。从这个国际共同利益出发，国际货币机构（或者就是 IMF）应该建立一个长周期平衡用储备 SDR，作为长周期平衡国际贸易货币的长期盈余储存。需要资源的国家既可以用自身所有的贸易盈余 SDR 支付进口资源货款，也可以向国际货币机构（或者就是 IMF）借贷长周期平衡用储备 SDR，以用于支付进口货款。其目标是建立起一个公正的国际货币组织，而不是依赖一国或某些国的国际货币体系和国际货币储备体系。

第十三章 | 计划－市场经济体制下的国企、公共事业体制和养老方案改革

改革不是为改革而改革，改革不是照搬某些现成的模式，而是为满足经济社会发展进步提出的要求。马克思主义唯物史观的根本原理使人们懂得：任何社会进步都是基于社会发展的需要。实现中华民族伟大复兴，必须进行全面改革，而国企改革、教育体制改革、医疗体制改革、养老难题的解决作为全面深化改革的有机组成部分，必然也必须同中国特色社会主义事业全面发展进步相同步，必然也必须同财政体制、金融体制、行政管理体制等方方面面的改革相匹配。

本章将通过计划－市场经济体制特有的机制和理念，找准以上四方面改革深层次的问题，运用新体制的理论和机制，找出其改革的新思路。

一、推动国企体制改革的思考

国企改革，表面看是这个"国"字出的问题：因为他姓"国"，所以国企内的个人分配不能完全与企业效益挂钩，从而导致职工的积极性和创造性不够高。这里，可以产生无数个"因为"和"所以"，与之对应也还有相反的"因为"和"所以"：因为国企姓"国"，所以它拥有别人没有的特权；

因为它拥有特权，所有国企的个人分配不能完全和其效益挂钩；等等。

国企办不好的根源何在？有人说是国企应该由谁领导的问题。问题是，换一个"有超群能力的人"后，国家就能把全部的、包括分配权在内的权力都交给这个"有超群能力的人"吗？实际上还是不可能的。有人说把这个"国"字换成"股份"就好了。问题是名字好换，但决策程序、工作流程统统还是照旧，如果只是"名"变而"内涵"不变，那就不会有多大作用。

如果换个思路看国企问题，就会发现关键就在国企的"特权"上。因为国企有特权，所以不管谁当领导都会用足"特权"；因为用足"特权"，"天上就会掉下馅饼"，国企就能靠"特权"盈利；等等。可以想象，如果国企没有了特权，会是什么样！就像过去的国字邮局，有几十年甚至上百年的家底，有分布最广的网点，但在业务蓬勃发展的年代就被"民"字快递业、物流业在否定其垄断特权下的竞争中衰落下去了。之后，邮政快递在顺丰快递等的竞争下，取消了特权，一切都改变了：过去等客户上门，现在也主动找客户了；过去到点下班回家，现在24小时轮班了。可见国企改革问题不是出在"国"字上，而是出在"国"字内所包含的"特权"上。

（一）国企的公有制属性不是国企的最主要问题

现在似乎有这么一个共识：国企效率低下，创新动力不足，产出与投入不成比例，病因在于国企是公有制企业。因此，开出的治病药方是用股份制、混合所有制改变国企的所有制属性。

从实践来看，这个药方并没有对症下药。

第一，企业要想办好，就需要让国企经营者有职有权，能及时回应市场变化，但无论股份制还是混合所有制，国家都无法在现今的体制下给予国有企业这些权力。如果无法把企业的所有决策权力给予国企经营者，那么，企业领导者所承担的责任就要打折扣。

第二，要想把国企经营者的积极性调动起来，就需要将他们的个人收益真正与企业的经营业绩挂起钩来。可是现在，国企享受了这么多特殊待遇，在有特殊待遇的情况下再将他们的收入与国企效益直接挂钩，国民接受不了，因此，国家不可能让国企经营者的收入直接和企业的收益真正挂起钩来。

第三，国企的资本实在太大了，不可能让其他资本控股（除非是包袱）；而且无论谁参股进去，其决策方式、企业文化都不可能因为新股东的加入而发生本质性的改变。当所有国企内涵基本不变时，无论把谁添加进这个国企的领导班子，都不会从根本性上改变国企经营者和企业效益没有太大直接关系的现状。

（二）国企体制改革的症结

1．症结之一：限权和放权存在矛盾

国企通过体制机制改革得到壮大和发展，是国家对关键经济领域控制的长远需要，是国家稳定的需要，是国家利益的需要。无论是企业还是单位，无论是整体还是一个部门，只要带有"国有"的基因，权力都必须受到限制，这也是国家利益。否则，就会有极大的概率出现国有资产流失、腐败、利益输送等严重后果。但是，如果国企经营者对本单位不能完全做主，那么国字单位就失去了创新动力，就失去了及时应对市场变化的反应能力，就无法在获得巨额资助的情况下创建世界一流企业。国企领导说：国企要办好，管理层就应该对人、财、物有充分的决策权和处置权。换言之，对国企领导权力的种种限制是国企不能领立于世界先进水平的重大障碍。但从另一方面看，如果国有企业的所有决策权和决定权包括人、财、物的处置权都交给国企经营者，虽然其中也会出现几个非常好的企业，但也确有可能发生国有资产被少数当权者侵吞的事件。对此，国内有教训，国外同样也不缺案例。究其原因，是其中存在着很多的必然性：

（1）核心价值观构成的必然性。在市场经济体制下，其主流价值观是一切为了自己发财。但也正是在这个价值观驱动下，"自己"发挥了最大的积极性和创造性；也正是在这个价值观驱动下，当有机会把公有财产变成为"自己的"财产时，有的国企领导可能会毫不犹豫地将公有财产变成自己的财产。

（2）已经发财的私企"榜样"效应构成的必然性。在市场经济体制中，相当数量的私企老板发财了，而作为其中一部分平常被人捧、自己也认为有

能力的国企经营者，看着其他私营企业老板获得的成功，自然会产生通过非正常途径实现发财梦的念头。

（3）公有财产的无主属性构成的必然性。国企经营者所管理的国有财产，名义上是全民财产，但广义上是不归任何人所有的财产。对于这样的财产，只要有机会和漏洞，就一定存在着将其中一部分转至个人名下的驱动力。事实上，对一个国企而言，有大量的单位外交易业务，而当这些交易不充分透明时，每一个体外交易都存在将国有财产转移到个人口袋的机会和漏洞。而且，在体外交易过程呈现着"故意混乱"时，往往很难核查。国企经营者掌控着天文数字的资产，只要转移其中不易发现的极小部分，对个人而言就是巨量资产。

（4）市场经济体制竞争所要求的快速决策理念与过程监管要求存有矛盾。市场经济体制下竞争的成败，很多情况取决于企业对市场应变的速度和效率，取决于自主决策、快速决策的水平。但防止国有资产流失所需要的监管却需要对每个决策进行集体商量，每个过程有记录备查，讲究的是"决策过程要便于责任追溯，要按办事程序一步一步来完成"。这一切正好与市场竞争所要求的"快"背道而驰。要让国字号企业在市场经济体制中参与真正意义上的竞争，监管就不应该影响快速决策。

（5）由上级决定下级的领导体制构成的必然性。在由上级决定下级领导升降的体制中，当遇到主要领导有将国有财产转化为私有的情况时，不少人选择了同流合污。原因很简单，抵制的结果可能是扳不倒别人反而自己先倒，而互相包庇、互相从中受益，如不被发现，是实现个人利益最大化的最好选择。很多已经发生的例证可以说明这存在着一种必然性。

2．症结之二：责权利不匹配的矛盾

国企的责任不匹配有很多表现形式：

其一，冒风险责权利不匹配。一个企业要成功，企业家必须有一种敢冒险的品质，因为很多大的成功都孕育在风险之中。当然，冒风险意味着既可能大成功，也可能大失败。一旦国企冒风险取得了大成功，也许会有前来分享功劳的"领导"到场，还有可能招来原本不沾边的"人物"到场。相反，如果失败，很有可能沾边的领导不见了，板子则打在国企经营者身上。这种责权利不匹配，必然会伤害敢于冒风险的国企领导。

其二，"不作为"责权利不匹配。也有不作为的国企领导，企业只图不出大事故，或者不图先进也别太落后。这样不需努力的"稳当"领导，也不会受到指责，这里显然包含着责任的不匹配。

其三，"关系"改变责权利匹配。国企中，不时也会传出"关系"学问：认为"关系"可以给企业带来效益，也可以给个人带来红利。因为有"关系"，就可以拥有别人没有的权力，可以得到别人争取不到的利益。其实，这种"关系"之风，极大地影响了企业的创新能力，也影响企业的发展。

（三）特权是国企体制的病根

1. 国企拥有的主要特权

（1）立项权及规则制定权。现在有很多大型国企已经把立项权（做什么）、规则制定权（用什么规则的产品）、规则实施权（采购什么规则的产品）、规则检测权（认定产品合格的检测）、规则实施评价权（产品使用后的好坏评价）全部集于一身，失去了体制机制构建中所必要的制约，为不正常竞争提供了众多条件。

以垄断的国家某公司为例，这是一家大型自然垄断行业企业。在2008—2009年，国家标委会专业分会和某国字大公司（以下简称D公司）同时立项制定涉及某智能产品的标准。国家标委会邀请D公司作为起草单位参加标准起草，但结果是D公司的关键部门一个都不参加该国家标准的起草而另行单独起草《D公司企业标准》。

D公司完全抛开《中华人民共和国标准化法》的规定，自己独立制定了自己不生产的某智能产品的企业标准，并将其用于行业的公司招标采购。且在公司的招标文件中明确规定：产品必须符合《D公司企业标准》的规定，必须取得D公司计量中心出具的《全性能试验报告》。结果，《D公司企业标准》真正成为高于当年制定的国家标准的特权标准，并实际垄断了立项权、规则制定权（通过企业标准）、规则实施权（采购权）、规则检测权（检测报告)、规则实施评价权(使用产品),使其中权力的制约力化为乌有。鉴于这个国企就拥有了"特权",而这些"特权"是排斥市场竞争的,也不利于对这类国企的外部制约。

(2)资源控制权。有大量国企掌握和控制了矿山、金融资本等资源权,并以此为基础又掌握了与资源权相关的规则权、垄断权。从实践来看,一旦一个有自身独立利益的企业拥有了垄断权力,一定会以垄断权力为基础,把其延伸到更广更远的地方。由于它靠的是特权,特权需要垄断保护,因此它总会想着安全再安全、垄断再垄断。而这时,不少行政监管者往往对此"睁一只眼闭一只眼"。

(3)垄断和控制权延伸出行政管理权。国企掌握的权力按设计是不包含行政权力的。但当供需契合环节不公平、不公正时,经济上的垄断权力可以派生出行政权力。比如说,本来按《标准化法》规定,企业标准只能用于企业自身的生产,但 D 公司将《企业标准》用于自身的垄断性采购,而且在采购招标时规定:不符合这个企业标准就不准采购。这个 D 公司事实上取得了超越企业权力的行政权力。

2.特权夺走国企的竞争灵魂

(1)特权能盈利就会削减竞争的动力。不少国企真正的盈利点并不是主业运营。某个公共服务领域的国有大企业,过去不少时间段中都是第一年收支平,第二年亏损,第三年涨价。而该国企的"第三产业"(性质不清晰的经济体)和直接管理的"关系"企业则利润丰厚。其根本原因就是国企中这些少数企业利用他们集于一身的权力,为自己的"亲儿子""干儿子"量身定制了项目、规则,以超越常规的暴利将国家的大量投资转移到了这些经济体中。这样一来,市场就变成"特权"为主导的不公平市场。不难看出,这里所谓真正的盈利,靠的是自身拥有的特权而不是企业的经营和创新能力。久而久之,特权运作水平高了,但竞争的品质和能力丧失了。

(2)关系"文化"侵袭了竞争的灵魂。由于国企的不少"特权"并不是依靠自己的能力竞争得来的,而是需要上级或者主管授权、默许才能得到,因此跑关系等非竞争手段时常可以呈现。当领导把主要精力用于这些歪门邪道时，去和对手公平竞争的动力也就没有了。

还有用垄断权挣钱的文化。也有国企不是通过创新努力，而用垄断权力去争利的，而且这也确实成为不少国企领导最重要的思维方式。在有这种现象的环境中，就很难摆脱用"特权"而不是用努力挣效益的魔咒。

（3）特权使国企失去了创新发展的动力。国企的"特权"也并不是无条件产生的，这其中的关键是"集权"。在规则制定权、规则实施权、规则检测权、规则实施评价权中，任何权力落到其他人手中都会威胁国企"特权"。比如，规则由别人定，"量身定制"就实现不了；检测如果由另外一个不受控的单位出报告，有些"亲儿子"可能过不了关；等等。因此，"集权"一定是这类国企力争的对象。似乎可以这样认为：只要"特权"不革除，国企一定不会给别人创新发展的机会，因为给别人就意味着自己被淘汰。

（四）通过机制去特权，推动国企体制改革

1. 新体制用机制消除国企的特权

在计划－市场经济体制中，各种权力均由相互制约的权力人和被授权人掌握，有额外权力的人没有施加权力影响的渠道和机会，国企管理者也同样失去了特权，而且即使还有特权也不会有使用的机会。在新体制中，招标是由地区"枢纽"用割断关系链的方式完成的，国企即使有权力制定采购标准，也没有权力决定生产厂家；即使还能够进行验收检验，也不能像现今这样凭检测报告就把不想要的企业堵在招标大门以外；等等。

2. 国企取得真正意义的实权

在计划－市场经济体制中，供需契合环节公开透明，国企所享有的特殊待遇在公正、公平的供需契合管控中被取消。在新体制内的国企领导获得了企业权力的诸多条件，更具有了国企经营者与国企经营效益紧密挂钩的条件。从此开始，国企也就有了同其他所有制企业一样的地位和待遇。

3. 国企将倒逼参与公平竞争，激发企业活力

国企彻底失去了特权，就从本质上被逼进市场竞争中，逼进了"自身不努力可能会被淘汰，而努力则国家和个人都可以同步受益"的真正的、公平

的竞争之中。

当国企甩掉特权这根拐杖时，它就是真正公平参与竞争的竞争者了。当洗心革面去迎接竞争挑战变成唯一通道时，国企就迎来了变革的春天，它将要达到断掉"特供"、释放市场、逼出效率、国民同进的结果。

二、推动教育体制改革的设想

目前，在我国学校教育中，上级因学生负担太重而颁布文件减轻负担，实际是越"减"学生负担越"重"。教育体制改革的关键在哪里？关键要给学子们提供一些更多发挥自身特长、实现人生成长目标的奋斗途径。如果全国的学子们还是只有进了几个"名牌大学"才有前途，那么上级发一万个减负通知可能也没有用。计划－市场经济体制独有的目标多层、多元化设计，可以破解教育改革难题。

（一）教育公平难题以待破解

1. "好学校"的诞生带来了选择学校的公平困惑

现在大家都在关注教育公平。可是，市场经济体制是讲竞争的，竞争的结果总是优势积累优势、劣势积累劣势。教育领域的学校也同样如此。一些优势学校，因为学校"优秀"，生源可以"千里挑一""万里挑一"——取得了学生生源的初始品质优势；因为学校"优秀"，名气大，学生家长及关联人的权力大，得到的校外"扶植"多，甚至得到的赞助都多，财大气粗，就能招聘到更加优秀的教师，得到更加先进的教学设施，就能建设更加现代化的学校——取得了师资及教学条件的优势；因为学校"优秀"，为这类好学校作推介的权力人亦优秀。这些"优秀"，又非常适应当前的应试教育，结果这些"好学校"拥有了向最好中学、最好大学高比例输送学生的优势。当外界忽略最重要的"生源质量不同"时，就把好学校的高升学率等同于这个学校的高教学质量，以为只要进这个学校，所有学生都可以获得升入好学校的机会。

对于学生家长来说，学生自身的素质属于先天品质，无法自由选择，但学校的选择却是可以争取的。这个学校竞争优势的积累直接传导到学生和学生的家长，这就产生了严重的教育公平问题。实行就近入学政策，又催生了昂贵的"学区房"；"学区房"成为富人获取优质教育资源的途径。尽管富人的原始积累也包含有"竞争"的因素，但显然仍不能被大众所接受，于是就有了电脑派位。这是一种随机抽签的电脑程序，理论上任何人中"签"的概率相同，但在结果上却是，派位到好学校的学生"中签率100％"，而未派位到好学校的学生"中签率0％"。这其中的偶然性催生了对于"天意"的无限想象，成为"天意信众"不断扩大的强大推动力。

大量的事实都让人思考：在科技发达的今天，人类还得借助"天意"，用最原始的"抓阄"术决定一个学子一生的命运。问题是这是否算"教育公平"？

2. 校外培训机构和"好学校"的暗中互动，将教育带偏了方向

如果只是这样简单评价电脑派位的决策，也不公平。不如把想象力再丰富一下：如果真正做到所有刚入学的小学生，全部都是就近上学，小学升初中全部都是派位上中学，而且任何学校都不得以任何名义在自己的学区外选择学生，那么，至少可以实现教育公平中的一个公平——各个学校的"生源"水平接近。这可以使一些"好学校"失去关键性特权——挑选优秀"生源"。这可是直接威胁到这些"好学校"存在的大事。因为对于小学生、中学生的教育质量而言，教师的作用是重要的，但不是决定性的，起决定作用的可能仍然是"生源"的质量。

为了说清教育公平中的困惑，还需要把另一个重要角色——校外辅导培训机构（以下简称"校外培训"）放进来一起研讨。

如果，这个硬性的电脑派位真正全面实施，从局部利益的角度分析，首先会进行抵制的可能就是这些"好学校"。因为一旦真正断了优秀生源的供应链，"好学校"以后的"优秀""好"可能会大打折扣。一个可能的结果，是将过去"明"的生源"选优"变成"暗"的生源"选优"，将造成更大的教育不公平。

"校外培训"和这些"好学校"是互相需要的盟邦，在有意和无意的互相配合中谋取了巨大的商业利益。这似乎可以认为是一个经过精心策划和设计

的商业系统。

首先，"校外培训"中有影响力的机构，主导了很多的全国考事，主导了这些考事的考题设计。而这些考题和竞赛至少具备几个特点：

第一，数学、物理等试题，大大超出教育大纲的要求。这些试题既包括智商检验内涵，也包括极强的技巧性内涵。一定意义上说，不经过这些机构的培训，再聪明的孩子也难做出来。

第二，语文等课程则将选题范围扩充化，以至涵盖世界名著、历史事件、政治时事。让儿童用十分有限的精力去应对无限的知识海洋，在这种情况下，如果没有培训机构在培训中将范围有意识地缩小，那么无论这些应试的学子如何聪明，纵然是最有学问的家长，面对茫茫知识大海中由出题人随意抽出的"知识"点，也难得高分。

第三，分段考试授予不同级"奖牌"，报名费步步升高。一般竞赛都分初赛、决赛、大师赛，越到后面报名费越高。进到大师赛，通常须集中培训1～2周，报名费上万元起步，多可达4万～5万元。而这类培训的技巧就在于：越往后的培训越接近于试题范围。考试结果：培训出来的学生不仅可以拿到"获奖证书"，还可以告慰家长——即使这么难的考题孩子也得了高分；其背后真相却是"校外培训"丰收了培训费。

第四，这种培训考试在一定程度上能把智商高的学生分选出来。这些竞赛和考试，在考题中深含对于理解力的分层。特别是初赛，出题时已经充分设计了智商层次，将大部分学生淘汰掉。而决赛、大师赛虽交费昂贵，但都能以"奖牌"交代。通过这样一些竞赛考试的重重筛选，将那些记忆力、分析力、理解能力强的学生，特别是将那些深含变化的试题也能理解的学生给筛选出来。显然地，这些能力与当前正在实施的"应试"教育"高分考生"能力高度吻合——而这，正是"好学校"选拔优秀生源所需要的。

其次，"好学校"和校外培训机构互有需要。校外培训机构如果拥有向"好学校"推荐生源的能力，其身价便可倍增。而对于"好学校"而言，明地里选优秀生源不被允许，暗地里有"自主招生"的牌挡着，与知名培训机构实现"双赢"是一种有动力的选择——如果"好学校"真的不能挑选生源，后果会是什么，这是一目了然的。

3. 学校和校外培训互相利用造成家长困惑和学子负担太重

经验告诉我们，真正公开透明的竞争，是额外成本最低的竞争。比如高考，就是教育中最公平的竞争。在这个竞争场上，并没有多少校外培训机构"发"高考"财"，最主要原因是没有培训机构能主导高考试题。

但小学和初中这个升学圈就不同了。

一方面，学校拥有自主招生权，且没有类似高考的透明管理机制。好学校就有机会开辟"小通道"，而且也有强烈的内在动力来开通"小通道"。另一方面，校外培训机构非常需要"好学校"的"小通道"，因为双方拥有明显的利益契合点。

由于这些"小通道"不公开透明，家长需要的人力和财力投入就会更大，而且不确定性也更大。因此家长是这个结果的第一个受害者。

最大的受害者无疑是学生。家长为了孩子将来能在激烈的竞争中有一个较好的起点，愿意把自己的全部投给下一代的教育。把孩子的课余时间、星期六、星期天报满培训班进行各种"培训"。当然，如果下决心禁止包括"好学校"在内的所有学校都不得招收辖区以外的学生，然后每个学校通过按智商分班，也是可以达到接近教育公平目标的，关键是在错综复杂的利益博弈中，政府主管部门是否真能做到铁面无私地去实施。如果不能，那么，家长、学生，其实还有教育的有关部门都将在"暗道"盛行中成为更大的受害者。

4. 现有经济体制下的无解难题

用抓阄的办法择校不好，用考试竞争选择小学生进好学校的办法可能会加重儿童负担也不好，总之要将一个总量不多的"优质教育资源"分配给数量极多的学子似乎没有一个好的办法：无论你如何分配，有一点是肯定的，那就是对其中一部分人的"公平"，总是以对另外一部分人的"不公平"为代价，而且由于优质资源少，使得"公平"始终只给了少数人。可以预言，用这样的思维解题，即使请个神仙也没有题解。

（二）计划 – 市场经济体制提供了破解教育难题的新思路

1. 破解难题的出路在于建立更多的学子奋斗目标

换一个思路再来研究教育改革，改革的出路就找到了。如果中国有更多"名牌大学"，有更多"优质教育资源"，解决难题的路就多了。我们无法说在这种情况下，传统意义上的"不公平"能否完全消失，但至少可以大大减缓这方面的矛盾。现在的问题是"名牌大学"怎样才能多起来——而这才是教育体制改革的真正核心所在。拿体育比赛的世界冠军为例，科技发达的美国有，小国家牙买加也有，也就相当于美国有"名牌大学"，牙买加也有"名牌大学"。体育比赛为什么到处可以出现"名牌大学"，是因为每次比赛均以当前的成绩论英雄，而不是以过去的功劳论英雄。这个"名牌大学"是不固定的，是可以在公平比赛（竞争）中"变动"的，而在这种"变动"中实际上已经造就了无数个"名牌大学"。比赛既可以有世界赛，还可以有全国赛、省级赛，甚至村级赛，而通过各级比赛都可以赛出大小不等的"名牌大学"来。

建立更多的学子奋斗目标，也许是大家认可的解题方案，关键问题是如何才能使可供选择的目标多起来。这还需要从现在学子的奋斗目标减少这个现象研究起。

市场竞争导致的垄断趋势削减了学子的可选目标。在市场经济体制下，市场竞争的结果导致了垄断，导致竞争擂台越搭越高，越来越向全国擂台集中，竞争的机会越来越随着擂台迁移而向中央集中。在经济领域的比赛中，地级赛、县级赛、乡级赛、村级赛早就没有了，省级赛也越来越少，剩下的就只有全国赛了。就像一块电度表，原先都是当地供货的，现在由国家总部统一招标。这种不断强化的垄断和集中，导致的直接后果是可供学子选择的奋斗目标越来越少，以至于对于学子而言，只有考取"名牌大学"才有前途，"不让孩子输在起跑线上"就成为家长对子女教育的唯一选择。于是"学区房"、沉重的学生负担、僵化了的教育就成为教育改革无法跨越的鸿沟。

2. 新体制创建了渗入各地区的学子奋斗目标群

（1）地域均布设计创造新目标。计划 – 市场经济体制建立后，各地的生产企业将随地区"枢纽"的均布计划引导而使地区间获得了相对均衡的发展，每一个地区发展目标都可以成为学子的奋斗目标。每个学子对于未来的可选择奋斗目标随着地区均衡发展而被大幅度增加。结果是每个地区学子的面前不再只有"名牌大学"这座"独木桥"，每个地区、每个"珍珠网"都可以给青年人树立奋斗的目标。

（2）贫富均衡为更多青年人提供了实现目标的机会。新体制极大地缩小了人与人之间的贫富差距。一方面，好学校和差学校毕业的学生就业后的收入差距缩小了；另一方面，学生之间的就学条件也随着人与人之间贫富差距的缩小而缩小。这给每一个青年人提供了更加均衡的条件，也给了他们更加平等的尊严。这些都将实实在在地影响家长、学生的就学观。由此，对于每一个社会个体的最佳奋斗之路，不再完全捆绑在那些"名校""名单位"上。于是，真正的教育体制改革就会开启。

（三）革新培养目标：让学校培养多样化人才

1．需求的多样性要求教育培养目标的多样性

国家、社会有很多不同需要，也需要根据不同需要选择人才，多样的人才又需要通过不同的教育来培养。人类需要一批决策人才，他们有敏锐的视角、高度的概括能力和决策能力；人类需要一批教授，他们有极其丰富渊博的知识，有极强的表达能力；人类需要一大批发明家，时时向社会提供创新的理念、创新的产品、创新的服务；人类需要一大批技师，能够在他们手里制造出精美绝伦的产品；人类需要更大量勤勤恳恳、默默奉献的劳动者，在他们的努力下满足公众的消费需求和服务需求；等等。多样性技能人才的培养，都需要对培养之苗进行有目标的"种子"筛选，都需要在其后的教育中使用不同的教育环境、教育方法和教育手段。

2．新体制为多样性教育提供了动力

在市场经济体制下，实现这种多样性的、多层次的按照各种技能人才目标进行的教育受到了层层阻力，客观上成为无法完成的事业。

首先，学生的选拔环节不允许。青年人可供选择的奋斗目标太少了，全

国竞争平台只有"高考"这么一座"独木桥"。于是，一种统一的、不区分需要的"全国统考"就成为保持公平公正的唯一选择——而这正是现阶段所有育人道路的"总指挥棒"。"总指挥棒"指向哪里，哪里就成为全国所有青少年的行为、目标的归宿，除此之外的所有要求都只能成为一些管理部门的空谈。

其次，教育方面的客观条件不允许。资源分配上的不均衡导致学校教学资源的巨大差距。就某个学校而言，只有奔向大众认可的、趋同的目标发展，才能取得上级重视，才能进入高层次的序列，才能发展壮大。按需要分类教育只能成为教育的"另类"。

再次，教育资源配置体系的体制不支持多样化教学。现在的教育资源分配极度不均衡，好的学校不断得到优待而快速壮大，不好的学校度日如年，而好的学校只会在其所需要的"好"方向上投入资源。在高考"总指挥棒"的指挥下，考好高考就是中小学教育的终极目标。于是，各种各样的"考试工厂"应运而生，致使其他好建议、好措施无处施展。

在计划–市场经济体制下，伴随着各地区"枢纽"对区域内企业的加权保护，缩小了地区间经济发展的差距。各个地区"珍珠"都将有能力、有动力建设符合各自需要的学校。各地区学校不再会去追求在全国的排名，而将有动力去追求自身的特色；而就学生而言，将来的选择目标多了，就有机会找准自己的特长和爱好寻找适合自身发展的道路。只有这样，一场真正意义的教育改革才能出现。

（四）改革学校管理体制：管理重心从行政转向教学

学校的根本任务是育人，把学生培养成国家需要的建设人才。现在不少学校最在意的不是教授头衔，而是享受什么样的"官"级，而且没有这个"官"位很多待遇都会打折扣。把育人场所变成安排"官"的"庙"，偏离了办学的宗旨。计划–市场经济体制中的学校仅仅是学校，完全没有什么"官"级。取消"官"级就从制度上回归学校所需要的教学本位，让有学术水平的学者把学校带向未来、带向世界。

（五）改革教育管理体制：从行政控制转向促进自主竞争

在市场经济体制下，教育管理上还是摆脱不了"用过去定未来"的"血统论"思维模式。教育领域和其他领域一样，是分"三六九等"的。有的学校是正部级，有的学校是副部级；这个学校是"211工程"的学校，凡是进入这个名单的大学就是国家重点大学；那个大学是"985工程"大学，进入"985工程"的大学就成为国家重点大学中的重点大学。大学每进一个"工程"圈子就可以获得各种各样的待遇，从承接国家工程到学位层级，从物质资金到精神财富，等等。所有待遇都将伴随这个"血统"以巨大的差距降临到学校。这种管理逻辑是：因为你过去曾经好过，所以你将来一定会好，因为你将来一定会好，所以你有资格享受特殊待遇。这个逻辑最大的问题就是把变化着的学校发展加以固化，即好的大学通过外部"惯"力必然一直会好下去，而不好的大学则没有机会好起来，因为"血统"的原因没有哺育源。这就发生了由于这个大学进入了"985工程"的圈子而发生的一连串的"于是"和"但是"：

于是，该大学得到了必须是"985工程"大学才能得到的资助，国家级的课题落户到了这个大学……；于是，"985工程"就成为大学的名片，学校光环，"985工程"学校教授的光环……；于是，"985工程"学校就成为学生志愿的招牌，尖子学生就愿意报名，学校的学子"种子"就优秀……；于是……

但是，所有的"于是"出现的原因之一，却是因为进入了"985工程"圈子，是已经过去了的"因"导致的结果。

计划－市场经济体制将彻底摒弃这种用"过去"决定"今天"和"明天"的思维方式，将所有的竞争置于当下。在新体制下，所有的大学都是参与教育竞争的平等实体。国家支持和实施的重点科研项目都经过"割断关系链"的招标竞争实现，任何学校都拥有平等的竞争机会，以尽可能不受过去条件影响的公平竞争去争取所有的"好处"。任何学校都有机会在新一轮竞争中成为胜利者，把昨天的冠军定格在昨天，而今天的冠军是这轮竞争的冠军。通过这种平等竞争，不仅激发学校内部的创新活力，还要在这种变化中营造更多更丰富的学子"目标"，将学校能否成为好学校、世界一流学校推向动态变化的公平竞争之中。

于是，在新体制下，每个学校，哪怕是很不出名的学校也可以因为一种创新一举成功进入前列，而所谓有名的学校也可能因为管理僵化而被淘汰，等等。这一切产生了计划－市场经济体制的重要目标：目标的多元化。学校的排名将不会被固化，位置是会变的，而这个"变"中就有每个学校成为"名牌学校"的"目标"。

计划－市场经济体制的这样一种巨大变革，必将引发教育体制的巨大革新。

三、推动医疗体制改革的探索

医疗体制改革是全民关心的一个大问题。目前不少医生有意见，因为他们的辛勤劳动没有被社会完全承认；病人也有意见，因为他们正在为"看病难""看病贵"发愁；管医疗保险费用的政府相关部门也有意见，因为"以药养医"不断推高了医药保险费，以致入不敷出的问题日益严重。大家都在争论医院应该"挣钱"还是"治病"？焦点在于，如果医院以"治病"为己任，那么就应该突出"公益"，直白地说就是最好不盈利。其实，这个争论走偏了。从一方面看，医院和医生毕竟是生活在社会主义初级阶段的医院和人，如果他们只能奉献，不能收获，那么积极性就会降低。如果医生失去了医治的积极性，病人就失去了精于治病的医生。从另一方面看，如果医院和医生都只顾挣钱，而不顾病人的生命安危，显然不可以。

我们换一种思维方式：如果我们能抓住"疗效"这个医疗行业的关键，把药费报销和"疗效"挂钩，让"疗效"好的医院和医生挣足工资，得到与其他行业中的佼佼者一样多或者更多的收入，人家有本事治好病人不应该吗？当然应该，这样医生不就满意了吗？好，再看看病人，"疗效"好病人自然也就满意了。再看看医疗保险的管理者，由于药费报销和"疗效"挂钩，"以药养医"没有了可能，医药费也就降低了。于是，一个相关各方均满意和高兴的结果出现了，而这正是医疗体制改革的出发点和归宿点。

（一）医疗体制改革的难点

医疗体制改革的难题是：一方面，公立大医院人满为患，一号难求；另一方面，小医院无病可治，生存困难。一方面，医生的劳动得不到认可和尊重，只能靠"药"补"缺"；另一方面病人始终处于弱者地位，穿梭在人堆里，无法有选择地享受竞争下的医疗服务。显然，改革这种体制是国家利益所在，但改革也困难。引入民营资本办医吧，民营医院的信誉无法取信于患者，毕竟治病关乎人的生命，任何失误都可能永远无法补救；引入外资大医院吧，人家有着高水准的医疗技术、高质量的医疗服务和昂贵的治疗及服务费用，如引入可能给整个医疗体制产生难以预料的影响。原因很显然：社会职工医疗费用的主要承担者是社会医疗保险。对于享受医疗保险的职工来说，谁不愿意在医疗费用主要由医疗保险负担的情况下，去更昂贵的外资大医院享受更好的医疗和服务呢！如果开放这些医院，后果是可以想象的：

其一，国家的医疗保险基金负担不起；

其二，现有的本土公立医院将面临全面淘汰，大量医职人员可能会跳槽或下岗；

其三，人满为患的患者队伍将从现今的公立医院转移到外资大医院。

以上结果显然不符合国家利益。

这种矛盾结果都表明：我们需要用全新的改革思路来面对医疗体制改革。

（二）抓住"疗效"，改革之路就在脚下

计划 – 市场经济体制在解决医院、患者、医疗保险管理者这些关联主体间利益、权力制约的设计中，抓住了"疗效"这个利益的统一目标点。新体制将把医院、患者、医疗保险管理者这几个关联体权力博弈中的"疗效"作为共同的权力作用标的独立出来，成为各权力体行使自身权力的出发点和归宿点。政府管的地区"枢纽"，根据医保的宏观承载能力负责制定医保报销的规则，负责监管规则的实施；各医院则通过围绕疗效的竞争实现"医疗"

权力的制衡；患者则在强势医院围绕疗效的竞争中改变在医患关系中的地位。

在"疗效"报销体制下，患者看病在医疗保险中报销的医药费，将由"医院的医药费票据"决定，改为"按治疗效果的疾病报销额度"在医院票据额内报销，即患者在医疗保险中可以报销的那部分医药费，在新体制中仅仅是按"枢纽"效果评价管理部公布的明细清单，按"治愈""维持""未治愈"等类别确定的报销额度。

（三）"疗效"界定的难点

"疗效"是医疗的出发点和归宿点。将"疗效"作为医疗体制改革的"牛鼻子"，并按"疗效"作为医药费报销的依据，本身容易接受。关键在于它是否具有可操作性。对此首先要找准难点。

1. 疾病定义界定上的难点

衡量"疗效"的疾病名称如何界定。比如说：医生诊断是"感冒"——真是"感冒"吗？对于很多慢性病来说，治愈困难，控制和减缓病情发展的可能性如何？等等。面对如此多的复杂情况和特殊情况，需要解决如何对报销所依据的疾病进行定义的问题。

2. 疗效滞后性带来的难点

看病时，必须先出医药费，但疗效却需要延后的一段时间才能知道。还有一种情况：在一个医院没有治好，又换了个医院，结果治好了，而事实是前一个医院才是真正治好病的医院。如此的特殊情况也许还有很多很多，我们需解决疗效滞后带来的问题。

3. 疗效界定上的难点

疾病很复杂，比如，如何界定一种慢性病是治好了还是没有治好，如何量化治疗效果，如何在报销时量化，等等。这样一些具体难题不解决，以疗效为纲的医疗改革就无法实现。

（四）难点克服之策

这些难题表面是难题，但只要对难题进行细分，再将有些难题交给设计好的制约机制去解决，难题就会有克服之策。

1．确诊和未确诊

对疾病治疗的确诊和未确诊是治疗过程中的两个基本状态。

（1）确诊医疗。确诊医疗是医生做出了诊断结论后的医疗行为。这个确诊结论可能是正确的，也可能是错误的，我们先做结论正确推断。假定新体制有个强制性决定："确诊"才可能以"未确诊"多一倍（假设值）的报销药费、治疗费，再将医生的"确诊"治疗费提高到医院主要收入水平之上。这样一个制约制度设计，就使治疗中的"确诊"医疗成为医院要想生存发展的基础。有了这样一种制约机制，医院一定会有内在动力全力做好疾病的"确诊"医疗，因为只有"确诊"多，才能多收入医疗费用。

按照先"正确推断"的原则，以医生的"确诊"结论作为疾病名称，并按"枢纽"目录给予报销，再用后面的制约机制来保证正确的"确诊"结论受到机制的正激励。

（2）"未确诊"医疗。"未确诊"医疗，按规定只能报销检查费用和按病人疾病等级的维持费用（报销的医疗费用应低于确诊医疗的费用）。也就是说，一个医院如果始终不能及时"确诊"，医院的医疗费就少，让其处在只能维持而很难发展的水平上。这个设计从机制上产生了医院"确诊"医疗的内在驱动力。

"未确诊"不仅受报销制度的制约，还受到来自病人的选择制约。当一个医院始终不能给予病人"确诊"时，一定会转换医院，而这种转换本身就是医院之间的竞争。

2．疗效的认定

（1）治愈。病人在一个规定的时间内（时间由"枢纽"目录公布），不重新看同一疾病就认定为治愈。应该说这种认定法是科学的（也可能有些特例，但不会影响整体方案的实施，而且可以通过完善制度来弥补），并且是可实施的。首先，这个行为是医院无法直接控制病人做出的，具有内在制约性。其次，借助联网的计算机由医疗费报销管理机构可以做出精准和及时判定，因为在全国以至于全世界联网的系统中精准找到该病人的就诊情况。通过这个技术手段，就可以实现对疗效的精准考核，这样以疗效为基础的报销就有了基础。

（2）维持。病人持续地使用同一诊断结论进行治疗。维持疗效将获得比"治愈"少的报销额度。

（3）无疗效。病人使用另一诊断治愈了同一疾病；或者多次医治同一疾病，且超过"枢纽"发布目录中允许的时间和次数仍然没有"治愈"的疾病。它可以由计算机系统自动断定为"无疗效"。"无疗效"意味着对医院治疗方案的否定，意味着医院的经济损失。医院有可能故意对重复看病进行病情隐瞒——制约机制设计上，可以通过给予"无疗效"病人一定补助来制约。当病人在"无疗效"后能领取一定补偿时，病人一定会争取这个权利，而这种争取正好是对医院的制约。当然，病人也需要提供化验结论，而不是单靠自身感受来证明"无疗效"。

3. 疗效滞后性处理

疗效需要治疗之后才能知道，而交费必须在治疗开始前就完成。这个时间差如何处理也是需要考虑的。这里有必要注意这样几点：

（1）医院是一个持续性固定机构，自建立那天起就一定具备起码的医疗条件。也就是说，医院具有一定的赔偿能力。如果采用定期结算、多退少补的方法，时间上的滞后就不再是问题。医院的赔偿能力就是实施的担保。

（2）还可以从每笔支付的医疗费中提取一定比例的治疗风险基金，以此作为解决疗效时差的措施。

（3）医院只要希望继续生存，那么任何符合规定的要求都是可以得到实施的，其中也包括退款和赔偿。

4. 医药费报销和周期性总结算

按照这个设计，所有报销都分两阶段。第一阶段是预报销，原则上依据医院的"诊断"按"枢纽"目录预报销，报销中还对急诊、门诊进行区分，以保证急诊病人的及时医治。比如急诊，病人是实报实销的，但报销的数量受到了急诊限制；而正常门诊，病人医药费报销将区分"确诊"和"未确诊"，"未确诊"报销金额将受限制，"确诊"则可按"枢纽"目录直接报销。"枢纽"目录预报销将在实施中补充完善。预报销后，医疗费用管理系统将追踪预报销病人的后续看病报销情况，以自动确认是"治愈"还是"维持"，或是"无疗效"。这些判定将决定定期的总结算额。比如"无疗效"会扣回已预付医药费，而"治愈"可能会再返一倍医药费，"维持"则既不返也不扣。当然，这需要重新据实测算和设计，是一个从实践中完善的课题。

5．计算机管理系统＋网络提供技术支撑

要管理每个病人的这么多事，对人来说是困难的，但对于计算机系统来说根本就不是问题。互联网提供信息的通道，计算机技术、数据存储技术及其他信息处理技术可以完全支持这样的医疗体制改革。

6．未尽事项的处理原则

作为一项重要改革设计，很难把所有问题都想到，但只要把握好以下原则，以疗效为改革核心的医疗体制改革一定能完成。

（1）建立内在的制约机制，让机制解决疑难问题。任何人都没有能力管理每个病人多种多样的问题，同样也没有能力管理医院这么多的问题，但当设计出一种互相制约的机制时，制约机制可以用最认真负责的态度把人无法完成的事情做好。

（2）不拘泥细节内容。任何制度都会有不完美的地方，现在的医疗体制同样存在大量的问题。新的改革方案，应注意基本面的改革，而放弃小问题的解决，先解决大的、主要的问题，再逐步完善，以避免小问题影响整个改革。不要追求表面的完美，不要追求没有任何问题，不要追求不出现任何问题，因为人们只能在大问题的解决下开启改革，又在改革中不断解决小问题，再在解决小问题中继续推动和完善改革。

（3）更多依赖程序和规则。医疗体制改革要规范化和程序化，让更多的工作由计算机、系统自动完成，办事要按规则实施，避免人为干预。

（五）在有效管控下开放，推动医疗行业竞争

1.医保报销资格扩至有资质的所有医院

在新体制中，能够享受医保报销待遇的医院可以扩大至所有有资质的医院，无论公立、私营，还是内资、外资，只要有医疗资质，能有治病疗效，都可

以公平地获得行医待遇。它既实现了对不同类型医院的竞争公平，也实现了患者可选择医院数量的扩大。

2. 患者根据自身意愿选择医院

具备不同消费能力的患者，可以在自身可能交多少费的前提下选择不同服务水平的医院——实现患者对不同服务水平医院的自由选择权。同时，通过患者对就医的自由选择，促进了各类医院的相互竞争。

3. 按"疗效"在医保中报销

在新体制中，患者报销医药费是根据"疗效"从医疗保险基金中报销的，"以药养医"就没有了可能。结果，引发的是医院围绕"疗效"这个本质目标展开的竞争。比如，治愈一个感冒患者，无论在哪个医院都只能根据"枢纽"效果评价管理部公布的目录报销 100 元，那么患者就可以选择到更有疗效的医院看病。这样疗效好的医院无论姓公还是姓私，都会在竞争中壮大；相反，医疗费贵又没有疗效的医院就会被淘汰。这种引发医院注重疗效和降低治疗成本的竞争，正是医疗体制改革的目标和方向。

4. 地区"枢纽"适时调整治疗报销目录

在新体制中，"枢纽"效果评价管理部会根据医疗技术变化定期调整疾病报销目录的报销额度，动态平衡医疗保险费的收支。比如，当每个医院治疗感冒的费用都只有 100 元时，会自动降低报销额度至 90 元（假设值）；在医疗保险费有节余时，扩大保险报销目录范围，还费于民。当然如果大家都需要 200 元及以上，自然会根据医保基金的承受能力上调额度，实现额度管理的实时调整。

通过这些措施，推进医院之间围绕"疗效"和服务展开竞争，将为患者提供优质、有疗效的治疗服务。

四、用"置换"解决养老难题的方案

中国以及很多发达国家，正在快速步入老年社会、超老年社会，养老金如何在年轻劳动群体占比缩小、老年群体占比扩大的情况下筹措，如何解决生产领域劳动力供给和养老扶助劳动力供给的争抢矛盾，如何实现老年人更健康，需要时能得到更好的服务，等等，一系列养老问题正困扰着很多国家的政府。在中国，过去一直把照顾老人的服务放在子女"尽孝"的范畴内，是靠子女、亲人的义务服务来实现。但今天，第一，多数是独生子女家庭，子女少；第二，子女在市场经济体制中自身生存压力巨大，很难完成养老服务任务。本章提出了一种应用新体制的"置换"原理，用劳动力人口中一部分劳动时间为老年人提供服务，或者由健康老年人一部分劳动时间为老年人提供服务，然后在政府的担保下，近似等值地"置换"未来由别人给自己或给自己指定人员提供服务的"置换"型养老新思路。

（一）中国已经是老龄化国家

中国正快速步入老龄化社会。根据智研咨询发布的《2017—2022 年中国养老行业现状分析及资战略研究报告》，2015 年 60 岁及以上人口已达 2.22 亿人，占总人口 16.15%。预计到 2020 年，老年人口将达到 2.48 亿人，老龄化水平达到 17.17%，其中 80 岁以上老年人口将达到 3067 万人；2025 年，60 岁以上人口将达到 3 亿人，成为超老年型国家。考虑到 20 世纪 70 年代末的计划生育工作力度，预计到 2040 年，我国人口老龄化进程达到顶峰，之后，老龄化进程进入减速期。中国进入老龄化社会以后，由于老年人人口基数大，增速快、高龄化、失能化、空巢化趋势明显，再加上我国未富先老的国情和小型化家庭结构的叠加，养老问题将日趋严峻。

（二）养老问题面临的严峻挑战

1. 养老经费筹措面临挑战

老年人口在总人口中所占比重增加，中国人口老年抚养比❶将持续增加。从 2000 年至今抚养比加快增长，预计到 2020 年将达到 16.9%，加上少年儿童抚养比的总抚养比（赡养率）至 2030 年将超过 50%。另外，从人口结构看，

---

❶ 老年抚养比是指人口中非劳动年龄人口数中老年部分占劳动年龄人口数之比，用以表明每 100 名劳动年龄人口要负担多少名老年人。

中国的高龄老人数量从 2010 年至 2050 年都将持续增长，高龄老人群体中失能率比较高，据测算，失能老人规模或从现阶段的 625 万人上升到 2050 年的 1875 万人。❶

人口老龄化为养老经费的筹措带来了多重挑战。

首先，导致适龄劳动力的比重下降，人口红利逐步丧失。根据人社部 2016 年发布的《中国社会保险发展年度报告 2015》的统计数据，城镇职工医疗保险的职工退休比下降至 2.84，是连续七年来的最低。意味着只有不足三个在职职工就得为一个退休人员的医疗费用"买单"。人口红利一直是我国经济保持长期快速发展的重要因素，而适龄劳动力上缴的养老金是补充当前养老经费、满足养老经费平衡的最主要来源。在适龄劳动力增加的历史阶段，养老经费的增长可以从适龄劳动力增加中得到弥补，而在适龄劳动力减少的阶段中，适龄劳动力上缴的养老金一定平衡不了现实退休养老金的支出。

其次，平均到每个老年人的医疗费用不断增长。一方面，在市场经济体制下由于医院创收机制的诱导，医疗费用总体是在不断增加。虽然笔者缺乏公开的具体权威数据，但从原财政部部长楼继伟在 2016 年第一期《求是》中的文章所提出"研究实行职工医保退休人员缴费政策"的建议可以从侧面证明，退休医疗费用无法实现收支平衡的事实；另一方面，老年人随年龄增长机体抵抗力减弱，城市污染程度的加重，也在一定程度上增加了疾病发生，也会导致医疗费用增加。

再次，劳动力人口是社会金融储蓄的中坚力量，而老年人口则更多是消费储蓄的力量。老年化意味着储蓄降低，直接影响是导致社会投资减少，最终也会影响养老金收入，加大了养老费用收支平衡的难度。

2.老龄社会中的劳动力供给面临挑战

进入老龄社会后劳动力人口占比下降，而为老年人提供养老服务的劳动力用量却上升。劳动力人口的供给将受到多方面的挑战：

第一，农村劳动力供给挑战。当前农村老龄化速度实际上要大大高于城

---

❶ 《2017 年中国人口老龄化发展现状及发展趋势预测》，中国产业信息网，2017 年 12 月 27 日。

市的速度。其中最重要的原因是，青壮年劳动力大量外流，而留在农村从事农业生产的劳动力无论年龄还是技能和素质都整体下滑，以至于整体影响农业现代化发展。

第二，为老龄人提供养老服务的劳动力供给挑战。老龄人特别是失能老人需要劳动力提供服务。而当下，劳动力人口中的青壮年一代普遍置身于激烈的竞争之中，求生存、求住房、求知识、求发展已经成为青年一代的主流挑战。其中，还有相当数量的青年一代，奔波于他乡异地，自身茫然；不少人即便有孝心扶养老人也显力不从心。不能不承认，老年人是在体能上、生活自理能力上走下坡路的人群。中国又是一个发展中国家，总体上是家未富人先老，很难满足高质量养老的需要。

第三，社会基本生产领域的劳动力供给挑战。老龄社会的快速迈进，大大降低了劳动力人口的占比。劳动力人口的供给矛盾，不仅表现在抚养领域的分流增加和绝对人数的减少，还表现在市场经济体制带给劳动力人口自身的劳动效率影响：

（1）劳动力人口中的农民工。由于市场竞争导致需要劳动力的工厂，主要集中在大城市和发达的沿海地区。多数农民工无法在户籍地就近找到工作，只能远离家乡就业，成为特殊的劳动力人口。他们中多数人无法在就业地买房立家，真正融入工作地的社会，因而出现了大量的"留守儿童""留守老人"。这不仅成为现今的一个社会难题，还将影响下一代劳动力人口的供给。

（2）包括农民工在内的相当数量的劳动力人口，不拥有现代工业、现代农业、现代服务业的劳动技能，无法满足现代很多劳动岗位的就业需要，也制约了劳动力人口的使用和流动。

（3）在中国的劳动力人口中，很多人是更有个性的独生子女一代。他们中不少人受到了良好的教育，有不错的家庭经济条件，但吃苦耐劳精神不够，也不太懂合作、分享和付出。这些个性特点，无疑增加了解决老龄人口养老的难度。

3.提高养老质量面临的挑战

养老不仅有如何"养"的问题，还有如何才能有"质量"地养的问题。

从农村情况看,不少有劳动能力的儿女远赴"天边"打工去了,对于"老人"而言,子女的陪伴已经成为奢望;农村老年人中,多数没有固定的收入来源,不属城镇养老保险的覆盖范围,因此接受劳动力人口的养老服务也不太有可能。在城市,从有劳动能力的子女角度看,自身在激烈的市场竞争中拼搏,已经承受着巨大的生存压力,客观上已无余力亲力照管老人。而从需要被服务的老人角度看,不仅有吃喝睡等基本生活需要,还有熟人、朋友在一起交流的需要,还有和亲人在一起享受亲情的需要。

在现有养老体制下,老年人的养老方式选择空间很小:第一种是私人开设的高档养老院,条件好、服务好,但收费昂贵,只能面向高等收入人群。第二种是国家财政资助的公办养老院(福利院),条件不错,价格适中。但这类养老院资源缺乏,据报道,在北京要住第一社会福利院这样的公办福利院,排队要等一百年。现在等待时间缩短了,但入院条件却严了,只有少数类别的老年人才能入住,无法满足普通退休老人的养老需要。第三种为其他的养老院,但多数以盈利为目的,不是贵就是远,条件相对较差。

再说,即便养老院能满足老人的养老需要,笔者认为,养老院这种方式也不是提高养老质量的最好方式。理由是:

第一,走进养老院的人都是一批即将走向人生终点的老人。当我们把这样的老年人全部集中在养老院时,这里的情景是:养老院充满人生的终点,每天都可能是熟悉的人走完了人生。显然这是养老院这种养老设计的先天缺陷,而且无论高档和低档养老院无一可幸免。

第二,在市场经济体制下,能生存的养老院都是要盈利的,为控制成本,多数养老院都建在远离城市的地方,直接的结果是亲人探望时间少,老人的情感无所依托。

第三,很难满足老年人对于旧友、同学、同事、熟人进行交流的意愿。

4.延长健康老人年龄面临的挑战

同为进入老龄社会的老人,身体健康情况差别很大,多数都有健康阶段、不太健康阶段和失能阶段。在健康阶段的老年人不仅知识、经验丰富,而且多数勤奋节俭,能完成很多力所能及的任务。这时候的老年人完全可以成为建设者、养老服务的提供者。但现今的养老体制，没有退休人员发挥余热的有效机制，客观上把退休人员推向消沉环境中，不利于老年人的健康，实际上缩短了老年人的健康年龄。

延长健康老人年龄是养老课题解决的核心。健康老人年龄越大，社会养老负担就越轻。

新体制的社会"计划"性、新的组织架构、新的置换方式，将提供全新的社会养老方案。

（三）"置换"型养老方案的养老方式探讨

新体制提出一种新的"置换"型养老方案。这种养老方案是在计划 - 市场经济体制特有的管理体制下，由政府管控的地区"枢纽"组织，养老服务主要由有能力的劳动者通过现在为他人提供的养老服务，"置换"将来由其他劳动者给自己提供劳动量接近的养老服务的方案。在这个方案中，还包括专业养老机构及其配套机构和设施，但从主要特征上看，其中的服务"置换"是最主要的养老方案特征。

1. 居家养老为主的养老方案

居家养老就是以自己的居住地为养老地的养老方案。居家养老的优势是明显的。第一，对于老龄人而言，这是一个人际关系熟悉、生活习惯熟悉，包括一桌一椅都熟悉的地方，是习惯了的生活场地。第二，"家"是一个有老人、有青年、有儿童的充满生活生机的环境，对老年人来说是中意的生存场地；对于子女而言是最有可能尽一份"孝心"的地方，也是老人能为子女贡献自己余热的地方。第三，"家"是老人持久生活居住过的地方，一定也是集聚了不少同事、朋友、邻居、好友的地方。亲朋好友是老年人最需要的精神伴侣。

居家养老这些难以替代的优势决定了这种养老方式的生命力，它将是新体制、"置换"养老方案最主要的养老选择。

2. 自组群养老模式

现在兴起一种叫"群居养老"新模式。其"群居"是指：通过自愿方式，一群老人以各自的家庭为单元，共同选择一个居住地，实行老人自我互助的养老方式。由于老人间习惯不同，爱好也会有差异，因此所谓的"群居"也只是生活在一个较近的地域而已，其中起居仍然是各有各家的独立性，当然也不能排除其中有组织成新"家"的。由于"群居"易混淆家庭的概念，笔者改名为"自组群"养老。笔者认为，这是一种可以成为新体制"置换"型养老方案居家养老的补充形式。理由是：第一，这种组合，在组合之初就一定存在一种大家都愿意接受的连接纽带：比如有共同的爱好，说话投机；比如有过共同的交往史，曾经拥有的共同目标；等等。而其中的纽带，正是老年人追求幸福的基本要素。第二，可以实现人群自身的"置换"式互助，而互助本身已经发挥了老人的余热，解决了一部分养老需要的劳动力人口供给，是一种实时的服务劳动"置换"。第三，"自组群"意味着这个"群"可以在自助"置换"养老中不断寻求群之"变"化。"变"是精神生活幸福的源泉。今天在这个"群"，明天可以在另一个"群"，而始终不变化的是老人的精神收获和对社会养老事业贡献的最大化。

3. 社区提供公共养老医疗、康复及其他共性服务

老年人养老中，还有不少专业服务内容和共性服务内容。比如医疗、康复治疗是专业性服务，必须由有资质的专业医生来完成。还有一些可以通过共性服务完成的服务内容：如有些老人需要的餐饮、理发、洗衣等服务。这里引进"社区"的概念。"社区"是新体制中包括一定数量的人口、一定范围的地域、一定规模的设施，有比较明确的界限，由明确的医疗、康复服务中心提供服务的居民集住区。若新体制"置换"型养老方案中，养老对象居住在以家居为主的"社区"中，那么，由"社区"提供这类专业服务和共性服务就是最重要的必备设计。"社区"在以居家养老为主的"置换"型养老方案中，由于地理位置上的不可替代性，造就了在养老架构中地位的不可替代性。下述配置和设计将成为新体制"置换"型养老方案中"社区"的标准配置：

第一，提供专业的医疗卫生服务，提供丰富多样的养老共性服务。

第二，新体制中，工作期间的"住"是以租赁为主的，享受期间的"住"

是以购买私家房为主的。原则上养老地应跟随劳动力人口中的亲人移动才是最理想的。在新体制下，国家应出台强制性标准，在有养老场地的"社区"建设养老公共娱乐场地、公共服务提供场地、适合自组群租赁的场地。显然，这种"置换"型养老方案的理想设计对于延长老龄人健康年龄和提供老年人自助、互助极为重要。

第三，由政府在"社区"派驻"置换管理"机构，建立可以发挥健康老龄人劳动潜力的"置换"平台。这个"置换"平台在"置换"型养老方案中有至关重要的地位和作用。在这个平台，健康老人可以自愿在政府的担保下，参加"置换"劳动。"置换"不仅可以通过力所能及的劳动，"置换"自己需要的消费品，还可以通过"置换"服务性劳动，在将来获取接近等值的他人对自己的养老服务。通过这个平台，把健康老人组织到社会建设中去。这样做，从社会总体看，把社会养老负担变成了社会责任的分担者；从具体老龄人角度看，他们贡献了自身的余力，不仅有物质上的收获，还有更多的精神收获。

4. 集中解决失能老人养老

老龄人口中的高龄老人失能率很高。一方面，对于失能老人来说，居家养老已不是最佳选择。因为多数家庭缺乏适合失能老人生活、起居的设备，也缺乏进行医疗护理的专业知识。另一方面，对失能老人而言，除非通过治疗恢复了健康，否则自身的生活质量已经不再是老人自身的主要诉求。主要目标除期待通过专业的治疗恢复健康外，唯一需要的可能仅仅是临终关怀了。对这部分老人来说，最适合的应该是养老院这类集中养老方式。新体制"置换"型养老方案将这种专业的康复治疗和临终关怀，作为养老方案的补充和延伸。通过专业的集中化护理，用最适宜、最专业、最经济的方法解决这部分老年人的养老问题。

（四）计划－市场经济体制的"置换"型养老方案

在新体制下，劳动量的互相置换是打通生产（劳动供给）和消费（劳动消费）阻隔，实现生产消费双赢的极其重要的方法。将"置换"用于老龄人养老，不仅可以实现有劳动能力的老者为自身的未来养老提供有保障的"服务劳动"储备，而且可以通过这种互助从本质上解决老龄人占比增加情况下的劳动力供给问题。

这里需要提一下，类似的概念世界各地都有很多尝试。比如，瑞士由瑞士联邦社会保险部开发了一个"时间银行"的养老项目。中国也有不少地方进行了"时间银行"形式的养老模式尝试。但这些尝试与通过计划 - 市场经济体制的常态化机制实施的"置换"是有区别的。其中最本质区别有：

第一，在新体制中，"置换"型养老是地区"枢纽"（代表政府）常态化的工作，是一种非盈利行为。"置换"型养老方案由政府推动，由政府担保，由政府落实。由于政府拥有公共财产的管理权，因此，新体制下的"置换"型养老方案无论从广度、深度、规模上都是其他尝试无法比拟的。

第二，"置换"是劳动者获取消费的一种劳动行为，向所有劳动者开放。因此"置换"对象范围也是其他方式不能比的。

第三，"置换"所确认的劳动置换量在新体制中将是一个有组织、有规范程序和规范运作模式的日常工作，是新体制赋予地方政府的工作任务，具有权威性和可靠性。这是其他任何方式都无法比拟的。

1. 最终服务于自身的服务"置换"

这个方案的"置换"内涵是：用今天"我"或者"有意愿帮助我的人"为"他"提供的服务，置换未来别人对"我"的服务。

今天，一方面有很多需要服务照顾的老人，完全靠子女和亲人无法实现；另一方面又有大量的、还有能力的退休老人想做点事，却没有机会，还有在异地工作的亲人，也想为远在他乡的亲人做点"尽孝"服务，但没有条件和机会。特别是，这部分现在还有劳动能力的退休老龄人和年轻人，就是几年、十几年或者几十年后也需要别人照顾的老人，他们同样面临将来由谁提供照管服务的严峻问题。

新体制"置换"型养老方案中的"置换"是："我"包括帮助"我"的人，其中也包括现在还有劳动能力的离退休人员，即所有有志于提供养老"置换"服务的人——养老"置换"服务提供者，愿意在政府"社区"平台的权威组织下，给现在需要服务的养老人员——"被服务者"提供服务。又在政府的担保下，将来由另一个"置换"服务提供者向"我"提供服务时间基本相同、服务质量相近的"置换"，完成"我"和"他"在时间、地域跨度上的服务"置换"。

2. 异地间的养老"置换"

在劳动生产率极大提高的现代社会中，由于每个劳动力人口都存在大量的空闲时间，再加上人员流动是经济形态的常态形式，如果我们能通过"置换"把每个社会成员的"零星空闲"劳动时间，在同城乃至在异地"零存整取"式地利用起来，必将是一笔巨大的社会财富。新体制的"置换"养老方案就是实现这一目标的有效平台。

愿意帮助"我"的人，可以在遥远的异地，通过在当地政府"社区"平台的权威组织下提供养老"置换"服务，再由这里的"养老置换"服务提供者对"我"提供接近等量的"置换"服务。

3. "置换"型养老方案中政府的关键作用

新体制"置换"型养老方案中的服务"置换"，是一种劳动价值在时间和空间上转移的经济行为，没有政府的权威担保和权威参与，是不可能实现的。在"置换"中，服务提供者会在数年或许更长时间，甚至超过十年后，才能用其他"置换者"的服务实现置换，有较大的时空跨度；还有的"置换"服务提供者是在异地提供的服务，不仅有很大的时间跨度，还存在很大的地域跨度。这里，既涉及服务提供者和被服务者的切身利益保护，又是一项十分具体、精细、权威的工作，只有政府的权威参与、权威担保、权威保障才能成功。为此，在新体制中，将由政府的"供需契合枢纽"设立专门的"服务置换管理机构"，专业管理"置换"事务。由于"置换"刚开始时，"置换"的被服务者都不是"置换"方案中的"服务储蓄"对象，因此方案实施初期和常态时间还有不同的特点需要考虑。

第一，在"置换"实施初始时期，"置换"服务对象主要为：（1）社会保险的参保退休人员；（2）政府主管单位通过公示审定的本人无子女且需要由社会出资照顾的孤寡服务对象；（3）政府核定需要服务的特殊对象，如英雄、因公伤残者等；（4）具备按政府核定标准交费的需要照顾的商业性服务对象。由于"置换"是一种服务量的"置换"，本身是政府主导下的契约行为，应该不收费、不获利，但为了有序起动"置换"，可以将有出资能力的服务对象纳入"置换"。实施时，服务对象资金将全部上交政府专门账户作为"置换管理基金"，用于"置换"管理。

参加"置换"服务的"服务供应者"，则可扩展至包括退休人员在内的所有有服务劳动能力的社会公民。

第二，在"置换"全面开展后的常态期。"置换"服务对象主体将是原先已经提供了"置换服务"的"置换者"，当然仍然包括需要由社会出资照顾的孤寡服务对象及特殊服务对象，而且可能需要继续吸引有资金支付能力的人成为"被服务者"。最终通过"被服务者"的增加和普遍化，带动"服务提供者"的普及和发展。

第三，"置换"实施过程。"置换"过程本身是涉及"劳动量交换"的复杂课题，本质上是一个"劳动量"的有价交换过程，是一个实践性课题。如何计量、如何评价、如何储蓄、如何使用都需要在实践中探索。这里提出几种思路，作为引玉之"砖"。

（1）培训、审核、确定合格的"服务提供者"。老人置换服务的对象可能是一个"生人"，涉及服务技能、交流沟通、行为道德，不应是一个"自由职业"。需要由政府组织进行使用前的培训，在审核取得了相关资质，在系统内建立了有效档案才能取得资格。考核内容应包括：

①通过培训考核，使"服务提供者"拥有必需的技能知识。

②了解护理规则，具备必需的道德操守。

③参与"置换"的所有服务提供者和被服务者，必须接受"置换"是一种劳动量"近似相当"交换的现实，要对服务质量必然存在的差异充分容忍。这里建议"置换"的参与方事先签订这种理念的承诺书。

（2）"置换"服务量的确定。"置换"服务量的量化，如果过于复杂化，必然会影响这个方案的实施。因为所有的服务劳动交换都只能在一个没有第三者监管的环境下实施，也不会有一个除时间以外的科学计量仪器进行服务量计量。因此，服务量计量只能用宜粗不宜细的方案进行。这里提出一个分档计时方案供参考：像给残疾人制定残疾等级一样，由"服务置换管理机构"认可的专家对服务对象进行服务加权等级的专业评定。比如服务对象生活能自理的定为 A1 级，加权系数 1.0；而完全无自理能力的定为 D6 级，加权系数 6.0；那么，当服务者给不同的服务对象同样服务一小时后，获得的服务量值一个是 1.0 个"服务单位"，而另一个是 6.0 个"服务单位"。至于过程的服务质量，则通过"被服务者"的反馈、现代科学的远程记录设备的原始资料，对"服务提供者"进行第二层次评价，通过另外的奖惩实现。比如评出金牌服务员、银牌服务员等称号，在"置换"时，尽量安排相同称号的"服务提供者"进行服务，创造积极有效的正激励机制。

（3）新体制"置换"型养老方案中，"置换"采用"零存整取"或者"整存零取"等多种灵活形式展开。"置换者"并不需要像专业护工那样作为职业进行按时上班和按时下班，而是根据管理方的计划安排，使用一部分时间就近参加"置换"服务。

（4）新体制"置换"型养老方案服务量不平衡时的平衡措施。通过"置换"提供过服务的"服务提供者"在需要由其他人提供服务后，可能会出现自己的"置换量"不足或"置换量"有富余的情况。当自己过去积累的"置换量"不足时，允许用其他人的"置换量"进行调剂，还可以优先使用经济方式平价购买服务。当"置换量"有积余时，允许继承、转让。通过这些的政策措施，激发"置换"的有序发展。

（5）"服务提供者"接受"置换"服务时，优先安排服务等级相同的"服务提供者"，形成"我为他人提供优质服务换来别人给我提供优质服务"的置换理念，不断将"置换"推向良性的、常态化的、被社会广泛认可的循环之中。

（6）新体制"置换"型养老方案服务提供者和被服务者之间的平衡。养老服务"置换"是在"被服务者"的服务需要主导下开展的，是消费"需要"带动"置换"中的服务"供给"。"需要"和"供给"的平衡是政府计划的关键任务和始终不变的目标。但实际上，在时间域上、地理域上，供需之间的不平衡可能是常态。"服务置换管理机构"就要通过新体制管控全国交换环节的优势，在更广的地域跨度、更长的时间跨度内组织平衡，因为其跨度越大，平衡的可能性越大。理论上，只要该地区后续劳动力人口存在，其"被服务者"的服务就可以"置换"，就可以继续实施"置换"方案，而且总体上应是"供给"大于"需要"，原因就在于人类可以提供服务的时间总是远远大于需要被服务的时间。当一个局部"提供服务者"出现不足的现象，即无法向已经提供过"置换"服务的"服务提供者"兑现应该提供的服务时，政府的相应管理机构应使用"置换管理基金"雇用专业护工完成约定的服务。

（7）只有通过"服务置换管理机构"有效管理和确认的"置换"服务，才能由政府担保实施"置换"。

（五）"置换"型养老方案的意义

"置换"型方案有极其重要的现实意义，至少有以下几个方面。

1. 扩展了养老劳动力的供给

这其中包括现在仍然无法利用的劳动力供给：（1）退休人员中的健康老年人，通过提供"置换"服务供给，获得惠及自身的服务消费；（2）由劳动力人口中拥有的零星空闲时间进行"零存整取式置换"供给，让同城或异地的指定受益人获得近似等同的服务供给；（3）使未纳入养老保险的农村劳动力人口，也有机会通过"置换"性劳动力供给，乘上社会互助的养老"班车"。

2. 充分利用闲散时间

新体制"置换"型养老方案通过互助、通过"置换"方案中的"零存整取"或"整存零取"式的劳动置换，解决了社会养老难题，本质上实现了社会养老金的"零存零取"，极大地扩大了养老基金的来源，减轻了社会负担。

3. 可以实现多方受益

新体制"置换"型养老方案通过"置换"把有劳动能力的健康公民，以相对自由的形式，有组织地纳入到了利人也利己的劳动大潮中。它不仅有利于被服务者自身得到优质服务，也给"服务提供者"的未来获取了保险单；不仅让参与者从中营养了自己的身心，更有利于延长老人的健康年龄。

4.覆盖范围扩大到农村

农村中大量未参加社会保险的人员，同样可以通过新体制"置换"型养老方案的"置换"劳动，实现互助式养老，这在本质上扩大了养老关怀的覆盖范围。

5.能够弘扬社会正气

新体制"置换"型养老方案在政府平台的组织下，每个劳动力人口都有可能将自己的空闲时间"零存整取式置换"，变为利己利人的社会财富。它不仅极大地扩展了劳动者的劳动内容和范围，还可以极大地促进"孝心"行为的社会普及，极大地弘扬社会新风正气。

下　篇

计划－市场经济体制的
可实施性和预期效应

第十四章 计划－市场经济体制的优越性与可实施性

本章论述的是"计划－市场经济体制"是否具备可实施性，因为只有可实施的理论，才能走出"书本"，走向社会实践，才有可能在大地生根、发芽、结果。

经济体制是经济运行的总平台，它的可实施性有必要从更加宏观的视野、更加微观的视角来观察、分析和审视。新体制必须保证：（1）经济运行是个系统工程，只有具备系统性的方案，才能经受系统性的运行考验。（2）一个涉及全局的经济体制整体方案，在实施中，无法在顷刻间全部做好。如果只有全部准备好才能实施，那么再好的理念、方案也只能停留在"纸"上。因此，新体制必须能实行渐进式改革，必须可以有计划、按步骤地分步实施。（3）新体制的实施应该是多赢的，受益人群应包括最广大的普通劳动者，绝不能只是少数人。因为只有最广大的劳动者才能托起大海航行中的"人类社会之舟"。（4）一个代表全体人民长远利益的政府，需要拥有更强的经济运行管控能力，保证整体经济运行沿着均衡、持续、高效的目标发展，以完成历史进程中的目标任务。为此，新体制应有利于政府对整个经济计划的平衡控制。（5）新体制应与现有生产力水平相适应。现有管理水平、技术条件足以支撑这种新经济体制的实施。

一、计划 – 市场经济体制提出了系统改革方案

本书提出了一个比较系统完整的计划 – 市场经济体制方案。该方案力图以系统化的设计理念来系统地解决系统性课题，使我们有机会在系统化布局指导下，有计划、有步骤地实施，避免盲目性和盲动性。以系统方案解决系统问题，极大地提高了经济体制改革方案的可行性。

（一）系统化问题必须用系统化方案来解决

中国的改革开放，是在无成熟理论指导、无成熟经验可以借鉴的情况下，在一个世界上人口最多、经济基础相对落后的国家开展的。起初，由于没有成熟理论、经验可以借鉴，只能"走一步，看一步""摸着石头过河"。

经济运行是一个互相关联的系统工程。劳动者的就业程度决定着收入水平和消费水平，消费又反过来影响生产和生产过程中劳动者的供应；社会分配的比例关系，既影响具体劳动者本身的收入水平，也影响物质刺激激励的方向；长远利益和当前利益的协调，既影响当前的发展，也影响长远的发展。

经济体制改革的本质上是要理顺计划和市场、宏观与微观、共享和激励等方面的关系，解决社会资源的内部配置问题。但由于缺乏系统化理论的指导，很多情况下，经济发展了但预期目标并没有实现。比如，改革开放后，2017 年 GDP 总量是 1978 年 GDP 总量的 226.9 倍。在这个巨量财富的增加中，每个国民都享受到了改革开放的红利。不可否认，红利的分配存在着不公平、不合理，以至于社会主要矛盾转移为社会分配的不平衡、不充分的矛盾。

经济体制改革的另一方面任务是要避免短视和短期行为，把眼前经济利益和长远经济利益结合起来，从而自始至终把每个具体经济决策都纳入可持续发展的轨道上。但长期以来的"摸着石头过河"，没有长期政策的指导和约束，短期利益往往主导了地方决策者的决策行为。最典型的是土地财政，

将商品住房推至不是让人住的程度。它的后果，一方面制造出超级房地产"富人"，另一方面则将一批中产阶层推向贫困的队伍，还把由高房价带来的包袱推给了社会、推给了下一代。比如，房价虚高，已经背离了"居住"属性。据统计，拥有几百万元房产的中产阶层，约有30%的家庭有数百万元的房产债，成为经济上"不堪一击"的家庭。有人认为，虚高房价成了货币泛印的避风港，其实这是不完全正确的。虚高房价的一个危害，是将最具消费力的中产阶层因房贷而被赶进了负债人群。

计划 - 市场经济体制提出了一套相对全面的系统理论。将宏观面通过计划实现的平衡与微观通过竞争实现的经济活力融进一个体制系统平台中。又通过宏观面对就业、消费、生产、环境承载、资源可持续供给的计划平衡，实现了现实经济利益和长远经济利益的系统化协调。这些理论层面的系统性规划，可以确保一旦实施新体制，就可以将宏观、中观、微观经济纳入到平衡有序、兼顾当前利益和长远利益的稳定发展进程中。比如说，生产者通过"枢纽"每实施一个供货合同，都按"企业增加值劳动力使用比"安排了劳动力就业，那么，劳动力的就业就有了制度性保障。同时有了就业保障，消费就有了"源"，生产者既不用担心"招工难"，也不用担心产品卖不出去。劳动者就业充分了，生产者计划性增强了，社会分配的基础就稳定了，贫富差距控制在一个可控范围内就有基础了。再比如，计划 - 市场经济体制是将环境承载和资源可持续供给纳入到宏观计划平衡之中，每年的经济增长率已经充分考虑了资源的可持续供给，每年的发展内容不仅充分兼顾了环境承载能力，还有科学的环境治理投入。因而，只要整个系统运行协调、正常，经济运行的可持续性就一定有保证，人类生存环境的承载力和舒适性就有了保障。

计划 - 市场经济体制系统理论指导下的变革，可以将系统理论转化为有步骤、有计划、有目标、能考核的具体改革目标，逐一分解落实到每一个具体经济单元和整个的时间维度中，就能通过每个细化目标的实现，最终完成总体的改革任务。

（二）用系统化方案指导体制改革将使目标可预期

计划－市场经济体制提供的系统化理论，使经济体制的目标成为可期待、可预期的现实目标。因为不是系统化考虑的理论，往往会出现：从理论这个角度出发是可行的，但将其放进一个相互影响的大系统中运行时，造成的负面影响可能远大于其正面红利。比如将公务员的退休金待遇和工厂职工退休金待遇实行差距较大的"双轨制"，在论证时肯定有理由，但放进大系统看，这或许就是当年埋下的、短期拆不掉的破坏社会稳定的"炸弹"。

当经济通过经济体制系统化运行时，从宏观到中观再到微观，是一种系统运作机制。在这个系统中，只要各个系统单元运行正常，系统的目标任务就可以自动完成。

（三）系统化方案的客观需要支撑了它的客观可行性

计划－市场经济体制系统化理论所确定的可预期目标，决定了它是社会发展的必然需要，是不实施不行的客观需要。计划经济体制在苏联和中国已经经过了实践检验，至少过去的方式无法适应生产力发展的需要；传统市场经济体制暴露的本质问题实际上已经到了危及社会稳定的边缘，唯有实行彻底的变革才能摆脱经济体制对生产力发展的制约。计划－市场经济体制至少可以解决以下体制的核心诉求，使之有条件成为历史发展的必然。

第一，新体制可以实现宏观计划平衡和微观竞争搞活的统一。这一点一直是学术界长期探索的关键问题。新体制可能是有史以来第一个真正可以用可验证方式实现这一点的经济体制方案。宏观计划平衡正是马克思主义经济理论有计划按比配置各部类资源思想的体现，而微观的自由竞争获得的活力正是调动全社会积极性、创造性的基础。

第二，新体制可以实现竞争性和计划性的统一，真正实现了集计划经济体制中"计划"之优点，又集市场经济体制中"竞争"之优点，弃计划经济体制中"僵化"之弊端，又弃市场经济体制中"盲目"之弊端的总体目标。

第三，新体制可以实现社会个体"利己"需要和共体共享之间的利导。

从竞争角度看，生产者之间是以"利己"为出发点的，但新体制在经过政府在生产和消费之间的交换控制点的管控后，实现了共享理念向"供—需"契约的权威传导，保证了每个"供—需"契约利导到完成宏观平衡计划上。

第四，新体制可以实现权力集中前提下的权力制约。

这些正是经济体制最重要、最核心且亟待解决的问题。如果新体制是社会发展的必然，那么实现它就不再是需要不需要、现实不现实的问题，而是如何在势在必行中"逢山开路""遇水架桥"的问题了。

从另一个角度看，正是新体制拥有的存在必然性，支撑起实施的可行性，因为只要是有生命力的事物，即使在实施过程中有很多的挫折出现，也难以阻止其最终的成功。

二、计划 - 市场经济体制允许"先立后破，分步实施"

计划-市场经济体制的确立和实施，意味着对旧体制的扬弃。这里有个"破"和"立"的问题。在实施经济体制时，这个"破"和"立"的问题仍有大量的理论和实践问题需要厘清：第一，时间和地域问题。即在时间域上或者在地理域上，是必须先"破"掉才能"立"，还是先"立"才能"破"，还是"立"和"破"可以同时进行？第二，"破"和"立"是否需要前提条件，即达到什么条件才能实施"破"和"立"？如果这个前提条件十分难达到，自然这个经济体制方案就不具备可实施性。第三，"破"和"立"的实施，是否需要消耗大量的社会成本？回答这些问题，本质上就是回答新体制是否可行。

（一）先"立"再"破"，稳步前行

如果一个改革必须先"破"再"立"，就会有极大的风险，因为"破"规矩容易，能否"立"就不一定。反之，如果允许先"立"再"破"，就没有了风险，因为它至少可以在"立"不起来时"不破"。新体制所要"立"的任务，大部分在市场经济体制中都有，比如现在也有"招投标"，如果在局部进行新体制招标试点，那么，试点的地方实行新的招标方法，而其他地

方仍然可以用原来的招标办法，只有在试点成功后（即"立"后），才会全面推广（"破"）。

有人可能会认为："新体制要制定那么多的宏观经济调控工具参数，不现实。"——这是误解。新体制并不需要把参数全部制定完成后再实施，而是需要一个"参数"时，就先"立"（确立和使用）一个，待这个"参数"成熟后再"破"一个，是一种有需要时就建、不迫切需要时就缓建的"立"后再"破"的改革，不是必须全部"建齐"了才能"改"的改革。比如发现钢铁产能过剩时，给钢铁价格制定一个"调控因子"，而其他的保持不变；后来发现水泥又过剩，再制定一个水泥的"调控因子"——这种"先立再破、逐步实施"的改革，没有实施风险。

国家经济体制的变革是一项重大系统工程。它不仅涉及生产者活动方式的变化，也涉及消费者消费选择方式的变化；不仅涉及政府职能的转变，还涉及其中人员的调整。如果在这种体制变革过程中，每个部分的改变都会"牵一发而动全身"，引发其他部分或整体的变化以致发生振荡，那么对中国这样一个拥有 13 亿多人口的国家来说，这种改革就得慎重再慎重了。相反，如果新体制创立允许先立后破、破中再立，也允许从易到难、从局部到全局的渐进改革，那么，新体制改革就具备了起步的便利条件。

下面，通过新体制的一个推理实施设计来说明这种优势。

第一步，在不打破现有体制的前提下，特别是不影响现有国家机构职能和工作的前提下，按新体制的顶层设计，分行业建立监管事务所。监管事务所被授权行使政府的监管职能。

（1）通过立法，确定监管事务所设立的法律依据、服务的收费标准、对被监管生产者委托监管产品的监管责任、被监管产品发生质量安全重大事故应负的连带法律责任。

（2）依法吸引社会资本和社会力量，首先在一些对人民生命财产有重大影响的行业，创立有多家竞争的行业监管事务所。例如，在食品行业创立有多家竞争的食品监管事务所，在药品行业成立有多家竞争的药品监管事务所，对重点出口机电行业设立有多家竞争的机电监管事务所，等等。

（3）生产者按照自愿的原则，选择监管事务所对被监管产品进行监管。选定后，订立指定产品委托监管服务合同，建立起服务与被服务、监管与被监管的法律关系。

监管事务所的设立和运营是对重要行业安全质量监管的加强，显然，不会影响现有经济体制的运行。因此，在全国试验地区建立行业监管事务所，可以作为先行先试的改革内容。

第二步，在中央政府模拟建立一个顶层管理机构，开展信息中心、规划和交换规则制定中心的试验性工作，开展纵向宏观规划传递试验。

第三步，选择有代表性的地区，建立新体制的地区"枢纽"试点。

（1）"枢纽"首先建设好自身的信息系统。其中包括信息采集、分析、发布等信息管理子系统，创建"枢纽"的官方公共信息发布平台。

（2）按照自荐和推荐相结合的方式产生各类专业的评标专家库候选人名单，在对专家库候选人进行培训和考核的基础上，经过审定程序最终建立各个专业的评标专家人才库。专家人才库人员在远程办公条件支持下，可以全国范围内共享。

（3）在机构消费者中征选有愿望由"枢纽"负责招标的招标委托，开始按"枢纽"规定程序发布官方招标信息，接受企业的投标书，按规范透明的办事程序试验性地开展招标、定标、签订合同、结算、监管等"枢纽"业务。

然后，按照顶层设计，将"枢纽"工作按程序一步一步地进行试验，并在试验中总结调整，在调整中不断完善。

第四步，在政府支持下同步配套组建宏观规划、宏观调控试验组织机构，进行未来宏观规划预研、全国信息中心预建以及宏观计划平衡预试。尝试宏观计划平衡、宏观计划传导、宏观计划微调，在实践中"立"，在实践中"破"，在实践中发展。

第五步，在筹建地区"枢纽"的同时，同步设立解决"枢纽"管理过程中异议的速裁庭，配套解决围绕"枢纽"业务出现的异议投诉。

通过以上五个步骤，建立起完整的新体制局部试验架构，进行局部的系统性、实验性试运行，取得经验后再逐步扩大以至全面实施。

从以上步骤可以看出，新体制在局部范围内的试点运行，不会影响其他未试验地区按现行体制的运行，不影响国家政府、地方政府现有的工作，也不会影响生产者、消费者在两种经济体制同时存在期间进行生产和消费活动。

（二）"立"有例，"破"自然

计划 - 市场经济体制不是从零开始的创建，而是现有经济行为的延续和升华。

计划 - 市场经济体制既是对市场经济体制的一个局部肯定中的否定，也是对过去计划经济体制的一个局部肯定中的否定，是市场机制和计划机制两者优势的深度融合，本质上是一场体制变革。但这场体制变革并不意味着立刻彻底打碎过去的体制从零开始另搞一套体制，而是"在立中破"，先"立"后"破"的渐进变革。新体制本质上是一场体制创新，但并不意味着所有的工作元素都是新的，恰恰相反，新体制大量地继承了市场经济体制中的工作元素。比如从宏观面上看，宏观发展规划，如国民经济五年发展计划、百年发展计划等——国家发展和改革委员会一直在做；宏观经济信息的采集、分析——国家统计局在做，各部委的信息采集系统在做，还有一些大型企业也在做，只是数据分散、零散而已。地区"枢纽"要完成的大多数任务，在现行的市场经济体制中都有人在做，只是社会成本高昂、无法系统整合、执行效果不佳而已。比如，招投标，现在是利益关联体在组织实施，在很多情况下从制定规则到执行规则，从开始实施到实施验收，其过程不乏人为干预和操纵，也不乏由于不公平、不公正造成的极坏社会影响以至于最终造成无法挽回的损失；比如，经济合同现今也在依法实施，只是其中有不少合同是合同双方地位不完全对等的情况下，制定的强者强加给弱者的不平等合约；比如，信息发布现在是以商业广告形式在做，是有钱人的宣传工具，其中不乏"王婆卖瓜"的夸大宣传；等等。

总之，现在有人在做的工作换一下工作程序、换一个实施的机构，不会有接受得了和接受不了的问题。

三、计划 – 市场经济体制是利益共赢的体制

（一）计划 – 市场经济体制是多数普通劳动者受益的体制

习近平总书记说过："我们的党来自人民、植根人民、服务人民，党的根基在人民、血脉在人民、力量在人民。失去了人民拥护和支持，党的事业和工作就无从谈起。"❶ 只有让大多数普通劳动者受益的改革，才能为人民所拥护。

1.民可载舟，亦可覆舟

《荀子·王制篇》有这么一段话：庶人安政，然后君子安位。传曰：君者，舟也；庶人者，水也；水则载舟，水则覆舟。这里且将当政的政府称之为船，而将人民比作水，那么，政府如船，人民如水，人民既可以载舟安稳地航行，也能使船倾覆。一场由政府发起的变革，如果仅有其中的少数精英能够受益，而大多数普通劳动者不能受益或受益较少的话，这个改革最终很难得到人民的支持。

一个执政为民的政党，为多数人特别是为多数劳动者谋利益，是进行一场体制变革的首要考虑。

2.新体制让多数普通劳动者受益

中共十九大提出了我国当前社会主要矛盾由人民日益增长的物质文化需要同落后的社会生产之间的矛盾转化为人民日益增长的美好生活需要和不平衡不充分的发展之间的矛盾。新体制为解决这个矛盾提供了体制保障。

第一，新体制通过宏观计划平衡，又通过体制的制度化渠道向企业的"供—需"契约传导，从根本上解决了劳动力就业、劳动力供给的计划平衡问题，所有劳动者都不会有就业的后顾之忧。

第二，新体制中的生产者"保证有利但不会有暴利"的制度设计，实际上保证了企业生产经营的利益，同时也保证了企业中的劳动者按劳配酬的

---

❶ 2013年6月18日，习近平在党的群众路线教育实践活动工作会议上的讲话。

利益。

第三，新体制内生的制约机制，既保证了交换过程的公平公正，又杜绝了权钱交易，将社会分配真正纳入到阳光公平的通道中。

第四，全面的实施按劳配酬，把国民的价值观拉回到真正意义的劳动上，为形成积极向上的价值观体系奠定基础。

第五，新体制降低了通常意义的资本在社会分配中的权重，使得拥有巨额资本的"富人"不能完全用"钱生钱"的办法获得超劳动贡献的分配，可以极大地提高劳动在社会财富初次分配中的权重，促进社会分配公平公正。

第六，新体制"未来劳动置换"理论的实施，将使农村劳动力在城市化进程中就近就业成为可能。这将惠及数以亿计的普通劳动者，进而可以真正开启有序城市化的进程。

所有这些变革，每一条都将给绝大多数劳动者带来实实在在的利益，成为建立更公平公正社会的基石。

（二）计划 – 市场经济体制是多赢的体制

计划 – 市场经济体制是多赢的经济体制，其一，表现在社会经济总量是增加的；其二，经济红利的分配符合社会发展的目标需要，从而形成社会核心价值观建立的推动力。

改革最担心的是"多输"，改革也担心不同利益群体的利益"零和"。所谓"按下葫芦浮起瓢"，即这部分合法人群的受益总是建立在另一部分合法人群受损的基础上，结果总是一部分人满意了，而另一部分人愤怒了。计划 – 市场经济体制的经济增量很大程度上是计划出来的，取决于计划者能够设计出多少的消费总量。而这个消费总量正是国民分配的关联因素。这种计划性决定了它的多赢性。

1. 社会初次分配的合理性决定了多赢性

计划 – 市场经济体制在宏观层面是计划平衡的，它确保了整体的、全局的均衡发展和持续发展。宏观层面针对所有社会成员实施的增长计划，长远筑牢了社会所有人员"共赢"和"多赢"的基础。国家在宏观层面的权力，由它的宏观性决定了它的整体多赢性。新体制在微观层面是竞争的。但它是在宏观增长框架内的竞争，是在权力无法对特定利益体进行分配干预下的竞争，是受制约机制约束下的竞争。新体制由预定的竞争规则，通过公开透明的竞争实现社会财富在社会成员之间的初次分配，既保证了多赢，又保证了持久合理。

计划－市场经济体制的多赢性还可以从各个经济体的获取上看到。从横向看，无论是相互竞争的生产者，还是由某种交易关联起来的生产者和消费者，都可以在新体制实施中获得可靠的计划、支付最小的交换成本、得到最公平且相对均衡的回报。从所有国民的角度看，他们获得的虽然没有暴利，但却是最大的利益公约数。从纵向看，中央政府和地方政府的事权界限更加清晰，系统化运行的权责利更加明确，高效、有序、计划的经济活动可避免管理者、领导者之间的推诿扯皮，还可以缓解管理者的高压力、低成效，将政府推向轻松、快乐、有成效的高境界。

计划－市场经济体制的多赢性还可以从社会分配的合理性中获取。新体制建立后，暴利将受到限制，操纵市场的行为将没有机会，交换过程将在透明的环境中进行。在新体制下，要革除的是交换环节不应该有的"暴利"，革除的是那些得不到多数人支持的腐败、市场操纵，革除的是市场中的不公平以及不断扩大的贫富差距和社会的不稳定，革除的是压在各级领导头上的无所适从的压力、内耗和低效率，弘扬的是轻松环境下的高效能、有机配合下的高成长。

2. 新体制内在优势确立的多赢性

（1）最低的社会成本。计划－市场经济体制这个有机整体，纵向从中央政府到地方政府，再到生产者和消费者，横向从消费者到生产者，整个经济运行单元都通过地区"枢纽"的管控，纳入到一个经济自动运行的大系统中。只要各系统单元各司其职，这个系统就可以保持宏观高度平衡和微观高强活力的系统化运行，整个经济体系将以最低的社会成本换取最高的经济效率。

从纵向看，在计划－市场经济体制下中央政府和地方政府有最精简的机构、最高效的经济运行机制，以及最自动化的系统运行架构。中央政府和地方政府机构可以大大减少，人员可以大大精简，行政过程可以大大简化，经济管理可以大大集中，精简、效率、节约可以同步实现。

从横向看，由于地区"枢纽"是政府的一部分，是最稳定、最可信、最权威且能被各利益方接受和监督的机构。因此，包括招投标、资金结算、信息发布等涉及利益矛盾的各项任务，均由"枢纽"主持完成。这样不仅对各方最安全，而且还由于不会有暴利或者"腐败"的中介，保证了最低的社会成本。

新体制下的所有经济活动都是在宏观平衡下展开的，因而可以避免宏观层面的浪费和挫折，可以实现最大的社会成本节约。

（2）内在需要。一项变革，如果不是外部强加的，而是自身发展的内在需要，那么它就有生命力，就会有自我完善和发展的动力。

比如，新体制可以实现宏观消费、生产、就业、国际收支、环境承载、资源可持续供给之间的平衡。显然这是一种难得的内在需要。

比如，新体制中由"枢纽"负责的招标。这种招标更权威、更公正、更有可信度，这是竞争各方都需要的。

再比如，交易结算。具有政府权威的枢纽介入，实际上可以终结市场经济体制中出现的"三角债"顽症。

还比如，供需信息管理。"枢纽"成立后，首先会建立交换信息采集系统，加之招标、结算、信息分析等"枢纽"工作的逐步开展，有政府地位的"枢纽"可以逐步建立起最权威可靠的信息库，成为供需契合信息的最权威管理者。政府介入信息管理，可以向各竞争方提供准确可靠的信息服务。信息不真实、获取过程不公平是传统市场经济体制下最不公平的领域之一，新体制实现信息公平显然是各方都需要的。

生产者和消费者期盼经济活动中的平等地位、明确透明的管理程序，新体制则把权力放到了玻璃屋，晒到了阳光下。这一切既是社会个体自身的迫切需要，也是社会群体的迫切期盼。

总之，凡是自己需要的东西就会愿意为之付出，也愿意为之承担责任，也就有了自我完善、不断发展的动力。

3. 劳动生产率在确保就业前提下得以提高

计划 – 市场经济体制强调了消费、生产、就业的宏观计划平衡，强化了在宏观平衡的前提下通过宏观经济调节工具的计划调节，确保有劳动能力的劳动者的充分就业。表面看，这会影响劳动生产率的稳定提高，但本质上却是计划 – 市场经济体制创造了劳动生产力持续稳定提高的体制架构，奠定了各方多赢的基础。

（1）新体制有利于稳定和扩大生产者赖以生存的消费者。从传统的市场经济体制表面看，谋求利益最大化的企业主有提高劳动生产率的内在动力，愿意采用先进技术提高生产效率，愿意用机器人代替人工，实现自身利益的最大化。从实际的劳动生产率指标看，市场经济体制取得了劳动生产率提高这最亮丽的成绩单。但这是表象，是一个历史阶段的近期成绩单。因为市场经济体制在提高劳动效率的同时，也在加速削减劳动者的就业岗位，在持续地削减生产者自身赖以生存的消费者。

唯有保证充分就业下的高劳动效率才是真正多赢和共赢的。新体制则通过宏观生产、消费、就业的平衡规划，确保了劳动力的稳定就业。它不仅源源不断地为生产提供劳动力大军，还为生产者提供稳定持续增长的消费者和消费需要，确保了生产者赖以生存的消费群体。因此新体制是劳动生产率提高的持久卫士，是多赢的持续稳定器。

（2）新体制可以实现充分就业和提高劳动生产效率的兼顾。第一，新体制通过计划管控，在广泛就业的前提下，通过缩短劳动时间实现可持续的高劳动效率生产。比如用一周中的五天休息和两天高效率工作，生产出足够人类一周用的消费品——这其中，高效率和广泛就业得到充分兼顾。第二，新体制的计划功能，可以分类实现"就业安排"和"高效率生产"。比如，对大批量相对重复的生产实施高效率生产，而对适合劳动力密集性生产的产业实施保证普遍就业的安排。第三，新体制可以通过计划管控对在国际范围内竞争的产品实施高效率、大规模生产，而对在国内消费的、经过选择的产品实施普遍就业性生产安排。

（3）新体制通过中国的高速发展可以实现国际范围的多赢。伴随着这些年经济全球化，国与国之间的经济关联性越来越强。中国通过计划－市场经济体制，可以在宏观计划平衡的前提下，实现生产、消费就业和环境承载、资源可持续的平衡发展，可以实现宏观计划平衡前提下最广泛的竞争，进而实现持续且稳定的高速经济增长。由于中国经济体量大，这个高速增长一定会成为推动世界经济发展的强大动力，成为世界经济增长的引领者和贡献者。

新体制不仅不会在国际层面造成负面影响，还可以向世界贡献中国智慧。原因：第一，计划－市场经济体制仍然是一种市场经济体制，不过是一种"有计划功能"的市场经济体制。第二，"社会主义市场经济体制"一直是中国公开的宣示，"计划－市场经济体制"与"社会主义市场经济"本质上是同一定义。第三，国际上所有国家都在患市场经济体制进入衰落期的衰老症。中国探索出经济持续发展的新路，是一种治病良方，是一种智慧贡献。第四，国际贸易，归根结底是要实现收支平衡的，无需担心别人报复。相反，中国通过这种变革迅速发展了经济，一定会带动世界经济的持续稳定发展。

四、增强政府对经济活动控制力的体制

一个代表人民利益的政府，一个居安思危的政府，既应该是国民当前利益的代表者，也应该是国民长远利益的守护者。政府要实现这个目标，需要有一个强有力的体制方案作支撑。但如果这个经济体制方案赋予了政府的经济运行控制权力，仅可以使其不作为和乱作为，那么这个经济体制会受到广大人民的抵制，仍然会成为历史的垃圾被抛弃。新体制给政府设计了全面管控经济活动的体制化、机制化"抓手"，一定是人民拥护、政府乐见的经济体制。

（一）计划－市场经济体制赋予政府合理干预经济的全面管控权力

1.政府拥有宏观经济计划平衡权

新体制与市场经济体制的一个本质不同是，整个国民经济的增长水平不是市场经济体制下由实际统计出来的，而是由国家"经济规划和交换规则制定中心"计划及后续的动态计划平衡出来的。它不仅兼顾了社会发展的需要，还兼顾了资源可持续供给；不仅兼顾了国民对物质生活的成长需要，还兼顾了对美好环境的追求；不仅兼顾了国民当前的发展需求，还兼顾了未来数年的发展后劲。这些经过平衡的计划，将会通过经济运行系统转换为宏观调控工具的参数下传到各地"枢纽"并被传导到企业"合同"中加以实施。这个体制设计，赋予政府极大的驾驭国家经济的权力。

2. 政府拥有经济信息集中管理权

信息被视为像人力、资本、物资一样的基础管理要素。在新体制中，信息的地位还将更高。宏观决策，依据综合平衡的信息做出；宏观修正指令，依据实施信息下达。而在微观，企业依赖"枢纽"提供的信息进行竞争投标，竞争依靠中标信息组织生产；企业还依据"枢纽"的信息进行创新投入和计划淘汰。新体制确立政府管控生产者和消费者进行交换环节中的"枢纽"，同时集中管理"枢纽"群的全部数据，实际上使政府取得了经济运行主要数据的最完整控制权——从国家经济管理角度看，生产者和消费者之间的交换信息代表了进行计划的主要信息内容。

3. 政府掌握对各地区"枢纽"的控制权

新体制赋予政府对各地区"枢纽"的控制权，实质性地使政府取得了操控经济运行的能力。这种操控能力可以从以下几方面看到。

第一，根据国家的宏观计划，政府控制的指定"枢纽"可以对投资项目进行自主招标，直接把投资变为行动。

第二，由政府主导进行虚拟或非虚拟的"用未来劳动置换现实消费"，立即构建起现实消费和生产。

第三，对不执行新体制规则的行为，惩处更加有力量。对经济运行过程中的违约行为，比如某企业不能按时付清货款，由"枢纽"负责惩处，那么只要"枢纽"向全国所有"枢纽"发出一个惩处函，每个"枢纽"都实施"该企业不付清货款，不得再中标其他合同"的指令，这就意味着该企业失去了生存空间。

4.政府拥有对所有企业的控制权

政府对于企业的控制权是国家管控经济的需要。新体制下，政府控制了各地的"枢纽"也就控制了生产者和消费者之间的交换通道。无论国企和民企，都无法离开"枢纽"而获得生存机会。因此，政府在新体制中，不仅可以控制国有企业，而且可以控制所有的企业。

从另一个角度看，在新体制下，政府在市场经济体制下期望国企完成的工作实际都已不再需要。比如在市场经济体制下，社会保障基金不够用，政府下个指令，受管的国企就解决了，可这个问题在计划－市场经济体制中根本就不存在，因为国家的财政收入是通过计划保证的，根本就不需要国企来解决。同样地，现在需要国企解决的任何问题，在新体制了不是不存在，就是其他任何性质的企业都可以根据政府的指令完成。

（二）计划－市场经济体制机制化的权力制衡

常常有一种说法，"有权就可能会有腐败"，计划－市场经济体制的制约机制可以解决这个问题。

1.宏观决定权和微观执行权的制约机制

在新体制中，中央政府拥有宏观计划的决定权，但没有具体微观经济活动的决定权。换句话说，这一宏观决定权是适用于一个地区、一个生产类的决策权，而不是涉及具体企业、消费者的决定权。拥有这种权力的中央政府不存在直接利益交换的条件。而在微观领域，与具体企业、消费者打交道的地区"枢纽"，只能机械地使用国家中心批准的宏观调控工具的参数，并没有具体参数的改变决定权，没有利益输送的机会——这就产生了有权力制定规则的人，只能制定规则，而与具体人打交道的权力人，只能机械地执行规则。它完全堵住了可能的利益输送通道。

2.显性虚权和隐性实权的制约机制

新体制中，各地"枢纽"是代表政府行使"交换"管控权的。这个"权"对于生产者和消费者而言，是一定意义上的"生杀"大权，"枢纽"将会决定每一个"交换"契约的归属。新体制对这样的权力设计了显性程序性虚权和隐性实权的制约机制，让由涉事人找得到的权力人的"权"程序化，亦即虚化——你能找到的人其实只掌握按设定的程序所行使的权力，不掌握决定的实权——投票权。而真正拥有投票权的专家你是找不到的，他们是临时从"专家库"中随机抽取的专家，这就确保了"枢纽"的公正性。

五、有现实保障条件的体制

经济体制是否可行，与这个体制在实施过程中是否超越现实生产力水平有关，也与现实的管理能力、科学技术水平能否达到新体制实施条件有关。如果新体制的创建需要社会成员达到某种觉悟程度才能实施，那么这个经济体制是不可行的，因为对于觉悟程度的提高很难进行人为把控。显然，只有一种依赖自身机制就能运行的体制才是可行的，因为在这个新体制中，只要按体制的理论系统运用就行了。一场伟大的经济体制改革一定是由代表人民利益的政府推动和最后实施的。因此政府在新体制中的负担，政府在推动新体制创立中的执行力会决定新体制的可行性。新体制创立后，对经济运行中的信息管理提出了新的要求，如果现有的科学技术水平不能提供支持，新体制当然也只能纸上谈兵。

（一）计划 – 市场经济体制由制约机制监管而不是单靠人监管

一个国家的经济体制是这个国家经济运行的总架构，规定了每一个经济体在其中的角色，也规定了其中的运行机制。市场经济体制理论依靠竞争者"利己"这只"无形的手"，通过放任的"自由"运行，创造经济快速增长的奇迹，理论上政府只是个"守夜人"。这种完全自由的经济体制有很强的自发性，不突出"人"的管理，监管方面也只有"法制"这道最后的公平正义防线。但也正是这种"利己＋自由"的经济体制架构，造就了无穷尽的不公平、不公正。计划经济体制则由政府承包了经济运行中所有重要角色的任务，事无巨细都管了，不仅管死了，而且受累不讨好。

经济体制改革的实践证明，放弃管理和都要靠"人"去"管"的改革，都很难成功。计划－市场经济体制则通过精心设计，在经济运行的"过程管理"中，采用了"制约机制管理"——这是一种利用人类本性设计的、可以由利益冲突人进行公平的自我约束机制。这是一种比"看不见的手"更高明的制约机制，这一点我们可以从这样几个角度得出结论。

第一个角度：监管制约的自动性。新体制是一个自我制约的自动运行经济系统。它在宏观平衡计划管理下，经过地区"枢纽"的管控，再通过微观公平竞争实现自动均衡运行。在新体制中，中央政府的主要职能是"掌舵"和总控制，地方政府主要是服务和保障，保障经济系统的正常运行。现行体制下通过"人"管"人"的大量工作都将由系统程序去完成，都将由系统运行机制去实现。市场经济体制下很难达到的宏观消费、生产、就业、进出口贸易、环境承载、资源可持续供给的宏观平衡，在新体制下就可以实现。最重要的是宏观平衡规划并不依赖具体的人去落实，而是通过改变宏观经济调控工具的参数实现的，可以大大精简公务员队伍。在新体制下，第一次可以实现国家财政收入是以计划方式完成的。当经济正常运行时，国家的财政收入会自动按计划比例流进国家财政收入账户，这无疑是执政者梦寐以求的，而所有这些在新体制中，都是由制约机制自动完成的。

第二个角度：制约机制使政府管理呈现超脱性。与体育比赛需要制定公平的竞赛规则、需要设置裁判一样，竞争也需要公平竞争的规则和保证规则被实施的"裁判"。在新体制中，竞争规则的制定和执行者是由找不到"关系"的不同利益的人完成的，而规则的监督是通过制约机制中"无形的大圣"忠实履行监管责任来实现的，其中包括监管事务所等。很多政府权力由直接决定变为组织专家评定。政府的代表"枢纽"是负责组织、召集、主持等工作，而决定权由随机选定的专家做出。所有的制约监管都将政府置于相对超脱的地位，使政府真正跳出事务圈子，站到了更高、更宏观的角度上行使权力。

（二）政府负担不会过重

新体制给政府工作带来重大变革，总体上不仅不会增加负担，还会大大减轻负担，而且将真正解决政府应该管什么和不应该管什么的问题。这可以从以下几个角度来看。

第一，政府在竞争监管中实际上充分使用了政府权威，比如招标中让无论多么强势的消费者都必须接受割断关系链的公平竞争。这是政府权威的体现，结果会使竞争更加公平，更受人民拥护。

第二，用政府的公信力为有利益矛盾的各方提供最高等级的信用服务，其结果是政府用最低的社会成本解决了历来想解决而解决不了的顽症。比如"枢纽"提供的结算服务，就可终结"三角债"顽疾；政府向各方发布官方交换信息，使信息过滤掉了铜臭味，也使不同实力的生产者、消费者有机会获得公平的信息服务。

第三，政府通过"枢纽"行使供需契合过程计划管控的权力，是将这些由之前隐藏在背后、人民大众看不见的"领导"管控的权力，集中转移到人民大众能看、能查、能评价的"枢纽"来。它使权力回到了人民的视线之内，是一种受拥护之举；而政府通过计划管控实现经济的持续均衡发展则是解放社会生产力之举，是造福千秋万代之举。

第四，经济活动中的问题由事后管变成事前管。比如合同在权威监管下按约履行了，就杜绝了违约问题，就没有那么多人去法院打官司告状了。

第五，分散管变成了集中管。比如过去招标，各家都在做，大家都忙于托关系找门路，新体制将招标集中到"枢纽"，而且是由随机选定的"专家"来裁定，"后门"堵住了，"关系"找不到了，信息集中了，办事效率就高了，社会资源就会投向科技创新了。

第六，"不管"或"乱管"变成有计划地管和按程序地管。比如新产品推广和老产品淘汰，再比如合同管理、计划管理等，都将按顶层设计有计划、按程序实施。

第七，政府获得了操控经济运行的"抓手"。新体制在顶层设计上就确立了"枢纽"作为政府计划管控经济的核心地位。政府有了这样一个名正言顺的权力"抓手"，调控就更有计划，更有权威和效率。

这些新体制实现了用最高效率、最低成本完成原先需要用大量行政、司法、企业成本才能完成的任务的目标。

（三）中国执政党的能力提供了组织保障

新体制看起来只是社会控制力、着力点做出了改变，但对社会各方面的影响却是巨大的。从中央政府到地方政府，从生产者到消费者，人们不仅要适应公平的自由竞争，还要适应政府实施的计划管控。这样的变革如果没有强有力的政府，没有具有强执行力政府的全力支持，再好的变革方案也只能是一个设想。世界上经济总量最大、自认为最先进的美国，因为国会中的两大政党在很多领域的分歧，致使政府自 1976 年以来至 2018 年 2 月 9 日，已经有 20 次因为预算拨款案无法批准，导致政府没钱可花，部分政府职员工资无法支付，只好局部关门。如果一个政府连日常工作都难以开展，何谈推进一个重大的经济体制改革。

中国，在共产党领导下，有走社会主义道路的政治体制，有形成统一认识后的强大执行力，能为任何艰巨改革任务提供强有力的保障。中国共产党是一个具有全心全意为人民服务精神的党，也是一个具有艰苦奋斗、与时俱进和改革创新精神的党。在党的领导下，一定能够胜利实现"中国梦"，并为世界经济发展做出中国的贡献。

（四）新技术完全可以满足计划 – 市场经济体制的技术需要

计划 – 市场经济体制是一个庞大的经济系统工程，它不仅有国家各中心下达到各地"供需契合枢纽"的指令、信息，还有来自各地"供需契合枢纽"的实际运行信息。其信息的广度和精细度，可能涉及企业间签订的每一份合同；其信息所涉及的地域可能到达祖国每一个角落，其计算处理能力、信息存储需要都达到了空前的水平。而其中信息的完整性、实时性越高，信息的可信度就越强，价值就越大，新体制创造的社会经济效益就越高。显然，新体制对信息管理的及时性、准确性和全面性提出了更高的要求。信息技术在近些年爆炸式的发展，为新体制创建奠定了坚实的技术基础。

首先，网络技术的发展已经实现几十亿人之间的实时交流通信，远比新体制要求的通信标准高得多。其次，计算机技术方面，随着大型计算机以至于超级计算机的普及，量子计算机的推出，计算机已经可以实时模拟核裂变的全部过程，对于解决新体制中的信息计算和处理不过是"牛刀小试"而已。再者，存储技术中，磁储存技术、半导体存储、缩微存储、光盘存储几个信息存储技术不断被推向极高技术水平。更加前沿的利用生物蛋白自我繁殖的生物存储器也在取得进展，而云存储技术作为一种网络存储技术的发展，使得新体制中大量信息的存储、处理和利用具备了完全的技术基础。

总之，计算机技术、远程通信技术、存储技术等全新的科学技术所表现出来的巨大能力，足以满足新经济体制运行的技术要求，可以为经济运行系统平稳有序运行提供可靠的技术支撑。

（五）从示例设想看计划 - 市场经济体制的现实能力保障

这里列举几个示例来说明新体制受到现实能力保障的过程。这些示例仍然是一种设想，一种作为启发用的思路，很多实际问题需要通过实践才能真正解决。这里需要特别说明的是，计划 - 市场经济体制的实践中必须把握几个关键环节。

第一，独立核算的生产者、消费者在进行供需交易的环节中，必须为地区"枢纽"的存在留出位置，不能留有"旁门"和"后门"。

第二，任何环节都应建立制约机制。

第三，制度、程序、机制永远优先，管理者只是这些制度、程序、机制的服务者和保障者。

1. 机构消费者采购一批物资的实施示例

第一步，A 机构消费者首先要编制出这批物资所需的技术条件、规格数量、交货时间、交货地点、结算方式等要求文件。

第二步，根据这批物资的使用地点或实施地点选择管辖"枢纽"，提交招标请求、采购物资资金来源报告单及相关资料。选择管辖"枢纽"时，如果这批物资是某几个省使用或实施的，则分别向几个省的"枢纽"提交，如果是某地区使用或实施的，则向该地区"枢纽"提交。

第三步，"枢纽"对招标申请进行常规审查并合格后，安排出招标日程，通过"枢纽"信息平台发布招标公告及相应要求材料。

第四步，生产企业根据"枢纽"发布的信息，可以在"枢纽"规定的时间内按要求向"枢纽"投标。

第五步，投标截止后，"枢纽"从专家库中按规定随机选取若干专家，组成招标评定小组。在视频直播下，由"枢纽"人员主持进行公开的评标、定标。"枢纽"人员是主持人，但不参加投票。A机构消费者可以派代表以旁听者身份参加定标工作，可以根据自己制定的规则，在不符合规则时否决定标结果但不能决定最终定标结果。中标结果中已经包含了宏观平衡计划通过调控工具参数的传导内容。域内企业在中标时将根据全国规划和规则管理中心的规定得到一定的保护。

第六步，中标企业和A机构消费者根据"枢纽"招标结果签订"供—需"契约。生产者即可将契约转化为生产计划组织生产。在生产者资金不足时，可依据契约申请贷款。其后，"枢纽"将该契约纳入监管程序，进行监管和服务。

第七步，根据契约，A机构消费者向"枢纽"结算部支付货款，生产者履行合同后直接跟"枢纽"结算货款。如果A消费者未按合同支付货款，则由"枢纽"先垫付，再由"枢纽"负责向A消费者追缴货款和滞纳金；如果A消费者因故不能履约，在"枢纽"安排下合同双方进行协商赔偿；如果A消费者破产无法赔付，则由"枢纽"从赔偿基金中赔付。

第八步，未中标企业B对中标过程有异议，可在交纳速裁费后向地区速裁庭提出仲裁申诉。

第九步，速裁庭仅依据招标要求、企业应标资料及招标过程证据进行速裁判决，且判决立即生效执行。未中标企业B仍不服裁决，可向法院提出申诉，请求由责任方进行经济赔偿，但不影响速裁庭的裁决生效和实施。

2. 实体店及电子商务网店运行的实施示例

第一步，要获得"枢纽"提供服务的商品交易实体店及虚拟网店，都必须在指定"枢纽"注册并组建信息交换专网。由政府主管部门裁定实体店及虚拟网店由省、地、县中哪级"枢纽"管理。

第二步，实体店和电子商务网店对新产品和常规产品进行有明显分隔的销售，实施不同的质保政策和管理规范。有明显分隔的销售相当于明确向消费者提示新产品可能存在的品质风险。

第三步，当实体店和电子商务网店发生涉及金额超过机构消费者规定范围的交易时，必须交由地区"枢纽"通过招标程序完成，堵住任何可能的逃避监管的供需交易行为（期间涉及的利益分配将另外探讨），而且通过信息管控堵住可能的人为拆标的行为。

第四步，生产企业中凡是接受"枢纽"管控的商品，都必须持受托监管事务所出示的监管文件、专业检测机构出示的检测报告、生产资质证明原件到实体店及电子商务网店绑定的"枢纽"办理准入手续。已办理准入手续的商品由"枢纽"提供专门检索代码，"枢纽"即将该商品纳入监管和再监管体系。

第五步，实体店及电子商务网店销售已纳入"枢纽"管控的商品时，应出示"枢纽"提供的检索代码，供消费者验证。消费者发现有"枢纽"检索代码的商品有质量问题时，"枢纽"会启动再监管程序进行问责追查，并将结果及时通过官方平台及电子商务网店进行官方发布。

第六步，"枢纽"通过联网的信息系统将实体店及电子商务网店的交易信息进行统计分析，向有关管理方和生产者提供计划和统计信息。

第七步，"枢纽"为生产者、实体店及电子商务网店、消费者提供结算服务。

3. 新产品管理的实施示例

第一步，企业研制的经过专业检测机构检测合格的新产品，在按规定与事务所建立监管关系（非必须）后，可以直接根据"枢纽"发布的招标信息进行投标，也可以持相关文件到销售地"枢纽"进行准入登记，并在"枢纽"管辖实体店及电子商务网店的新产品交易区销售。

第二步，"枢纽"对已注册新产品进行监管。收集用户对新产品的反馈信息，掌握销售量变化情况。

第三步，新产品欲晋升为常规产品时，"枢纽"既可以根据生产者的申请，由"枢纽"推荐到相关专家机构进行鉴定，也可由生产者直接到相关专家机构进行新产品评价及鉴定。专家机构对产品质量稳定、生产工艺能满足质量要求、销售量达到一定标准的新产品，提出晋级常规产品的鉴定意见。

第四步，"枢纽"收到生产者提供的晋级常规产品的专家鉴定意见书后，纳入新产品推广目录，并将产品转入常规产品目录进行常规产品管理。

为了加速产品新陈代谢，新产品可以尝试创建直通常规产品绿色通道的方案：凡是有信心直接进入常规产品的生产者，可以向专业的产品试用监管事务所提出直接晋级申请。经过监管事务所对申请产品的验证审核，对其中通过考核的产品直接晋级，但产品在出售时要标注审定事务所的名称，且事务所对以后出现的严重安全、品质问题负连带经济责任和法律责任。具体实施方法通过实践完善。

4. 淘汰产品管理的实施示例

第一步，根据国家政策和产品销售情况，"枢纽"将定期编制准备淘汰产品目录，向生产者定向发布。定向信息中还将提供产品计划淘汰的时间、可能的转产方向等参考信息。

第二步，生产者根据"枢纽"定向提供的待淘汰产品目录，提前做好淘汰产品的各项准备，实现淘汰的有序性和计划性。

六、实施中可能出现的问题和预防对策

新体制的创立虽然可以循序渐进逐步实施，但计划－市场经济体制的创建毕竟是一场对计划经济体制和市场经济体制的一次重大变革，一场国家管理理念的大调整，及对日常管理模式变革的大实践。应该说，出现问题不可避免，但应尽可能地提前预防，提前准备。

（一）认识差距导致行动不协调的问题和预防对策

既然是一场要由人组织实施的重大变革，认识上的不一致必然会导致行动上的不协调，行动上的不协调有可能导致改革失败。为此必须首先在中央层面进行充分的讨论论证，真正统一认识，形成推动的合力和推进的定力。

在组织动员阶段，需要对参与组织实验的人员进行广泛的培训、讨论，务求决策层和执行层对改革方案的真正理解。为了避免实施过程中由认识差距带来的不协调问题，应该在顶层统一认识的基础上进行局部试点。通过试点，把新体制实施的过程具体化、条例化、制度化。

（二）方案不完善导致效果不到位的问题和预防对策

作为一个如此宏大的体制改革方案，其方案设计存在不完整、有缺陷是绝对的。作为一个还没有经过实践检验的体制改革方案，也需要在实践中发展完善。由不完善导致局部发生实施困难及问题有它的必然性，关键要使所有参与实践的人员在遇到问题时，能冷静面对、积极面对、保持定力地面对。以解决问题为起点，以解决问题作为完善和发展新体制的动力，以解决问题作为激发体制创新的智慧源泉，那么改革就一定能成功。

（三）执行偏差导致局部混乱的问题和预防对策

新体制的创建是一场深刻的变革实践。而这个实践活动是由具体的执行者来具体实施的。每一个执行者都会有自己对于如何实施的理解。如果这种理解的差异度是在可控的范围之内，那么，变革的实践就不会偏离总体的设计；但如果差异超越了可控范围，尤其当个别执行者带有某种不正常诉求时，则可能导致局部经济的运行混乱。显然，我们需要对此制定预案，进行事先预防和规避。这就要求各级改革组织者，进行仔细的事前组织，事前建立及时的信息反馈通道和预案，确定实时解决问题的处理决策机制，及时处理和纠正偏差，减少损失，保证改革的顺利进行。

第十五章 | 计划 - 市场经济体制为中华复兴提供体制保障

实现中华民族伟大复兴，体现着中华民族的整体利益，彰显着每一个中华儿女的共同期盼，是当代中国人民特别是中国共产党人的神圣使命。研究和把握中华复兴的真谛，要对当今世界形势有一个准确的把握，要对当前我国国内政策发展的态势有一个科学分析，要求对创新、协调、绿色、开放、共享发展理念有一个明晰的认知。而这一切，又必须有计划 - 市场经济体制予以保障，对此，本章加以必要的阐述。

一、中华复兴是几代中国人的追求

中华文明有着八千年的悠久历史，曾经有过辉煌的过去。只是到了 19 世纪中叶的晚清时期，由于清政府实行闭关锁国政策且变革不力，致使国力下降，才被帝国主义列强瓜分，沦为半封建半殖民地国家。中国伟大的革命先行者孙中山在起草的《兴中会章程》中，曾率先发出"振兴中华"的呼喊，但遗憾的是，满怀报国之志的孙中山先生，最终也没有能找到复兴中华的道路。

中华民族是一个伟大民族，法国的拿破仑在 1817 年就说过：中国是一只"睡眠中的狮子"，"一旦被惊醒，世界会为之震动"。

历史上，中华复兴，一直是中国人民的奋斗目标。但只有到建立新中国后，在中国共产党领导下，才将一盘散沙的中国统一起来、团结起来，使复兴中华这个凝聚了多少代中国人的夙愿逐步变成现实。1949 年中华人民共和国成立后，在中国共产党领导下，拥有世界上最多人口的大国，经过 70 年的艰苦奋斗，实现了从半封建半殖民地国家向现代化强国的华丽转身，一跃成为世界上的头号制造大国，GDP 总量超过 12 万亿美元大关，成为仅次于美国的第二大经济体，对世界经济增长的贡献率多年保持在 30% 以上，成为世界经济增长的火车头。

习近平主席在 2016 年 11 月 11 日纪念孙中山先生诞辰 150 周年大会上豪迈地说："我们可以告慰孙中山先生的是，我们比历史上任何时候都更接近中华民族伟大复兴的目标，比历史上任何时期都更有信心、有能力实现这个目标。"

这是执政的中国共产党对先人的交代，也是给人民的庄严保证，还是对世界的豪迈宣示。

当然，全面完成这样一个历史任务，道路并不平坦。

二、复兴中华任重道远

（一）复兴中华的目标越接近，遇到的深层困难就越大

1.守成大国对于崛起大国的阻挠力度空前

在过去的人类历史中，崛起的大国和守成的大国在多数情况下，都会陷入冲突，而且都以军事决战胜负奠定新的世界格局。但当人类面临大国军事对抗对世界的破坏会达到空前巨大甚至可能会毁灭人类自身的局势时，军事决战则不再是解决问题的首选。守成国家纷纷动用更多的手段与崛起国家对决。比如，用颜色革命颠覆崛起国家，以内乱代替外战；煽动多民族国家内部的民族矛盾，引发民族冲突；用极端民主自由的价值观腐蚀控制崛起的国家，搅乱其已有的价值观体系，使之成为无凝聚力的国家，等等。守成大国

对其他国家在经济领域的打压更是司空见惯，比如：阻止崛起大国获得关键技术，用技术壁垒维护领先地位，尤其利用自身在国际规则制定上的主导地位，实现技术领域的排他性垄断（美国为首的西方集团在很多高技术领域——集成电路制造设备、传感器技术等，都对中国进行封锁）；在金融投资领域，通过资本操作诱导针对国发生金融危机；通过加息等措施，利诱资本撤离发展中国家，造成发展中国家金融动荡而影响经济发展；直接实施阻止美元清算，扼杀针对国；用单边加征关税的手段进行施压和讹诈；等等。

守成大国通过一切可以使用的办法打压崛起国家，目标只有一个：任何国家，无论是盟友还是敌人，无论是强国还是弱国，都不能挑战自身的大国地位，哪怕仅仅是接近自己的水平也是不行的。一旦发现崛起国家有超越自己的想法、动作，守成国一定会用各种手段进行打压。

美国过去的建制派总统，对崛起国家的打压，多数是用自己的主导地位通过控制国际组织来实施。特朗普当了美国总统后，直接打着"美国优先"的旗号，要在所有方面"美国优先"。其逻辑是：美国如果没有得到"优先"，就找一条美国国内的法律制裁他人；如果一个国家敢还手反制，那就增加制裁。2018 年 6 月 15 日，美国政府依据 301 调查单方认定结果，宣布将对原产于中国的 500 亿美元商品加征 25% 的进口关税。商品清单包括 1102 种产品，其中有许多产品与中国制造 2025 战略计划相关，包括大量电子、机械、半导体、航空航天等商品。❶ 这是贸易霸凌主义行为。

美国的行为，已弃自由贸易规则和多边贸易体制于不顾，纯粹是一种强权的经济讹诈。当中国以底线思维做准备，泰然反击时，美国将一定深陷进退两难境地，一定会以消耗信誉为代价告终，这其中，是有规律和原因的：

第一，在当今经济、贸易相互紧密联系的国际市场，已经没有一个国家具有独来独往的经济实力。美国目前虽然仍是超级大国，但当它向包括盟友在内所有人挥舞贸易制裁大棒、实行单边主义时，必然遭遇各国的反对。更

---

❶ 《美国宣布对中国 500 亿美元商品加征 25% 关税！折射我国高新技术产业专利技术痛点》，搜狐网，2018 年 6 月 17 日。

何况如今的超级大国是一个正在走下坡路的、各方面都感觉力不从心的守成国家。

第二，中国拥有世界上最大的单一国家市场。消费市场有着异常重要的作用，因为有消费市场就有生产需要，有了生产就能在使用这些产品中发现问题和改进技术，实现一轮又一轮的后续创新。虽然遭受到守成大国通过加征关税甚至禁止产品进口等手段的重重阻碍，且某些技术水平还差一点，但自身拥有巨大市场的中国，完全有能力依托国内市场在现有技术基础上经过一轮又一轮的生产产品、使用产品、发现问题、改进创新，实现很多方面的超越。到那时，守成大国不仅不能阻止中国的发展，而且还可能失去中国这个世界上最大的市场。比如，美国想阻止中国发展 5G 通信技术，但根据中国互联网协会、国家互联网应急中心发布的《中国移动互联网发展状况及其安全报告（2017）》数据显示，2016 年中国境内活跃的智能手机达 23.3 亿部，相当于全球的三分之一。这意味着中国单单依靠国内的市场容量，就足以推动使用中国标准的 5G 移动通信网络，使所有阻止中国发展 5G 通信网络的企图不能得逞。显然，拥有巨大自身市场的崛起大国，只要守住自己的利益底线，依托已经具备的技术积累，是有能力打破守成大国围剿的。

第三，美国无法用过去对付苏联的办法对付中国。在美苏冷战期间，西方阵营和社会主义阵营的界限泾渭分明，两个阵营的经济交集较少。美国很容易将西方阵营团结捆绑在一起，共同对付"苏联这个敌人"。回头看，苏联最终被解体的原因是复杂的，而在西方阵营联合封锁下经济没有搞好显然是重要原因。纵观目前国际态势，中美关系与当年的美苏冷战关系完全不同：现今中国和美国包括其他国家，在经济上互相交融；各个国家的产业，在整个国际产业链中占据着不同的节点，互相合作、融合，谁也离不开谁。各个国家在产业链上竞争的胜负，很大程度上已经不取决于政治人物的行政决定，而取决于国家间竞争的比较优势。现今世界上，很多产业节点的竞争比较优势已经不再属于守成大国，而属于中国等崛起国家，且这种比较优势还在扩大之中。如果把这种融合、合作现状用战场作比喻，那么，过去的美苏冷战是界限清晰的阵地战，而现在的中美经济竞争，则是撕打在一起的肉搏战。

从这里可以看出，美国作为守成大国阻止崛起国家特别是中国的发展，蓄意打贸易战，在经济全球化大背景下，必然会给全球产业链和价值链造成不稳定冲击，也不可避免地在消费美国国家信誉的同时，损害美国企业和普通消费者的利益。美国对崛起国家特别是中国的打压是一项守成大国的国策，今后不但不会减小，而且会不断强化。为了维护国家的核心利益和人民根本利益，中国有必要做出坚决的反制，让守成大国在反制中碰壁，加速衰落。

2.改革进入深水区后矛盾交错

经过40年的改革开放，我国经济社会各方面取得了举世瞩目的伟大成就，GDP总量已跃升为世界第二，还有太多的中国第一给国人以骄傲。像量子通信技术、超级计算机技术、高铁技术、移动支付技术、北斗导航技术、航母电子弹射技术等均取得了很多突破性进展。当然，在取得骄人成绩的同时，也要看到，改革已经进入深水区。社会上各方面矛盾交错，各种利益冲突碰撞，维持社会稳定的压力倍增。比如，一方面，人们希望公平、公正，共享改革发展的红利；另一方面，社会各阶层的财富占有差距、地区发展差距仍然很大，不公平、不公正现象仍然在蔓延。还应看到，人们的收入增加了，生活条件变好了，但人与人之间的关系却在很大程度上深陷金钱关系泥潭之中；少数民族地区的经济发展、农村的振兴还面临诸多难题；产能过剩的企业和地区，不少职工的生活保障亦遇到困难，等等。所有这一切，都显示改革已进入深水区。

3.国民对未来有了更高的期望值

人们的期望值总是伴随着自身条件的变化而变化，总是伴随着对于外界的认识变化而变化。当生活条件改善后，人们期望值就会以现有的实际生活条件为基础重新构建；当人们的视野拓宽后，见到的新事物会越来越多，又会产生超越已有水平的新期待。人们对于未来的新期待，不仅反映对物质形态的更高要求上，还反映在对政治、经济、文化、社会、环境等各个方面的要求上。

人们对未来的更高期望值，对执政者来说，无疑是鞭策，当然也是挑战。正如习近平总书记在纪念马克思诞辰二百周年大会上的讲话中指出的："当前，改革发展稳定任务之重、矛盾风险挑战之多、治国理政考验之大都是前所未有的。"❶也正是这些前所未有的重任激励中国人民去探索、去实践、去完善和发展中国特色社会主义理论。

（二）完善和发展的目标已明确，任重道远

1. 深化改革的总目标

习近平总书记在中共十九大报告中提出：全面深化改革的总目标，是完善和发展中国特色社会主义制度、推进国家治理体系和治理能力的现代化。这不仅是改革的总目标，也是解决"前所未有"问题的总动员。习近平新时代中国特色社会主义思想本质上既指明了"完善""发展"中国特色社会主义制度的方向，也提出了"完善和发展"的时代任务。

2. 实现总目标面临的难点

中国持续快速发展，表明了中国特色社会主义制度的优越性。但在取得成就的同时，仍然需要面对"前所未有"的问题。而且，这些问题与历史曾经遇到的问题相比较，有着更大的深度、难度以及复杂度。表现在：

第一，系统性难度。在生产力水平低下的历史时期，人与人之间的交流基本上都在同一地域，谈不上国与国之间的交往。一个决定、一项政策的影响非常单一。人类进入现代社会后，首先是信息领域的革命，改变了人类获取信息的方式、范围和速度，一个跨越大洋的偶发事件，可以在分秒之间传遍全世界；其次，在经济领域，每个人的吃穿用，都可能包含了来自世界各地的产品基因；地球村通过这些年的经济全球化，已经实现了高度融合。在这种背景下，一个国家内部的一个政策有可能影响全世界。比如一个国家增加了对富人的征税幅度，从这个国家来说，这个政策不仅可以多收税，而且还可以减缓贫富差距拉大的趋势。但这个政策一旦被执行，富人可能会立刻进行跨国流动，到税收更低的国家安家落户。结果，这个国家没有增收多少税不说，还有可能流失了很多财富。相互影响、互为因果的例子还有很多。

---

❶ 习近平 2018 年 5 月 4 日在纪念马克思诞辰二百周年大会上的讲话。

显然，系统性问题，必须通过系统方案才能解决。系统性解决方案与专题性解决方案相比，系统性方案难度更大。

第二，利益零和矛盾。当我们试图通过一项有约束力的政策来调整利益群体间的利益占比时，总是呈现"利益零和"。即当一部分人通过新政策获益时，总有另外一部分人的利益受到损失。也正因为如此，政策制定的权力部门（比如各国议会），往往成为各个利益群体代表人的集中地。这些人为争取自己所代表群体的更多利益，进行博弈和讨价还价，甚至不择手段。

"利益零和"是单纯用政策工具进行利益调整呈现的必然现象。当用常规的办法去解决现代的利益问题时，通常都难以摆脱这种"零和"结局。而现在需要解决相当数量的问题都是"利益零和"的问题。比如，提高劳动者的最低收入标准，可以增加最低收入劳动者的收入，却会减少企业的利润空间，降低企业的竞争力；提高了退休职工的工资，却影响了没有涨薪的在职职工；等等。

显然，"利益零和"增加了改革的难度。

第三，效率与就业矛盾。提高劳动效率是人类发展的需要，也是一个国家提高国际竞争力的需要。但当企业家提高了劳动效率就意味着有部分劳动者要失业，而劳动者失去工作岗位的后果是所有企业家失去企业赖以生存的消费者。这就产生了一个连环矛盾：要竞争需要高效率，高效率后需要裁减员工，企业又必须不断在提高效率中失去自身依赖的消费者。

第四，竞争活力与计划均衡矛盾。竞争是一种激发人类积极性的好办法，但竞争也是扩大贫富差距的强力推手。没有竞争，没有积极性，有竞争则会在不断积累中积累不公平。反之，没有宏观上的计划平衡，完全由市场来配置资源会拉大分配差距，导致大量无序竞争的浪费；没有一定范围的计划平衡，共享的理念就落实不了。政府不干预不行，一干预市场就会失灵，等等。我们需要计划平衡，可竞争活力却排斥计划平衡。

3."完善"和"发展"的任务艰巨而神圣

中国共产党在十九大中，已经确定了目标和任务，习近平新时代中国特色社会主义思想的理论体系已经形成。现在我们更需要通过群策群力完善和发展中国特色社会主义理论，将理论转化为复兴中华的具体方案和行动。

三、计划 - 市场经济体制为总体布局提供实施方案

习近平在中共十九大报告中，提出了"经济建设、政治建设、文化建设、社会建设和生态文明建设"五位一体的总体战略布局。❶这是中共中央以系统布局解决系统性问题的战略性安排。

（一）"五位一体"形成系统改革布局

回顾历史，中共十六大报告提出过经济建设、政治建设、文化建设"三位一体"布局，中共十七大提出经济建设、政治建设、文化建设和社会建设"四位一体"布局，中共十九大提出了经济建设、政治建设、文化建设、社会建设和生态文明建设"五位一体"战略布局。从"三位一体"发展到"五位一体"，表明中国正在从局部现代化向全面现代化挺进，治国理论正从经济、政治、文化的系统工程向着更加全面的系统工程发展。"五位一体"总体战略布局，通过经济建设夯实中国的经济基础，提高经济实力，取得目标需要的经济地位；通过政治建设把人民的利益、人民的民主、人民的智慧统一到复兴中华的历史任务中去；通过文化建设将中华传统文化和中华现代文化融合起来，以更加持久的凝聚力激励国人团结奋斗；通过社会建设把国家的民生提高到一个新水平，让每个国民拥有更大的幸福感；通过生态文明建设，不仅建立起和谐的社会还建立起美丽宜居的家园。"五位一体"战略布局的一个重要意义就在于，中国共产党人在面临改革出现深层次问题挑战时，以一种新的、全面的、系统化的思路去解决系统性问题。把经济、政治、文化、社会、生态纳入到同一个改革系统中，统一规划、统一布局、协调行动，达到系统性解决问题的效果，也避免改革过程的盲目性和盲动性。

---

❶ 习近平：《决胜全面建成小康社会夺取新时代中国特色社会主义伟大胜利——在中国共产党第十九次全国代表大会上的报告》，第 19 页，人民出版社，2017 年。

（二）系统方案的落实需要机制体制支撑

总体战略布局的提出，为解决系统问题指明了方向，但总体战略布局仍然是一个大的原则、大的方向。将大的战略布局变成可以指导具体工作的系统方案，仍然需要全党、全国人民的共同努力。

一个战略布局的落实，离不开切实可行的实施细则，也离不开将具体细则转变为具体行动的具体方案。

历史经验告诉我们，总战略在完成历史任务中是最重要的，因为总战略的错误导致的是战略性的即长久的后果。"五位一体"总战略布局的最大意义在于，要在改革中以更加全局的视野、更加全面的思考、更加深入的设计，用系统化方案解决当前的系统性问题。

总战略有了，就需要有具体落实总战略的具体措施。如果把总战略比喻为彼岸的目的地，那么，具体方案就是解决过河的"桥"和"船"。没有这些落实目标的"桥"和"船"，彼岸的目标只能是挂在墙上的画中"饼"，可以看，不能"吃"。

历史的经验还有一点也很重要，落实战略的具体方案如果完全依赖具体执行人的理解，也一定难以做好。只有将具体方案转变为一种常态化的体制和机制，才有可能持久有效地将战略变为全体国民的协调行动。计划 – 市场经济体制就是可以落实总战略的一种体制机制保障方案。

（三）计划 – 市场经济体制为社会主要矛盾变化提供解决方案

习近平在中共十九大报告中指出：进入新时代，我国社会主要矛盾是人民日益增长的美好生活需要和不平衡不充分的发展之间的矛盾，必须坚持以人民为中心的发展思想，不断促进人的全面发展、全体人民共同富裕❶。新体制通过保持竞争性条件下的计划平衡，本质性地解决了普遍就业和全面按劳动配酬这两个涉及社会分配的关键矛盾，创造性地提出了人的全面发展的新

---

❶ 习近平：《决胜全面建成小康社会夺取新时代中国特色社会主义伟大胜利——在中国共产党第十九次全国代表大会上的报告》，第 19 页，人民出版社，2017 年。

思路，设计了从根本上保证国民收入有差别的共同富裕的发展道路，应该引起全社会的研究和讨论。

四、计划－市场经济体制有利于"五大发展理念"的实现

习总书记在中共十九大报告中明确指出："必须坚定不移贯彻创新、协调、绿色、开放、共享的发展理念。"计划－市场经济体制以其特有的机制化设计，为系统化实现五大发展理念，提供了研究和探索的新思路和新视角。

（一）计划－市场经济体制为创新提供体制机制保障

创新是对于原有的或者是现有的包括方法、元素、路径、制度在内的一切事物的否定和改正。创新既可能是社会发展需要的正能量创新，也包括逆社会发展的负能量创新，而这里的创新则专指正能量创新。

把创新摆在国家发展全局的核心位置、首要位置，是因为复兴中华的"中国梦"中，也包括最终要实现的"超越梦"。

1. 靠人口红利无法实现超越

处在相对不发达位置上的国家，特别像中国这样的超大型国家，通常都有一些人口红利，即劳动力成本很低而且总量很大，同时长期低水平消费，为市场经济体制中的生产者准备了适合规模化生产消费品的潜在大市场。这些人口红利和规模巨大的潜在消费品市场，绝对是国际资本、有远见的企业家、有远见的政府的金矿。中国的改革开放，通过巨量的人口红利，不仅积累了资本，还学到了管理技术、生产技术；不仅提高了自身的生活水平，还实现了国民经济的高速度发展。但人口红利是不能持久拥有的。它至少存在以下几个致命弱点：

第一，劳动力不会持久廉价。由人口红利主导的经济多数是劳动密集型产业，或者是处在价值链低端的产业。劳动力成本会伴随着生活水平、生活成本的提高而不断提高。当劳动力成本达到在国际范围内不再拥有比较优势时，劳动力成本低的人口红利就会耗尽，就会陷入"中等收入陷阱"。这时，

低收入的工作没有人愿意做，而高收入的工作不会做，有较高生活享受的愿望，却没有适合自己的工作岗位，自然就会掉进"陷阱"。

第二，规模性消费市场难以持久提供。能提供人口红利的国家，在初期消费水平低、大众消费品稀缺，拥有潜在消费市场。进入人口红利提供期的国家，在支付劳动力取得收入的同时，可以用自身的收入购买了大量的大众自己需要的消费品，比如电冰箱、洗衣机、彩色电视机等。而这些消费品的有效消费又相当于用消费者自身的消费需求创造了一轮又一轮的生产机会，创造了一个又一个的就业岗位，产生了更多轮的人口红利。但所有这些由人口红利创造的就业岗位和市场，都有生命周期，洗衣机、冰箱、电视机等消费品消费总有限度，无法提供持续的市场支撑。而且一旦这种市场繁荣消逝，人口红利就会快速耗尽。

显然，仅仅依托一个国家，特别是一个大国的人口红利，或许可以将其带进中等收入国家的行列，但绝对不可能追赶上世界强国。

2. 释放创新活力，中华方能复兴

中华要实现伟大复兴，就必须首先在经济实力、技术实力、管理实力等主要方面赶上世界上最发达国家，而且要在此基础上实现整体的超越。而要实现这一点，中国唯有创新。通过创新，不仅否定自己的落后规则、观念、技术、思维模式，还要否定发达国家的规则、技术。真正实现一个国家核心竞争力的全面超越。

要把创新变成全社会的行动并不容易，需要通过系统性变革才有可能，而且至少要解决以下影响创新发展的问题：

第一，创新动力问题。在中国企业中，有不少企业都是靠"关系"发展起来的。很多貌似规模很大的企业，有很多背景，有很多别人没有的"关系"和"渠道"，但并没有多少自身的核心技术。这种企业的发展理念是：技术可以买，"关系"买不来。本质原因是中国的商品交换过程不透明、不公正，真正好的原创发明找不到市场，因为这些市场都被"关系"垄断了。

第二，创新氛围问题。国家倡导"大众创业，万众创新"，但在中国，创新的氛围并没有建立起来。笔者见过不少发明者，都是穷困潦倒，没有多少人能获得像明星一样的收入。究其原因，发明并没有被社会尊重。比如，一个好的发明，一做出来就被人仿制，而中国专利，多数官司打不赢，打赢了也拿不到钱。笔者经常在会上听到垄断国企的直言：我们不用有专利的产品，我们不能受制于人。

第三，创新的激励和反馈问题。要让发明家获利，创新才能落到实处。在现实中，多数发明家，获利或通俗的话"发财"仅仅是个"梦"。据权威报道，中国知识产权市场转化率不足 3%。发明创造不能转化为产品，发明者就不可能得到激励。长此以往，必然影响中国的技术创新。

3. 新体制从体制和机制层面排除了创新障碍

新体制实现了交换过程的透明公正，也就解决了创新产品的市场化难题。新体制智慧劳动的设计，将为创新者营造最好的激励氛围。新体制为发明者特别是散户发明者创造公共创新平台。为发明者提供了制度化的创新条件和创新推广机制，可以激发万众创新的激情和推动力。

4. 新体制本身就是创新

（1）新体制本身就是体制理论创新。在世界经济史上，苏联提出并践行了计划经济体制理论。这种理论以它特有计划优势，也在一段历史时期上有过贡献，但总体而言在经济体制竞争中失败了。主要由西方创立的传统市场经济体制，虽然在几百年的历史中创造出一个又一个经济奇迹，但现今已经有些不适应。

计划 - 市场经济体制，通过政府对供需契合枢纽的计划管控，同时放手让生产者和消费者更公平竞争，实现了竞争性和计划性的有机统一，具有现阶段人类个体"利己 + 自由"的特性，经过新体制的利导可以向"为公 + 秩序"目标的发展。

新体制理论，在保留和强化竞争的前提下，实现消费、生产和就业的协调发展，实现人、环境、资源的协调发展，有可能成为持续影响经济发展的经济体制理论。

（2）新体制创新性地提出了"依需尽能，按劳配酬"的分配机制理论，其中包含了许多解决分配难题的独创见解。

第一，新体制首次把个人收入的分配纳入到宏观计划平衡中统筹考虑。在将宏观平衡规划转换为调控工具的参数后，通过地区"枢纽"传导到微观经济合同，实现了宏观规划在微观经济分配中的传导落实。

第二，新体制提高了智慧生产要素的权重，使其成为最受社会尊崇的劳动，同时降低了货币资本在生产资料中的地位，为不同所有制企业实行按劳配酬提供了理论依据。

在新体制中，生产者从有意向生产到按契约落实生产的全过程中，有"供—需"契约签订前的竞争阶段和签约后的实施阶段。在竞争阶段，有不可预测的竞争风险，但好在生产者还没有投料；在契约实施阶段，生产者虽然有生产资料投入，却有了政府的保证。这两个时段都不会构成生产者的投资浪费。换言之，在新体制中，生产者所有的投资都可以实现增值："投资（资本）→产品→投资（资本）+ 劳动增量成果"。这里可以看成资本在整个投资前后都没有发生变化，"劳动增量成果"可以看成是由劳动过程创造的"平均果"，是现实劳动的另一种表现形式。这里资本是一种催化剂作用，是一种在关键需要时刻提供的关键帮助，它可以获得的仅仅是反映劳动内核的利息分配。

第三，新体制提出了全面实现计划－市场经济体制"依需尽能，按劳配酬"的分配机制理论。这个理论跳跃了多种所有制形式对按劳配酬的"陷阱"，也克服了可能出现的经济剥削。

（3）产品新陈代谢机制的理论创新。供给侧改革的本质是要提高生产者的综合素质，特别是提高生产者的创新能力。新体制提出了代谢机制的理论创新：

第一，拆除了新产品的入市门槛，真正构建起了万众创新的竞争场所。

第二，新产品晋级推广和老产品淘汰这个新陈代谢机制贯穿于新体制设计的全过程。

第三，创新服务中心为创新者提供了万众创新的条件。

（二）计划 - 市场经济体制构建协调发展新机制

协调发展理念的本质，就是要求把握好发展中各个部门、各个环节发展的协调性、平衡性和计划性，避免出现脱节发展、顾此失彼发展，避免出现有重大失误的发展。如果将经济运行总体比喻为一部大型机器，那么机器各部位应该配合有序，进退应该按预定设计，各单元产出应该有计划按比例，相互配合准确，整体发展的全过程协调。协调反映的是机体协调有序、平衡平稳，至少应体现以下四点。

（1）发展应更加具有普遍性和全面性。

普遍性和全面性是协调性的重要内涵。新体制具备宏观计划平衡的强大能力，可以保障各方面的普遍和全面发展。

（2）各部类发展更加平衡。

按照经济运行和发展的规律，各经济部类之间都有一定的科学的比例关系。协调性本质是一种计划性的表现，因为只有经济运行拥有计划性，整个经济运行过程才会协调，由自发性组织的经济活动不可能协调。计划 - 市场经济体制，提供了一种具有计划功能的市场经济体制模式。它不仅能够实现各部类之间的有计划按比例平衡，而且还能实现时间维度上全过程全要素的计划平衡。

（3）发展更有预见性。

预见性是协调性的基础，而计划性则是预见性的前提。没有计划性，要实现预见性是不可能的。反之，如果我们对什么事物的发展没有预见，完全由自发行为主导，相互之间的协调发展也就没有可能性。计划 - 市场经济体制通过体制设计，拥有了宏观持续的计划平衡能力，有非常好的操控性和预见性。

（4）发展更有持久性。

无论是在经济领域还是在政治领域，协调意味着各方面的关系通畅、融洽、互补，平稳有序，而这些都是持久发展的基础。

持久协调平衡发展是新体制贯彻始终的理念。新体制将大量的设计用于宏观面的计划协调，再通过宏观调控工具把宏观平衡计划贯彻到微观经济合同中，并将微观竞争约束在宏观平衡协调之内。新体制不仅实现消费、生产、就业的平衡协调发展，还通过收入分配的均衡化措施实现人与人之间的协调共存，通过制约机制实现用权和用权监管的协调，还通过劳动力基地的调剂实现劳动力的流转协调，等等。新体制，本质体现了协调发展的理念，可以确保经济持续协调发展。

（三）计划－市场经济体制有保障绿色发展的机制

绿色发展理念是置人类于适合生存的自然之中，置于绿色可持续的环境之中，在保持人类生存环境优良的前提下，实现持久发展的新理念。绿色发展理念本质上，也可以认为是人类的生存发展理念。可以想象，如果经济是发展了，但地球已经不再适合人类生存了，那么，当人类生存的环境都已经没有了，再快的经济发展也毫无意义。

显然，要实现绿色发展的理念，道理是再清楚不过的了，但要落实到行动却并不容易。其原因在于：

第一，环境破坏对人类生存的影响是通过累积逐步显现的，并不会立即地、直接地、对应地影响破坏环境人的生存。一般情况下，总是少数人破坏环境，由所有人逐步为其买单。

第二，环境破坏者往往是经济上的受益者，而不是受害者。比如，有人在破坏环境的前提下发展经济，生产成本中就不会有治污成本，因此利润反而多。如果治污成本比较高，那么，不进行治污的人可以获得很高的短期经济利益。从中不难发现，在绿色发展这个命题上，如果没有其他激励措施配合（比如环境排放超标罚款），都是反向激励的。

第三，人类活动对环境影响的认识是个不断深化的课题，需要持之以恒不断努力。比如，开始人们只知道空气中的 PM10 对人类生存的影响，后来才掌握到空气中的 PM2.5 对人类健康影响更大——有一个不断深化的认识过程。绿色发展不仅受人类对环境认识程度的制约，还受到检测手段、治污手段发展的制约。

这些绿色发展的特殊性表明一个理念，绿色发展要真正变为全社会的自觉行为，将是一个长期的非常艰巨的任务。它需要一套体制机制持续、广泛、有效地保障和监管才行。计划 – 市场经济体制则通过宏观对包括环境在内的全面计划平衡，再由地区供需契合枢纽按照绿色发展的制度性安排，自动将绿色环保措施贯彻到每一个生产者经济合同中加以落实。这其中既包括新体制的制度性措施，也深含全过程的计划性安排，而且每个生产者的治污成本在新体制中已经纳入产品价格中。生产者不再而且也不应该视治污为负担而弄虚作假——这样就形成了一种绿色发展的长效机制。显然，这种长效机制是由这种体制自身具备的总体上的计划性保证的，也是由这种体制的价格形成机制保证的。

新体制还通过以下两方面实现绿色发展：

第一方面，通过科学规划实现绿色发展。新体制通过消费、生产、就业和环境承载、资源可持续供给的统一规划，把绿色发展贯彻在宏观规划的平衡计划之中。这意味着新体制通过其中的计划机制，真正成为绿色发展的计划者和守卫者。

第二方面，通过节约资源支持绿色发展。用计划性替代了市场经济体制中生产的盲目性，克服了市场经济无序竞争造成的社会资源浪费。这意味着新体制总能通过资源的充分利用和最大限度地节约资源支持绿色发展理念。

（四）计划 – 市场经济体制实现国际收支平衡下的持续开放

国家层面的开放，是一个国家大门在一定范围内的打开，涉及一个国家的主权、利益和荣誉。对任何一个国家而言无疑都是一件大事。

1. 开放的几种主要形式

从历史上看，开放大致有三种形式：

第一种，被逼开放。大英帝国在 1840 年对中国发动的鸦片战争，是以侵略战争的方式逼迫中国开放的。这种开放通常都伴有政治殖民化和经济掠夺。

第二种，卖国开放。这是一种以牺牲国家利益为前提进行的开放。通常，实施卖国开放的国家统治者多数都是腐败者或者是无能者。当统治者是个腐败者，往往是为了个人利益而出卖国家利益的；当统治者是一个无能者，往往国家被出卖时，自己还不知道。在国与国开放的谈判中，无能力守住国家利益的底线，在开放中，自觉或不自觉地出卖了国家的利益。

第三种，平等开放。国与国之间，不论大小强弱，均通过平等协商，制定出国与国之间互利共赢的可持续开放规则，再按照规则进行互利的开放。这种开放不存在其中一个国家必须"优先"、必须"第一"，不存在一个国家天然的霸主地位。

2.开放的互利目标

开放的目标是各国之间实现互利共赢。实现这个目标的关键当然是建立互利共赢的开放规则。制定规则大致有两种方式：第一种是多边协商方式制定开放规则。在多边场合，当没有一个国家具备绝对优势时，能力既有特长但也有劣势的国家坐在一起，共同地平等地协商开放规则。那么，规则必然会在妥协中寻求多数国家的利益平衡点。其中大国的权重大，能起主导作用，但不会出现利益独占的情况。另一种方式是一对一谈判方式。由于在一对一场合，大国始终处在强势位置上，多数谈判结果总是有利于强者。现今，唯一超级大国美国不断"退群"，试图通过超级大国与其他国家的一对一谈判建立所有方面都有利于超级大国的全球治理体系，实现不平等的开放，谋求建立自己处处多占的贸易规则。当然，在一个正在由单极世界走向多极世界的时代里，这种逆潮流行为只能是一种单方愿望而已。

现有的国际开放规则作为全球治理体系的一部分，多数都是在"二战"后由西方大国主导制定的。其组织架构、法理依据都带有西方价值观的深深烙印。

在人类发展的进程中，有发达国家，自然也会有欠发达国家。发达国家希望欠发达国家完全开放国门，但完全开放国门的后果是：无论什么产品，欠发达国家都无法和发达国家竞争，最后的结果是发达国家快速发展了，但欠发达国家则更加困难了，无法进行开放了——开放的平等互利就无从谈起。

平等互利的开放，就是要兼顾大、小、强、弱各方的利益。显然，只有这样的开放才会受各国的支持，也才有持久力。

3.用机制作保证，才能真正实现平等互利的开放

这里说的机制是指具备不受特定国家支配的、互利共赢的、受各国自己控制的开放。要实现互利共赢的开放，国家必须至少拥有由体制构筑的这两个方面的经济控制力量：

第一，国家政府拥有对国家经济的完全控制力。一个国家的内部政治混乱、经济混乱，就不会有平等开放的谈判力量。新体制首先给国家经济注入了对经济运行的控制力，可以保证每个国家拥有平等开放的谈判实力。

第二，计划 - 市场经济体制在国与国贸易的设计中，提出了各国国际贸易收支保持平衡和国际货币由国际大家庭控制的开放规则思路，提供了实现国门开放规则公平互利的理论基础，也给各国提供了制定平等开放规则的话语权和谈判力量。

（五）计划 - 市场经济体制通过劳动保障和按劳配酬实现共享理念

新体制建立的基本宗旨，是实现社会公平正义，在共享的前提下，通过竞争和按劳配酬，激发劳动者的劳动积极性和创造性。新体制从体制、机制设计上，自始至终贯彻了劳动参与者的广泛性和公平性原则，实现了劳动机会的共享理念；新体制在宏观层面，始终坚持计划平衡，而在微观层面，则坚持劳动者普遍就业和普遍实行按劳配酬机制，缩小和限制了贫富差距，实现了社会分配在收入差距可控下的共享理念；新体制自始至终的计划管控设计，使社会经济发展有机会在整个历史阶段上实现均衡和计划，践行协调发展的共享理念。

第十六章 | 为人类命运共同体建设提供一个体制支撑思路

　　人类只有一个地球，各国共处同一个世界，共同生活在空间有限的地球村中。有限的空间、有限的资源、有限的环境承载力，要求世界各国人民走和平发展道路。而且当今，经济全球化使各国之间的相互依存更加密切，共同利益日益增多，世界各种力量重新分化、组合，整个世界正朝着有利于世界人民的方向发展和变化。为此，共同繁荣、合作共赢，创建人类命运共同体，是世界各国人民的共同愿望。

　　建立人类命运共同体，需要通过全球治理体系的深刻变革，需要建立新型国际关系和国际秩序的共同价值观，需要有一套体制、机制的保障，需要有创建人类命运共同体的理论支撑。而计划－市场经济体制理论，则是在经济体制上提出的一个保障方案探索。

一、创建人类命运共同体的客观背景

（一）现代科学技术发展是人类命运共同体创建的科技背景

　　人类命运共同体建设，首先涉及全球治理体系的建设。在古代，劳动生产率低下，交通落后，信息闭塞，部落与部落之间、国与国之间充其量只有称霸之争，只有为谊而交、为商而贸，谈不上全球治理。在近代，工业化浪潮击破了传统经济下田园式宁静，人类以前所未有的效率和速度创造了巨大的物质财富，极大地推动了社会经济和文明的进步。而且，伴随着交通技术的迅速发展，特别是航空技术、高铁技术的革命性发展，洲际旅行日显平常，而汽车、轮船及其他各种交通工具的发展则将人类的交往和流动更加普遍化、廉价化；而现代物流的出现，则将与人关联的"物"在全球范围内遵"旨""起舞"。特别重要的是现代信息技术的发展，正在将整个地球的信息"装进"每个人眼前的"屏幕"。地球的时空正在科技变革中大大缩短、缩小，人与人之间的交往空间正在信息革命中走向全世界。全球治理不再是遥远的未来，而是摆在眼前的现实需要；全球治理的规则，不再是一些国家被动接受另一些国家的"霸权规则"，而是各国在平等条件下共同参与制定的"共同准则"；全球治理的架构，也不再是某些国家实现自身利益的工具，而是构建人类命运共同体的秩序构架，是现代科技发展和人类进步发展的"普照之光"导致的必然。

（二）新兴国家崛起是创建人类命运共同体的社会背景

第二次世界大战结束后，世界出现了美苏两个超级大国。而美国GDP总量长期独大。1960—1970年，美国GDP占世界GDP总量的比重一直在40%左右。其后在波动中不断下降，到2017年，美国GDP世界占比降至24%。而新兴国家的中国，则从1987年GDP占比2.1%增加至2017年的15%；随着其他像印度、巴西、俄罗斯、墨西哥、印度尼西亚、土耳其、南非等国家GDP占比越来越大，纵观今日世界，已迎来新的实力格局。

1999年9月25日，由G7（当时的G8）集团的财长在德国柏林创导成立G20。即由G7+中国、俄罗斯、阿根廷、澳大利亚、巴西、印度、印度尼西亚、韩国、墨西哥、沙特阿拉伯、南非、土耳其、欧盟组建的二十国集团登上了解决世界治理问题的舞台，标志着国际经济力量已经发生了根本性的改变。

2011年4月，由巴西（B）、俄罗斯（R）、印度（I）、中国（C）组成的金砖四国（BRIC）在中国三亚成功进行了金砖国家领导人会晤，后来加上南非（S）成为金砖五国（BRICS)。由于金砖五国是世界范围内的重要大国，而且金砖国家领导人会晤是世界上第一个没有西方发达国家参与的大国会晤。特别是其后成立了属于金砖五国的金砖银行，成为以美元为世界货币中心的真正挑战者。金砖国家领导人定期会晤机制的建立，反映了国际社会重构国际治理体系的态势，也反映了国际力量对比中发达国家实力相对降低、新兴国家实力快速上升的深刻变化。

2018 年 6 月，上海合作组织在青岛首次召开了扩容后的第一次峰会，第一次在没有西方主要大国参加的情况下，有"组织"章程，有组织形式，有维系组织发展的"上海精神"，有代表人类最先进全球治理理念的国际组织。扩容后，八个成员国人口达到了 31 亿人，占世界人口的 44%，GDP 总量将超过 15 万亿美元，占全球总量的五分之一。所有这一切表明，当今世界面临百年未遇的大变局，发展中国家和新兴市场集体崛起势不可挡，团结协作、联合自强的意愿日益高涨。这正是创建人类命运共同体的社会背景。

二、创建人类命运共同体的中国贡献及全球治理体系

（一）中国在构建人类命运共同体中的贡献

2017 年 1 月，中国国家主席习近平在联合国日内瓦总部演讲时说过"世界经济增长乏力，金融危机阴云不散，发展鸿沟日益突出，兵戎相见时有发生，冷战思维和强权政治阴魂不散，恐怖主义、难民危机、重大传染性疾病、气候变化等非传统安全威胁持续蔓延"。"宇宙只有一个地球，人类共有一个家园。""珍爱和呵护地球是人类的唯一选择。""我们要为当代人着想，还要为子孙后代负责。""让和平的薪火代代相传，让发展的动力源源不断，让文明的光芒熠熠生辉，是各国人民的期待，也是我们这一代政治家应有的担当，中国方案是：构建人类命运共同体，实现共赢共享。"习近平主席提出构建人类命运共同体，是应对当今世界不确定因素和人类大发展大变革大调整时期

的中国智慧和中国方案，为人类发展和全球秩序演进摹画了新的蓝图。这是构建人类命运共同体中国方案的直接宣示。

2018 年 3 月 11 日，中国第十三届全国人民代表大会第一次会议通过的宪法修正案，以宪法形式提出了中国"发展同各国的外交关系和经济、文化交流，推动构建人类命运共同体"的使命和任务。

中国构建人类命运共同体的行动，无疑是人类发展史上的重大事件。它表明一个复兴中的中国，倡导各国应摒弃狭隘的民族主义，自觉将自己置身于人类命运共同体中，推动建立更加公平、公正的共同发展的命运共同体。人类命运共同体的思想，是中国理念引领时代发展、促进人类进步的重要体现，是建设生态和谐、国际和平的中国方案，是变革全球治理体系、构建公平公正国际新秩序的中国智慧。

（二）人类命运共同体建设在实践中稳步前行

伴随着社会的发展，世界力量格局正在发生着巨大的变化。当今世界上唯一的超级大国，一方面在继续吸食由霸主地位获得的额外利益，另一方面又不接受自己实力相对衰落的现实，不愿意与各国共同分享世界发展的红利，更不愿意建设分享型的人类命运共同体。世界出现的由美国着力推行的单边主义、孤立主义，是逆全球化思潮。时至今日，在一个已经深度融合的世界里，任何试图割裂联系的利己行为，都不会动摇国际治理体系的根基。因此，中国和国际社会的绝大多数国家一起，以多边主义对抗单边主义，在反击及斗争中一定能筑牢人类命运共同体的基石。这是因为：

1. 大势所趋：人类命运共同体建设势不可挡

在 2018 年 6 月召开的上合组织青岛峰会上，习近平主席指出：孔子登东山而小鲁，登泰山而小天下。面对世界大发展大变革大调整的新形势，为更好推进人类文明进步事业，我们必须登高望远，正确认识和把握世界大势和时代潮流。习近平主席还指出：尽管当今世界霸权主义和强权政治依然存在，但推动国际秩序朝着更加公正合理方向发展的呼声不容忽视，国际关系民主化已成为不可阻挡的时代潮流。尽管各种传统和非传统安全威胁不断涌现，但捍卫和平的力量终将战胜破坏和平的势力，安全稳定是人心所向。尽管单边主义、贸易保护主义、逆全球化思潮不断有新的表现，但"地球村"的世界决定了各国日益利益交融、命运与共、合作共赢是大势所趋。尽管文明冲突、文明优越等论调不时沉渣泛起，但文明多样性是人类进步的不竭动力，不同文明交流互鉴是各国人民共同愿望。

这四个"尽管"，揭示了社会发展的必然规律。在人类发展的历史进程中，出现一些逆流、一些干扰，是暂时的、短期的，人类发展大势并不会因这些干扰和阻碍而停滞不前。

2. 全球治理体系有了更具体的框架和发展

上海合作组织 2018 年 6 月召开的青岛峰会上，提出了一个系统性的全球治理设计，本质上就是一套针对性非常强的全球治理方案。

上海合作组织在青岛峰会上提出：提倡创新、协调、绿色、开放、共享的发展观；践行共同、综合、合作、可持续的安全观；秉持开放、融通、互利、共赢的合作观；树立平等、互鉴、对话、包容的文明观；坚持共商共建共享的全球治理观。这五"观"，描绘出未来的世界，将是持久和平的世界、普遍安全的世界、共同繁荣的世界、开放包容的世界、清洁美丽的世界，同时又具有极强的针对性，谋划了时代对全球治理体系的方案。

创新、协调、绿色、开放、共享的发展观是针对个别国家搞技术垄断和技术封锁：只准自己发展，不容别人发展；不顾环境恶化，随意退出由世界各国签署并生效的涉及气候变化的《巴黎协定》；奉行单边主义，动辄制裁别国；只准自己发财，不准别人受益；等等。人类只有树立创新、协调、绿色、开放、共享的发展观，人类命运共同体才能在全球实现可持续的、协调的共同发展。

共同、综合、合作、可持续的安全观是针对某些国家，把安全建立在"别人绝对不安全前提下的自己绝对安全"霸道逻辑之上。显然，某些国家的这类安全观是过时的、不可能被各国接受的安全观。它不符合人类命运共同体的利益，不符合世界力量对比已经变化的现实，不符合人类共同进步的大方向。肯定地说，是不可能得到支持的幻觉安全观。

　　开放、融通、互利、共赢的合作观是针对当今霸国"×国优先"的霸权观。有强烈霸权思想的国家，从一种霸道的商业逻辑出发，认为：美国是唯一超级大国，如果当今世界的所有协议都是用"一对一"方式谈判和签约，那么，对于每一个具体协议来说，都是弱小的一方只能服从超强的一方，超强的一方会占尽所有的便宜。而用多边协定，其他方可以联合起来跟霸国谋求平等，因此霸国试图废弃多边协议，谋求通吃世界红利就不能得逞。其缘由是，当今世界信息发达，霸国的商业"小九九"，不过是一个顽童小计，其他国家不会像霸国想象那样傻，任霸国宰杀，一定会联合起来。当霸国想孤立世界其他所有国家时，实际上被孤立的是自己。社会在进步，时代在发展，只有合作观才能成为命运共同体中的合作灵魂。

　　树立平等、互鉴、对话、包容的文明观是针对霸国不文明的霸道观。霸国总认为这个世界只能霸国处处第一，处处优先。平等、对话、包容是要求别人做的，而霸国永远优先、永远第一，包容是不能接受的。但在当今世界上，哪个国家会自愿接受只允许霸国第一？显然，这一套只能是霸国的幻想，已经是早被封进历史博物馆的理念了。只有上海合作组织青岛峰会提出来的文明观才具备成为人类命运共同体的可持续文明观。

　　坚持共商共建共享的全球治理观是针对当今世界最严重的贫富分化提出来的重要原则，其中包括"共商""共建"和"共享"三大部分。共商就是集中集体的智慧，共建就是集中集体的力量，共享则是在共同参与设计、共同参与建设、共同承担责任的前提下，最终共享建设成果，共分建设红利。现在有人、有国"不建则享""共建多享""单建独享"，也还有"建而无享"。这些都不是命运共同体所需要的。显然，全球治理中，只有共商共建共享的全球治理观，顺应了历史发展的潮流，顺乎了人类命运共同体的共同需要。

　　世界多极化、经济全球化、社会信息化、文化多样化深入发展，各国相互联系和依存日益加深，国与国构筑起交流合作的"连心桥"，形成其共建共商共享的"黏合剂"，已造就了和平发展的大势。少数人、个别国家想逆大势而动，只会促进世界多数国家团结起来，联合起来，在一场多边主义对抗单边主义、全球化对抗孤立主义、共建共享对抗霸权主义的战役中取得决定性胜利。

三、为人类命运共同体建设提供一个体制变革思路

要实现人类命运共同体的目标，既需要一系列具体措施保障，也需要理论、体制、机制保障。计划－市场经济体制，为人类命运共同体建设提供一个新的体制保障思路。

在全球治理体系建设中，如何实现政治公平和经济分配公平是两个核心问题。人类已经创造出两个重要方案，或者说西方人最推崇的两个重要方案。即：

第一，政治公平——民主投票决定方案。

第二，经济分配公平——自由竞争方案。

西方不少人把这两个方案捧为西方文明，是资本主义制度优越性的代表；国内也有不少人推崇这些方案，认为是最民主、最公平的方案。然而，研究发现，这两个"公平"方案，都存在共同的"初始可能公平"经过不断"累积"，转变为"不公平"的必然。为了对这个"公平"转化为"不公平"的客观规律进行揭示，我们提出一个"公平积累转换定律"。期待通过对这个定律的研究，探索出人类命运共同体需要的公平方案。

（一）公平积累转换定律

为了讲清楚这个重要定律，先来看看政治公平和经济公平的两个基本设计。

1.政治公平设计

政治从字面上看，包括"政"和"治"。"政"是权力，是统治、控制、支配的权杖，是"治"的基础和前提。"政"不仅涵盖了与人、财、物、流相关的所有控制管理的权力，还包括设计、确定、实施所有权力相关规则的权力，换言之就是还拥有权力这一层建筑的设计、确定和实施权。不仅如此，"政"还包括制定对社会利益分配规则的决定权。而"治"则不仅包含了施"政"

的一切手段，而且还包括了"政"之权力被落实的全部过程。由于政治是以权力和利益为出发点和归宿点的，因此政治必然地会影响每个阶层、每个人的切身利益，影响每个人的发展以至于影响具体人的生存利益。因此，政治公平总是成为人类最需要解决的优先课题。

在社会生产力落后的大部分时间内，政治公平是以战争胜利者对众人实施统治为尺度的。这时的公理，就是："你不接受我的统治就打倒你，消灭你！"——实力决定政治的一切。

伴随着生产力的进步和发展，社会活动越来越依赖于集体的合作，社会个人越来越难以形成支配别人的绝对强势力量。结果，民主意识、共同方案、政治公平成为社会进步的标志出现在地球村。政治公平的基础是政治民主。探索民主制度的理论可以追溯到几百年前亚里士多德。但这里，并不需要关心政治民主的历史，需要关心的是推行的政治民主方案是否真正公平。

一种以"竞选＋投票"的政治公平方案，一直被西方认定为民主制度的典范而倍加推崇，也被不少人认定为最公平的政治公平方案。该方案大致由两个阶段构成：前一个阶段竞选人进行竞选纲领的宣示，是竞争者政治见解的充分表达阶段，后一个阶段依据选民的投票选择竞选人。

现在的问题是这个方法是否真的公平。为了说清这个定律的内涵，笔者特意虚构了一个隔离了外部联系和干扰的故事。故事主要由三个阶段构成：

第一阶段：政治公平方案决策阶段。

（1）故事地点和政治任务：

①在桃花源有一个理想国，有十万个成年公民，与外界是完全隔离的，因此不会受到外部的干扰和影响。理想国需要有一个统领，拥有理想国所有公共财产的支配权，拥有舆论工具的领导权，拥有对理想国最重要岗位的人事任命权及其他行政权力。

②理想国决定选择一种最公平的政治方案来选择统领，保证统领的选择不仅在首届选择中公平，而且在以后永远都是公平的。

（2）初始条件假定：每一个公民初始拥有的财富、力量、知名度以及社会关系都是基本相等的。亦即在选举和被选举条件上，每个公民在刚开始都拥有相同的初始条件。

（3）最终选择的政治公平制度。经过公民投票，理想国选择了下述政治公平方案：

①理想国每个有选举权的公民，均拥有平等的一票投票权。

②竞选人可以通过竞选表达政见。

③由有选票的公民，通过投票决定统领。且规定：第一次得票超过 50% 者当选；第一次得票无人超过 50% 时，由领先的前两名候选人经过第二次投票，得票多者当选。

当时，大家都认为：这个政治民主设计是最公平的。

第二阶段：政治民主实施阶段。

（1）首次投票选择结果：名为王者的公民当选理想国统领。

（2）统领当选后进行了一系列政治经济权力积累行动。

①个人崇拜宣传。王者当选统领后，充分利用了自己手中舆论控制权，对王者个人进行了精心包装。

②组建起自己的官僚体系。王者充分利用自己的统领权力，通过人事任命权和施加的经济恩赐，编织起服从于自己的、有利益纽带的、对自己忠诚的官僚体系。

③组建提供经济支持的实体，收容提供经济"赞助"的经济人，建立为自己所用的经济财团，与权力结合谋求经济利益，逐步建立起能被王者支配的经济财团。

④修订相关规定，使之有利于自己当选。

比如，赢者通吃规定。即在一个范围内，多数票获得者计票时把其余票也计算为赢者得票的规定——无知名度的候选人选票分散，就很难当选。该规定可以阻止"黑马"当选。

比如，制定竞选人拥有最少财产的规定。剥夺没有足够资金支持的候选人的参选资格。

第三阶段：政治不公平积累阶段。

到再一次投票和再再一次投票选举时，王者拥有了别人无法比拟的人脉优势、资源优势、宣传舆论优势。经过优势的积累，到了这个时候，无论从哪个角度看，王者的当选，已经是毫无悬念的必然事件，除非王者死亡或者王者不善于充分利用自己的权力，或者王者的执政水平实在太差。

结论：这种通过投票决定政治权力归属的公平设计，起步时，也许是很公平的，因为这个时候大家基本上处在同一起跑线上，拥有大致相同的竞选条件。但经过一轮又一轮的选举结果积累后，政治胜利者会不断利用自己拥有的权力，积累出涵盖各个方面的全面优势。而到优势积累达到一定程度时，政治胜利者手上的选票不再是自己那张"公平"选票，而可能是千倍、万倍的"不公平"选票资源。"公平"在积累中已经转化为"不公平"。这是在以权力为基础的系统中，普遍存在的客观规律，是一个可以认为是定律的规律。

2.经济分配公平设计

经济分配公平设计，被普遍接受的是：通过自由竞争决定经济利益分配。但经济竞争分配的公平和政治公平一样，具有相同的初始阶段看似公平而积累阶段积累不公平，最终转移为不公平的规律。当参与竞争的竞争者拥有基本相同的初始条件时，竞争明显具备公平性。在初始阶段，每个竞争者拥有相似的竞争力，竞争可以真正激发竞争各方的潜能。但经过很多轮竞争积累以后，竞争的胜利者总是在积累竞争优势，而失败者总是在积累竞争劣势。最终，公平就会被积累起来的竞争起点差距，改变为不公平竞争。

比如，某些出行网络平台，是有巨量资金老板在背后支持的网络平台公司。它可以在平台创建初期先投巨资，并有意识通过持续亏损经营，来击败所有的其他承受不起亏损的企业。显然，在经过不断的竞争积累后，一个必须在短期内盈利才能生存的企业，与一个可以先不需要赚钱甚至可以亏损的企业相互竞争时，竞争"公平"是不存在的。

经济活动中，竞争积累会将初期的公平竞争转化为积累后的不公平竞争，是个普遍存在的规律，也是一个可以重复和验证的定律。

创建人类命运共同体并在共同体建设中，建立更加公平的全球治理体系，有必要规避公平积累转换定律带来的不公平，用新的体制机制保证人类命运共同体持续有效的公平。

计划－市场经济体制在解决持续公平中提出了值得人类命运共同体重视的探索。

（二）计划－市场经济体制倡导"国界"神圣

现今以及以后很长的历史阶段内，国家仍然是人类命运共同体中的基本单位。"国界"应该是被各方包括强权方尊重的界限——"国界"神圣，实际上是实现国与国持久公平的基础和核心，也是人类命运共同体在很长一个历史阶段中保持"共同"性的基础。从历史上看，凡是战争、国际上的不公平都是霸权国不尊重别国"国界"开始的。正因为如此，国家之间的平等、国家主权的保障一直是国际民主力量追求的目标。联合国宪章第二章第一款就规定"本组织系基于各会员国主权平等之原则。"中国1953年提出的和平共处五项原则就是"互相尊重主权和领土完整、互不侵犯、互不干涉内政、平等互利、和平共处"。和平共处五项原则，现已经成为国与国间正常关系和正常交流的基本原则。

一个现实是，任何强国要想掠夺别国的利益，必须把手伸进别国的国界。在构建人类命运共同体时，要想从根子上保证霸权国家不能随便把手伸进别国，就要靠人类命运共同体建设时守住"国界"这个关键。如果"国界"在命运共同体建设时被守住了，那么，命运共同体中的"共同"就会有基础，同样，国与国之间的平等和公平才有可能。

要守住"国界"也不是一件容易的事。计划－市场经济体制通过宏观面的计划平衡，实现了一个国家内部生产、消费、就业的平衡，保证了国民的普遍劳动权。按照新体制的理论，国民自身的消费需求，就是国民自身的就业机会，就是本国生产的产业所在。于是，新体制客观给每一个国家提供了均衡发展经济的机会和体制支撑。国家自身独立了、发展了，一个国家的"国界"保障就有了。

（三）计划－市场经济体制确保贸易平衡是贸易可持续发展的保证

在人类命运共同体中，国与国之间贸易需要有更大的发展，因为：

1.国与国之间可以通过国际贸易实现优势互补，实现国际交流

比如，A 国盛产石油，但缺少生活用品的生产；而 B 国缺少石油，但生活用品的生产能力过剩。显然，A 国把石油卖给 B 国，进口 B 国生活用品是一种非常合理的国际贸易，充分发挥了各自的长处和优势，实现了地球村的合理化社会分工，是人类命运共同体建设所需要的。再扩展地说，地球村的村民，只有交流和交往才能拉近彼此间的距离。而经贸往来是这种交往的最有效手段。各国商品在不同国家的出现，本质上加强了相互之间的联系，对人类命运共同体建设无疑是一种正能量。

2.国际贸易可以促进思想、文化的连通

每个国家都有自己民族特有的文化、特有的文明史。在拥有多样文明的地球村中，只有通过交流交往，才能实现文化的交流和文明的交融，才能实现各国在交换中吸收别国的文明优势，在减少各种文明之间冲突的同时，实现人类文明的进步和发展。

显然，国际贸易符合人类命运共同需要，需要推动和发展。现在的问题在于如何实现国际贸易的可持续发展。这里至少有两个关键问题：

第一，如何避免国际贸易中的不公平、不平等。在人类生存的地球村中，有强国，有弱国。而且只要国家这个主体存在，强国、弱国一定会存在，这是一个不以人们的意志为转移的客观规律。而弱国和强国进行双边贸易时，双方往往没有平等的谈判地位，多数情况下，总是强国主导，弱国服从——这显然不是人类命运共同体所需要的，也是不可持续的。这就产生了第一个关键需要：人类命运共同体应该从机制上保证避免以强凌弱现象的出现。

第二，如何使国际贸易能够持续有序开展。现在国际贸易中，被认可的规则是国际范围内的自由竞争。有些国家，在国与国的竞争中，不具备竞争力。弱国极有可能在几轮竞争后，变成更弱的国家，以至于背负沉重的国际债务包袱，甚至因为在国际债务中违约而出现国家经济破产。显然，出现这种情况后，国际贸易就无法继续。换言之，若不能避免国际竞争造成的失败积累，国际贸易就不可能持久。

计划－市场经济体制从机制上保证国际贸易的平衡，也就从根子上保证

了各国贸易的公平和公正，也保证了国际贸易的可持续开展。

（四）贸易平衡下的汇率制约机制助力打造金融货币新秩序

国家间的贸易，不可能都是易货贸易。现在的国际贸易都是通过具备国际储备货币资格的货币完成结算的。按照国际货币基金组织（IMF）执董会于2015年11月30日决定：SDR货币篮子将由美元、欧元、人民币、日元、英镑五种货币构成。但国际上主要使用的货币仍然是美元。

无数事实都说明，以一个国家的货币作为国际贸易的流通货币是不合理的，也是不公平的。因为货币发行国的目标和利益在很多时候与国际社会的共同利益是不一致的。特别当这个国家由于自身的原因，经济走下坡路时，往往会首先牺牲国际社会的利益而去保自己国家的利益。显然，这种货币体系不符合人类命运共同体的整体利益。计划 - 市场经济体制倡导用不受具体国家支配的货币进行国际贸易结算，反映人类命运共同体建设的需要。

（五）计划平衡下劳动权的普遍落实保证人类共同富裕

人类命运共同体建设的最重要目标是共同富裕。共同富裕也许是人类永恒的话题，也是永恒追求的目标。人类历史上，曾经有很多志士提出过很多共同富裕的方案。计划 - 市场经济体制则以劳动为核心提出了人类命运共同体实现共同富裕的方案。新体制赋予劳动在实现共同富裕中有两个最重要内涵：

第一，新体制让所有劳动者普遍地享有劳动的权利。劳动能力是地球村公民普遍拥有的财产，但现代社会并不能保证每个劳动者都能享有劳动的权利。比如，伴随着劳动生产效率的极大提高，智能机器人的更广泛使用，越来越多的人可能会失去工作，失去工作岗位也就意味着丧失了劳动的权利。回顾一下历史，不难发现地球村村民中被致贫的人，首先都是丧失劳动权利的人。计划 - 市场经济体制通过体制的制度性计划安排，可以确保有劳动能力的劳动者充分就业。

第二，新体制让每个劳动者享有对劳动成果按劳动进行配酬的权利。劳动者劳动了，但不能按劳动分配劳动成果，就意味着劳动者处在被剥削状态。如果，这种不能按劳动分配劳动成果的现象普遍存在，那么，人类命运共同体要实现共同富裕是不可能的。计划－市场经济体制可以实现普遍的按劳配酬，从而保证劳动者的劳动分配权利。这对人类命运共同体建设有重大意义，因为这是新体制通过体制和机制自动实现的。当然，按照新体制的理论，按劳配酬下的共同富裕，并不是新形式的大锅饭，也不是绝对平均主义的再版，而是在劳动差异下实现的差异分配。

（六）计划－市场经济体制为人类命运共同体提供的蓝图

1. 在国家"国界"内部的蓝图

通过新体制宏观面的计划平衡，在国家"国界"的内部实现了生产、消费、就业的整体计划平衡，还实现了经济发展与环境承载、资源可持续的计划平衡，保证了人类命运共同的可持续发展。在微观层面上，国内公民通过新体制的计划性保障了劳动的权利，通过劳动获得了收入，进而确保了每个人平等的经济地位和政治地位，实现了地球村公民有保障的平等。在微观上，通过新体制的公平设计实现了公民、组织在经济活动中由制约机制保障的真正公平，从而创造了持续公平竞争的经济环境。新体制还通过地区供需契合枢纽的有效管控，保证了每个竞争者的公平竞争，实现了微观层面的有序竞争。在保证充分竞争的同时，肯定有利润但不会有暴利的制度设计又保证了地球村村民社会分配的差距始终处在可控之中。由新体制实现的"国界"内的政治公平和经济活力的力量，并不是源于外部的人为干预，而是源于体制机制自我产生的制约力，自然不会受公平积累转移定律的影响。

2. 国与国之间的整体蓝图

在计划－市场经济体制下，国际贸易的收支对于任何一个国家而言都是平衡的。正因为收支始终是平衡的，因而也是可持续的。在国际贸易收支平衡前提下实现的贸易增长，一定实现了国与国之间的优势互补，一定实现了国与国之间的信任和尊重，就不会再有一国对另一国家的"制裁"，不再会有一个国家对另外一个国家进行倾销的可能，因为倾销的结果除了倾销国自身损失外，不会带来任何其他好处。同时，国际贸易收支平衡还消除了国与国之间大量纠纷。比如说，一个国家想收取更多的专利费，那么平衡的原理意味着，收取更多专利费的国家无法出口更多的产品。

在现今，承担国际货币发行的国家，可以利用手中的铸币权，通过印票子、举债、投资等手段，输出、转嫁经济赤字以及通货膨胀，让全世界为该国的赤字和通货膨胀买单，成为新形式的经济掠夺。计划－市场经济体制倡导建立不受特定国家管理的国际货币体系，可以阻止任何国家利用货币进行经济掠夺。新体制可以保证实现各国金融货币公平，这并不是通过国家间的口头的和书面的保证，而是通过凝聚在体系和体制中的机制来保障，因而更具持久力。

显然，由计划－市场经济体制所构建的系统，可以为人类命运共同体的建设提供一个有美好前景的体制方案。

结　束　语

19世纪40年代，马克思、恩格斯在批判性地继承空想社会主义理论成果的基础上，创立了科学社会主义理论。这一理论克服了空想社会主义仅仅从人类公平、正义等理性原则出发构想未来理性王国的缺陷，依据辩证唯物主义和历史唯物主义的科学世界观和方法论，通过对生产力和生产关系矛盾运动的深刻分析，揭示了资本主义制度的内在矛盾，揭示出了人类社会发展的规律和方向，从而使社会主义从空想转变为科学。从20世纪初叶开始，社会主义革命先后在部分国家取得胜利，使得社会主义制度从一种理论阐述和科学预见变成了现实的建设实践。

至此，人类在期待的公平公正道路上迈开了社会主义的探索步伐。中国在这个探索中，不仅进行了社会主义计划经济体制的实践，还进行了社会主义市场经济体制的实践。这些实践活动积累了丰富的经验和教训。而当我们静心回顾时，有一个不能不回答的问题摆在面前：社会主义的本质和根本任务是什么？

邓小平在1992年年初的南方谈话中说过："社会主义的本质，是解放生产力，发展生产力，消灭剥削，消除两极分化，最终达到共同富裕。"❶邓小平还指出："过去，只讲在社会主义条件下发展生产力，没有讲还要通过改革解放生产力，

---

❶ 邓小平：《在武汉、深圳、珠海、上海等地的谈话要点》，《邓小平文选》第3卷，第373页，人民出版社，1993年。

不完全。应该把解放生产力和发展生产力两个讲全了。"❶

对照邓小平的答案，再看看现在的现实，就不能不进行一些反思，因为当下，我国两极分化呈常态，剥削隐藏在表面"公平竞争"的旗帜下……

世间万物皆有生命周期。各种经济体制也同样会遵循产生、发展、衰亡的规律。我们研究其发展、其问题，不是企图通过发展进程来全盘否定其本身，而是通过创新，加速经济体制的新陈代谢，让生产关系更适应生产力的发展。

于是，笔者试图通过"计划 - 市场经济体制论"构建不同于现有经济体制的计划 - 市场经济体制。因为它至少在设计上体现了社会主义制度所想实现的下述根本要求：

第一，要解放生产力和发展生产力。计划经济体制至少在后期制约了生产力的发展，市场经济体制现今推进生产力发展的动力在减退。计划 - 市场经济体制通过其中的计划管控和更公平的竞争，将能促使有计划有竞争地解放和发展生产力。

第二，要消灭剥削，消除两极分化，最终达到有一定差距的共同富裕。计划 - 市场经济体制通过普遍地实行按劳配酬、规范化的地区发展调控、制度化的制约机制制衡、程序化的割断关系链设计，实现了消灭剥削、缩小贫富差距、共享共富的目标。

毫无疑问，计划 - 市场经济体制试图创建的正是代表最广大人民群众利益的经济体制，正是确保经济均衡且可持续发展的经济体制，一种可以在更长历史阶段中存续的经济体制。也许有一天，计划 - 市场经济体制也会寿终正寝，但这一天或许是按需分配实现的一天，或许是人类在更高行动层次取得认知统一的一天。

当然，计划 - 市场经济体制仅仅是人类经济体制探索中迈出的又一步。我们不奢望这一步是完美无缺的，不奢望其中没有任何缺憾，不幻想如果有机会实践时不会遇到没有被想到的困难和挫折。

---

❶ 邓小平：《在武汉、深圳、珠海、上海等地的谈话要点》，《邓小平文选》第3卷，第370页，人民出版社，1993年。

眼下，不能肯定的是前面的路有多么曲折，但可以肯定的是：

这是不成熟的一步，其中有大量的理论问题和实践问题等待破解。

这是还没有经过实践证实的一步。只有通过实践才能检验这个理论的可行性、有效性，才能在发现问题、解决问题的进程中使理论日臻完善。完善和发展既是我们的事，也是你们的事，还是他们的事。当大家都来关注这个理论时，这个理论就会升华，就会为人类的进步和繁荣贡献力量。

当然，如果有一天，计划－市场经济体制理论在摔打和批判中成为铺路石子，那么另一个超越计划－市场经济体制的理论则又会诞生，这是笔者乐意见到的，也是笔者撰写这本书的初衷。

后　记

　　当《计划－市场经济体制论》临近杀青时，书内所涉及的专业广度实在让自己捏了一把汗。是的，当人类不再面对生产力低下时期那种相对独立的经济体之间的关系，而要面对相互关联、互相影响甚至互为条件的经济运行系统时，已经出现了一个现实：我们再也不能用零敲碎打的局部改良去修补现有的经济体制了。《计划－市场经济体制论》正是试图用一种新视角提出一个相对全面的、系统的经济体制改革方案。

　　笔者于1948年出生在浙江杭州市西部的一个山村里，最小时候的记忆是刚解放为防土匪袭扰在道路边设的哨棚，重要路口都有。接下来便是村里很有名的小学校长在1957年被错划为右派。再后来就是"大跃进"，新安江水电站的电送进了我们山村，我们兴奋地去观看电灯是如何点亮的；农民走进了食堂；我们半夜起床到地里除草；在山沟里树起了炼铁炉，黑夜在电灯照耀下到处通明；也能听到类似"亩产稻谷过万斤"的"卫星"上天……印象最深的无疑是"文化大革命"，其后还有粉碎"四人帮"，改革开放；人民生活水平极大提高；产能过剩，中产阶层压力空前……这一幕幕隐含"不稳定"三字的情景似乎在告诉每一个人：是到了用一种新体制把人们都带进到稳定、和谐、共享的美好阶段的时候了，而这正是《计划－市场经济体制论》的良好愿望。

　　1968年，笔者毕业于杭州无线电工业管理学校，专业为财务会计；1976年毕业于北京航空航天大学，专业为遥控遥测；1976年加入了以坚持解放思想、实事求是、与时俱进、开拓创新为理念的中国共产党。

1968年中专毕业后，笔者被分配到了当年国内一家特大型国营企业——北京电子管厂。由于笔者的管理专业和特有的创新精神，进厂不久就调入总厂的企业整改办公室，接触国营大型企业在计划经济体制下的财务、劳资、教育、计划、生产全过程的管理。后来，又赶上同处于一个大院的两个国营大厂774厂和775厂合并。笔者亲身经历了两个大厂体制合并、体制设计的全过程。在计划经济体制年代，生产运行和人员调配全部纳入企业计划，企业的产品总是供不应求，国营大企业的产品更是紧俏货，负责销售的销售科长常常因为要货的人太多而需要躲起来，仓库根本就没有积压产品，企业资金充足。这些经历对后来形成计划－市场经济体制构想产生了重要影响。1978年12月，中共十一届三中全会，把全党的工作重点转移到经济建设上，实行改革开放。笔者也在这个时期干部年青化的改革中走上了从车间主任一直到分厂厂长的国企领导岗位。1985年，笔者在总厂电子实业开发公司（全厂非主营业务集中起来组建的公司，拥有工业、商业、服务业）任总经理期间，在广东中山市进行了投资，目睹了市场经济发达的广州、深圳、珠海地区的优势、问题和变革需要；还有一个工厂内部的结算问题给笔者以极大的启示：企业内部也有"消费者"（内部车间需要向其他分厂订购产品）和"生产者"（其他分厂的供应者），但这个"消费者"从厂内购买的产品差不多比外面供货贵一倍。在企业内部供需双方没有竞争，交换过程完全由领导决定，供需双方的积极性都不能发挥，而关键性的交换环节无法摆脱领导的意志束缚。可以说，那是个改革开放的开始年代，是市场经济体制竞争性与原有计划经济体制计划性剧烈碰撞的年代，也正是这些工厂管理者全面思考的年代。在此期间，笔者形成了计划－市场经济体制的最初设想。当年，笔者还因此进了中南海北门，到国家经济体制改革委员会做了汇报。当然，这个理论构思在当时是不可能得到支持的，但笔者始终认定这个理论观点是社会发展所需要的，因此一直以构建并完善这个理论作为终生奋斗目标。

为了真正了解现行市场经济体制存在的问题，笔者在中央党校结业后，于 1992 年就辞职下海，成为民营企业家。在这个市场经济浪潮中，亲身"下海"，才能真正领悟到市场背后的故事：多少看似偶然的结果，其实并不偶然；多少看似表面的光彩，其实隐藏了剧斗；多少看似桌上的公平，其实掩盖着桌子底下的不公平……当然成功也包含了艰辛的汗水。这样一些实践不仅为《计划－市场经济体制论》提供了例证，也为《计划－市场经济体制论》培植了根基。

计划－市场经济体制的概念于 2015 年 8 月首次以《关于建立计划市场经济体制的构想》发表在《战略与风险管理》杂志上。北京市社会科学院万川教授认为这个理论观点有价值，推荐给了中国市场经济研究会的李连明秘书长，使我有机会参加了几次会议并争取到了大会发言，提出了计划－市场经济体制的概念，在会议上得到了中国社会科学院李成勋研究员的关注。2016 年 5 月 28 日，在北京万寿宾馆由李成勋研究员主持，邀请国内 10 多名专家听取了笔者的计划－市场经济体制的演讲。到此，《计划－市场经济体制论》才开始走上通向成书和争取出版之路。

笔者自小喜欢打破砂锅问到底，不问个究竟不罢休，见一把锁总想拆开看看原理是什么。也许正是这种刨根问底的习惯，使得在日常生活中遇到任何问题，无论是政治问题、经济问题，还是生活问题，都有自己的见解。这些点滴的日积月累就耕耘出了这本《计划－市场经济体制论》。

笔者是有幸的。在 2016 年 6 月 4 日，认可计划应该在经济体制中扮演重要角色的同志，组成了以中国社会科学院资深研究员李成勋任组长，方略智库主任何学彦博士为副组长，包括中国社会科学院马克思主义研究院毛立言研究员、北京城市学院教授李娟博士、中央党校法学专业李晓博士、北京纳衡仪器仪表有限公司总经理潘艳硕士在内的课题组，专门就计划－市场经济体制有关各方面问题进行了多次提问、质疑、交流、切磋和研讨，给笔者提出了很多极为重要的建议和参考意见，对《计划－市场经济体制论》的形成起到非常大的作用。笔者原文《关于建立计划市场经济体制的构想》中的"计划市场经济体制"，根据课题组的建议改为"计划－市场经济体制"，突出专用性和有计划功能的市场经济体制属性。后由中国社会科学院资深研究员李成勋、中央党校资深教授李世华、中国社会科学院资深研究员毛立言、研究员王迎新、研究员徐逢贤、中央党校李晓博士和北京纳衡仪器仪表有限公司总经理潘艳硕士成立了定稿小组，进行了最后的定稿，并将原文中的"地区中心"改为"地区供需契合枢纽"，突出其枢纽的作用。此外，特别感谢资深研究员李成勋同志在百忙中为本书写了《序》。

在《计划－市场经济体制论》出版前，2016年11月由境外注册的中国新闻联合出版社出版了《计划－市场经济体制初论》。2016年12月25日由中国发展战略学研究会经济战略专业委员会主办，在北京召开了社会主义市场经济体制创新论坛暨《计划－市场经济体制初论》首发式，共有来自国家发改委、国资委、国务院发展研究中心、中国社科院、中央党校、北京大学、清华大学等单位70多位专家学者参加。国内主要网媒作了报道。

此次在境内出版前，笔者参考专家们的意见对全书进行了全面修改，书名定为《计划－市场经济体制论》。

在计划－市场经济体制理论研究的初期，曾得到北京市社会科学院万川教授、孙天法教授、《战略与风险管理》杂志社总编陈晓明博士以及中国市场经济研究会领导的帮助。在出版过程中，还得到知识产权出版社国晓健编辑重要且细致的帮助，在此特别表示感谢。

2018年8月30日

专家学者短评

计划与市场是一个老话题，潘之凯同志作为一个企业家从自己长期的实践和研究中，提出了一系列新的理论观点，构建起自己的理论框架和体系，特别是关于我国经济体制面临的深层矛盾和对当前深化我国经济体制改革提出的诸多意见都极具参考价值。作者的著作《计划－市场经济体制论》很值得我们认真一读。

——北京大学经济系原主任、教授　陈德华

民营企业家潘之凯经过长期思考和辛勤笔耕的《计划－市场经济体制论》出版问世了。该书对宏观层面的经济体制改革、微观层面的国有企业改革都提出了诸多创新性的构想，还对教育体制、医疗体制等方面的改革提出了精湛独到的改革方案，值得每一位关心中国改革和发展的人士、党校学员及高等院校学子阅读。

——中央党校副局级组织员、博士　贾俐贞

本书试图充分吸收原来的计划经济和市场经济各自优点，建立一种新型混合经济体。因此设计比较系统和全面，有些设计已经深入到操作层面，比如生产与消费的地区供需契合枢纽，还延伸到国际上；有些则提出了原则性思路，比如分配"依需尽能，按劳配酬"。这些做法和原则并非没有实践基础。比如作者提出在进入生产阶段之前实行合同竞争，进入生产阶段之后严格按照合同计划生产，在目前社会化程度较高的产业领域大抵都是如此，以需定产，订单生产。再如劳动领域，基本上是用人单位招工提出工薪标准等，人们依据自身条件去竞争应聘上岗。本书构造逻辑是体系化的，但是论证理论还需完善。

——中国宏观经济管理教育学会会长、

中国人民大学经济学院党委

副书记、教授、博导　刘瑞

一部人类史，就是一部政府与市场、计划与市场、公平与效率不断博弈的历史。一部经济学说史，也是一部不断研究二者关系的历史。中华人民共和国诞生以来，我们一直在探索计划与市场的关系。由于此问题的复杂性，故到目前为止，如何将计划与市场有效融合的路径和方式仍在探索中。潘之凯同志所著的《计划－市场经济体制论》为这一探索提供了一种新的视角，在两种体制的融合性设计上做出了新的贡献。

——国务院发展研究中心资源与环境政策

研究所副所长、经济学博士　李佐军

作者潘之凯和中国社会科学院原副院长刘国光（中）、中国社会科学院资深研究员博导李成勋（左）的合影。

作者潘之凯向中国社会科学院原副院长刘国光（中）请教。右为中国社会科学院研究生院博士生张霞。

《计划—市场经济体制论》第二次定稿小组成立时的合影。左起北京纳衡仪器仪表有限公司总经理潘艳硕士、中国社会科学院王迎新研究员、作者潘之凯、中国社会科学院李成勋研究员、中央党校李世华教授、中国社会科学院毛立言研究员、中央党校博士李晓。

《计划—市场经济体制论》第二次定稿小组完成定稿后的合影。左起中央党校博士李晓、北京纳衡仪器仪表有限公司总经理潘艳硕士、知识产权出版社国晓健编辑、作者潘之凯、中国社会科学院李成勋研究员、中央党校李世华教授、中国社会科学院王迎新研究员、中国社会科学院毛立言研究员。

"社会主义市场经济体制改革创新研究"课题组合影。左起北京城市学院李娟教授、中央党校博士李晓、作者潘之凯、中国社会科学院李成勋研究员（课题组组长）、《方略》智库主任何学彦博士（课题组副组长）、中国社会科学院毛立言研究员、北京纳衡仪器仪表有限公司总经理潘艳硕士。

《计划-市场经济体制论》第一次定稿小组合影。左起北京纳衡仪器仪表有限公司总经理潘艳硕士、作者潘之凯、中国社会科学院李成勋研究员、王迎新研究员、毛立言研究员。

2016年5月28日，作者潘之凯在万寿路宾馆召开的第四次研讨会上进行演讲。

　　2016年5月28日，方略智库（北京）咨询中心在万寿路宾馆召开第四次研讨会，专题研讨作者的计划-市场经济体制理论。前排左一为《人民政协报》经济研究中心秘书长许伟、左二为《方略》智库主任何学彦博士、左三为中央党校李世华教授、左四为作者潘之凯、左五为中国社会科学院李成勋研究员、左六为《战略与风险管理》陈晓明总编、左七为北京城市学院李娟教授；后排左四为中国社会科学院毛立言研究员、左五为北京社会科学院万川教授。